LAS FILÍPICAS

SOBRE LA CORONA

Letras Universales

DEMÓSTENES

Las Filípicas
Sobre la corona

Edición de Antonio López Eire

Traducción de Antonio López Eire

CÁTEDRA
LETRAS UNIVERSALES

Diseño de cubierta: Diego Lara

Reservados todos los derechos. El contenido de esta obra está protegido por la Ley, que establece penas de prisión y/o multas, además de las correspondientes indemnizaciones por daños y perjuicios, para quienes reprodujeren, plagiaren, distribuyeren o comunicaren públicamente, en todo o en parte, una obra literaria, artística o científica, o su transformación, interpretación o ejecución artística fijada en cualquier tipo de soporte o comunicada a través de cualquier medio, sin la preceptiva autorización.

© Ediciones Cátedra, S. A., 1998
Juan Ignacio Luca de Tena, 15. 28027 Madrid
Depósito legal: M. 42.531-1998
I.S.B.N.: 84-376-1670-0
Printed in Spain
Impreso en Lavel, S. A.
Pol. Ind. Los Llanos, C/ Gran Canaria, 12
Humanes de Madrid (Madrid)

INTRODUCCIÓN

A mi buen amigo Gustavo Domínguez

Demóstenes.

VIDA U OBRA DE DEMÓSTENES

La obra de Demóstenes[1], como la de cualquier mortal, es el resultado de una manera de ser y de unas circunstancias de las que brotó un conjunto de acciones relacionadas entre sí, tanto los brillantes discursos que, pronunciados por él, han llegado hasta nosotros tras un lógico retoque, como su actuación pública en calidad de hombre de estado y su comportamiento privado.

La obra literaria, como el hablar mismo, es resultado de una acción y no surge en abstracto y en solitario, desprovista de contexto, sino enmarañada con otros tipos de acciones que con ella se relacionan y enmarcada dentro de unas precisas coordenadas espacio-temporales que dejan en ella sus señales indelebles y como grabadas a fuego.

Esto se comprueba y verifica bien fácilmente en la oratoria política de Demóstenes. En los discursos políticos de nuestro orador salen a relucir, en efecto, junto a su maravillosa habilidad para hablar en público persuasiva y elocuentemente, por un lado, su actividad política, su peculiar manera de entender el mundo, su modo de ser, y, por otro, los problemas, conflictos, recursos económicos, carestías, triunfos y fracasos de la Atenas de la segunda mitad del siglo IV a. J. C., en la que se sitúa su actividad como orador y hombre de estado. En los discursos públicos de Demóstenes nos es dado ver cómo la deslumbrante y vehemente oratoria política del au-

---

[1] Queremos dejar constancia de nuestro agradecimiento a la DGICYT (PB 96/1268).

tor adquiere pleno sentido al ser contemplada a la luz del contexto integrado por el propio temperamento apasionado y voluntarioso del orador y por toda una serie de circunstancias políticas adversas contra las que el esforzado y patriótico político luchó con denodado esfuerzo.

Y es que, efectivamente, en la vida y en la obra —o, si se prefiere— en la vida u obra de Demóstenes, todo respira un sobrehumano y laborioso esfuerzo, todo es resultado de una ímproba y tenaz lucha contra las dificultades y contrariedades privadas y públicas y todo logro político o estilístico presupone una voluntad férrea y un temple de ánimo perseverantes e inasequibles al desfallecimiento. No hay frontera que separe netamente su denodada actividad política de su muy elaborado estilo.

Demóstenes, el hijo de Demóstenes el rico propietario de un obrador de cuchillos y otro de muebles, natural del demo o pueblo de Peania, una aldea situada al sur de Atenas y asentada sobre la ladera oriental del monte Himeto, nacido el año 384 a. J. C., era en su infancia un niño delicado y enfermizo. Y así, aunque su vocación fuera la de llegar a ser orador, desde que muy pequeño aún asistiera gracias a la intercesión y manejos de su pedagogo al juicio de acusación contra Calístrato de Afidnas y quedara estupefacto ante su prodigiosa elocuencia[2] y decidido a entregarse en cuerpo y alma a tan seductora actividad, se lo impedía una voz débil y más bien entrecortada, balbuciente y de articulación poco clara y distinta, por lo que sus enemigos le insultaban incluso cuando ya era un adulto y un experto orador con el mote de «Bátalo» o «Tartaja»[3].

Gran número de anécdotas nos refieren el esfuerzo ímprobo que derrochó nuestro orador en tratar de vencer las trabas que la naturaleza había impuesto a su vocacional anhelo. Con ellas se nos hace ver cómo el aprendiz de orador, merced a un tesón encomiable, fue superando sus defectos a base de durísimos ejercicios propios del más acrisolado asce-

---

[2] Plutarco, *Vida de Demóstenes*, § 5.
[3] Esquines, *Contra Timarco*, §§ 126 y 131; Demóstenes, *Sobre la corona*, § 180.

tismo[4]. Se hizo construir una cámara subterránea en la que practicaba la oratoria a lo largo de meses enteros sin salir a la calle. Y para fortalecer y afianzar esta su decisión de no aparecer en público durante largos períodos de tiempo, se afeitaba la mitad de la cabeza. Con el fin de mejorar la articulación de los sonidos, se introducía guijarros en la boca y seguidamente pronunciaba sus discursos. Cuando salía a la luz del sol, para robustecer la voz y adquirir el buen control sobre la respiración que exige la oratoria, discurseaba según iba corriendo o ascendiendo colinas y recitaba sin respirar pasajes de poesía o prosa o bien se enfrentaba al estruendo del rompiente del mar en Falero para intentar con la intensidad de su voz sobrepasar el fragor del oleaje marino. Hacía uso también de un espejo en el que observaba atentamente sus defectos en la gesticulación, con el fin de llegar a dominar asimismo esa fase de la realización oratoria en que el orador, con el discurso ya aprendido, se encuentra de repente gesticulando y pronunciándolo ante los ojos y los oídos de sus inmediatos oyentes.

Las anécdotas recogen con especial insistencia esta extraordinaria atención que el joven Demóstenes dedicaba a la ejecución material de los discursos, a la parte de la retórica que se denomina realización o pronunciación del discurso (en latín, *actio* o *pronuntiatio*)[5]. Por ejemplo, se nos refiere que cuando, siendo ya un consumado y famoso orador, se le preguntaba qué era lo más importante en oratoria, respondía que en primer lugar figuraba la pronunciación y en segundo y tercer lugar la pronunciación[6]. El prominente actor Sátiro

---

[4] Plutarco, *Vida de Demóstenes*, §§ 7, 10 y 11; Libanio, *Argumentos de los discursos de Demóstenes*, § 18.

[5] El orador, en la preceptiva retórica clásica, tiene cinco operaciones que ejecutar para cumplir su misión de persuadir mediante la palabra: la invención *(inventio)*, con la que localiza los argumentos; la disposición *(dispositio)*, con la que los ordena; la elocución *(elocutio)*, con la que les suministra las palabras como el compositor sobrepone la letra a una partitura musical; la memorización *(memoria)*, con la que se aprende el discurso para que en su ejecución no tenga que recurrir a la lectura de un documento escrito que rompería la inmediatez de la comunicación del orador con su público; y, por último, la representación o pronunciación del discurso *(actio* o *pronuntiatio)*.

[6] Cicerón, *Sobre el orador*, III, § 56; Plutarco, *Vida de Demóstenes*, § 11; *Tratados Morales*, 845 B.

le había enseñado la importancia de la recitación de un pasaje de poesía dramática haciéndole ver en la práctica hasta qué punto una recitación enaltecía el texto recitado si se realizaba de forma esmerada y adaptada al personaje trágico correspondiente. El abnegado joven se descorazonaba al ver a rústicos ignorantes y recios marinos, de la catadura de su paisano y luego rival político Démades, obteniendo con su improvisada oratoria el favor y la admiración del auditorio, mientras que él no cosechaba en un principio éxito alguno a pesar de esos trabajosos ejercicios y severos entrenamientos a los que con adamantina voluntad se sometía y con los que a punto estaba de arruinar su salud.

Tras este tenaz y durísmo adiestramiento y asimilando las enseñanzas de un maestro de retórica *(rétor)*, Iseo, un meteco (extranjero residente en Atenas) especialista en derecho sucesorio y cuestiones de herencia y testamentaría, que no gozaba de la fama de Isócrates, cuyos elevados emolumentos nuestro alevín de orador tal vez no podía sufragar[7], pero que era un buen logógrafo[8] y un rétor experto en oratoria por la coherencia lógica de sus argumentaciones y por su estilo vigoroso y vivaz, consiguió convertirse en un virtuoso del arte de la elocuencia que infundió a sus discursos un aire personal y nuevo. Si todavía en los primeros que compuso, los tres contra Áfobo y los dos contra Onétor[9], se nos revela como el aprovechado discípulo al que como tal delata la innegable influencia del maestro[10], luego ya se independizó estilísticamente, pues acertó a combinar como nadie hasta entonces la más convincente y fundada argumentación con la más arrebatadora y persuasiva pasión, las más vistosas figuras del arte

---

[7] Plutarco, *Vida de Demóstenes*, § 5.

[8] El logógrafo era, en la Atenas de los siglos V y IV a. J. C., el abogado que escribía discursos para sus clientes.

[9] Los números XXVII, XXVIII, XXIX, XXX y XXXI del *Corpus Demosthenicum*.

[10] En concreto, se percibe en ellos la influencia del discurso de Iseo intitulado *Sobre la herencia de Cirón*, discurso número VIII del *corpus* de los discursos de Iseo. Compárese, por ejemplo, Demóstenes, XXVII, §§ 2-3 con Iseo, VIII, § 5; Demóstenes, XXVII, §§ 47 y ss. con Iseo, VIII, § 25; Demóstenes, XXVIII, § 23 con Iseo, VIII, § 45; y Demóstenes, XXX, § 37 con Iseo, VIII, § 12.

de la retórica con las expresiones más corrientes del ático coloquial, y además consiguió allanar el escabroso estilo de Tucídides y enriquecer el enjuto estilo de Lisias y rebajar en unos pocos grados el elevado estilo de Platón y dar vida a la marmórea y mortecina prosa de Isócrates[11], con lo que, consumado este tremendo esfuerzo estilístico de perfeccionamiento de tan excelentes modelos y habiendo acertado a dar con éxito el inevitable salto de la oratoria judicial a la deliberativa, se convirtió en el más grande orador político de todos los tiempos.

Pero no fueron éstas las únicas penalidades que el joven Demóstenes tuvo que soportar desde su tierna infancia, a saber, las que padeció hasta ver colmado su anhelo de convertirse en orador. Por el contrario, a los siete años se quedó huérfano de padre, muerto el 377 a. J. C., y sus tutores Áfobo, Demofonte y Terípides dilapidaron deslealmente por negligencia y fraude la herencia que le correspondía, valorable en catorce talentos[12] que se podrían haber doblado de haber sido administrada con honradez y justicia y que en cambio se habían convertido en una ridícula fracción cuando llegaron a sus manos. Por esa razón nuestro orador, primeramente, eligió por maestro a un abogado experto en asuntos de herencia, y, en segundo lugar, aún muy joven, recién alcanzada la mayoría de edad y recién adquiridos por tanto los derechos ciudadanos, el año 363 a. J. C., se decidió a hacer sus primeras armas en la oratoria judicial con el fin de recuperar su dilapidado patrimonio. Ahora bien, como su intento chocó frontalmente con la astucia, los subterfugios, evasivas y marrullerías legales de sus tutores y por consiguiente no

---

[11] En la ya citada *Vida de Demóstenes* plutarquea se nos informa de que Demóstenes conocía de memoria la obra de Tucídides por haberla copiado varias veces, que había asistido a lecciones o cursos impartidos por Platón en la Academia y que se había procurado el texto de los discursos de Isócrates y lo había estudiado a fondo.

[12] Es curioso que Demóstenes calcula la renta de los dos talleres u obradores heredados de su padre, el de espadas y el de muebles, no en función de su producción real —como haríamos los modernos—, sino en función del número de esclavos que en cada uno de ellos trabajaba. Estamos aún lejos de la Revolución Industrial.

pudo recuperar más que la ínfima parte de la hacienda que su padre le legara, se vio obligado a ganarse la vida como logógrafo[13], o sea componiendo discursos judiciales para otros[14], profesión que no sólo le procuraba ganancias en cuanto fuente de ingresos, sino que además le forzaba a ejercitarse en las tres importantes actividades oratorias requeridas por los discursos que en su calidad de logógrafo escribía, o sea, en la narración de los hechos, que resulta fundamental para el enfoque y por tanto la favorable resolución del litigio, la argumentación (que comprendía los argumentos lógicos y sobre todo los psicológicos como el carácter del orador —*éthos*— y las respuestas sentimentales de los oyentes —*páthos*—) y en la expresión de las ideas[15].

---

[13] Es decir, escritor de discursos. Esquines le echa en cara su dedicación a esta actividad *(Sobre la embajada* (II), §§ 165-186), pero a Demóstenes no le pareció ni un insulto ni un agravio este alfilerazo, pues ni siquiera le replica sobre este particular.

[14] He aquí la relación de discursos privados de Demóstenes divididos en cuatro grandes grupos: los auténticos, los espúreos, los de autenticidad discutida y los de Apolodoro (discursos redactados por un orador inferior en capacidad a Demóstenes en defensa de Apolodoro, el hijo y heredero del banquero Pasión). Damos entre paréntesis en números romanos el número que cada discurso ocupa en la colección y seguidamente la fecha aproximada de su pronunciación. Discursos auténticos: *Contra Áfobo*, I (XXVII), 364 a. J. C.; *Contra Áfobo*, II (XXVIII), 364 a. J. C.; *Contra Áfobo*, III (XXIX), 364 a. J. C.; *Contra Onétor*, I (XXX), 362 a. J. C.; *Contra Onétor*, II (XXXI), 362 a. J. C.; *Contra Espudias* (XLI), 356 a. J. C.; *Contra Conón* (LIV), 356 a. J. C.; *En favor de Formión* (XXXVI), 349 a. J. C.; *Contra Beoto, I, sobre el nombre* (XXXIX), 348 a. J. C.; *Contra Estéfano*, I (XLV), 348 a. J. C.; *Contra Panteneto* (XXXVII), 346 a. J. C.; *Contra Eubúlides* (LVII), 346 a. J. C.; *Contra Nausímaco y Jenopites* (XXXVIII), 345 a. J. C. Discursos espúreos: *Contra Macártato* (XLIII), 367 a. J. C.;*Contra Evergo y Mnesíbulo* (XLVII), 356 a. J. C.; *Contra Neera* (LIX), 349 a. J. C.; *Contra Beoto II, acerca de la dote* (XL), 347 a. J. C.; *Contra Olimpiodoro* (XLVIII), 341 a. J. C.; *Contra Lácrito* (XXXV), 341 a. J. C.; *Contra Teocrines* (LVIII), 339 a. J. C.; *Contra Leócares* (XLIV), 329 a. J. C.; *Contra Fenipo* (XLII), 327 a. J. C.; *Contra Formión* (XXXIV), 326 a. J. C.; *Contra Apaturio* (XXXIII), 322 a. J. C. Discursos de autenticidad discutida: *Contra Calicles* (LV), 356 a. J. C.; *Contra Zenótemis* (XXXII), 340 a. J. C.; *Contra Aristogitón* (XXV), I, 324 a. J. C.; *Contra Dionisodoro* (LVI), 322 a. J. C. Discursos de Apolodoro: *Contra Calipo* (LII), 369 a. J. C.; *Contra Nocóstrato* (LIII), 365 a. J. C.; *Contra Timoteo* (XLIX), 362 a. J. C.; *Contra Policles* (L), 357 a. J. C.; *Contra Estéfano*, II (XLVI), 348 a. J. C.

[15] Demóstenes llegó a ser un hábil logógrafo que supo empalmar perfectamente y combinar en la adecuada medida testimonios y pruebas con argu-

Y como la oratoria judicial estaba en Atenas íntimamente ligada a la política, pues, entre otras razones los jueces de los procesos eran desde la reforma de Efialtes simples ciudadanos designados por la suerte, no es de extrañar que nuestro orador ambicionase intervenir, con discursos ya no escritos sino realmente pronunciados, ante la Asamblea[16]. Pero en sus primeras aproximaciones no tuvo éxito por las razones anteriormente comentadas, por esas sus debilidades naturales que a modo de rémora le dificultaban la representación o puesta en escena del discurso mismo. Y así, aunque nuestro orador era ya experto en oratoria y a fuerza de tanto laborioso entrenamiento su alma rebosaba energía, su cuerpo era débil y su carácter tímido y vergonzoso y nada dado a la improvisación. Su enemigo Esquines nos informa de su indumentaria afeminada y nos refiere que en su juventud se había dedicado más al estudio de la retórica que al deporte de la caza[17]. Su timidez y cierta cortedad de espíritu o pusilanimi-

---

mentos de verosimilitud *(eikós)* e indicios *(tekméria)* y, asimismo, complicar la situación de forma que los jueces no fueran capaces de encontrar una indiscutible vía en la que apoyar su veredicto. Cfr. H. J. Wolff, *Demosthenes als Advokat*, Berlín, 1968.

[16] He aquí la relación de discursos públicos de Demóstenes divididos en cuatro grandes grupos, a saber: discursos auténticos, discursos espúreos, discursos epidícticos y obras varias. Discursos auténticos: *Sobre la corona trierárquica* (LI), 359 a. J. C.; *Contra Androción* (XXII), 355 a. J. C.; *Sobre la exención de cargas o Contra Leptines* (XX), 354 a. J. C.; *Sobre las sinmorías* (XIV), 354 a. J. C.; *Contra Aristócrates* (XXIII), 352 a. J. C.; *Contra Timócrates* (XXIV), 352 a. J. C.; *En favor de los megalopolitas* (XVI), 352 a. J. C.; *Contra Filipo*, I (IV), 351 a. J. C.; *En favor de la libertad de los rodios* (XV), 351/350 a. J. C.; *Olintíaco*, I (I), 349 a. J. C.; *Olintíaco*, II (II), 349 a. J. C.; *Olintíaco*, III (III), 349 a. J. C.; *Sobre la organización financiera* (XIII), 349 a. J. C.; *Contra Midias* (XXI), 349 a. J. C.; *Contra Filipo*, II (VI) 344/343 a. J. C.; *Sobre la embajada fraudulenta* (XIX), 343/342 a. J. C.; *Sobre los asuntos del Quersoneso* (VIII), 341 a. J. C.; *Contra Filipo*, III (IX) 341 a. J. C.; *Contra Filipo*, IV (X) 341/340 a. J. C.; *En defensa de Ctesifonte. Sobre la corona* (XVIII), 330 a. J. C. Discursos espúreos: *Sobre el Haloneso* (VII), 342 a. J. C.; *Sobre el tratado con Alejandro* (XVII), 336 a. J. C.; *Respuesta a la carta de Filipo* (XI), 324 a. J. C.; *Contra Aristogitón*, II (XXVI), 324 a. J. C. Discursos epidícticos: *Epitafio* (LX) y *Erótico* (LXI). Obras varias: *Exordios* (LXII) y *Cartas* (sin número en la catalogación ofrecida por el *Corpus*).

[17] Esquines, *Contra Timarco*, §§ 117; 170; 171; 173; 175. A. Schaefer, *Demosthenes und seine Zeit* I-IV, 2.ª ed., Leipzig, 1885; reimp., Hildesheim, 1966-1977; cfr. II, 102 y ss.

dad sin duda debieron de ejercer de lastre en sus primeras intervenciones públicas. Pues es constante el reproche que se le hace de no saber ni ser capaz de improvisar o repentizar o pronunciar un discurso sin preparación previa, en lo que se parecía a Pericles. Y sin embargo, se le atribuyen réplicas chispeantes, llenas de agudeza y de ingenio, como cabría en principio esperar de su talento. Las anécdotas que refieren estos lances son abundantes: a un tal Píteas, enemigo político suyo que llevaba muy mala vida, cuando precisamente le reprochó que las reflexiones de sus discursos olían al aceite de la lámpara (dando a entender que los discursos demosténicos eran resultado de largas horas de trabajo nocturno), le replicó diciendo que la lámpara en efecto les contemplaba a ambos ocupados en muy diferentes quehaceres.

Pero lo cierto es que los discursos que pronunciaba cosechando con ellos gran éxito se los llevaba nuestro orador bien preparados hasta en sus mínimos detalles y aprendidos de memoria, pues en caso contrario se arriesgaba a que le ocurriera lo que le sucedió en la primera embajada que envió Atenas a Filipo, a saber: que a mitad de su discurso se cortó y ya fue incapaz de continuar[18].

Parece, pues, que nuestro orador, no por mengua de talento, sino por la timidez de su carácter, desconfiaba de la improvisación y, enemigo de repentizar nada por breve que fuese, era más bien partidario de pronunciar discursos bien medidos y elaborados con anterioridad a su pronunciación, preferencia que lo diferenciaba diametralmente del orador Démades, su paisano y contemporáneo, que era un campeón de la improvisación.

La carrera política de nuestro orador comienza, según Plutarco en su obra biográfica, coincidiendo con el estallido de la Guerra Focidia o «Tercera Guerra Sagrada» el año 355 a. J. C. Durante los cuatro años primeros que ésta duró (355-352 a. J. C.) estuvo ocupado en componer discursos judiciales de clarísima intención política, una serie de acusaciones al servicio del conservador Eubulo y su partido

---

[18] Esquines, *Sobre la embajada fraudulenta*, §§ 34-35.

(Contra Androción, Contra Timócrates, Contra Leptines y *Contra Aristócrates)*[19] y en contra de Aristofonte y su partido. Pero la primera intervención de Demóstenes en la política exterior de Atenas ya a título propio y pronunciando una alocución ante la Asamblea tuvo lugar el año 354 a. J. C., fecha de su discurso titulado *Sobre las sinmorías*[20]. En esta pieza oratoria nuestro orador aborda el tema de las asociaciones de ciudadanos contribuyentes (las famosas *sinmorías*) y propone aumentar el número de éstos de 1.200 a 2.000. En los años inmediatamente posteriores, entre el 353 y el 351 a. J. C., se sitúan dos discursos políticos claramente centrados en la política exterior de Atenas que llevan por título *En defensa de los megalopolitas* y *En defensa de la libertad de los rodios*[21]. Unos años antes había pronunciado Demóstenes ante el Consejo un discurso público, pero esta vez en defensa de sus intereses privados, a saber: el titulado *Sobre la corona trierárquica* (LI) del 359 a. J. C.

Pero es el mismo Plutarco quien nos informa en su obra tan rica en noticias[22] de que la verdadera grandeza de héroe trágico de Demóstenes, que le valió la admiración de sus contemporáneos griegos y hasta del Gran Rey (el rey de Persia) y que le mereció incluso la seria atención de sus más encarnizados enemigos, empezando por la del propio monarca macedonio Filipo, se produjo a causa de su patriótica y esforzada oposición al emergente poder político del reino de Macedonia que se hizo realidad en torno al año 350 a. J. C.

---

[19] Demóstenes, *Contra Androción* (XXII), *Contra Timócrates* (XXIV), *Contra Leptines* (XX), *Contra Aristócrates* (XXIII).
[20] Demóstenes, *Sobre las sinmorías* (XIV). El mismo año pronunció ante una comisión de *tesmótetas* o «revisores de la legislación» el discurso XX de la colección, titulado *Sobre la exención de cargas o Contra Leptines*. Nuestro orador tiene a la sazón treinta años de edad, pero, a pesar de su juventud, junto con otro orador de mayor edad, se hace cargo de la acusación por ilegalidad que dos ciudadanos atenienses, Apsefión y Ctesipo, el hijo del estratego Cabrias, habían dirigido contra una ley, propuesta dos años antes por Leptines, por la que se suprimían las inmunidades de las que gozaban algunos ricos atenienses.
[21] Demóstenes, *En defensa de los megalopolitas* (XVI), *En defensa de la libertad de los rodios* (XV).
[22] Plutarco, *Vida de Demóstenes*, § 12, 3-4.

Hasta ese momento histórico y empezando a contabilizar éxitos y fracasos desde el año 404 a. J. C., en el que se sitúa la severa derrota infligida por los lacedemonios y sus aliados a los atenienses y los suyos, con lo que la Guerra del Peloponeso tocó a su fin, podemos decir que Atenas había conseguido rehacerse a base de no escaso esfuerzo.

Para empezar, Atenas había incluso logrado constituir una Confederación de estados situados en el mar Egeo y los Estrechos. Efectivamente, el año 378 a. J. C. se constituyó la Segunda Confederación Marítima Ateniense, en la que, si bien Atenas ya no recibía la parte del león, como en la primitiva Confederación Ático-Délica, sí había logrado instituir una serie de «contribuciones», llamadas ahora —para no herir susceptibilidades ni provocar enojosos recuerdos— justamente así, «contribuciones» *(syntáxeis)*, y ya no como en la anterior liga, «tributos» *(phóroi)*, que aportaban sus miembros, entre los que se contaban Quíos, Bizancio, Mitilene, Metimna, Rodas, la mayor parte de las ciudades de Eubea, Tebas, las ciudades tracias, la Liga Calcídica, Corcira, la Tesalia comandada por el caudillo *(tagós)* Jasón de Feras y el Epiro sometido al príncipe Alcetas. Esta nueva Confederación, tras la que late la inteligencia del brillante orador y político Calístrato de Afidnas, aquel cuya elocuencia había despertado la vocación oratoria del niño Demóstenes, había nacido para contrarrestar el poder de Esparta obligándola a respetar el derecho de los demás griegos a vivir en paz, pero en realidad sirvió para llevar a cabo el resurgimiento del poder de Atenas, que apoyándose en ella obtuvo unos cuantos éxitos navales frente a los lacedemonios y a sus aliados, logró un decrecimiento progresivo del prestigio de Esparta y dio lugar a la paulatina expansión del área de dominio de una nueva aunque efímera potencia hegemónica, a saber: Tebas.

En segundo término, se dio a la sazón otra circunstancia francamente positiva: aquellas típicas hostilidades entre *pólis* o ciudades-estados griegas, en las que antaño la ciudad de Atenea había desempeñado un papel activo, ahora ya no la afectan, sino que a la sazón ocupan casi exclusivamente a otras dos potencias, la una ya veterana y la otra nueva, a saber, Lacedemonia y Tebas. La rivalidad entre estos dos ambiciosos estados aspirantes a la hegemonía se resolvió con el triunfo deTebas en la batalla de Leuctra (371 a. J. C.), en la que se impuso la novedosa táctica militar del excepcional estadista y general tebano Epaminondas, que deshizo al ejército lacedomonio comandado por el rey espartano Cleómbroto.

La efímera hegemonía tebana, que acabará en la batalla de Mantinea el año 362 a. J. C., deparó a Atenas la oportunidad de cobrarse importantes triunfos en el mar entre los años 366 y 364 a. J. C., como, por ejemplo, la captura de Samos y de Sesto, localidad esta última de importancia decisiva en la ruta de los estrechos por la que se realizaba la importación de grano, alimento esencial en la dieta seguida por los griegos de aquellos tiempos.

Así pues, todavía el año 357 a. J. C. Atenas era, si ya no una potencia como otrora, sí la más opulenta y fuerte ciudad-estado del continente, bien dotada de recursos financieros, industriales y comerciales, de buenos fondeaderos, de hábiles generales, de gran número de aliados y de cleruquías o asentamientos coloniales protegidos por destacamentos militares.

Sin embargo, bastaron tres años para que esta aparentemente sólida plataforma de poder se viniera abajo. Y una vez se desmoronó, se planteó una crisis gravísima en la que intervino agonísticamente Demóstenes, a saber: la crisis de la *pólis* o «ciudad-estado» independiente y autárquica que había sido desde Homero a Pericles la unidad básica de la estructura política griega y ahora, víctima de los egoísmos, insolidaridades y afanes de hegemonía de una o de otra ciudad-estado o de las confederaciones de ciudades-estados que se configuran precisamente para hacer frente a tales afanes hegemónicos, terminará sucumbiendo a la ambición y el talento político y militar de Filipo II de Macedonia, el padre del futuro Alejandro Magno. Este último, coronando la obra iniciada por su progenitor, que murió el año 336 a. J. C., conseguirá el triunfal sometimiento de toda la Hélade y parte de Asia.

La Atenas derrotada al final de la Guerra del Peloponeso, el año 404 a. J. C., con su flota destrozada, su población disminuida, sus campos devastados y su comercio e industria arruinados, se había ido, pese a todo, enderezando y reconstruyendo al tiempo que su enemiga Lacedemonia iba perdiendo fuerzas en guerras de desgaste en las que se enfrentaba a ciudades aliadas por el común odio a la hegemonía espartana (la Guerra de Corinto del 395 al 386 a. J. C. y la Guerra de Independencia de Tebas que tuvo lugar entre los años 378 y 371 a. J. C.), y así había conseguido rehacerse y mejorar su situación notablemente en torno al año 357 a. J. C. Pero entonces empezó el declive que la conduciría inexorablemente al desastre.

Ese año precisamente, cuatro antiguos aliados de Atenas en Asia Menor, a saber, Bizancio, Quíos, Rodas y Cos, se separaron definitivamente de la Segunda Confederación Marítima tras la llamada Guerra de los Aliados (357-355 a. J. C.). La rebelión de estas ciudades fue avivada por Mausolo, el ambicioso sátrapa de Caria, que el año 346 a. J. C. someterá a su dominio las islas recién liberadas.

La Guerra de los Aliados se resolvió en la batalla naval de Embata, que resultó en derrota de la flota ateniense a pesar de que estaba comandada por los prestigiosos estrategos Timoteo, Ifícrates y Cares. Cuando un año más tarde (355 a. J. C.) se firmó la paz, la Segunda Confederación Marítima Ateniense, seriamente amputada al estar desprovista de importantes ciudades que antes habían formado parte de ella, no era ya más que la sombra de un glorioso proyecto de restauración del pasado.

La derrota de Embata significaba que ya no era posible mantener aquel vínculo estrecho entre el régimen político de Atenas y la grandeza de esta misma ciudad-estado, o sea, entre la democracia y el imperialismo, tal y como proponía el programa político proclamado por el gran estadista Pericles en el discurso que, con motivo de las honras fúnebres dedicadas a los soldados atenienses muertos durante el primer año de la Guerra del Peloponeso, puso en sus labios el historiador Tucídides.

Es significativo que nuestro orador pronuncie sus dos primeros discursos políticos, el *Sobre la exención de cargas o Contra Leptines* (XX) y el *Sobre las sinmorías* (XIV), a los treinta años de edad, precisamente un año después de la firma de la paz que puso fin a ese desengaño y desilusión que fue la Guerra de los Aliados, es decir, el 354 a. J. C.

Con la derrota ateniense en esa guerra se quebraban, en efecto, las esperanzas un tanto utópicas de reconstruir la antigua Liga Ático-Délica. Porque, aunque en el decreto fundacional de la Segunda Confederación Marítima Ateniense (378-377 a. J. C.), que poseemos en perfecto estado, se detectan a simple vista claras huellas de las exigencias que los aliados habían formulado a los atenienses en el sentido de evitar los excesos que habían convertido la Liga Ático-Délica en el imperio ateniense, la verdad es que Atenas no tardó mucho tiempo en recaer en los errores del pasado.

Aunque en el texto del decreto fundacional constaba bien claramente que los atenienses no establecerían colonias militares o *cleruquías*[23] en el territorio de las ciudades aliadas ni se recaudaría tributo alguno sino simplemente una contribución previamente fijada por un consejo representativo *(synédrion)* de las ciudades miembros de la Confederación, terminó triunfando el empeño de recuperar el glorioso pasado del imperio ateniense en el que la ciudad de Atenas mandaba a sus anchas estableciendo *cleruquías* o colonias militares en los territorios de sus súbditos e imponiendo multas a los aliados recalcitrantes que no cumplían con su inexcusable obligación de pagar los impuestos al poder hegemónico.

Sin embargo, ya las circunstancias eran totalmente contrarias a la realización de tales ensoñaciones. No cabía más —y ésta es la clave de la política de Demóstenes— que adaptarse a las exigencias de los tiempos sin renunciar a los patrióticos ideales. Y éste era un empeño que parecía sumamente difícil a nuestro orador, intransigente patriota defensor a ultranza de la libertad de las ciudades-estados y de la democracia, pero a la vez político pragmático controlado por el pueblo y la opinión de la mayoría.

---

[23] Una *cleruquía* era una colonia griega cuyos colonos conservaban su originaria ciudadanía; y en particular, se da este nombre a aquella colonia ateniense fundada en territorio conquistado, griego o bárbaro, a partir de finales del siglo VI a. J. C. y sobre todo durante el imperio ateniense del siglo V a. J. C., y protegida por destacamentos militares.

La indiferencia y la desgana que fueron haciendo mella en los ciudadanos atenienses a medida que sus sueños fáciles iban resultando fallidos explican esa mezcla de actitudes tan característica de nuestro orador en sus discursos: tan pronto tomas de postura categóricas y enérgicas como retrocesos a planteamientos y actitudes menos rígidos y más acordes con las carencias y debilidades de la situación.

De ahí que a unos les parezca un patriota apasionado e incorruptible, defensor a ultranza y contra corriente de los valores de la libertad y la democracia, y a otros un leguleyo retrógrado y corrupto que no comprendió que se acercaban los nuevos tiempos del Helenismo y la unidad del mundo griego bajo la égida de Filipo.

Pero Demóstenes no es sino uno más de aquellos atenienses de su época que soñaban y deseaban reconquistar para Atenas las glorias del pasado sin perder de vista los males y las dificultades del presente. Porque los asuntos iban empeorando a marchas forzadas.

Los antaño excelentes generales Cabrias, Ificrates y Timoteo ya no dirigirán por más tiempo las campañas de los atenienses; el primero porque murió en combate, y los otros dos porque fueron procesados y apartados definitivamente de la vida pública.

Y, por si esto fuera poco, en torno al año 360 a. J. C. se cierre sobre la patria de nuestro orador una nube de funestos presagios por obra del gran antagonista del político peanieo: Filipo II de Macedonia. En la Calcídica, el monarca macedonio hacía daño a los intereses de Atenas, pues iba tomando ciudades: Anfípolis, Pidna (miembro de la Liga naval desde el año 363/362 a. J. C.), Potidea, y, por último, Metone, la última adquisición ateniense en Tracia, y el asentamiento de Crenides —desde entonces llamado en su honor Filipos— situado junto al monte Pangeo, famoso por sus yacimientos auríferos, que llegaron a producirle los muy pingües ingresos de más de mil talentos anuales. Y así fue como Filipo comenzó a ganarle la guerra a Atenas por medio de la batalla económica: los «filipos» de oro macedonio fueron desplazando paulatinamente la moneda de plata ateniense porque, además de su mayor valor, la explotación ateniense de las minas de plata de Laurion que abastecían a los ciudadanos de Atenas ya no eran en el siglo IV a. J. C. lo que un siglo antes habían sido.

Para colmo de males, el rey tracio Cersobleptes, olvidándose de los compromisos contraídos con Atenas el año 357 a. J. C., se aprovechaba de la debilidad de los atenienses, que a la sazón estaban siendo derrotados por Filipo de Macedonia y por Mausolo de Caria.

Y como remate de sucesos aciagos para Atenas, el año 356 a. J. C. estalla el conflicto denominado Guerra Sagrada entre Tebas y Fócide, que le va a servir como pretexto al astuto Filipo para intervenir en los asuntos políticos de Grecia y terminar sometiéndola. La conflagración se produjo porque los focidios no aceptaban una resolución dictada por los tebanos en el Consejo Anfictiónico de Delfos y, así, habían tomado por las armas el santuario de Apolo en esa santa ciudad. A Tebas la apoyaban varias ciudades-estados de Grecia central y septentrional, mientras que los focidios tenían por aliados a Atenas, Lacedemonia y unas cuantas ciudades del Peloponeso.

El caso es que las campañas contra Tebas, Filipo de Macedonia, el rey de Tracia oriental Cersobleptes, el sátrapa Mausolo de Caria y las ciudades rebeldes de Asia Menor, a juzgar por Isócrates (Isócrates, VII, 19), habían costado a Atenas más de 1.000 talentos; que la explotación de las minas de Laurion no era ya lo que antes había sido; que los ricos procuraban por todos los medios a su alcance escapar a los tributos para sufragar los gastos de guerra *(eisphorá)*, mientras los pobres cada vez lo eran más y el número de indigentes iba creciendo día a día; que, al hacerse cada vez más largas y duraderas las operaciones bélicas, los atenienses de clase acomodada trataban de evitar las prestaciones militares personales, para lo que recurrían a mercenarios de comportamiento no siempre fiable, y que los atenienses menos favorecidos económicamente no estaban dispuestos a emplear en gastos de costosísimas campañas los fondos del erario destinados a los espectáculos (el *theorikón* o «teórico») y la asistencia pública.

Los ciudadanos ricos, a los que correspondían las cargas más pesadas, las *liturgías* y entre ellas la más costosa, la *trierar-*

quía[24], se sentían especialmente perjudicados y mostraban por tal razón su descontento. Gran parte de ellos obtenían sus ganancias de la agricultura y a veces no contaban con liquidez suficiente para hacer frente al pago de sus contribuciones, por lo que sufrían una persecución implacable. En el discurso demosténico titulado *Contra Androción* (XXII) nuestro orador nos muestra el sañudo hostigamiento y acoso inflexible a los que el político Androción, acompañado de *Los Once* (magistrados encargados de la policía de la ciudad), sometía a los morosos en el pago de sus contribuciones.

La enorme distancia que separaba a ricos de pobres, resultado de la tremenda crisis económica surgida al final de la Guerra del Peloponeso, había degradado fuertemente el sentimiento político ciudadano de los atenienses de comienzos del siglo IV a. J. C. Ya en las dos últimas comedias de Aristófanes que conservamos enteras *(Las asambleístas* y el *Pluto)* se percibe nítidamente esta triste situación. Las clases desfavorecidas —como es natural— no pensaban más que en el dinero, miraban con malos ojos a los ricos y no estaban dispuestas a dejar de percibir cualquier asignación monetaria que el estado pudiera adjudicarles.

A percibir dinero por prestaciones o funciones públicas (la *misthophoría* o percepción de un salario a cargo de los fondos públicos por una función desempeñada) había acostumbrado al pueblo el gran estadista Pericles, que pretendía con ello, por un lado, superar en largueza y generosidad —aunque fuera a costa de los caudales públicos— al rico y dadivoso Cimón, su rival como líder del partido de la oposición, más conserva-

---

[24] Los *trierarcos* eran ciudadanos adultos y ricos a los que los estrategos designaban para cumplir la carga social (en griego *liturgía)* llamada *trierarquía*, que consistía en costear con sus propios fondos el equipo de una trirreme o nave de tres filas de remos. A partir del año 411 a. J. C. (y recordemos que la fecha de este discurso es ya el año 351 a. J. C.) son dos los ciudadanos encargados de hacer frente a los gastos de la dotación de la trirreme. En virtud de la institución judicial de índole político-social llamada *antídosis* o «intercambio de bienes», cualquier ciudadano que, designado para el cumplimiento de una prestación social o *liturgía*, considerase que otro ciudadano más rico que él quedaba exento de esa prestación, podía proponerle el traspaso de esa obligación para con el estado y, en caso de que el interpelado se negase, proceder con él a un intercambio de fortunas.

dor y aristocrático, y, por otro, lograr que todo ciudadano, por pobre que fuese, accediera a las funciones públicas. Pero durante la Guerra del Peloponeso, la demagogia convirtió los salarios públicos en un recurso para ganar fácilmente la voluntad de las masas populares y, a finales de la susodicha contienda, se ofrece a los ciudadanos asistentes a las Asambleas un sueldecito a guisa de dieta por asistencia, llamado justamente «salario por asistir a la Asamblea», con el fin de que se llenasen las sesiones asamblearias de desheredados de la fortuna y pobres diablos dispuestos a oponerse a todo trance con su voto a las propuestas de los adversarios de la democracia.

Esta situación de la hacienda pública que tenía descontentos por igual a los ricos, que se resistían a pagar impuestos para las guerras, y a los pobres, que no hacían sino intentar procurarse sustento fácil a expensas del estado (los *tetes* o clase más baja de la población deseaban con todo empeño enrolarse como remeros en las naves de guerra), aparece bien reflejada en las obras *Los ingresos* de Jenofonte (VI, 1-3) y *Sobre la paz* de Isócrates (20).

A todo esto hay que añadir que con su participación al lado de los focidios en la Guerra Sagrada, que —como es bien sabido— acabó merced a la intervención de Filipo de Macedonia, Atenas ya no estaba defendiendo las colonias de su imperio, sino la integridad misma de su propio territorio, y que el año 354 a. J. C. la amenaza que sobre ella se cernía, tras haber sufrido humillaciones y debilitamientos, era sumamente grave y protagonizada por temerosos enemigos. El año 352 a. J. C., por ejemplo, el general de las fuerzas focidias Failo, con la ayuda de tropas provenientes de Atenas, Lacedemonia y Acaya, vigilaba las Termópilas para impedir que traspasándolas el monarca macedonio penetrara en Grecia Central. El peligro de Atenas era, pues, serio e inminente.

Y, por último, no hay que olvidar que, militarmente, los jóvenes en edad de combatir escapaban de la rígida disciplina y el peligro constante de la infantería de los hoplitas para enrolarse en la caballería, que consideraban más segura y al abrigo del insoslayable peligro que amenazaba a la infantería que configuraban los hoplitas, pero donde la indisciplina tenía su connatural asiento. Por el contrario, el ejército de Filipo, todo él perfectamente adiestrado y acostumbrado a combatir en toda estación, abundante en caballería, tropas ligeras y máquinas de asedio a las ciudades, contaba además con un cuerpo de infantería muy bien entrenado, muy dócil a las órdenes de mando de su general y dotado de una gran capacidad de maniobra: la falange macedónica[25].

Pues bien, frente a tan temible enemigo, el monarca Filipo II de Macedonia, preparando amenazadoras campañas contra la ciudad de Olinto, aliada de Atenas en la Calcídica, y contra el Helesponto, que era la vía por la que Atenas se procuraba el indispensable abastecimiento de grano, y contra las Termópilas, que eran las puertas por las que había de pasar todo invasor de Grecia procedente del norte, se alzó poderosa y sin desfallecimiento la patriótica y elocuente voz de Demóstenes, que en sucesivos discursos intentó desperezar a sus conciudadanos y poner fin a su inveterada indolencia y su ya arraigado desinterés por los difíciles problemas de la política exterior. Demóstenes, frente a quienes, como Isócrates, veían la salvación de la patria en una monarquía unificadora de Grecia que bien podía recaer en Filipo y que impondría la concordia entre todos los griegos y así los empujaría luego a emprender la lucha contra el común enemigo que eran los persas, o a quienes, como Esquines y los más ricos atenienses, que aspiraban a someterse a Macedonia como única solución eficaz para liberarse de las insoportables cargas económicas que sobre ellos pesaban a la hora de pagar impuestos y especiales contribuciones para hacer frente a los gastos de guerra y de alimentación del ejército, se convierte en la voz de una patriótica e interesada mayoría de ciudadanos, mercaderes y artesanos en su mayoría, que todavía soñaban con la Atenas que había sido el corazón de un imperio marítimo del Egeo, por cuyas rutas ellos exportaban sus pro-

---

[25] La falange macedónica la formaban, en tiempos de Alejandro, 3.000 infantes, «camaradas de a pie» *(pezétairoi)*, y 6.000 «escuderos», que iban al campo de batalla armados a la ligera. La caballería de los macedonios era un cuerpo de elite formado por «camaradas» *(hetaîroi)* agrupados en ocho escuadrones *(ilai)*.

ductos y mantenían prósperas relaciones comerciales, en especial con la zona del Ponto. Frente a este patriotismo y estos intereses se producían las intervenciones de Filipo II de Macedonia que amenazaban a Atenas como ciudad-estado, impedían la reconstrucción de lo que fuera su imperio en el inmediato glorioso pasado y hostigaban a toda la Grecia de las *pólis* y de la confederación de ciudades-estados.

Con los cuatro discursos *Contra Filipo* y los tres *Olintíacos*[26], nuestro orador se propone decididamente alertar al pueblo y exhortarle a afrontar los necesarios sacrificios para, desoyendo a los políticos aduladores, combatir al peligroso y tremendo enemigo que era ya a todas luces el monarca macedonio. Asimismo, en *Sobre la organización financiera*[27], de cuya autenticidad, frente a las reservas expresadas por Blass[28] en el siglo pasado, hoy apenas se duda[29], nuestro orador advierte a sus conciudadanos de las ventajas de su propuesta frente a la de los viejos políticos, que, a su juicio, respondía únicamente al deseo de complacer a las masas interpretando y dando gusto a sus anhelos[30].

Para realizar este tremendo y patriótico esfuerzo de concienciar la pueblo, esquivar males irreparables y mejorar la situación política, a nuestro orador le animaba, como decimos, el ideal de la Atenas de Pericles[31], cuya realización implicaba necesariamente, en su opinión, introducir un cambio fundamental en el carácter de sus conciudadanos[32]. Demós-

---

[26] Los cuatro discursos *Contra Filipo* (I, II, III y IV) son, respectivamente, los discursos IV, VI, IX y X de la colección de discursos demosténicos o *Corpus Demosthenicum*. Los tres *Olintíacos* coinciden con los tres primeros discursos de la colección (I, II y III).

[27] El discurso *Sobre la organización financiera* es el número XIII de la colección.

[28] Blass es el autor de una obra fundamental para el estudio de la oratoria griega y sus más conspicuos representantes. F. Blass, *Die attische Beredsamkeit*, I, II, III, 3.ª ed., Leipzig, 1893; reimp., Hildesheim, 1962.

[29] Cfr. ya F. Levy, *De Demosthenis» περὶ συντάξεως oratione*, Berlín, 1919.

[30] Demóstenes, III, § 24: «aquellos nuestros antepasados, a quienes los oradores no daban gusto ni cortejaban como hacen ésos ahora con vosotros, durante cuarenta y cinco años ejercieron su poder sobre los griegos, que lo aceptaban voluntariamente». Demóstenes, III es el *Olintíaco*, III.

[31] Demóstenes, III, §§ 21-26. Demóstenes, III es el *Olintíaco*, III.

[32] Demóstenes, II, § 13: «De modo que considerable es la reforma y grande el cambio que hay que mostrar.» Demóstenes, II es el *Olintíaco*, II.

tenes, cuya lectura favorita era la *Historia de la Guerra del Peloponeso* de Tucídides, que había copiado ocho veces[33], encontraba en la historia del pasado de Atenas la inspiración de su política y en las variaciones estilísticas del genial historiador una estrategia interesante que aplicar a sus discursos[34]. Políticamente, pensaba que los atenienses no tenían más que revisar su glorioso pasado para encontrar en él los ejemplos del comportamiento conducente al éxito[35]. Y, estilísticamente, la aplicación de la «variación»[36] tucididea a la prosa de sus discursos le convirtió en el orador de tono más apasionado y a la vez elocuente y natural de todos los del canon.

La valiente y tenaz política de Demóstenes era trabajosa y difícil, porque muy contrariamente a ella se dibujaban en el horizonte de los nuevos tiempos otros muy distintos signos venideros, pero ciertamente acertada para quien como él mismo aún creía en la libertad y en la autonomía de las ciudades-estados: si no se detenía al ambicioso monarca macedonio en el norte, habría que hacerlo a última hora, con apuros y corriendo el mayor de los riesgos en la propia Grecia[37].

---

[33] Luciano, *Contra el indocto*, § 4.

[34] Hay en el estilo de Demóstenes huellas evidentes de la influencia del estilo de Isócrates y del de Tucídides. De este último proceden determinados rasgos muy demosténicos, como la evitación de la simetría, el afán por lograr a toda costa la variedad de la expresión, el apego a las figuras retóricas, la rapidez y la concisión expresivas, la tensión y la astringencia del discurso pensado y de su reflejo en la palabra, y, sobre todo, ese regusto por manifestar las ideas de una manera intermedia, ni muy fácil ni muy compleja e intrincada (el estilo de Demóstenes está lejos de la lisura y la sencillez sin rizamientos propia de Lisias) con el fin de de sugerir varias ideas al mismo tiempo y mantener alerta la atención del oyente. Cfr. Dionisio de Halicarnaso, *Sobre el estilo de Tucídides*, §§ 53 y 55.

[35] Demóstenes: III, § 23, «os es posible alcanzar la fortuna valiéndoos de ejemplos no traídos del extranjero, sino tomados de vuestra propia patria».

[36] Esta figura llamada «variación», en latín *variatio* y en griego *metabolé*, consiste en evitar la monotonía y el aspecto de elaboración que proporciona la recurrencia formal y, por consiguiente, en valerse constantemente de sinónimos o construcciones sintácticas similares para evitar la repetición marcada de categorías fonéticas, semánticas y sintácticas.

[37] Demóstenes: IV, § 50, «que el futuro está en nuestras propias manos y que si ahora no queremos combatir con él allí, tal vez nos veremos forzados a hacerlo aquí». Demóstenes, IV es la primera «Filípica», o sea, con mayor propiedad, la pieza oratoria titulada *Contra Filipo, Primer discurso*.

En realidad, Filipo II de Macedonia aprovechaba cualquier signo de flaqueza o atisbo de conflicto entre los helenos (como, por ejemplo, la debilidad de la Confederación de ciudades calcídicas y de su política de alianzas con Atenas, o bien el enfrentamiento bélico entre estados durante la Tercera Guerra Sagrada) para intervenir en Grecia. Por ejemplo, el año 349 a. J. C. lo dedicó el Macedonio a realizar una campaña en la Calcídica, es decir, a atacar e ir capturando una tras otra las pequeñas ciudades de la región que eran miembros de la Confederación de Ciudades Calcídicas, con el fin de ir debilitanado así, poco a poco, el poder de Olinto, la capital de la liga. Y en el frente propiamente griego, es decir, ya en suelo de la Hélade, aunque a Filipo se le había frenado el avance ante las mismísimas Termópilas[38] el año 352 a. J. C.[39], en el otoño del 339 a. J. C. el incansable monarca macedonio entró en Fócide, traspuso esas puertas de la Hélade que eran las Termópilas, y fortificó el pueblo de Elatea[40], situado al mediodía de esas famosas entradas y, por tanto, en una situación estratégica privilegiada que dominaba la ruta hacia el sur que precisamente conducía a Tebas y Atenas. Fue entonces cuando nuestro orador realizó el esfuerzo supremo para, a través de discursos colmados de elocuencia, plasmar en hechos su política conspicuamente patriótica, defensora de la libertad de Atenas y de las demás ciudades griegas. Con nueve colegas se presentó como embajador en Tebas, antigua enemi-

---

[38] «Termóplilas» es un topónimo que significa «Puertas calientes», porque en esa localidad existían fuentes de aguas termales sulfúricas. Por la localidad pasaba la ruta natural que entre el mar y abruptos riscos y escarpaduras conducía del norte al centro de la Hélade.

[39] Diodoro Sículo, *Historia de Grecia*, XVI, § 38, 2.

[40] La magistral descripción de la toma de Elatea por Filipo y de la impresión que causó en Atenas la noticia del infausto suceso constituye un ejemplo clásico de la retórica griega. Cfr. Demóstenes, *Sobre la corona* (XVIII), §§ 169 y ss. Según el Pseudo-Longino, o sea, el desconocido autor de esa obra espléndida en la Historia de la Crítica Literaria que es el tratadito *Sobre lo sublime*, la narración demosténica de la toma de Elatea en su discurso *Sobre la corona* y aquel poema de Safo que comienza con el verso —en traducción española— «Me parece el hombre aquél semejante a los dioses» son ejemplos señeros de la perfección que en literatura puede lograrse a base de combinar en una descripción los detalles más relevantes de lo percibido para formar con ellos un todo unitario.

ga de Atenas, para intentar concertar con ella una alianza. El éxito de esta embajada lo coloca Demóstenes en lugar relevante al hacer la exposición de sus méritos en el *Sobre la corona*, como uno de sus triunfos más notables y significativos[41].

Y acertó nuestro orador al calibrar el peligro que en aquella coyuntura se cernía sobre Grecia: el monarca macedonio tomó Anfisa y Naupacto, entró en Beocia por el noroeste y se enfrentó en Queronea a una coalición de tropas atenienses y beocias. El resultado de esta batalla nos es bien conocido: la superioridad tanto del talento militar de Filipo como de la preparación y efectividad bélica de sus tropas se impusieron en toda la línea a los coaligados. Pero a nuestro orador se le reconoció la valentía y la nobleza de su decisión política, hasta el punto de que el pueblo lo designó como orador encargado de pronunciar el discurso fúnebre en conmemoración y honor de los caídos en la infortunada batalla[42]. A veces —argumenta Demóstenes— la Fortuna, la *Túkhe*, impone su voluntad inescrutable e impredecible sobre las más sesudas reflexiones y los más patrióticos designios de los mortales.

Todo cambió para Grecia al día siguiente de la batalla de Queronea. Tebas pagó con la pérdida de su hegemonía y contemplando humillada el establecimiento de una guarnición macedonia en su vieja ciudadela, en la Cadmea. En Atenas se nombró un cuerpo de comisarios encargados de reparar y fortificar sus muros. Entre ellos se encontraba Demóstenes. Filipo no atacó esta ciudad en un primer momento, pero la obligó a disolver la Segunda Confederación Marítima y a renunciar a toda reivindicación sobre el Quersoneso Tracio. La mayoría de los atenienses que, movidos por patrióticos sueños de restablecimiento del glorioso pasado y por realistas intereses de prosperidad material, habían aplaudido la acción política de nuestro orador, en este mismo momento perdieron definitivamente toda esperanza.

---

[41] Demóstenes, *Sobre la corona* (XVIII), §§ 211 y ss. Obsérvese la burla y el desprecio con que a este mismo hecho se refiere Esquines en su *Contra Ctesifonte*. Esquines, *Contra Ctesifonte* (III), §§ 137 y ss. y 237.

[42] Demóstenes, *Sobre la corona* (XVIII), § 288. Plutarco, *Vida de Demóstenes*, 21, 2.

Demóstenes, no obstante, siguió luchando tenaz y tesoneramente contra los enemigos de sus patrióticos ideales de libertad, autonomía y gloria para Atenas, y no dudó en aprovechar cualquier resquicio favorable que le deparara la debilidad de sus enemigos para intentar llevar a la práctica sus planes. Cada vez que al poder macedonio le sobrevino un contratiempo, un motivo de desfallecimiento, debilidad o descuido (por ejemplo, el asesinato de Filipo el año 336 a. J. C., o la campaña que su sucesor Alejandro Magno emprendió un año más tarde contra los tracios y los ilirios, o su expedición militar al Oriente o su prematura muerte en Babilonia el año 323 a. J. C.), junto a las ciudades griegas que intentaban sacar partido de la favorable coyuntura para desprenderse del humillante yugo de un estado al que consideraban más bárbaro que griego[43] se alineaban indefectiblemente la palabra elocuente y la acción política de Demóstenes.

Cierto es que nuestro orador pagó con su vida su contumaz resistencia al absorbente poder de Macedonia que trataba de imponer su hegemonía sobre la destrucción de las ciudades-estados o *pólis* griegas, hasta aquel momento independientes y autárquicas. Después del fracaso de la insurrección de Grecia que se produjo tras la muerte de Alejandro y dio lugar a la Guerra Lamíaca, Demóstenes se vio obligado a refugiarse en el santuario de Posidón de la islita de Calauria, situada frente a la costa de la Argólide. Y allí, fuera del templo para no contaminarlo, junto al altar de la entrada, tras haber ingerido un veneno para evitar caer vivo en manos de las huestes de Antípatro, el general de Alejandro que había derrotado en Cranon a los insurrectos de la Guerra Lamíaca (322 a. J. C.), dejó escapar su postrer suspiro.

---

[43] Demóstenes, *Olintíaco Tercero* (III), § 17: «¿Es que no se trata de nuestro enemigo? ¿No está en posesión de lo nuestro? ¿No es un bárbaro?» *Contra Filipo, Tercer Discurso* (IX), § 31: «Pero no albergan esos sentimientos respecto de Filipo y lo que ahora está haciendo, a pesar de que no sólo no es griego y ninguna relación tiene con los griegos, ni siquiera un bárbaro procedente de un lugar honroso de nombrar, sino un miserable macedonio oriundo de un país en el que hasta hoy no era posible comprar ni un esclavo que valiera algo.»

Hasta aquí la vida de un perseverante, insobornable e invariable político que no hizo otra cosa sino defender con titánico esfuerzo y con sobrehumano empeño la causa de la libertad y autonomía de su patria. No en vano, unos cuarenta años después de su muerte, secundando una propuesta presentada por su sobrino Demócares de Leuconoe, el pueblo de Atenas en el arcontado de Gorgias (280-279 a. J. C.) aprobó que, para conmemorar su firme e inquebrantable política de adhesión a la patria, se le erigiera una estatua de bronce en cuyo pedestal se grabara un dístico elegíaco (conjunto de dos versos, un hexámetro seguido de un pentámetro) que en traducción rezaba así:

> Si tu fuerza, Demóstenes, a tu intención igual hubiera sido,
> Nunca el Ares Macedonio a los griegos hubiera regido.

Por esas fechas (280-279 a. J. C.) —todo hay que decirlo— Atenas, que el año 322 a. J. C. se había desembarazado de la guarnición macedonia establecida en la fortaleza de Muniquia en el Pireo y había recuperado sus islas junto con las *cleruquías* establecidas en ellas, podía permitirse el lujo de soñar que había recuperado su libertad, y Demócares, que, al igual que muchos de sus contemporáneos, sin duda contemplaba el pasado con nostalgia, creería a pies juntillas que con ello se había hecho realidad el anhelo por el que había luchado sin tregua y obstinadamente hasta la muerte su ilustre antepasado.

Pues bien, la misma férrea fuerza de voluntad, el mismo esfuerzo gigantesco propio de su acción política se vislumbra en su estilo. Sólo así se entiende la cuidadosísima elaboración de sus discursos, en los que no se desatiende ni el en apariencia más mínimo o insignificante detalle, hasta el punto de que más que discursos orales dan la impresión de ser discursos concebidos en forma escrita o incluso esculpida o cincelada[44].

---

[44] Quintiliano, *Institución oratoria*, XII, IX, §16 «[el orador ideal] pronunciará la mayor parte de las veces lo que haya escrito, o incluso, si se da el caso, como dice Demóstenes, lo que haya esculpido».

Pero esa exquisitez minuciosa en la realización del discurso, que es a todas luces un principio de la técnica oratoria isocratea, no la aplica nuestro orador por sí misma y en exclusiva, sino al servicio de la pasión que en su persona provoca la intencionalidad del discurso. Es decir, este incansable orador, merced a un ímprobo y constante esfuerzo, llegó a dominar las técnicas retóricas pero no dejó nunca de aplicarlas a la realidad pragmática del momento, por lo que, siendo —como lo es— el más excelso de los oradores áticos, no es ni el más exacto en el uso de la palabra (honor que corresponde a Isócrates) ni el más austero (la gran virtud del sobrio estilista Lisias). Demóstenes, que estilísticamente es más elevado que los oradores que hacen uso de locución llana, y más natural que quienes observan rigurosamente la norma externa[45], es, a la postre, un poco de todo: no desecha el empleo de expresiones abstractas y perifrásticas al tucidídeo modo, pero tampoco se abstiene de emplear locuciones coloquiales propias de la comedia, no desprecia el ornato de metáforas, símiles y otras figuras retóricas, pero no se recrea en ellas de manera que la fuerza poética de la imagen generada distraiga al oyente del asunto del que debe juzgar. Es un trabajador incansable de su estilo que logra evitar, sin embargo, que sus discursos reflejen esa enorme laboriosidad. Por eso su estilo se nos aparece tan cambiante y variado: es patético, sin perder gravedad, enérgico, unas veces dialogístico, otras, en cambio, descriptivo, pero —eso sí— siempre provisto de armonía, variedad y, en última instancia, sensación de vida. Según el Pseudo-Longino, es decir, el anónimo autor del tratado titulado *Sobre lo sublime*, Demóstenes tiene esa elevación sublime que es un don divino y se refleja en el tono elevado de sus alocuciones, en las pasiones animadas que transmite, en su sagacidad, en la rapidez de su pensamiento, en la vehemencia y la fuerza oratorias por lo general poco accesibles a los demás oradores de todos los tiempos, por lo cual truena sobre todos ellos y los ciega con el destello de su luz[46].

---

[45] Dionisio de Halicarnaso, *Sobre el estilo de Demóstenes*, §§ 9-10; 13. Según este autor, el estilo de Demóstenes ocupa un lugar intermedio entre el escabroso de Tucídides y el llano de Lisias.

[46] Pseudo-Longino, *Sobre lo sublime*, XXXIV, 4.

Para caracterizar debidamente el estilo de Demóstenes, deberíamos decir, asimismo, con Dionisio de Halicarnaso[47], que nuestro orador es un auténtico Proteo por la cantidad de formas estilísticas distintas que es capaz de adoptar, ya que emplea con idéntica soltura y maestría los amplios períodos y las frases breves, las innovaciones léxicas o las palabras de elevado nivel o los poetismos o las figuras de dicción y las más sencillas, usuales y coloquiales locuciones, y la brevedad descriptiva que consigue a base de efectivísimas y escasas pinceladas y la morosidad intencional lograda a base de sinónimos encadenados por conjunciones copulativas, y las veloces enumeraciones de términos en asíndeton y las lentas narraciones colmadas de recurrencias semánticas, y la moderada evitación del hiato que suena a elaboración previa y la gran variedad de ritmos entremezclados en los miembros de frase que produce sensación de espontaneidad.

Es el más pragmático de los oradores que conozco, en el sentido de que acierta perfectamente con el tono que debe emplear en cada momento de sus diversas alocuciones. En los discursos privados, por ejemplo, se parece mucho a Lisias, hasta el punto de que Dionisio de Halicarnaso, que estaba dotado de un finísimo juicio crítico para detectar el diferente estilo de cada uno de los oradores áticos, nos muestra cómo determinados pasajes de discursos judiciales del uno y del otro podrían ser adscritos a cualquiera de los dos[48]. Pero luego, en los *Discursos contra Filipo* emplea con certero tino el estilo de la arenga y en el discurso *Sobre la corona* mezcla habilidosamente los tonos más escandalosos de la oratoria judicial (por ejemplo, en su invectiva contra Esquines y su madre)[49] con los más patéticos y enardecedores de las arengas (por ejemplo, cuando introduce el famoso juramento por los luchado-

---

[47] Dionisio de Halicarnaso, *Sobre el estilo de Demóstenes*, §§ 11 y ss.
[48] Dionisio de Halicarnaso, *Sobre el estilo de Demóstenes*, § 8. El discurso demosténico *Contra Conón* (LIV) es un ejemplo del estilo claro, espontáneo y preciso que, a la manera de las piezas oratorias de Lisias, intenta producir en el oyente la impresión de que quien lo pronuncia, Aristón, posee un carácter sencillo, natural y nada sofisticado.
[49] Demóstenes, *Sobre la corona* (XVIII), §§ 256 y ss.

res muertos en defensa de la libertad)⁵⁰ y con los más refinadamente elogiosos de la oratoria epidíctica o de aparato (por ejemplo, cuando elogia al pueblo de Atenas y de paso, indirectamente, reclama para sí mismo la fama por su limpia e insobornable libertad política y su abnegada y fatigosa labor como orador político incansable al servicio de la patria).

No es éste el momento para explicar pormenorizadamente cómo muchos pasajes «cincelados» de la oratoria demosténica o bien se repiten dentro de un mismo discurso o pasan a otros ligeramente retocados y mejorados en su estilo. Pero baste esto así expresado para dar una idea de cómo el estilo de nuestro orador, en paralelo estricto con la trayectoria de su propia vida, fue fruto de un continuado e incesante esfuerzo y de una tensión constante e inasequible al desfallecimiento.

Los discursos demosténicos, por otra parte, despiertan en nosotros la impresión de que han debido de ser objeto de una pronunciación o ejecución francamente llena de fuerza y muy rica en modulaciones vocales que reflejaran las diferentes modalidades que abundan en el mundo anímico de los afectos y de las pasiones. Recordemos que, según Aristóteles, autor estrictamente contemporáneo de nuestro orador, en las competiciones de tragedias de la época se otorgaban premios especiales a los mejores actores, del mismo modo que los ganaban también los oradores duchos en el arte de representación teatral⁵¹. Es más, hay en los discursos del Peanieo ciertos detalles concretos que nos sugieren la proximidad de la realización o pronunciación *(actio, pronuntiatio)* retórica respecto de la dramática: por ejemplo, al igual que ocurre en el diálogo del drama con los finales de verso, también en los discursos demosténicos se observa que al final de colon la ley de la evitación del hiato se cumple con mucho menos rigor que en otros lugares, pues, evidentemente, ante pausa el hiato hiere mucho menos el oído, o incluso resulta imperceptible. Otra muestra del esfuerzo enorme con que se aplicó nuestro orador a la composición de su prosa es la ley

---

⁵⁰ Demóstenes, *Sobre la corona* (XVIII), § 208.
⁵¹ Aristóteles, *Retórica* 1404 a 16.

rítmica de la evitación de la secuencia de tres sílabas breves seguidas, que implica un laborioso cincelado o esculpido de sus discursos.

Para el estudio de la lengua empleada por Demóstenes, es de capital importancia compararla con las de sus contemporáneos Aristóteles e Hiperides. El orador de Peania emplea una variedad de ático que coexistía con otra que era ya el griego helenístico o *koiné*. De ahí que junto a los más aparentes rasgos del ático clásico detectemos en la lengua de Demóstenes otros que están ya en la línea de esa variedad del ático evolucionado y expandido que dio lugar al llamado «griego común».

En la historia del texto de Demóstenes se establecen cuatro familias de manuscritos y unos fragmentos papiráceos, de escaso valor frente a los manuscritos, datables en los tres primeros siglos después de Cristo, seis del discurso *Sobre la corona* y uno del *Contra Filipo*, III. De los manuscritos los mejores son sin duda los de la primera familia, un Parisino (S) *(Parisinus,* 2934) del siglo x y un Laurentiano (L) *(Laurentianus,* LVI, 9, 136) de los siglos XIII-XIV.

En esta traducción que ofrecemos, vamos a seguir fundamentalmente el texto fijado por S. H. Butcher en su edición oxoniense (S. H. Butcher, *Demosthenis Orationes*, I, SCRIPTORUM CLASSICORUM BILIOTHECA OXONIENSIS, Oxford, reimp., 1989).

BIBLIOGRAFÍA

ADAMS, C., *Demosthenes and his influence*, Londres, 1927.
BLASS, F., *Die attische Beredsamkeit*, I, II, III, 3.ª ed., Leipzig, 1893; reimp., Hildesheim, 1962.
CANFORA, L., *Per la cronologia di Demostene*, Bari, 1968.
CARLIER, P., *Démosthène*, París, 1990.
CLOCHÉ, P., *Démosthène et la fin de la démocratie athénienne*, París, 1937.
CORTÉS GABAUDAN, F., *Fórmulas retóricas en la elocuencia judicial ática*, Salamanca, 1986.
FERNÁNDEZ GALIANO, M., *Demóstenes*, Barcelona, 1947.
HERNÁNDEZ MUÑOZ, F. G., «Contribución lexicográfica al estudio de la autenticidad de los discursos políticos del *Corpus Demosthenicum*», *Myrtia*, 3 (1988), 61-91.
— «La noción de *hapax relativo* y su aplicación a los problemas de autenticidad en literatura clásica: un caso práctico», *Epos*, 9 (1993), 41-9.
JAEGER, W., *Demosthenes. The Origin and Growth of his Policy*, Berkeley, 1938.
— *Demosthenes. Der Staatsman und sein Werden*, trad. al., Berlín, 1939.
— *Demóstenes: La agonía de Grecia*, trad. esp., México, 1945.
JONES, A. H. M., *Athenian Democracy*, Oxford, 1957.
— *The Athens of Demosthenes*, Cambridge, 1952.
LÓPEZ EIRE, A., «Demóstenes: Estado de la cuestión», *Estudios Clásicos*, XX (1976), 207-240.
— *Demóstenes. Discursos Políticos* I, II, III, Madrid, 1980.
LUCCIONI, J., *Démosthène et le panhéllénisme*, París, 1961.
MATHIEU, G., *Démosthène, l'homme et l'oeuvre*, París, 1948.

Mossé, C., *Démosthène ou les Ambiguïtés de la Politique*, París, 1994.
Pearson, L., *The Art of Demosthenes*, Beiträge zur klassischen Philologie, Heft 68, Meissenheim an Glan, 1976.
Pickard-Cambridge, A. W., *Demosthenes and the Last Days of Greek Freedom*, Londres-Nueva York, 1914.
Ronnet, G., *Étude sur le style de Démosthène dans les discours politiques*, París, 1951.
Sealy, R., *Demosthenes and his Time. A Study in Defeat*, Oxford, 1993.
Treves, P., *Demostene e la libertà greca*, Bari, 1933.
Wolff, H. S., *Demosthenes als Advokat*, Berlín, 1968.

TABLA CRONOLÓGICA.
(Acontecimientos históricos más importantes acaecidos en el mundo griego entre el nacimiento y la muerte de Demóstenes)

a. J. C.

386 Se firma la Paz de Antálcidas o «Paz del Rey».
384 Nacimiento de Demóstenes.
378/377 Se funda la Segunda Confederación Marítima Ateniense.
371 Se firma la Paz de Esparta. Tiene lugar la batalla de Leuctra, en la que los espartanos fueron derrotados por los tebanos. Comienza la hegemonía tebana.
369 Se firma la alianza entre Esparta y Atenas.
366 Atenas pierde la ciudad de Oropo.
362 Tiene lugar la batalla de Mantinea, que señala el fin de la hegemonía tebana.
359-338 Es rey de Persia el monarca Artajerjes III Oco.
359-336 Sube al trono y reina en Macedonia el rey Filipo II.
358 Filipo pisa por primera vez tierra tesalia.
357 Periandro reforma el servicio público o *liturgía* de la trierarquía. Atenas obliga a Tebas a evacuar Eubea. Filipo toma Anfípolis.
357-355 Guerra de los Aliados. Cuatro importantes y antiguos aliados de Atenas en Asia Menor, a saber, Bizancio, Quíos, Rodas y Cos, se separaron definitivamente de la Segunda Confederación Marítima Ateniense. La secesión de estas ciudades fue avivada por Mausolo, el ambicioso sátrapa de Caria, que el año 346 a. J. C. someterá a su dominio las islas recién liberadas. La

Guerra de los Aliados o Guerra Social se decidió en la batalla naval de Embata, del año 356 a. J. C., en la que la flota ateniense comandada por los prestigiosos estrategos Timoteo, Ifícrates y Cares, fue, no obstante, derrotada por las de los insurrectos. La paz se firma al siguiente año, el 355 a. J. C.

357/356 Filipo toma Pidna. Atenas le declara la guerra. El estado de guerra entre Atenas y Macedonia va a durar hasta el año 346 a. J. C., fecha en la que se firma la «Paz de Filócrates» entre Atenas y sus aliados, por una parte, y Macedonia, por otra.

356 Nace el que, con el transcurso del tiempo, será Alejandro Magno. Los focidios ocupan Delfos, acción que da comienzo a la Tercera Guerra Sagrada, que dura hasta el año 346 a. J. C., en el que además se firma la «Paz de Filócrates». Filipo toma y destruye Potidea.

355 Da comienzo la Tercera Guerra Sagrada entre Tebas y la Fócide secundadas por sus respectivos aliados, que dura hasta el año 346 a. J. C., tras la intervención en ella de Filipo II de Macedonia. Tebas había controlado la Anfictionía de Delfos durante el tiempo que duró su hegemonía (371-362 a. J. C.) y así, acostumbrada al mando, en la primavera del año 356 a. J. C., hace votar al Consejo Anfictiónico una amenaza de intervención militar contra los focidios si no pagaban la multa que dicha institución les había impuesto por cultivar la tierra de la llanura Crisea, situada entre Delfos y Cirra, que era considerada terreno consagrado a Apolo. Los locrios, comandados por Filomelo, lejos de arredrarse ante tal amenaza, tomaron Delfos y rechazaron a las fuerzas beocias y locrias que seguidamente les atacaron. Así fue como, en el otoño del año 355 a. J. C., estalló una guerra entre focidios y tebanos que involucró, en calidad de aliados de uno u otro bando, a numerosas ciudades-estado de Grecia. Apoyaban a los focidios los espartanos, los atenienses, los aqueos y otros; y a los tebanos les ayudaban los tesalios y los locrios. Los focidios obtuvieron al principio algunos éxitos. De hecho, derrotaron a los tesalios, invadieron Beocia, sometieron la Dóride, la Lócride y parte de la propia Tesalia. Incluso derrotaron al mismísimo Filipo de Macedonia dos veces consecutivas en Tesalia (353 a. J. C.). Pero el año 352 a. J. C. el monarca macedonio se impuso a los focidios en Tesalia a pesar del apoyo ateniense con el que contaban. Y el año 347 a. J. C.,

Filipo, invitado a intervenir de manera contundente en el ya largo conflicto por Beocia y Tesalia, derrotó definitivamente a los focidios, los sometió a su yugo y se apropió de sus votos en el Consejo Anfictiónico.

354 Filipo conquista Metone. Comienza la carrera política de Demóstenes. Nuestro orador cuenta a la sazón treinta años de edad, pero, a pesar de su juventud, junto con otro orador de mayor edad, se hace cargo de la acusación por ilegalidad que dos ciudadanos atenienses, Apsefión y Ctesipo, el hijo del estratego Cabrias, habían dirigido contra la ley, propuesta dos años antes por Leptines, que suprimía las inmunidades de las que gozaban algunos ricos atenienses (discurso XX de la colección, titulado *Sobre la exención de cargas o Contra Leptines*).

352 Los focidios, comandados por Onomarco, son vencidos por Filipo en Tesalia. El Macedonio consolida su hegemonía en Tesalia y avanza hasta las Termópilas, que no llega a traspasar, porque ante ellas es detenido por la coalición de los focidios y sus aliados. Entre estos aliados figuraban los atenienses, que habían enviado para frenar a Filipo e impedirle el paso a través de las Termóplilas un ejército de cinco mil hoplitas.

352/351 Filipo está realizando una campaña en Tracia y pacta con Bizancio, Perinto y Cardia, mientras el general Cares toma Sesto para Atenas, con lo que se restablece la hegemonía ateniense en el Querosneso Tracio. Demóstenes pronuncia su *Primer Discurso contra Filipo* o *Primera Filípica* (IV).

349 Comienza la lucha por Olinto, capital de la Liga calcídica, es decir, la Guerra de Olinto. Demóstenes pronuncia sus tres discursos *Olintíacos* (I, II, III).

348 Tiene lugar la expedición militar de Atenas a Eubea, seguida de la pérdida de la isla para Atenas. Filipo toma y destruye Olinto. Comienza Demóstenes a ser tenido en cuenta como político.

348/347 Eubulo, apoyado por Esquines, intenta, mediante embajadas enviadas a diferentes puntos de la Hélade, fundar una liga panhelénica para hacer frente a Filipo. Eubulo fue un político ateniense del momento que desempeñó un importantísimo papel por tener a su cargo la caja de los fondos destinados a los espectáculos o *teórico (theorikón)*. Aunque partidario de una política de paz, sin ser por ello filomacedonio, no se opuso en absoluto a las medidas y preparativos bélicos propuestos y exigidos por Demóstenes, a quien, bien al contrario, prestó apoyo oponiéndose a sus adversarios ante los tribunales de justicia.

347 Muere el maestro Platón, el divino filósofo, y su discípulo Aristóteles abandona Atenas para ir a instalarse en Aso.

347/346 Atenas y Macedonia inician por separado los trámites para firmar la paz. Al mismo tiempo, Filipo emprende una campaña relámpago contra Tracia que rematará el año 346 a. J. C. obligando a capitular a Cersobleptes, príncipe tracio aliado de Atenas.

346 Atenas envía su embajada de paz a Macedonia. Se presentan en Atenas embajadores enviados por Filipo para tratar de la paz. La «Paz de Filócrates» es ratificada por los atenienses y sus aliados. Filipo ratifica el tratado de paz. Isócrates publica el *Filipo* (discurso V del *corpus* isocrateo) exhortando al monarca macedonio a «encabezar la concordia de los griegos y emprender una campaña militar contra los bárbaros», o sea, los persas. Demóstenes, con el apoyo de Timarco, acusa a Esquines. Los focidios capitulan. Filipo ocupa las Termópilas. A propuesta de Calístenes, se adoptan medidas de seguridad en Atenas y en el Ática, pues Atenas había rehusado formar parte de la alianza militar contra los focidios ahora derrotados. Filipo es acogido en el Consejo de los Anfictíones como miembro de pleno derecho y en posesión de los dos votos que habían pertenecido a los focidios. Demóstenes pronuncia el discurso *Sobre la paz* (discurso V de la colección).

345 Antifonte, agente de Filipo, a quien había prometido pegar fuego a los arsenales atenienses, es ajusticiado en Atenas tras el ataque perpetrado contra ellos (cfr. XVIII, 132). Disputa legal entre Atenas y Delfos por la presidencia de primavera en el Consejo Anfictiónico.

344/343 Isócrates dirige una carta a Filipo *(Ep.* 2) apremiándole a comenzar la campaña contra Persia y a desmentir las acusaciones calumniosas que, a propósito de sus reales intenciones de dominar Grecia entera, contra él se lanzaban. Filipo establece tetrarquías en Tesalia. Demóstenes lleva a cabo una gira diplomática por el Peloponeso con el fin de hacer propaganda contra la política seriamente amenazadora de Filipo. De regreso en Atenas, pronuncia su *Segundo Discurso contra Filipo* o *Segunda Filípica* (VI).

343 Se presenta en Atenas una embajada persa que, con gran pesar para Demóstenes, no obtiene el deseado éxito. Asimismo, nuestro orador impide el éxito de una embajada macedonia encabezada por el bizantino Pitón. Hegesipo, en su calidad de comisionado enviado como embajador, intenta en vano obtener de Filipo una revisión del tratado de paz del 346 a. J. C. Filócrates es condenado y tiene lugar el proceso sobre la embajada a Filipo, en el que Esquines es declarado inocente, y, por tanto, es absuelto de los cargos que le imputó Demóstenes, si bien logró librarse por un escaso margen de votos. En este proceso Demóstenes pronunció el discurso de la acusación, titulado *Sobre la embajada fraudulenta* (XIX) y Esquines intervino pronunciando el discurso de defensa cuyo título era el mismo *(Sobre la embajada fraudulenta)* y que es el segundo (II) del *Corpus* de sus discursos. En compañía de Polieucto y Hegesipo, Demóstenes recorre el Peloponeso exponiendo su política de oposición al Macedonio y animando a sus oyentes a acogerla favorablemente y de este modo colaborar en la empresa.

342 Atenas concluye alianzas con diferentes ciudades-estados del Peloponeso, como Argos, Arcadia, Mesenia, Acaya, y, además, incluso con Acarnania. Se rechaza en Atenas el ofrecimiento de Filipo de ampliar el período de vigencia de la «Paz de Filócrates», tratado suscrito el año 346 a. J. C. Hegesipo pronuncia el discurso *Sobre el Haloneso* que se ha colado de rondón en el conjunto de las obras de Demóstenes (VII). Filipo triunfa en Eubea e impone tiranos en dos ciudades de la isla, Oreo y Eretria.

342/341 Tiene lugar la expedición de Filipo a Tracia para someter esta región. Diopites y colonos («clerucos») atenienses luchan en el Quersoneso Tracio, entre otras, contra la ciudad de Cardia, en principio independiente y más tarde, tras los desmanes a que fue sometido su territorio por obra del general ateniense y su ejército de mercenarios al que no podía pagar por carencia de fondos, aliada de Filipo.

341 Demóstenes pronuncia el discurso titulado *Sobre los asuntos del Quersoneso* (VIII). Atenas obtiene ciertos éxitos diplomáticos en Eubea. Demóstenes pronuncia el *Tercer Discurso contra Filipo* o *Tercera Filípica* (IX). Atenas concierta con Bizancio y Abido una alianza defensiva.

340 Se constituye una Liga helénica de la que forman parte Eubea, Mégara, Acaya, Corinto, Léucade, Corcira y otras ciudades-estados. Surgen conflictos en torno a Haloneso y Pepáreto. Filipo asedia en vano Perinto. También resulta infructuoso (al menos hasta la primavera del año 339 a. J. C.) su asedio a Bizancio. Filipo captura en el Bósforo una gran flota ateniense de transporte de trigo. A propuesta de Demóstenes, Atenas declara la guerra a Filipo. Se impone la ley trerárquica propuesta por Demóstenes. Atenas envía en dos ocasiones consecutivas sendos cuerpos expedicionarios de ayuda a Bizancio.

339 En la reunión de primavera de la Anfictionía délfica Esquines lanza acusaciones contra los locrios de Anfisa. La Anfictionía, sin la participación de Atenas y Tebas, decreta la «Guerra Sagrada» contra Anfisa, pero este acto no dio resultado. Los tebanos arrebatan a los macedonios Nicea, localidad situada junto a las Termópilas. En la sesión de otoño del Consejo Anfictiónico se otorga a Filipo el mando supremo de las tropas que luchan en la «Guerra Sagrada» contra los locrios. Filipo llega por el oeste al valle del Cefiso y ocupa Elatea. Demóstenes se presenta como embajador en Tebas, ciudad-estado que concluye una alianza con Atenas. Comienzan los éxitos de los aliados.

338 Un ejército de mercenarios de los atenienses comandado por Cares y Próxeno es aniquilado en las proximidades de Anfisa. Tiene lugar la derrota de los aliados cerca de Queronea. Demóstenes pronucia el *Epitafio* (LX) en conmemoración de los caídos en esa batalla. Se firma la «Paz de Démades». Filipo penetra por fin en el Peloponeso.

338/337 Se constituye la Liga de Corinto, de la que es «hegemón» o jefe Filipo.

337/336 Demóstenes es nombrado administrador de la caja de fondos para los espectáculos o «teórico» *(theorikón)* y, junto con otros nueve, comisario para la reconstrucción de los muros de Atenas.

336 Ctesifonte propone la coronación de Demóstenes. Esquines acusa a Ctesifonte de presentar una propuesta ilegal. Se plantea así el pleito por la corona, que no se resolverá hasta el año 330 a. J. C., o sea seis años más tarde. Filipo es asesinado y su hijo Alejandro asume la jefatura de la Liga Corintia.

335 Expedición de Alejandro al norte y noroeste, a la zona de Iliria

y las riberas del Danubio. Se produce un levantamiento contra el poder macedonio en Grecia que se convierte en causa de que Alejandro, por afán ejemplificador, destruya la ciudad de Tebas.

334 Alejandro emprende su campaña expedicionaria contra Persia y obtiene su primera victoria en Granico, localidad próxima al Helesponto.

333 El rey persa Darío III es derrotado por Alejandro en la batalla de Iso.

332 Alejandro entra en Egipto y funda Alejandría.

331 Se produce el levantamiento de Esparta, capitaneada por el rey Agis III, en el Peloponeso contra el poder macedonio. Alejandro Magno obtiene la victoria sobre los persas en Gaugamela, en plena llanura de Mesopotamia. Agis III es derrotado por el general macedonio Antípatro.

330 El rey persa Darío III es muerto en su huida a manos de miembros de su propio séquito. Tiene lugar el proceso de la corona. Esquines pronuncia su discurso de acusación titulado *Contra Ctesifonte* (III) y Demóstenes el suyo de defensa que lleva por título *En defensa de Ctesifonte sobre la corona* (XVIII).

330-328 Alejandro lleva a cabo campañas en Bactria y Sogdiana.

328 Demóstenes es nombrado administrador de la caja para proveer a las compras de trigo.

327 Se celebra el matrimonio de Alejandro y Roxana después que el monarca macedonio conquistara, tras una dura y penosa campaña de tres años, Bactria y Sogdiana (situadas en el actual Turquestán Ruso). Alejandro entra en la India. Calístenes, historiador de Alejandro y sobrino de Aristóteles, es ejecutado por Alejandro. El filósofo escéptico Pirrón y el también filósofo Anaxarco acompañan a Alejandro y entran en contacto con los brahmanes.

326 Alejandro cruza el Indo y gana la batalla de Hidaspes, conquista el Punjab y emprende una navegación siguiendo el curso del Indo hasta el océano Índico.

326-324 Nearco, almirante al servicio de Alejandro, realiza viajes expedicionarios por el golfo Pérsico.

324 Alejandro entra en Susa. Hárpalo, amigo, consejero y tesorero de Alejandro, decide traicionar al monarca y hacer defección de su causa quedándose con los tesoros procedentes de la campa-

ña de Asia, cuya custodia se le había confiado. Y así llega a Atenas con una suma de dinero (unos 700 talentos) que deposita en la Acrópolis y de la que al día siguiente sólo se encontró la mitad (350 talentos). Demóstenes es acusado de cohecho y declarado culpable por el tribunal del Areópago.

323 Ante un tribunal formado por mil quinientos heliastas, Demóstenes fue acusado de haber recibido y aceptado de Hárpalo la suma de veinte talentos. El orador Hiperides acusa a Demóstenes de haberse dejado corromper por Hárpalo, Alejandro y el gran Rey o rey de Persia. Nuestro orador fue condenado a pagar una multa de cincuenta talentos. Encarcelado por no poder pagarla, huye a Trecén y desde allí a Egina. Muerte de Alejandro a la edad de treinta y dos años.

323/322 Atenas y sus aliados intentan liberarse de la opresión del yugo macedonio mediante la Guerra Lamíaca. Se concede a Demóstenes el regreso a su patria desde el exilio. En Cranon las tropas macedonias a las órdenes de Leonnato y Antípatro vencieron a las de los griegos aliados contra el poder macedonio comandadas por Leóstenes y su sucesor Antífilo. Huyen de Atenas Demóstenes, Hiperides y otros políticos patriotas.

322 Mueren Demóstenes y Aristóteles, dos figuras relevantes del mundo griego que son rigurosamente contemporáneas. Recordemos que Aristóteles nació en Estagiro (más tarde, Estagira), localidad de la Calcídica, el año 384 a. J. C., el mismo en el que nació Demóstenes, hijo de Demóstenes, natural del demo o pueblo de Peania. Teofrasto se hace cargo de la dirección del Liceo. Demóstenes muere en el templo de Posidón en Calauria, una islita situada no lejos de la costa de la Argólide. Se suicidó, por ingestión de un veneno, antes de caer en manos de las tropas de Antípatro, el general macedonio al que Alejandro había encomendado el gobierno de Macedonia y la capitanía general (o función de estratego) sobre Europa durante su ausencia con motivo de su expedición a Oriente.

LOS DISCURSOS IV, VI, IX Y X
LAS FILÍPICAS

Demóstenes.

Introducción

Los discursos contra Filipo o *Filípicas* son las armas con las que el consumado orador que es Demóstenes combate al monarca macedonio que es ya a la sazón —mediado el siglo IV a. J. C.— un excelente estratego y un político de visión clara y probado ingenio.

El primer discurso *(Primer discurso contra Filipo* [IV]) o *Primera Filípica* data del 351 a. J. C., y en esa fecha el rey de Macedonia llevaba ocho años de reinado cuajados de campañas coronadas por el éxito. En efecto, del 359 al 351 a. J. C. ha vencido a peonios, ilirios y tracios, ha conquistado Anfípolis, Pidna, Potidea y Metone en Tracia y la Calcídica, se ha hecho con las minas de oro situadas entre el río Estrimón y el Nesto y con el abundante bosque de las montañas de esa zona, del que extrae la madera suficiente para construirse una flota.

Pero lo más grave de todos esos acontecimientos es que para todas esas conquistas no sólo se ha valido de una estrategia militar eficaz, sino también de una política de falsas promesas, amagos y engaños a los atenienses que pudiera ser calificada de maquiavélica *avant la lettre*. Atenas no se entera de lo que a su alrededor está pasando y no es capaz de frenar tan ambicioso avance ni antes ni después del año 357 a. J. C., fecha en la que estalla la Guerra Social que la enfrenta a sus importantes aliados Bizancio, Quíos, Rodas y Cos.

Al astuto monarca macedonio todo le vale para dar cumplimiento a sus ambiciosos planes. La Guerra Sagrada que había estallado el año 355 a. J. C. le proporcionó el pretexto ideal para penetrar e intervenir en Tesalia so capa de apoyar a la aristocracia local dirigida por los Alévadas que, enfrentados a los tiranos de Feras, le habían solicitado ayuda.

Los tiranos de Feras, en esta guerra que empezó siendo local para hacerse internacional, eran partidarios de los focidios; los Alévadas y la aristocracia tesalia, en cambio, apoyaban a Delfos; y Filipo, en teoría, prestaba su colaboración a quienes defendían esta causa, pero, en realidad, no se proponía más objetivo que el de llevar a cabo su personal política expansionista. Y así fue como tomó la ciudad de Feras y a continuación se adueñó del importante puerto de Pagasas. Los atenienses, que trataron de evitarlo, llegaron tarde, como era de esperar y como para mal de Atenas venía aconteciendo con inusual frecuencia últimamente[1].

Tan sólo, por fin, el año 352 a. J. C., es decir, un año antes de que se pronunciase este discurso, la flota ateniense frenó a Filipo ante las mismísimas puertas de Grecia que eran las Termópilas y le obligó, pese a su empeño por traspasarlas, a retroceder.

Por su parte, nuestro orador, pese a su juventud, posee ya a estas alturas un plan perfectamente elaborado y madurado que está dispuesto a exponer en el momento oportuno ante la Asamblea. Tres años antes, con su discurso *Sobre las sinmorías* (XIV), del 354 a. J. C., había dado ya fehaciente y definitiva muestra de ello.

Pues bien, en el primer discurso de ataque frontal a la peligrosa política que venía desplegando el monarca macedonio, nuestro orador desarrolla acertadamente, con fino olfato político y brillante habilidad retórica, tres tesis. Primera: Filipo no es en absoluto invencible, sino vulnerable y derrotable por los atenienses, que de hecho derrotaron a rivales tan importantes como ese monarca, y que para volver a triunfar no tienen más que emular la energía, la fuerza de voluntad y la fortaleza inasequible al desaliento propias de este su enemigo, que, pese al daño que les inflige, en cuestión de esfuerzo y coraje, bien puede servirles de ejemplo. Segunda: Atenas necesita contar con ejércitos de defensa y ataque, de los que de-

---

[1] Diodoro Sículo, *Historia de Grecia*, XVI, §§ 35 y 37. Demóstenes, *Olintíaco*, I, § 12. *Contra Filipo*, I, § 35.

ben formar parte ya no tan sólo mercenarios, sino además ciudadanos atenienses (al menos en una cuarta parte del total de las tropas). Tercera: existe un medio eficaz para procurar el dinero que se requiere para hacer frente al plan por él propuesto.

Entre este primer discurso demosténico contra Filipo y el segundo median siete años y nuevos triunfos políticos y estratégicos de Filipo en detrimento de Atenas. En efecto, el año 348 a. J. C. cae en sus manos Olinto, y los atenienses, alarmados, ante este suceso que confirmaba contundentemente la amenazante seriedad del avance del monarca, buscan apoyo entre las demás ciudades griegas, con el fin de formar una coalición antimacedónica para intentar frenar su imparable y triunfadora carrera. Pero el intento no dio resultado.

Así pues, los atenienses tuvieron que contentarse con enviar a la zona afectada una escuadra a las órdenes de Cares, que a la postre se limitó a establecer plazas fuertes en determinados puntos de la costa de Tracia.

Pero, por la otra banda, el cansancio y el desgaste de Filipo le obligaba a buscar una tregua con la que recuperarse de su afanosa e incansable actividad para poder seguidamente reasumir con renovados bríos su obsesiva aspiración, hasta el momento frustrada, a penetrar a través de las Termópilas en Grecia Central para enseñorearse definitivamente de la Hélade.

Fue justamente entonces (346 a. J. C.) cuando Filócrates presentó la moción de nombrar un colegio de embajadores que acudiera a hacer jurar al monarca macedonio las condiciones de paz previamente acordadas en el tratado que el pueblo ateniense, tras las negociaciones entabladas con Macedonia durante la guerra de Olinto, acababa de aprobar.

Para esta embajada fueron designados entre otros Demóstenes y Esquines y de ella precisamente surgió el famoso «asunto de la embajada» que generó sendos discursos de ambos adversarios, en los que cada uno de ellos aprovechó la oportunidad para atacar al otro.

En el tratado de paz se estipulaba el mantenimiento del *statu quo* por el que Filipo mantenía en su poder sus recientes conquistas, en particular Anfípolis. El astuto monarca diferió largamente el prestar juramento a este tratado, exactamente hasta que hubo vencido a Cersobleptes de Tracia, que era aliado de los atenienses. Y después de haberlo jurado, ocultando hábilmente sus reales propósitos de conquista, para lo que se valió de embajadores atenienses a los que corrompió, como Filócrates y Esquines, atravesó Tesalia haciendo concebir a los atenienses la vana ilusión de que iba a atacar Tebas y ayudar a los focidios, pero en realidad lo que hizo fue derrotar definitivamente a estos últimos, arrasar las ciudades focidias y adueñarse así de las Termópilas, la clave de Grecia. Además, conminó a los atenienses a reconocerle como miembro del Consejo de los Anfictíones. En medio de estas gravísimas circunstancias se sitúa el discurso de Demóstenes, realmente pronunciado o no, que lleva por título *Sobre la paz* (346 a. J. C.).

La *Segunda Filípica* fue pronunciada por Demóstenes el 344 a. J. C., dos años después del discurso *Sobre la paz* (V).

Que la paz no iba a durar largo tiempo era en Atenas cosa cantada y que ya desde el principio no pocos atenienses se temían. La siempre creciente amenaza de Filipo iba ahora en constante y rápido aumento merced a la alianza del monarca macedonio con Tebas, su dominio sobre Tesalia y la interesada defensa que proporcionaba a enemigos tradicionales de Esparta como Mesenia, Arcadia y Argos, que a partir de ese momento, por mera hostilidad hacia los lacedemonios, depositaban en el monarca macedonio su total confianza y su entrega sin reservas.

Para estas ciudades Filipo venía a ser el nuevo Epaminondas, o sea, su nuevo valedor a la hora de sacudirse de su cerviz el yugo lacedemonio. Y aunque la elocuencia de Demóstenes se empleó a fondo, durante su gira como embajador ateniense por el Peloponeso, en hacerles ver a sus habitantes los inconfesables designios del monarca y ganarles para su causa, que no era sino la de mantener a toda costa la libertad y autonomía de las distintas ciudades griegas, pudieron más que sus palabras los incondicionales apoyos que Filipo les prestaba para envalentonarse y revolverse contra la secular, aunque ahora ya un tanto quebrantada, hegemonía de sus inveterados y odiados enemigos.

Pero, por otra parte, el rey de Macedonia, siguiendo fiel a la hábil política que, basada en el doble juego, venía manteniendo con Atenas, no cesa de justificarse y disculparse a través de cartas y embajadas, de sostener que cuando juró la paz no había prometido nada de lo que, al parecer, los atenienses esperaban de él, ni de defender ardorosamente la buena fe y las buenas intenciones que inspiran sus acciones.

La verdad era que Filipo en el tratado de paz no había dado más que vagas e imprecisas garantías que en realidad le obligaban a bien poco. Eran más bien los oradores atenienses comprados por él quienes trataban de mantener engañado a un pueblo, el ateniense, ya de por sí indolente y reacio a emprender cualquier acción bélica, a base de hacerle concebir vanas esperanzas.

En efecto, determinados oradores atenienses, inspirados por los sobornos del monarca macedonio, habían hecho creer a los atenienses que Filipo salvaría a los focidios, arruinaría a los tebanos y no se aprovecharía de la vía expedita que se le había brindado en las Termópilas, las claves de Grecia, para continuar ya sin trabas su expansión por la Hélade.

Esta misma estrategia, colmada de disimulos, engaños, dilaciones y artimañas, la ponía en práctica Filipo a través de las embajadas que enviaba a diferentes puntos de la Hélade.

Una de esas embajadas exculpatorias y justificativas del monarca macedonio en la que se quejaba de que no sólo en Atenas sino también en otros puntos de Grecia (aludiendo claramente a la gira que Demóstenes y sus partidarios habían realizado por el Peloponeso previniendo a sus ciudades del inminente y sinuoso peligro de la actividad de Filipo) sirvió de revulsivo a esta *Segunda Filípica* con la que indignado replicó nuestro orador.

La airada respuesta de Demóstenes era de esperar. Le indignaba comprobar cómo sus compatriotas, imbuidos de una buena fe rayana en la simpleza, se estaban dejando engañar y engatusar por políticos atenienses traidores que actuaban como lo que realmente eran, es decir, esbirros a sueldo de Filipo.

Así pues, en este *Segundo discurso contra Filipo* (VI) Demóstenes intenta dejar patentes la falsedad e infiabilidad del enemigo de Atenas por antonomasia, que es Filipo de Macedonia, y la desgracia que representa para la patria albergar en su seno a ciudadanos traidores dispuestos a engañar al pueblo para postrarlo a los pies de su más terrible y encarnizado enemigo. Contra ellos trata nuestro orador de suscitar la merecida animadversión de sus conciudadanos.

Tres años más tarde, o sea el 341 a. J. C., pronuncia Demóstenes el *Tercer discurso contra Filipo* (IX), o sea, la *Tercera Filípica*. Ese mismo año había pronunciado también nuestro orador el discurso titulado *Sobre los asuntos del Quersoneso* (VIII), por lo que la situación que en éste se vislumbra perdura inalterada en aquél.

Filipo sigue ocupado en la campaña de Tracia y amenaza el Quersoneso y Bizancio. Demóstenes asimismo apoya (ahora una vez más) la petición cursada por Diopites en solicitud de refuerzos y fondos para seguir operando en la zona.

Pero, por otro lado, el Macedonio era ahora más temible que nunca y ya no sólo por el hecho de que acababa de instalar tiranos a su servicio en la isla de Eubea (enfrente de la mismísima Atenas), sino porque además había alcanzado su punto culminante como general experto en táctica militar, lo que le había procurado ya notables éxitos, y sus dotes como político se habían perfeccionado tanto que había conseguido reclutar gran número de agentes a su servicio en las ciudades griegas, que por la acción sinuosa y subrepticia de éstos iban cayendo una tras otra en poder del ambicioso monarca.

La propia Atenas estaba amenazada —a juicio de Demóstenes— por ciudadanos traidores dispuestos a practicar una política a todas luces filomacedonia.

De este modo, se ofrecen a Atenas, según nuestro orador, dos principios básicos de acción política que habría que poner en práctica a rajatabla en las relaciones con Filipo: en primer lugar, sería menester neutralizar a los descarados partidarios del monarca macedonio empeñados en hacer triunfar en todo momento los intereses de su patrón en detrimento del bien común de la democrática e independiente Atenas. En segundo término, sería necesario mantener a buena distancia de la ciudad a este común enemigo de todos los griegos que es el rey de Macedonia y persuadir a todas las ciudades de la

Hélade de la conveniencia de unirse a Atenas en defensa de la libertad de Grecia.

Estos dos genéricos consejos se hacían concretos y específicos en un proyecto de discurso que nuestro orador presentaba al final de su discurso y que, aunque el texto del mencionado proyecto no ha llegado a nosotros, podemos no obstante reconstruir: petición de nuevas aportaciones al erario público en forma de impuestos, formación de una flota y reclutamiento de un ejército, envío de embajadas al Peloponeso, Quíos, Rodas e, incluso, a la corte del rey de Persia.

La idea central que penetra este discurso de principio a fin es la de la amenaza seria que constituye la ambición incontenible de Filipo, decidido a someter a todos los griegos sin escatimar esfuerzos, ni regatear pagos, ni reparar en medios, por lo cual Atenas está obligada a tomar la iniciativa de emprender una campaña general de todos los griegos contra el tirano en defensa de la libertad.

El texto de este discurso ofrece un problema serio para su establecimiento: las variantes en él son mucho más abundantes que en todos los demás discursos de Demóstenes. Los dos mejores manuscritos, *S* y *L*, omiten con frecuencia toda una serie de pasajes más o menos amplios, hasta el punto de que este discurso ocupa en ellos dos páginas menos que en la vulgata.

Es difícil en este caso decidirse por la versión auténtica o, cuando menos, por la mejor tradición. La pregunta que de inmediato surge ante este hecho es la siguiente: ¿Se trata de dos versiones diferentes ya desde el cálamo de Demóstenes o el texto más corto es una condensación del más largo, o el más extenso, ampliación del más breve?

La versión de la vulgata, una vez expurgadas de ella las repeticiones e interpolaciones evidentes, es la versión más larga en comparación con la que ofrecen *S* y *L*, y una y otra proceden, a nuestro juicio, de la mano de Demóstenes, pues nos da la impresión de que en la versión depurada de la vulgata hay en determinados pasajes huellas claras de una doble redacción del texto. Pero no es éste el lugar oportuno para ir más allá en el tratamiento y esclarecimiento de estas cuestiones.

Sí hemos querido mencionar, sin embargo, el hecho por dos razones principales: porque este problema con que nos topamos al intentar fijar el texto sugiere e implica, en primer lugar, la existencia de una especie de segunda edición de un discurso por parte de su autor, y en segundo, porque así entenderemos mejor la problemática que se plantea al encararnos con la *Cuarta Filípica* o *Cuarto discurso contra Filipo*, como veremos seguidamente.

Ya F. Blass vio en este discurso un centón de textos compuesto por varios retazos de diferentes épocas que habrían sido cosidos por un redactor muy próximo a la época de Demóstenes, tal vez un amigo y admirador suyo, que no se resignaba a que se perdiese ni la más reducida muestra de la brillante elocuencia del orador ático por antonomasia[2].

Así se explican en parte las múltiples y muy variadas dificultades que surgen al estudiar este discurso. Enumeramos algunas: hacia la mitad del texto aproximadamente aparecen sendos proemios[3] destinados a encabezar discursos contra Filipo o *Filípicas* y cargados de una fraseología recurrente no sólo en esa especie de discursos, sino incluso en algunos de los *Proemios* que configurando una selección han llegado hasta nosotros como obra de Demóstenes.

Por otro lado, más de la tercera parte de este discurso se reencuentra casi palabra por palabra en el titulado *Sobre los asuntos del Quersoneso* (VIII)[4]. Iremos dando buena cuenta de ello a lo largo de las notas con las que aderezaremos la traducción de esta difícil y discutida *Cuarta Filípica*.

Añádase a estos datos la intuición muy probablemente certera por la que percibimos en los párrafos 1 al 3 un muy marcado exordio independiente de cualquier circunstancia concreta y compuesto sin duda alguna en el taller retórico de

---

[2] F. Blass, *Die attische Beredsamkeit*, I, II, III, 3.º ed., Leipzig, 1893; reimp., Hildesheim, 1962. Cfr. III, 1, 392: «Der Redaktor nun, den ich mir Demosthenes' Zeit sehr nahe denke, fand unter des Redners Papieren auch diese Stücke in ihrer ursprünglichen Fassung, und benutzte sie mit für dieses, aus Demosthenischen Bruchstücken zusammengesetzte Nachbild einer Philippischen Rede.»

[3] Demóstenes, *Contra Filipo*, IV, §§ 46-48 y 49.

[4] Demóstenes, *Contra Filipo*, IV, §§ 11-27 y 55-70.

Demóstenes para aplicarlo en su momento a cualquier discurso dirigido contra Filipo. Igualmente, el párrafo 75 nos da la impresión de que ha de ser entendido como un epílogo asimismo genérico compuesto independientemente de todo discurso concreto con igual propósito.

En los talleres retóricos se trabaja así, confeccionando bustos, torsos y extremidades de lo que en su momento ha de ser la estatua definitiva del discurso. De este modo el orador se va curtiendo, va remodelando su estilo y al mismo tiempo se provee de piezas útiles que de momento deposita en su almacén, pero que más tarde podrá emplear, llegado el momento.

En suma, pues, la autenticidad de la obra, a juzgar por el estilo, no nos ofrece resquicios de duda. Lo que leemos en el discurso lo escribió Demóstenes. Pero lo escribió en su laboratorio de retórica.

Esto por lo que al estilo se refiere. En cuanto al contenido, hay ciertamente un pequeño problema difícil de explicar: en este discurso el autor hace una defensa de las reparticiones de dinero entre los más pobres (los fondos del *teórico* o fondos destinados a los espectáculos) contra las que en otras ocasiones el orador arremete con acalorada violencia poniendo muy en claro su esencial desacuerdo con semejante medida y exponiendo abiertamente que en su opinión esos dineros deberían destinarse a gastos de guerra.

Tal como están las cosas en este tema, lo mejor es diferenciar al autor del texto del autor del discurso y mantener que el texto en bruto es demosténico y que su composición en forma de discurso es obra de un editor que, desde luego, existió para el *Corpus Demosthenicum*, como se deduce, por ejemplo, del hecho de que aparezca incluido en él la colección de proemios de nuestro orador. Todo lo demás se puede suponer pero no probar. Y la ciencia no se nutre de repentinas e incontroladas intuiciones o corazonadas, sino de pausadas, convincentes e inobjetables demostraciones.

PRIMERA FILÍPICA

Argumento

Como les iba mal a los atenienses en la guerra contra Filipo, desanimados, se habían reunido en la Asamblea. Pues bien, nuestro orador trata de hacer cesar su desánimo diciendo que nada de extraño hay en que hayan sido vencidos por causa de su molicie, y a modo de propuesta expone de qué manera podrían encararse a la guerra con máximo éxito. Manda que apresten dos ejércitos, uno mayor, de ciudadanos, que, permaneciendo en la patria, estará dispuesto a enfrentarse a las necesidades eventuales, y el otro, más pequeño, formado de combatientes mercenarios y de ciudadanos mezclados con ellos. A esta última fuerza la manda, no que permanezca en Atenas ni que desde esta ciudad salga en campañas destinadas a prestar auxilio, sino que ande dando vueltas por Macedonia haciendo la guerra incesantemente, con el fin de que Filipo no espere la estación en que soplan los vientos etesios[5] o incluso el invierno —cuando no es posible la navegación de Atenas a Macedonia— para poner mano a sus empresas y sojuzgarlo todo coincidiendo con la ausencia de los atenienses, sino que siempre venga a estar cerca de él la fuerza destinada a hacerle frente.

(1) Si se hubiera propuesto a debate, varones atenienses, algún asunto nuevo, me habría contenido hasta que hubieran manifestado su opinión la mayoría de los que suelen

---

[5] Los vientos «etesios» eran vientos de carácter suave que soplaban periódicamente sobre el mar Egeo coincidiendo con la canícula o estrella de Sirio, que asoma a la misma hora que el sol en la época más calurosa del año.

hacerlo, y, si me hubiera satisfecho alguna cosa de las dichas por éstos, habría guardado silencio, y si no, entonces también yo mismo habría intentado decir lo que opino; pero como se da la circunstancia de que se están examinando asuntos también ahora sobre los que éstos ya han hablado antes muchas veces, creo que, aunque me haya levantado el primero, puedo razonablemente lograr vuestra comprensión[6]. Porque si desde tiempo atrás éstos os hubieran aconsejado lo debido, ninguna falta os haría ahora deliberar.

(2) En primer lugar, por cierto, varones atenienses, no hay que desanimarse ante la situación presente por muy deteriorada que os parezca. Pues lo que viene siendo lo peor de ella desde los tiempos pasados, eso resulta ser lo mejor de cara al futuro[7]. ¿Y qué es eso?[8]. El hecho de que por no hacer vosotros nada de lo debido las cosas van mal; puesto que —¡fijaos!—, si aun llevando vosotros a cabo[9] todo lo conveniente[10], las cosas siguiesen así, ni siquiera esperanza habría de que mejoraran. (3) A continuación tenéis que reflexionar sobre un asunto[11] que algunos habéis oído contar y otros conocéis y recordáis vosotros mismos, a saber, cuánto poder tenían antaño los lacedemonios, de lo que hace no mucho tiempo, y con cuánta gallardía y pertinencia actuasteis vosotros sin hacer nada indigno de nuestra ciudad, antes bien, sostuvisteis la guerra contra ellos en defensa de la justicia[12]. Y ¿con qué objeto digo yo esto?[13]. Para que entendáis, varo-

---

[6] Se ve que Demóstenes no era en esta época (351 a. J. C.) un orador de los que tomaban la palabra habitualmente en las asambleas.

[7] Estamos ante una figura retórica muy eficaz que se denomina *paradoja*.

[8] He aquí un ejemplo de *pregunta retórica*.

[9] Obsérvese la estrategia retórica de la *variación* (*variatio*; en griego, *metabolé*) o evitación de la repetición empleando sinónimos: «por no *hacer* vosotros nada de lo debido... si aun *llevando* vosotros *a cabo*».

[10] Hay en el original un claro ejemplo de aliteración (repetición del grupo silábico *pr-* en dos palabras seguidas: *prosēke prattónton*).

[11] Ahora Demóstenes se vale del *ejemplo* (*parádeigma*) histórico a modo de pieza de argumentación (*pístis*).

[12] Demóstenes se refiere aquí a la Guerra de Corinto, que comenzó en el año 395 a. J. C. o a la Guerra de Beocia, que estalló en el 378 a. J. C.

[13] Clara *pregunta retórica*.

nes atenienses, y contempléis[14] que nada habéis de temer si tomáis vuestras precauciones y que si os despreocupáis nada ha de ser tal como vosotros quisierais. Como ejemplos de ello podéis serviros de la fuerza que entonces tenían los lacedemonios, a la que vencisteis a base de prestar atención a los asuntos, y de la actual insolencia de ese individuo[15] por la que nos sentimos perturbados debido al hecho de no tomar en consideración nada de lo que sería preciso. (4) Y si alguno de vosotros, varones atenienses, piensa que Filipo es difícil de combatir, considerando el gran número de contigentes de las fuerzas armadas de las que dispone y el hecho de que nuestra ciudad haya perdido todas sus plazas fuertes, piensa correctamente; tenga en cuenta, sin embargo, que antaño teníamos nosotros, varones atenienses, como cosa propia Pidna, Potidea y Metone y todo el territorio de alrededor[16] y que muchos de los pueblos que ahora están de su lado eran de suyo autónomos y libres y estaban más dispuestos a mantener relaciones de familiaridad con nosotros que con él[17]. (5) Pues si Filipo hubiera tenido entonces esa misma opinión, que era difícil luchar contra los atenienses, que contaban con tantas fortalezas defensoras de su propio territorio, mientras él se encontraba desprovisto de aliados, nada de lo que ahora ha hecho habría llevado a cabo ni adquirido tanto poder. Pero él, varones atenienses, vio muy bien esto: que todos estos territorios son trofeos de la guerra que están depositados en el medio campo[18] a disposición del que los gane y

---

[14] He aquí un ejemplo de una estrategia retórica muy empleada por Demóstenes, a saber: la de ensartar dos voces sinónimas («entendáis y contempléis») *(duplicación)*, la una genérica y la otra específica, con el fin de lograr *amplificación*. He aquí otro ejemplo: *Contra Filipo*, II, § 4: «Acontece entonces, en mi opinión, una cosa *inevitable* y, tal vez, *natural*.»
[15] Con «ése», o sea, «ese individuo», Demóstenes alude en este discurso despectivamente a Filipo.
[16] La costa del golfo Termaico.
[17] Se refiere a los tesalios, ilirios, tracios y peones.
[18] *Metáfora* muy manida y coloquial, basada en el hecho de que los trofeos que se adjudicaban a los campeones en las competiciones atléticas se colocaban previamente en el centro de la misma palestra que servía de liza a los contendientes.

que por naturaleza corresponden a los presentes los bienes de los ausentes y a los dispuestos a esforzarse y arrostrar peligros los de los negligentes. (6) Y hétemelo aquí, que haciendo uso de esa manera de pensar lo ha sometido todo y lo tiene en su poder[19], parte como lo tendría quien lo hubiese arrebatado por la guerra, parte por habérselo ganado en calidad de territorio de aliados y amigos[20]; y es que efectivamente todo el mundo está dispuesto a aliarse y hacer caso a quienes ven preparados y dispuestos a hacer lo que sea preciso. (7) Por tanto, si también vosotros, varones atenienses, estáis dispuestos a afirmaros ahora sobre tal manera de pensar, ya que no antes, y cada uno de vosotros, desechando toda simulación, está dispuesto a actuar allí donde fuera menester y pudiera resultar él mismo útil a la ciudad (el que tiene dinero, contribuyendo; el que está en edad militar, cumpliendo el servicio), en resumen y sencillamente[21], si estáis dispuestos a ser dueños de vosotros mismos y os dejáis de esperar no hacer nada cada uno en particular y que el vecino lo haga todo por él, recuperaréis lo que es vuestro, si Dios quiere, y de vuelta recobraréis[22] lo que por molicie ha sido abandonado y[23] os vengaréis de aquel hombre[24]. (8) Pues no vayáis a creer que la actual situación de aquél le está consolidada en condición de inmortal como si fuese él un dios; antes bien, se le odia y se le teme, varones atenienses, y se se le envidia, por parte incluso de quienes ahora mismo parece que mantienen más íntimas relaciones con él; y todas las pasiones que resi-

---

[19] He aquí un nuevo caso de *duplicación* o coordinación de términos cuasi sinónimos.
[20] Breve y eficaz resumen de la política exterior de Filipo hasta el momento.
[21] Estamos ante una *elipsis*. Se sobrentiende fácilmente el verbo «decir» *(eipeîn)* en la frase esperada: *sunelónti kaî haplôs eipeîn*, «por decirlo resumiendo y sencillamente».
[22] Así reza el texto original, en el que Demóstenes está empleando para su provecho la figura retórica denominada *pleonasmo*, por la que se dice algo redundantemente («recobrar de vuelta»).
[23] Quisiera hacer notar la repetición de la conjunción copulativa («y») que sirve para enfatizar las muchas buenas consecuencias que se obtendrán si se sigue el consejo de nuestro orador («recuperaréis... y recobraréis... y os vengaréis»). Esta figura retórica se llama *polisíndeton*.
[24] Es decir, Filipo.

den en el interior de los demás hombres cualesquiera, ésas hay que pensar que se albergan también en los que le rodean; sin embargo, todas ellas están ahora reprimidas por no tener escape a causa de vuestra lentitud e indolencia, esas de las que digo que os tenéis que desprender a partir de este momento. (9) Observad, en efecto, varones atenienses, la situación, a qué grado de desenfreno ha llegado el hombre ése, que ni os da elección entre actuar o permanecer en calma, sino que amenaza y pronuncia, según dicen, arrogantes discursos y no es capaz de contenterse en los límites de lo que ya posee y ha sometido, sino que siempre se va rodeando de nuevas adquisiciones y por todos lados en derredor nos va cercando con redes[25] a nosotros mientras estamos indecisos o arrellanados en nuestros asientos. (10) ¿Cuándo, pues, varones atenienses, cuándo[26] vais a hacer lo que es debido? Cuando ocurra ¿qué?[27]. Cuando sobrevenga, ¡por Zeus!, una necesidad. Y ahora, ¿cómo hay que considerar lo que está aconteciendo?[28]. Porque yo realmente estimo que para los hombres libres la mayor necesidad es la vergüenza por la situación en que se encuentran. ¿O queréis, decidme, ir dando vueltas por ahí adelante preguntándoos los unos a los otros: «¿Se dice algo nuevo?» ¿Es que podría suceder algo más nuevo que un hombre macedonio debelando a atenienses y administrando los asuntos de Grecia? (11) «¿Ha muerto Filipo?» «No, por Zeus, sólo está enfermo»[29]. ¿Y qué diferencia

---

[25] Estamos ante una metáfora inspirada en la caza, o sea —como dice el escoliasta—, cinegética.

[26] Este tipo de repetición corresponde a una figura retórica denominada *epízeuxis*.

[27] Éste es un rasgo de distorsión sintáctica propio del nivel coloquial del ático que se registra con gran frecuencia en la Comedia aristofánica.

[28] De nuevo estamos ante un caso de *elipsis*, pues en teoría esperaríamos la frase: «¿cómo hay que considerar lo que está aconteciendo *más que como necesidad*?».

[29] Durante su campaña en Tracia el rey Filipo de Macedonia cayó enfermo. Basándose en esta alusión e interpretando que Demóstenes se refiere a una supuesta enfermedad que el monarca habría sufrido durante la campaña en que asedió Olinto, algunos estudiosos comentaristas —nos informa el escoliasta— afirmaban que este discurso, el *Contra Filipo*, I, habría sido el primero de los discursos políticos pronunciados por nuestro orador. Sobre la difusión del rumor de la muerte de Filipo, cfr. Demóstenes, *Olintíaco,* I, § 13 y III, § 5.

hay en ello para vosotros? Porque aunque a ése le pase algo[30], rápidamente vosotros crearéis otro Filipo, si es que seguís aplicando el mismo grado de atención a vuestros asuntos. Pues ni siquiera ése se ha engrandecido tanto en razón de su propia fuerza cuanto en razón de vuestra propia negligencia. (12) Pero aun admitiendo ese supuesto[31]: si algo le llegara a pasar[32] y los lances de la fortuna, que siempre se preocupa por nosotros con mayor solicitud que nosotros mismos, incluso nos brindara este favor realizado, sabed que, estando vosotros cerca, tomando a vuestro cargo la confusa situación general, podríais llegar a dirigirla como quisierais, pero en las condiciones en las que ahora os halláis, ni aunque las circunstancias oportunas os concedieran recuperar Anfípolis[33], podríais recibirla, pues estáis en el aire por lo que se refiere tanto a vuestros preparativos como a vuestros planes.

(13) Así pues, de que es menester que estéis todos resueltamente decididos a cumplir con vuestro deber, de eso dejo de hablaros ya, en la idea de que vosotros lo habéis reconocido así y estáis convencidos de ello; pero el carácter de los preparativos que, en mi opinión, podrían liberaros de los actuales problemas y la cantidad de los contingentes de tropas cuánta ha de ser y cuántos los recursos económicos y la manera en que me parece que lo demás se podría aprestar mejor y más rápidamente, eso es lo que precisamente ya ahora voy a tratar de exponer, tras haceros, varones atenienses, este insignificante ruego: (14) Una vez que lo hayáis oído todo, entonces juzgad; no os adelantéis formándoos opiniones preconcebidas[34]; y ni aun en el caso de que parezca desde el princi-

---

[30] *Eufemismo* muy usual y propio del nivel coloquial o conversacional por «morir».

[31] Nuevo ejemplo de *elipsis*.

[32] Estamos de nuevo ante la figura denominada *eufemismo*.

[33] Filipo había tomado Anfípolis, antigua colonia de Atenas, explotando la credulidad de los atenienses, que esperaban que se la cediera por haber firmado previamente un tratado de paz con Atenas en que reconocía sus derechos sobre ella y por haberles prometido en secreto que se la devolvería.

[34] Obsérvese la ausencia de conjunción entre esta frase y la precedente. Estamos ante la figura denominada *asíndeton*. Pero, además, al decir Demóstenes: «no os *adelantéis* formándoos opiniones *preconcebidas*», nuestro orador

pio que estoy proponiendo preparativos nuevos, que nadie vaya a considerar que estoy dando largas a los asuntos. Pues no son los que dicen «rápidamente» y «hoy» los que más a propósito hablan en sus discursos (dado que al menos lo que ya ha sucedido no podríamos impedirlo con el socorro de ahora mismo), (15) sino el que muestre qué preparativo hay que procurar y en qué cantidad y a base de qué recursos podrá mantenerse hasta que o convencidos pongamos fin a la guerra o bien nos impongamos a nuestros enemigos; que de este modo ya no sufriríamos menoscabo en el futuro. Pues bien, eso es lo que yo creo que puedo exponeros sin impedir que otro cualquiera haga otra propuesta. Mi promesa, realmente, es así de grande, pero los hechos darán inmediatamente la prueba y vosotros seréis los jueces.

(16) En primer lugar, pues, varones atenienses, sostengo que hay que armar cincuenta trirremes y luego que vosotros mismos estéis hechos a la idea de que, si ello fuera necesario, vosotros en persona habríais de embarcaros en ellas y haceros a la mar. Y además de éstas os exhorto a que apresteis para la mitad de los contingentes de caballería trirremes de transporte de caballos y barcos de carga[35] en suficiente número. (17) Eso es lo que considero necesario que esté previsto para hacer frente a esas repentinas expediciones que hace desde su propio país a las Termópilas, el Quersoneso, Olinto y a donde quiere[36]. Pues es menester inculcar en su mente que vosotros, saliendo de esa vuestra excesiva negligencia (tal y como hicisteis en la expedición a Eubea y en una ocasión

---

está recargando la expresión a base de emplear una figura llamada *pleonasmo*. Pues es evidente que si uno se adelanta a formarse una opinión, se está ya formando una opinión preconcebida. Con esta figura retórica, al igual que con otras muchas, se agranda el mundo verbal y, consiguientemente, el mundo que se tiene por real.

[35] Las naves griegas a la sazón o eran naves largas, de guerra, en las que embarcaban las tropas de infantería o caballería, o eran naves redondas o barcos de transporte, en las que se cargaban la impedimenta y el avituallamiento.

[36] Un año antes del correspondiente a la pronunciación de este discurso, o sea el 352 a. J. C., Filipo de Macedonia había intentado enseñorearse de las Termópilas y amenazado el Quersoneso y, al regreso de la expedición a estos lugares, había pasado con su ejército cerca de Olinto.

anterior, según dicen, yendo a Haliarto, y, por último, recientemente, a las Termópilas)[37], podríais poneros en marcha (18) —¡no es esto cosa enteramente despreciable, ni siquiera aunque no lo hicieseis tal como yo digo que hay que hacerlo!— para que o bien se mantenga quieto por miedo, al saber que vosotros estáis preparados (que lo sabrá con toda exactitud, pues son muchos, son más numerosos[38] de lo debido quienes le revelan todo lo que ocurre entre nosotros mismos), o bien, si desprecia estas medidas, sea cogido desguarnecido, ya que nada os impide navegar hasta su propia tierra si nos proporciona la ocasión. (19) Éstas, justamente, son las medidas que sostengo que todos debéis aprobar y los preparativos que opino que os conviene hacer. Pero antes de eso, varones atenienses, afirmo que es necesario que vosotros os procuréis y tengáis a mano una fuerza que continuamente le hará la guerra y le causará daño[39]. ¡No me vengáis[40] con

---

[37] El año 357 a. J. C. los atenienses enviaron un ejército de socorro a Eubea contra los tebanos invasores, que se vieron obligados a evacuar la isla. El propio orador fue voluntariamente trierarco (encargado, junto con otro ciudadano, de sufragar los gastos de equipamiento de una trirreme) en esta memorable ocasión. La expedición a Haliarto, ciudad de Beocia, había tenido lugar mucho antes, exactamente el año 395 a. J. C., que señala el comienzo de la «Guerra de Corinto». Allí, en aquel entonces, los atenienses, junto con los argivos, habían ayudado a los tebanos a derrotar al general de los lacedemonios Lisandro, lo que resultó realmente un duro golpe asestado a la hegemonía espartana en Grecia. Cfr. Demóstenes, *Contra Filipo*, I, § 17, y *Sobre la corona*, § 96. Finalmente, cuando Filipo intentaba, cruzando las Termópilas, penetrar en Fócide desde Tesalia el año 352 a. J. C., Atenas envió una flota que se lo impidió. En este punto el escoliasta hace una digresión sobre las Termópilas. Eran éstas —dice— las puertas *(pylai)* de Grecia, pues estaban situadas entre el monte Parnaso y el mar, y su nombre se debe al hecho de que allí mismo, junto a esas «puertas», había unas termas que, según la leyenda, había hecho brotar la diosa Atenea para reconfortar a Heracles en una ocasión en que regresaba agotado de sus famosos trabajos.
[38] La repetición al comienzo de dos miembros de frase consecutivos de una misma palabra, en este caso la forma verbal «son» en «*son muchos, son* más de lo debido», es un bonito ejemplo de la figura retórica llamada *epanadiplosis*.
[39] Entiéndase: a Filipo.
[40] En el texto original nos encontramos con una frase braquilógica y elíptica que aparece con frecuencia en la Comedia aristofánica y constituye un giro propio del nivel del ático coloquial.

que si diez mil o veinte mil mercenarios[41] o las tropas ésas epistolares[42], sino un ejército que pertenecerá a la ciudad y si vosotros elegís como su general a uno solo o a muchos o a fulano o a quienquiera que sea, a ése obedecerá y seguirá. Y solicito que a ese ejército se le proporcione aprovisionamiento. (20) ¿Y cuál será la composición de esta fuerza y cuánta su magnitud y de dónde obtendrá sus provisiones y de qué manera estará dispuesta a realizar los antedichos planes?[43]. Yo os lo explicaré discurriendo sobre cada una de esas cuestiones por separado. En cuanto a los mercenarios[44], propongo...[45] ¡y no vayáis a hacer lo que muchas veces os ha perjudicado: pensando que todo queda por debajo de lo que es debido y eligiendo en vuestras votaciones los más elevados proyectos, a la hora de la acción no lleváis a cabo ni siquiera los minúsculos; ¡pues no, realizad los minúsculos y, una vez hayáis atendido a sus gastos, si os parecen un tanto insignificantes, incrementad vuestra aportación a ellos! (21) Propongo, pues, que el total de los soldados ascienda a dos mil, y de ellos sostengo que quinientos han de ser atenienses, a partir de la edad que a vosotros os parezca que esté bien; que estén en filas un tiempo determinado, no demasiado largo, sino el que os parezca a vosotros que esté bien, y que se vayan relevando los unos a los otros. Los demás propongo que sean ex-

---

[41] Si nos fijamos, estamos ante una enumeración trimembre («diez mil o veinte mil o las tropas ésas epistolares»). Pues bien, estas largas enumeraciones responden a una figura retórica que se denomina en la preceptiva clásica, *pneûma*, o sea, «espiración» porque comprendía frases largas pronunciables en una sola y dilatada espiración o aliento.

[42] Según el escoliasta, se refiere en este punto Demóstenes al hecho de que los atenienses se enzarzaban con frecuencia en batallas epistolares con Filipo que no eran sino papel mojado.

[43] *Pregunta retórica*.

[44] Los atenienses se habían acostumbrado a valerse de soldados mercenarios para las guerras.

[45] Se produce en este punto del texto una interrupción de la frase iniciada que continuará en § 21. Demóstenes se interrumpe adrede y se adentra en un largo paréntesis porque no quiere que los atenienses protesten del bajo número de soldados que el orador requiere. Esta prudente interrupción acompañada de paréntesis se denomina en Retórica *proterapia*, palabra preciosa que sugiere una especie de preparación médica previa del paciente por parte del orador, que es una especie de médico por la palabra.

tranjeros. Y junto con ellos, doscientos soldados de caballería, de los cuales cincuenta sean atenienses como mínimo, que, justamente como los de infantería, cumplan su servicio militar de la misma manera[46]. Y barcos de transporte para estos contingentes de caballería. (22) Bien, ¿y qué además de eso? Diez trirremes de navegación rápida, pues teniendo aquél una flota, nos hacen falta también a nosotros naves ligeras para que esta nuestra fuerza armada navegue con seguridad. Ahora bien, ¿de dónde se les procurará el mantenimiento? Yo os aclararé y os mostraré[47] también eso, una vez os haya explicado por qué creo que es suficiente tamaña fuerza y por qué mando que sean ciudadanos los que en ella sirvan.

(23) Tamaña fuerza basta, varones atenienses, por estas razones: porque no nos es posible ahora procurarnos un ejército que pueda hacerle frente en orden de batalla, sino que es menester emplear la técnica del saqueo y valernos de este tipo de guerra en un principio; no ha de ser, por tanto, excesiva la fuerza en contingentes —pues no hay soldada ni avituallamiento— ni tampoco del todo insignificante. (24) Y, por otro lado, ordeno que haya en ella ciudadanos y que participen en la navegación por estas razones: porque oigo decir que también antes en cierta ocasión nuestra ciudad mantenía en Corinto[48] un ejército de mercenarios que comandaban Polístrato, Ifícrates, Cabrias y algunos otros y que vosotros mismos tomabais parte en sus campañas; y sé de oídas que esos

---

[46] Demóstenes, como puede observarse, solamente exige que los atenienses constituyan una cuarta parte de este ejército que propone.

[47] He aquí de nuevo una *duplicatio*, duplicación o redundancia o pleonasmo logrado por el engarce de dos términos cuasi sinónimos.

[48] Durante la llamada «Guerra Corintia», que duró del 395 al 386 a. J. C., Ifícrates venció a un regimiento de hoplitas espartanos (390 a. J. C.) y dirigió atinadamente las operaciones de ataques y saqueos desde el Istmo. En esta guerra Corinto se había aliado con Atenas, Argos y Beocia con el fin de acabar con la hegemonía tiránica de Esparta. El general que sucedió a Ifícrates en el mando fue Cabrias, que defendió muy acertadamente Beocia el año 378 a. J. C., obtuvo una decisiva victoria naval sobre Esparta en aguas de Naxos el año 376 a. J. C. y con su esfuerzo contribuyó de manera importante a la extensión de la Segunda Confederación Marítima Ateniense. De Polístrato, en cambio, es más bien poco lo que sabemos.

mercenarios, alineándose a vuestro lado, vencían a los lacedemonios, y vosotros con ellos. En cambio, desde que esas tropas mercenarias os hacen campaña ellas solas, es a los amigos a quienes vencen y a los aliados, en tanto vuestros enemigos se han hecho más poderosos de lo debido. Y asomándose a echar un vistazo de soslayo a la guerra de la ciudad, se van navegando luego más bien a los dominios de Artábazo[49] o a cualquier otro lugar y el general[50] les sigue, naturalmente: que no es posible mandar sin pagar soldadas. (25) ¿Qué mando, pues? Que se les eliminen los pretextos al general y a los soldados procurándoles una paga y colocando a su lado soldados de nuestra propia patria a modo de inspectores de las operaciones bélicas; toda vez que por lo menos ahora es una risión la manera en que manejamos nuestros asuntos. En efecto, si alguien os preguntara: «¿Estáis en paz, atenienses?», diríais: «¡No, por Zeus, lo que es nosotros, no, sino que guerreamos con Filipo.» (26) ¿No andabais votando entre vosotros mismos diez taxiarcos[51], diez estrategos, diez filarcos y

---

[49] Artábazo, hijo de Farnábazo, fue nombrado sátrapa de Dascilio por Artajerjes II. Luego se rebeló contra el Gran Rey Artajerjes III y pudo mantener su rebeldía gracias a Cares y tropas mercenarias, hasta que en el año 352 a. J. C. se vio obligado a refugiarse en Macedonia. Después de la batalla de Gaugamela, en la que Alejandro Magno se enfrentó a los persas en plena llanura de Mesopotamia, el año 331 a. J. C., huyó con el rey persa Darío III, pero terminó desertando y pasando a engrosar las filas del ejército de Alejandro, que le nombró sátrapa de Bactria.

[50] Demóstenes aludía claramente con estas palabras al general Cares, que el año 356 a. J. C., durante la Guerra Social, abandonando la misión que se le había encomendado de combatir al enemigo, se puso a disposición y a las órdenes de Artábazo, a la sazón sátrapa de Misia.

[51] El «taxiarco» era el comandante que estaba al frente de cada uno de los diez regimientos de infantes que correspondían a los diez distritos de la ciudad de Atenas. El «hiparco» era el general de caballería. Cada año se elegían por votación dos «hiparcos» o generales de caballería en Atenas. El «filarco», cuyo nombre literalmente significa «comandante de tribu», mandaba un escuadrón de caballería compuesto por cien jinetes que era reclutado de cada una de las diez tribus, de modo que viene a ser una especie de «taxiarco», pero con mando sobre soldados de a caballo y no hoplitas. Los «estrategos» eran como nuestros generales, pero no sólo poseían y ejercían poder en lo militar, sino también en lo político. Por ejemplo, Pericles fue elegido estratego, es decir, máximo responsable de la política de Atenas, quince veces consecutivas entre los años 445 y 430 a. J. C. Así pues, los diez taxiarcos que coman-

dos hiparcos? ¿Y qué es lo que esos hombres hacen? Salvo un solo hombre, al que enviáis a la guerra en su momento, los demás conducen vuestras procesiones en compañía de los intendentes de los sacrificios; pues al modo de los que modelan las figuritas de barro, votáis a los taxiarcos y a los filarcos para el ágora, no para la guerra[52]. (27) ¿Y no sería necesario, varones atenienses, que los taxiarcos salieran de entre vosotros, y el hiparco de entre vosotros, y los comandantes fuesen de casa, para que la fuerza ésa fuese verdaderamente de nuestra ciudad? ¡Pues nada, al contrario!; es menester que el hiparco elegido de entre vosotros navegue rumbo a Lemnos[53] y que, en cambio, Menelao[54] ejerza el mando de hiparco sobre la caballería que lucha por las posesiones de la ciudad[55]. Y esto no lo digo haciendo un reproche a ese hombre, antes bien, sería menester, que éste, fuera quien fuera, hubiera sido elegido mediante votación por vosotros.

(28) Tal vez consideráis que estas propuestas están correctamente planteadas, pero el asunto del dinero, cuánto será y de dónde habrá de obtenerse, eso es lo que sobre

---

daban la infantería estaban, en su calidad de comandantes, bajo las órdenes de los diez estrategos, y en el arma de caballería, los diez filarcos que comandaban otros tantos escuadrones —cada uno de una de las diez tribus—, estaban a las órdenes de los dos hiparcos.

[52] Según comenta el escoliasta, por lo demás dando muestra de poseer sentido común, Demóstenes quiere decir con el *símil* empleado que quienes ocupan los cargos enumerados más sirven de figuras decorativas en la plaza pública y mercado que como oficiales eficaces a la cabeza del ejército o la armada en plena batalla.

[53] La isla de Lemnos era una posesión ateniense que estaba ocupada por colonos *(kleroûkhoi)* áticos. Allí acampaba regularmente un regimiento de caballería bajo las órdenes de un «hiparco».

[54] En un decreto ateniense del año 362 a. J. C., bajo el arcontado de Cariclides, se reconocen y exaltan los servicios prestados por Menelao, príncipe de Pelagonia (en Macedonia), durante la guerra de los atenienses contra los calcidios y la ciudad de Anfípolis.

[55] Es decir: no deja de ser chocante que mientras que en la isla de Lemnos estaba estacionado regularmente un hiparco ateniense al mando de un regimiento de caballería, Menelao, un tránsfuga de Macedonia tal vez hermanastro de Filipo, era el comandante del cuerpo de caballería ateniense en los combates por mantener las posesiones de Atenas.

todo estáis deseando escuchar. También de eso me dispongo a dar cumplida cuenta. Vamos con el dinero, pues: asciende la manutención de esa fuerza, sólo en concepto de gasto para la alimentación, a noventa talentos y un poco más[56]; la de diez naves rápidas, a cuarenta talentos, veinte minas al mes por nave; la de dos mil soldados, a otros tantos, para que cada soldado perciba como asignación alimentaria diez dracmas al mes; y la de los soldados de caballería, que son doscientos, si cada uno percibe treinta dracmas al mes, a doce talentos. (29) Y si alguien cree que tal cantidad es una insignificante fuente de recursos para convertirse en dinero alimentario de un ejército en campaña, no se ha formado este juicio correctamente; porque yo sé a ciencia cierta que, si esta suma llega a ser realidad, el propio ejército se procurará lo restante valiéndose de la guerra, sin perjudicar a ningún griego ni aliado, de manera que perciba la soldada completa. Yo estoy dispuesto a embarcarme con ellos como voluntario y padecer lo que sea, si esto no es así. Entonces, ¿de dónde saldrá la recaudación de las sumas de dinero que os pido se alcancen? Eso ya ahora mismo os lo voy a decir.

---

[56] Exactamente, como veremos, noventa y dos talentos. Hagamos ahora el cálculo detallado: a doscientos hombres por navío de guerra, recibiendo cada hombre dos óbolos al día, o sea, sesenta óbolos por mes, o, lo que es lo mismo, diez dracmas mensuales, resulta que para dos mil hombres habrá que disponer de veinte mil dracmas al mes, es decir, doscientas minas mensuales. Como cada talento equivale a sesenta minas, para mantener el equipo de los diez bajeles al año harán falta dos mil cuatrocientas minas, resultantes de multiplicar doscientas minas mensuales por doce meses que tiene el año. Y estas dos mil cuatrocientas minas, reducidas a talentos a base de dividirlas por sesenta, resultan ser cuarenta talentos anuales. Para la infantería se requiere hacer el mismo gasto, por lo que tenemos que contar ya con ochenta talentos. Y a éstos hay que añadir la cantidad de dinero necesaria para mantener el cuerpo de caballería: a razón de una dracma por día y hombre, doscientos caballeros consumirán doscientas dracmas al día, que al mes se convertirán en seis mil dracmas, equivalentes a sesenta minas mensuales, o, lo que es lo mismo, un talento al mes. Al año, por tanto, se alcanzarán los doce talentos, cantidad propuesta por Demóstenes para hacer frente a la manutención del cuerpo de ejército que propone.

Exposición del proyecto de recaudación[57]

(30) Los recursos, varones atenienses, que nosotros hemos podido encontrar son éstos. Y una vez que pongáis a votación las propuestas, si nuestro proyecto os agrada, habréis de votarlo, para que no sólo con los decretos y las cartas hagáis la guerra a Filipo, sino también con los hechos.

(31) Me parece que deliberaríais mucho mejor sobre la guerra y el conjunto de los preparativos si tomarais en consideración, varones atenienses, la situación geográfica del país contra el que lucháis y si tuvierais en cuenta que Filipo logra sus propósitos la mayor parte de las veces porque nos toma la delantera aprovechando los vientos y las estaciones del año, y nos ataca tras haber vigilado los etesios[58] o el invierno[59], cuando nosotros no podríamos llegar allí. (32) Así que es menester, teniendo eso bien presente, no guerrear con expediciones de socorro (pues llegaremos al final de todo), sino con preparativos y ejército permanentes[60]. Como cuarteles de invierno para la tropa, os es posible serviros de Lemnos, Tasos, Escíatos[61] y las islas que están en esa zona[62], en las cuales hay puertos y provisiones y todo lo que para un ejército se requiere[63]. Y du-

---

[57] Esta memoria o proyecto financiero, como cualquier otro documento citado por un orador político en su alocución al pueblo, lo lee el propio Demóstenes y no el ujier, como en los tribunales de justicia. Así era de uso y regla en las alocuciones políticas. Cfr. Demóstenes, *Contra Filipo*, I, § 37; *Contra Filipo*, II, § 28, y *Contra Filipo*, III, § 46.

[58] El texto dice los «etesias». Son los llamados «vientos etesios», vientos del nordeste que soplan en verano e impiden la navegación en el Egeo.

[59] En invierno los antiguos interrumpían la navegación. No así Filipo, como se deduce de Demóstenes, *Olintíacos*, II, § 23, y II, § 23, y *Contra Filipo*, III, § 50.

[60] Cfr. Demóstenes, *Contra Filipo*, I, § 19.

[61] Tasos es una isla del norte del Egeo. Escíatos, asimismo una isla, se encuentra situada frente a la costa sudoriental de Tesalia. Ambas servían de puertos de invierno para las naves atenienses.

[62] A saber: Peparetos y Esciros.

[63] En la frase «hay puertos y provisiones y todo lo que para un ejército se requiere», nos encontramos ante la figura retórica consistente en la repetición de la conjunción copulativa, llamada *polisíndeton*.

rante la estación del año en que es fácil estar cerca de tierra y el soplo de los vientos es seguro, estará fácilmente junto a su país y junto al ostial de los puertos de comercio[64].

(33) Para qué y cuándo se empleará esta fuerza, en su oportuno momento lo decidirá el responsable de ella designado por vosotros; pero con lo que es menester contar por parte vuestra, eso es lo que tengo escrito yo en mi proyecto. Si, en primer lugar, proporcionáis, varones atenienses, ese dinero que digo, y luego, tras haber aprestado todo lo demás —los soldados, las trirremes, los jinetes—, constreñís por ley a toda esta fuerza al completo a permanecer en el campo de operaciones de la guerra, convirtiéndoos vosotros mismos en administradores y proveedores del dinero y exigiendo al general dar cuenta de sus acciones, dejaréis de deliberar siempre sobre lo mismo sin realizar progreso alguno. (34) Y todavía, además de esto, primeramente, varones atenienses, le quitaréis a aquel individuo[65] el más importante de sus ingresos. ¿Y cuál es éste?[66]. Que lucha contra vosotros a costa de vuestros aliados pillando y saqueando a los que navegan por el mar. ¿Y luego qué además de eso?[67]. Que os veréis exentos de padecimientos, ya no como en el pasado, cuando irrumpió en Lemnos e Imbros[68] y se iba de allí llevándose prisioneros a conciudadanos vuestros, o como cuando se apoderó de vuestros barcos junto al cabo Geresto[69] y cobró a

---

[64] Era importantísimo requisito para el estacionamiento de tropas contar con una zona de asentamiento provista de puerto y mercado. Así se explica, por ejemplo, el interés de Filipo por la ciudad de Págasas, tal y como lo expone Demóstenes en *Olintíaco*, I, § 22.

[65] Es decir: a Filipo, quien, como veremos, hacía la guerra a los atenienses con los ingresos que obtenía saqueando a los aliados de éstos.

[66] *Pregunta retórica*. Sirve para atraer aún más la atención de los oyentes. Cuando oímos una pregunta retórica y la procesamos, se nos despierta un interés mayor por el mensaje venidero que si sólo escucháramos la afirmación escueta de un hecho.

[67] *Pregunta retórica*. Cumple esta figura retórica la función (llamada función *fática*) de captar la atención del oyente para volcarla sobre el contenido del mensaje.

[68] Lemnos e Imbros son dos islas situadas al nordeste del Egeo, no lejos de la costa del Quersoneso Tracio.

[69] Geresto es el nombre del cabo y del puerto situado en el extremo sudoriental de la isla de Eubea, enfrente del Ática.

cuenta de ello incontables sumas de dinero, o cuando, finalmente, desembarcó en Maratón[70] y se marchaba de allí llevándose de vuestro país la trirreme sagrada[71], y vosotros ni podéis impedir esos hechos ni enviar ayuda en los plazos de tiempo que os hayáis previamente fijado. (35) Sin embargo, ¿por qué creéis, varones atenienses, que las fiestas de las Panateneas y de las Dionisias[72] siempre se celebran en las fechas correspondientes, ya sean expertos ya gentes sencillas aquéllos a los que les toca encargarse de cada una de ellas, unas festividades en las que se gastan cantidades de dinero que no se invierten en ninguna de las expediciones y que concentran tanta muchedumbre y tan gran número de preparativos como no sé yo si alguna otra de todas vuestras celebraciones los reúne, y en cambio, todas vuestras expediciones llegan con posterioridad a su oportuno momento, la de Metone, la de Págasas, la de Potidea?[73]. (36) Porque aquéllas todas están reguladas por ley y cada uno de vosotros sabe de antemano

---

[70] Maratón es el nombre de la localidad del nordeste del Ática en que tuvo lugar la famosa batalla contra los persas que allí desembarcaron el año 490 a. J. C.

[71] La «trirreme sagrada» era la Páralo, según Harpocración (lexicógrafo de Época Imperial), que basa su aserto en las fuentes fidedignas que son los analistas áticos Filócoro y Androción (atidógrafos del siglo IV a. J. C.). Esta nave de tres filas de remeros o trirreme era una de las dos naves públicas al servicio del estado que transportaban a los «teoros» o embajadores sagrados a Delos desde Maratón después de haber ofrecido allí, en el templo de Apolo Delio, sacrificios a este dios. La otra nave pública que prestaba similares servicios públicos era la Salaminia.

[72] Las Grandes Panateneas se celebraban cada cuatro años en el mes equivalente al nuestro de julio. Las había instituido el tirano Pisístrato. Las Pequeñas Panateneas se celebraban cada año en las mismas fechas. En ellas tenían lugar certámenes atléticos y literarios, carreras de carros, sacrificios y una magnífica procesión espléndidamente representada en el friso del Partenón. Las Grandes Dionisias se celebraban en el mes equivalente al nuestro de marzo, y en ellas tenían lugar durante tres días consecutivos representaciones dramáticas y corales.

[73] Metone era una ciudad costera del golfo Termaico situada frente a la Calcídica. Págasas, situada en la costa del golfo Pagaseo, era una ciudad marítima de Tesalia y el puerto de Feras. Potidea era una ciudad costera situada al oeste de la Calcídica, en la península de Palene. A partir del año 357 a. J. C. comenzó Filipo la ofensiva contra las ciudades de Pidna, Potidea, Metone y Págasas. Cfr. Demóstenes, *Olintíaco,* I, § 9. Véase Tabla cronológica.

con mucha antelación quién es el corego o el gimnasiarco de su tribu[74], cuándo, de quién y qué cantidad de dinero ha de recibir y para hacer qué cosa[75], nada ha quedado descuidado por falta de control o de precisión; por el contrario, en los asuntos de la guerra y sus preparativos todo es desorden, descontrol e imprecisión. En consecuencia, al mismo tiempo en que hemos recibido una noticia, designamos trierarcos y entablamos con ellos procesos de intercambio de bienes[76], reflexionamos sobre el ingreso de los fondos y después de eso decidimos embarcar a los metecos y a los libertos[77], luego, por el contrario, embarcar nosotros mismos, los ciudadanos, luego permutar las tripulaciones, (37) luego[78], en tanto se anda en estas dilaciones, per-

---

[74] Cada ateniense conocía desde mucho tiempo antes quién sería el ciudadano de su tribu encargado de organizar a sus expensas (que en esto consiste la función del *corego*) los coros líricos o dramáticos o bien los juegos gimnásticos (ésta era la obligación del *gimnasiarco*) para las próximas fiestas. Ello era así porque en los concursos de coros y juegos atléticos se otorgaba una corona de recompensa no solamente al *corego* o *gimnasiarco* vencedor, sino también a la tribu entera a la que representaba.

[75] Obsérvese el estilo conversacional de esta secuencia de interrogativas. Es el tipo de sintaxis que encontramos en los diálogos de las comedias de Aristófanes.

[76] Los *trierarcos* eran ciudadanos adultos y ricos a los que los estrategos designaban para cumplir la carga social (en griego *leitourgía*, en transcripción española *liturgia* o *liturgía*) llamada *trierarquía*, que consistía en costear con sus propios fondos el equipo de una trirreme o nave de tres filas de remos. A partir del año 411 a. J. C. (y recordemos que la fecha de este discurso es ya el año 351 a. J. C.) son dos los ciudadanos encargados de hacerse cargo de los gastos de la dotación de la trirreme. En virtud de la institución judicial de índole político-social llamada *antídosis* o «intercambio de bienes», cualquier ciudadano que, designado para el cumplimiento de una prestación social o *leitourgía*, considerase que otro ciudadano más rico que él quedaba exento de esa prestación, podía proponerle el traspaso de esa obligación para con el estado y, en caso de que el interpelado se negase, proceder con él a un intercambio de fortunas.

[77] Los *metecos* eran los extranjeros residentes en Atenas. Los *libertos* aparecen en nuestro texto designados como «los que viven aparte», porque efectivamente vivían fuera de la casa de sus antiguos amos.

[78] Hay en el texto original una muy marcada repetición de adverbios de tiempo («luego», «después») que abren frases sucesivas, que es propia del nivel coloquial de la lengua, en el que se prefiere la sencilla y espontánea yuxtaposición a la más refinada y artificiosa subordinación.

dido está ya de antemano el objeto de nuestra expedición naval en cada ocasión; y es que el tiempo de actuar lo gastamos en hacer nuestros preparativos, pero las oportunidades de los asuntos reales no aguardan ni a nuestra lentitud ni a nuestros pretextos. Y las fuerzas que durante el entretanto creemos poseer se revelan incapaces de hacer nada en los precisos momentos decisivos. Él[79], en cambio, ha llegado a tal punto de insolencia, que está enviando ya a los eubeos cartas como ésta.

Lectura de la carta[80]

(38) De lo que acaba de leerse, varones atenienses, la mayor parte es verdad, como no debiera serlo, por más que tal vez no resulte agradable de escuchar. Ahora bien, a decir verdad, si cuanto uno pasa por alto en su discurso con el fin de no causar aflicción, también los acontecimientos se lo van a pasar por alto, entonces hay que hablar en público con propósito de complacencia; pero si el halago de las palabras, cuando no es apropiado, de hecho se convierte en un castigo, es vergonzoso engañarse a sí mismos y, demorando todo lo que sea difícil, llegar tarde a todas las empresas, (39) y no poder aprender ni tan siquiera esto: que los que dirigen atinadamente una guerra no han de seguir a los acontecimientos, sino estar ellos mismos por delante de los acontecimientos, y que del mismo modo que se podría exigir al general guiar a sus ejércitos, así también a los políticos guiar los acontecimientos sobre los que deliberan, para que se lleve a cabo lo que ellos decidan y no se vean obligados a correr tras de los hechos consumados. (40) Vosotros, empero, varones ate-

---

[79] Es decir: Filipo. He aquí, según el escoliasta, el propósito de la carta que había escrito a los eubeos y a la que se refiere nuestro texto: «Filipo envió una carta a los eubeos diciéndoles, a modo de consejo, que no debían esperar la alianza con los atenienses, ya que ni a sí mismos eran capaces de salvarse.»

[80] Es el propio Demóstenes y no el ujier, como era la regla en los discursos judiciales pronunciados en los tribunales de justicia, quien lee la mencionada carta. Cfr. Demóstenes, *Contra Filipo,* I, § 30; *Contra Filipo,* II, § 28, y *Contra Filipo,* III, § 46.

nienses, que poseéis una fuerza superior a la de todos los demás, trirremes, hoplitas, caballería, ingresos de dinero, de ninguno de esos medios os habéis servido hasta el día de hoy para cosa de provecho y nada os falta para guerrear con Filipo a la manera en que los bárbaros combaten con los puños. En efecto, el que de aquéllos ha recibido un golpe se agarra siempre la parte golpeada, y si le pegan en otro sitio, allí están también sus manos; pero cubrirse o mirar de frente, ni sabe ni está dispuesto a hacerlo[81]. (41) Igual vosotros: si os enteráis de que Filipo está en Quersoneso, allí votáis que se envíe una expedición de auxilio; si en las Termópilas, allá la mandáis; si en cualquier otro lugar, allí acudís corriendo de arriba para abajo, y os dejáis maniobrar por él, y, en cambio, no tenéis decidido respecto de la guerra nada que os convenga ni nada prevéis con anterioridad a los acontecimientos antes de que os enteréis de que algo ha sucedido o está sucediendo. Eso quizás antes era posible; pero ahora se ha llegado al momento culminante, de manera que ya no cabe seguir así. (42) Y me parece que algún dios, varones atenienses, sintiendo vergüenza por la ciudad a causa de lo que está sucediendo, infundió a Filipo ese afán de incesante actividad. Pues si con la posesión de lo que ha sometido y conquistado anticipándose a nosotros[82] estuviera dispuesto a estarse tranquilo y no emprendiera ya nada, me parece que algunos de vosotros se habrían dado por contentos con la situación, a consecuencia de la cual hubiéramos sido condenados, todos en bloque en condición de estado, a pagar con oprobio, reputación de cobardía y todas las más graves deshonras; pero como la realidad es que siempre anda intentando algo nuevo y apeteciendo el incremento, tal vez podría llegar a desafiaros, si es que no habéis renunciado definitivamente a ello. (43) Yo, personalmente, me sorprendo de que ninguno de vosotros refle-

---

[81] *Símil* tomado del pugilato. La diferencia existente entre la estrategia de Filipo y la de los atenienses es comparable a la que se verificaba entre la manera de luchar con los puños que practicaban los griegos —pugilato técnico— y la primitiva desprovista de reglas técnicas que era propia de los bárbaros. Esta comparación gozó de un éxito extraordinario en la historia de la retórica clásica.

[82] He aquí otro ejemplo más de *duplicación* de términos cuasi sinónimos.

xione ni se irrite al ver, varones atenienses, que la iniciación[83] de esta guerra haya tenido lugar para castigar a Filipo y que su final sea ya para no sufrir daño por obra de Filipo. Pese a todo, no obstante, que no se detendrá si alguien no le pone impedimento, es cosa clara. Y entonces, ¿vamos a estar soportando esto? Si enviamos trirremes vacías y las esperanzas alentadas por fulano o mengano, os creéis que ya todo va bien? (44) ¿No nos embarcaremos? ¿No saldremos nosotros mismos en campaña con una parte, al menos, de nuestros soldados, aunque no lo hayamos hecho antes? ¿No navegaremos contra su territorio? «¿Y dónde echaremos el ancla?», me preguntaba alguien. Los puntos flacos de la situación en que aquél se encuentra, nos los descubrirá la propia guerra, si es que la emprendemos; si, por el contrario, nos quedamos sentados en casa oyendo las mutuas injurias y acusaciones de los oradores, nunca será posible que nos suceda algo de lo que nos es menester[84]. (45) Pues, en mi opinión, dondequiera que sea enviada una parte de la ciudad, aunque no toda ella, allí la voluntad de los dioses nos es favorable y el sesgo de la fortuna colabora en nuestros esfuerzos; en cambio, dondequiera que enviáis un estratego y un decreto vano y las esperanzas alentadas desde la tribuna de los oradores, nada de lo que sería menester se os cumple, sino que vuestros enemigos se ríen de vosotros y vuestros aliados están muertos del miedo que les tienen a expediciones de ese jaez. Pues no es posible, no es posible que un solo hombre pueda algún día realizar para vosotros todo lo que queréis; prometer, sin

---

[83] En efecto, como señala el escoliasta, la guerra comenzó con la toma de Anfípolis por parte de Filipo, ciudad que los atenienses reivindicaban junto con otras pertenecientes a Atenas. El monarca macedonio tomó Anfípolis el año 357 a. J. C. Cfr. Tabla cronológica. Anfípolis, ciudad de la costa de Tracia, situada a orillas del río Estrimón y que ocupaba una importante posición estratégica en la ruta que comunicaba la Grecia del Norte y el Helesponto con la costa de Tracia y sus regiones ricas en oro y plata (las minas del monte Pangeo) y madera, fue colonizada por los atenienses capitaneados por Hagnón, el hijo de Nicias, el año 437/436 a. J. C.

[84] En el original, en este punto se percibe una *asonancia* entre dos palabras que cierran los dos últimos miembros de frase consecutivos.

embargo, y hacer afirmaciones y acusar a fulano y mengano sí que es posible[85], y nuestros negocios públicos se malogran a consecuencia de esas prácticas; y es que, cuando vuestro general manda en miserables mercenarios sin paga y otros hay aquí que os engañan con facilidad a propósito de las actividades que aquél realiza y vosotros votáis lo que se os ocurre a partir de lo que oís, ¿qué es lo que a la postre hay qué esperar?

(47) Entonces, ¿cómo acabará eso?[86]. Cuando vosotros, varones atenienses, designéis a los mismos ciudadanos en calidad de soldados y testigos de las operaciones militares de los generales y en calidad de jueces de sus rendiciones de cuentas[87] una vez hayan vuelto a su patria, de manera que vosotros no sólo escuchéis los asuntos de vuestra propia incumbencia, sino que además estéis presentes para verlos. Pero ahora las cosas han llegado a tal grado de desvergüenza, que todos y cada uno de vuestros generales[88] son juzgados dos o tres veces ante vosotros en causas de pena capital; en cambio, contra los enemigos ninguno de ellos se atreve ni por una sola vez a combatir jugándose la vida, sino que prefieren la muerte de los mercaderes de esclavos y los salteadores a la que les corresponde; pues, efectivamente, es propio del malhechor morir sentenciado, y de un general, en cambio, morir luchando con los enemigos. (48) Y entre nosotros unos van por ahí diciendo que Filipo con la colaboración de los lacedemonios se dispone a llevar a cabo la ruina de Beocia y el

---

[85] Nos topamos, en este pasaje, con la combinación de dos figuras retóricas, la *epanadiplosis* («no es posible, no es posible») y el *quiasmo* («no es posible que... sí que es posible»). Ambas sirven para incrementar el grado de emoción y de emotividad del oyente.

[86] *Pregunta retórica*. Esta figura retórica, como ya hemos dicho, tiene por misión conseguir una mayor implicación del oyente en el contenido del discurso.

[87] Cuando un magistrado cesaba en su cargo, estaba obligado a rendir cuentas de su gestión en la susodicha magistratura ante una especie de tribunal de cuentas de jueces revisores *(logistaí)* auxiliados por el cuerpo de auditores de cuentas *(eúthunoi)*. Si surgía algún problema en el proceso de encuesta, pasaba la indagación a los tribunales del pueblo.

[88] Se está refiriendo a Autocles, Cefisódoto, Leóstenes, Calístenes y Cares.

desmembramiento de su confederación de gobiernos[89]; otros, que ha enviado embajadores al Rey[90]; otros, que anda fortificando ciudades en Iliria; y otros, finalmente, andamos de aquí para allá forjando nuestras particulares habladurías. (49) Y yo creo, varones atenienses, ¡por los dioses!, que aquel individuo está embriagado por la magnitud de sus realizaciones y en su imaginación da vueltas a muchos sueños de acciones semejantes, al ver la inexistencia de quienes se lo impidan y crecido por las empresas realizadas; pero, sin embargo, lo que no me creo, ¡por Zeus!, es que se proponga obrar de tal modo, que los más insensatos de entre nosotros sepan qué es lo que se dispone a hacer él; pues los forjadores de habladurías, ésos son los más insensatos del mundo. (50) Pero si, dejando eso aparte, nos hacemos cargo de esto otro, de que este hombre es un enemigo y nos está arrebatando lo nuestro y durante mucho tiempo nos está insultando y de que todo cuanto en cualquier momento esperamos que alguien hiciera por nosotros resulta claro a la postre que lo ha hecho en contra nuestra y de que el futuro está en nuestras propias manos y de que, si ahora no queremos combatir contra él allí[91], tal vez nos vermos forzados a hacerlo aquí; si nos hacemos cargo de eso, habremos decidido lo que hacía falta y nos habremos librado de vanos discursos; pues no hay que considerar lo que algún día llegará a suceder, sino saber a ciencia cierta

---

[89] Tebas había reunido en un solo estado federal las ciudades de Beocia y apoyado la constitución de confederaciones arcadias que los lacedemonios, naturalmente, querían a toda costa desmembrar. Filipo, que en la Guerra Sagrada apoyaba a los tebanos, gustaba de confundir a sus adversarios haciendo correr falsos rumores sobre su disposición a cambiar de aliados. Pero en realidad el monarca macedonio no veía con buenos ojos ni la hegemonía que ejercía Tebas sobre las demás ciudades beocias ni la política exterior que este estado unificado llevaba a cabo en Arcadia. Baste recordar que Arcadia, así como otras ciudades-estados del Peloponeso, habían aprovechado la efímera grandeza de Tebas para consolidar su poder frente a la tradicional hegemonía de Esparta en Grecia en general y en la península del Peloponeso en particular.

[90] Es decir, el Gran Rey o Rey por antonomasia que es el rey de Persia.

[91] Obsérvese la repetición incesante de la conjunción copulativa uniendo frases. Esta figura se llama *polisíndeton* y su función es agrandar el referente del discurso al tiempo que agranda su forma a base de ensartar frases copulativas una detrás de otra.

que será desastroso si no aplicáis a ello vuestro entendimiento y no estáis dispuestos a hacer lo que os conviene.

(51) Yo, por mi parte, la verdad, nunca en otra ocasión me resolví a deciros en plan de halago algo de lo que no estuviera convencido de que también os iba a beneficiar; y ahora todo lo que pienso os lo he confesado con franqueza, sencillamente y sin amainar en absoluto las velas[92]. Y quisiera que, así como sé que a vosotros os aprovecha escuchar los mejores consejos, del mismo modo supiera que será provechoso también para quien esos mejores consejos ha expuesto; pues me sentiría mucho más a gusto. Pero tal como son las cosas, en las circunstancias de incertidumbre en que se encuentran las consecuencias de estas propuestas para mí, sin embargo me resuelvo a exponerlas en el convencimiento de que, si las lleváis a la práctica, os aprovecharán. Y que triunfe lo que a todos vaya a convenir.

---

[92] Bonita metáfora marinera.

SEGUNDA FILÍPICA

Argumento

(1) A lo largo de este discurso el orador exhorta a los atenienses a que sospechen de Filipo como enemigo y que no confíen del todo en la paz, sino que despierten y presten atención a los asuntos y se preparen para la guerra. Pues acusa a Filipo de andar tendiendo asechanzas a los atenienses y a todos los griegos, y afirma que eso es lo que testimonian en su contra sus acciones. Y promete también dar respuestas a ciertos embajadores llegados allí, al no saber los atenienses qué se les debía responder. (2) De dónde habían venido éstos y para tratar de qué asuntos no se aclara en el discurso, pero es posible averiguarlo merced a las «Historias Filípicas». Por esas fechas, en efecto, envió Filipo embajadores a los atenienses, acusándolos de que le calumniaban sin razón ante los griegos como si los hubiera hecho muchas y grandes promesas y los hubiera engañado; pues afirma que no ha prometido nada ni en nada los ha engañado y reclama pruebas en torno a estas cuestiones. Y al mismo tiempo que Filipo, enviaron también embajadores a Atenas los argivos y los mesenios, acusando asimismo éstos al pueblo de ser condescendiente y aplaudir a los lacedemonios, que estaban esclavizando el Peloponeso y oponerse a ellos mismos, que estaban luchando por la libertad. (3) Así pues, los atenienses no encuentran respuesta que dar a Filipo y a las ciudades; a las ciudades, porque están en buenas relaciones con los lacedemonios y odian la coalición de los argivos y mesenios con Filipo y recelan de ella, pero, sin embargo, no pueden declarar que la conducta de los lacedemonios es justa. Y a Filipo, porque se ven defraudados en sus esperanzas, pero, sin embargo, les parece no haber sido engañados por él personalmente; pues ni en sus cartas escribió Filipo promesa alguna ni a través de sus propios embajadores ofreció ningún compromiso, sino que eran algunos atenienses los

que habían hecho concebir al pueblo la esperanza de que Filipo salvaría a los focidios y acabaría con la insolencia de los tebanos. (4) Por eso Demóstenes, haciendo mención de las respuestas, promete que las dará, pero sostiene que sería justo que a quienes han causado la dificultad, a ésos también les reclamaran las respuestas; «a ellos —dice— que engañaron al pueblo y abrieron a Filipo las Termópilas». Con estas palabras alude veladamente a Esquines, preparando, como dicen, la acusación contra él por la embajada fraudulenta, que más tarde le interpuso, y desacreditándole ya de antemano ante el pueblo.

(1) Cuando tienen lugar discursos, varones atenienses, sobre lo que Filipo hace y sobre las violaciones que perpetra al margen de la paz[93], siempre veo que los discursos en defensa nuestra tienen toda la apariencia de justos y humanos, y que todos los acusadores de Filipo parecen decir siempre lo que hay que decir, pero que, valga expresarlo así, no se realiza nada de lo que es menester ni de los proyectos por los que merece la pena escuchar esos discursos, (2) antes bien, resulta que todos los asuntos de la ciudad se han adelantado a un punto tal, que cuanto con mayor intensidad y más a las claras demuestra uno que Filipo está violando la paz concluida con vosotros y tendiendo asechanzas a todos los griegos, tanto más difícil se hace aconsejar qué es lo que hay que hacer. (3) Y la causa de ello, varones atenienses, es que, siendo necesario poner barreras de hecho y con obras y no con palabras a los que buscan sacar siempre ventaja, todos, en primer lugar nosotros, los que accedemos a la tribuna, nos abstenemos de hacer propuestas por escrito y de aconsejar acerca de esas cuestiones por no atrevernos a incurrir en enemistad con vosotros, y, en cambio, discurrimos sobre qué cosas hace y qué tremendas son[94] y cuestiones de ese tenor; y luego vosotros, los que estáis ahí sentados, en cómo poder pronunciar

---

[93] En realidad, estamos ante un caso de la figura amplificatoria llamada *duplicación*, pues el texto expresa dos veces la misma idea, primero en su versión genérica y luego en su versión específica: «sobre lo que Filipo hace y sobre las violaciones que perpetra al margen de la paz».

[94] Esta súbita irrupción de oraciones interrogativas directas en el texto es un rasgo propio del estilo coloquial.

discursos justos y entender a otro que os hable, tenéis mejor preparación que Filipo, pero de cómo poder impedirle realizar aquello en lo que ahora está, os encontráis totalmente incapaces. (4) Resulta entonces, en mi opinión, una cosa inevitable y tal vez natural: en aquellas actividades en las que cada uno os ocupáis y esforzáis, en ésas es en las que cada uno supera al otro, él en las acciones, vosotros en los discursos. Así pues, si también ahora os basta con el discurso más justo, la cosa es fácil y este asunto no conlleva ningún trabajo; (5) pero si hay que examinar cómo enderezar la situación presente y evitar que todo vaya aún a más sin que nosotros nos demos cuenta de nada y que se nos plante enfrente la magnitud de una fuerza frente a la que ni podamos levantarnos para oponernos a ella, la manera de deliberar ya no es la misma que antes, sino que tanto todos los que hablan como vosotros los que escucháis han de preferir lo mejor y lo promisorio de salvación a lo más fácil y más agradable.

(6) En primer lugar, varones atenienses, si alguien, al ver qué grande es ya Filipo y de cuántos dominios es dueño, sigue estando tranquilo y no cree que esto aporte peligro alguno a la ciudad ni que todo eso se esté preparando contra vosotros, manifiesto mi admiración y quiero pediros a todos vosotros por igual que me escuchéis las consideraciones que expondré en forma breve, en virtud de las cuales se me ocurre esperar lo contrario y a través de las cuales considero a Filipo enemigo, para que, si yo parezco mejor previsor, me hagáis caso a mí, y si, en cambio, parecen serlo los que no se inquietan y tienen depositada en él su confianza, os suméis a ellos. (7) Así pues, voy haciendo mis consideraciones[95]: ¿de qué se hizo señor Filipo lo primero después de la paz? De las Termópilas y de la situación en Fócide. ¿Y qué? ¿Cómo se sirvió de ello? Prefirió hacer lo que convenía a los tebanos[96],

---

[95] Demóstenes se va planteando cuestiones que a continuación él mismo responde, empleando la técnica dialógica, acerca del «qué» *(quid)*, el «cómo» *(quomodo)* y el «por qué» *(cur)*, cuestiones capitales de la retórica de los «estados de las causas» (en latín, *status*, y en griego, *stáseis*).

[96] Es decir, acabar con los focidios, enemigos ancestrales de los tebanos, y con las ciudades beocias de Orcómeno y Coronea.

no a nuestra ciudad. ¿Por qué, si se puede saber? Porque haciendo sus cálculos, creo yo, con vistas a la ganancia ventajosa y a sometérselo todo a su persona y no a la paz ni a la tranquilidad ni a nada justo, (8) vio esto atinadamente: que a nuestra ciudad y a nuestra manera de ser nada tan imponente podría revelar él en su persona ni hacer, por lo que vosotros os dejarais convencer de entregarle a algunos de los demás griegos por vuestro personal provecho, sino que haciéndoos cuenta de lo justo y evitando la infamia envuelta en tal transacción y previendo todo lo conveniente[97], si intentara hacer algo similar, os opondríais a él de igual manera que si os encontrarais en estado de guerra. (9) En cambio, en cuanto a los tebanos, estimaba —cosa que precisamente sucedió[98]— que a cambio de los beneficios que les fueran sobreviniendo, le permitirían que en lo demás obrase como quisiera, y no sólo[99] no se le opondrían ni le causarían impedimentos, sino que hasta compartirían campañas con él, si así se lo mandaba. Y ahora, habiéndose hecho las mismas suposiciones, trata bien a los mesenios y a los argivos. Lo cual, varones atenienses, es asimismo el más alto elogio para vosotros; (10) pues, a juzgar por esos hechos, estáis considerados como los únicos de entre todos que no abandonaríais por ninguna ganancia los derechos comunes de los griegos, ni cambiaríais vuestra devoción hacia los griegos por ningún favor ni interés. Y ésa es la opinión que con razón se ha formado de vosotros en este sentido y de los argivos y tebanos en sentido contrario, mirando no sólo al presente, sino también teniendo en cuenta el pasado. (11) Porque descubre —me imagino— y oye decir que vuestros antepasados, aunque les era posible mandar sobre los demás griegos a condición de obedecer ellos al Rey, no sólo no soportaron tal propuesta cuando

---

[97] Obsérvese la repetición de la conjunción copulativa, figura retórica llamada *polisíndeton*.
[98] El *hipérbaton por paréntesis* y las *inserciones (parembolaí)* son procedimientos empleados en el coloquio que tienen aplicación retórica en cuanto que dan impresión de energía y viveza de lo expuesto.
[99] En el texto original nos encontramos en este punto ante una *locución elíptica*.

Alejandro[100], el antepasado de ésos[101], vino como heraldo de ella, sino que prefirieron abandonar el país y se resignaron a sufrir lo que fuese, y después realizaron esos hechos que todo el mundo siempre ansía referir pero nadie ha podido narrar con la merecida dignidad, por lo cual también yo voy a dejar de lado este tema (justa determinación, porque las proezas de aquéllos son demasiado grandes para que uno pueda exponerlas de palabra); por el contrario, oye referir Filipo que de los antepasados de los tebanos y de los argivos, los primeros combatieron al lado de los bárbaros y los otros no se enfrentaron a ellos. (12) Sabe, en efecto, que ambos pueblos se contentarán con lo que particularmente les interese, sin considerar lo que redunde en común ventaja para los griegos. Por tanto, él consideraba que si os elegía a vosotros, elegiría amigos sobre la base de la justicia, mientras que si se unía a aquéllos, tendría colaboradores de su propia ambición. Por eso los elige a ellos en vez de a vosotros tanto antes como ahora. Pues, sin ninguna duda, no ve que tengan ellos más trirremes que vosotros ni tampoco se trata de que, por haber descubierto un determinado imperio en el interior, haya renunciado al imperio sobre el mar y los puertos comerciales ni de que no recuerde sus discursos ni sus promesas, por las cuales obtuvo la paz.

(13) «Pero, ¡por Zeus!» —podría decir alguien[102] que pre-

---

[100] Alude Demóstenes a un episodio bien conocido, orgullo, honra y prez de la historia de Atenas, que refiere el historiador Heródoto (Heródoto, VIII, § 140 y ss.): El rey Alejandro de Macedonia fue a Atenas como negociador del rey persa, cuyas tropas comandadas por Mardonio pisaban suelo griego. La propuesta del Gran Rey (como llamaban los griegos al monarca persa) consistía en ofrecer una alianza a los atenienses a cambio de muy interesantes y provechosas ganancias para ellos. Demóstenes trastoca un tanto el orden cronológico real de estos hechos históricos que refiere y lo hace tanto en este pasaje como en *Sobre la corona*, § 204. La embajada de Alejandro no precedió a la batalla de Salamina, sino que fue posterior a ella y anterior a la batalla de Platea. En el mismo error incurre Isócrates (cfr. Isócrates, *Panegírico*, § 94).

[101] Es decir, de Filipo y su dinastía.

[102] He aquí un bonito ejemplo de la figura retórica denominada *hipófora*, que consiste, según los tratados, en una anticipación que hace el orador de una posible objeción de la parte contraria, planteada a modo de una frase en estilo directo que interrumpe el discurso, con el propósito de lanzarse sobre

tendiera saber eso todo— que no actuó así en esa ocasión movido por la ambición ni por los motivos que le imputo, sino porque las reclamaciones de los tebanos eran más justas que las vuestras. Pero de entre todos los argumentos ése es el único que no le es posible ahora alegar. Pues el que ordenaba a los lacedemonios renunciar a Mesene[103], ¿cómo podría pretextar, tras haber entregado entonces Orcómeno y Coronea a los tebanos, haberlo hecho por considerarlo justo?

(14) «Pero, es que se vio forzado, ¡por Zeus!»[104] —pues sólo queda esta excusa— «y ha hecho estas concesiones contra su intención, al verse cogido entre la caballería tesalia y los hoplitas tebanos». Bien. Por eso aseguran que está a punto de adoptar una actitud de sospecha respecto a los tebanos y hacen correr algunos por ahí el rumor de que va a fortificar Elatea[105]. (15) Y él está a la espera y seguirá estando a la espera[106], a juicio mío; en cambio, para colaborar con los mesenios y los argivos contra los lacedemonios, no está a la espera, sino que les manda mercenarios y les envía dinero y se le aguarda a él en persona al frente de una gran fuerza[107]. ¿A los

---

ella y refutarla de arriba abajo. Dos años antes de que este discurso fuera pronunciado, o sea, en el 346 a. J. C., Filócrates y Esquines habían engañado a los atenienses tranquilizándolos sobre las intenciones políticas que albergaba el monarca macedonio. Fue entonces cuando se aprobó la «Paz de Filócrates». Cfr. Tabla cronológica.

[103] Los lacedemonios tenían a su favor para reivindicar Mesene el título de una ocupación de Mesenia que había durado cuatrocientos años. Los tebanos, en cambio, no contaban con título alguno para apoyar su reivindicación de Orcómeno.

[104] Nuevo ejemplo de *hipófora*. Ésta era la disculpa que esgrimían los partidarios de Filipo en Atenas. Cfr. Demóstenes, *Sobre la paz*, § 22.

[105] Elatea era una ciudad de Fócide situada en un lugar muy estratégico, pues, además de su proximidad a la frontera beocia, era paso obligado de la ruta que conducía desde el norte de Grecia (y, concretamente, desde Tebas) hasta las Termópilas. Circundada de un valladar de montañas y enfrentada al valle del río Cefiso, hubiera sido para los focidios el emplazamiento ideal en que edificar una fortificación con el fin de defenderse de cualquier ataque llevado a cabo por los tebanos.

[106] Hay en el texto original un juego de palabras a costa del verbo griego *méllo*, que significa tanto «estar a punto de» como «vacilar».

[107] De nuevo estamos ante un caso de *polisíndeton* o repetición de la conjunción copulativa.

lacedemonios, que, aún quedan en pie, enemigos de los tebanos, los va a aniquilar, y, por el contrario, a los focidios, a quienes él en persona antes destruyó, ahora pretende salvarlos? (16) ¿Y quién podría creer eso? Pues yo, por mi parte, no pienso que Filipo, ni aunque al principio hubiera obrado violentado y a la fuerza ni aunque ahora diese de lado a los tebanos, se opondría constantemente a los enemigos de aquéllos; antes bien, a juzgar por lo que hasta ahora está haciendo, es evidente que en aquella ocasión también obró por determinación propia[108], y si se observa correctamente, a juzgar por todo, es claro que está coordinando la totalidad de su gestión política contra nuestra ciudad. (17) Y esta circunstancia se le impone ahora ya necesariamente en cierta manera. Pues reflexionad: Quiere dominar y ha comprendido que vosotros sois sus únicos rivales para ello. Hace ya mucho tiempo que os viene perjudicando y de eso él en persona tiene conciencia mejor que nadie; pues con todas las posesiones vuestras que tiene en su poder ejerce con seguridad la tenencia de todas las demás; porque si hubiera abandonado Anfípolis y Potidea, ni permaneciendo en casa se consideraría seguro[109]. (18) Sabe, por tanto, las dos cosas, a saber, que está conspirando contra vosotros y que vosotros os estáis dando cuenta de ello; y como supone que sois inteligentes, estima que lo odiáis con toda justicia y está excitado porque espera sufrir algún daño si encontráis la ocasión oportuna, si no se adelanta él en la acción. Por eso está despierto, plantado al frente de sus asuntos, en detrimento de nuestra ciudad halaga a unos cuantos, a los tebanos y a los peloponesios que comparten los propósitos de éstos[110], (19) de quienes cree que por su ambición se contentarán con el presente y por la tosquedad de sus maneras no preverán nada de lo de después. Aunque, al menos a los que son inteligentes, incluso medianamente, les es dado ver los evidentes ejemplos que yo tuve ocasión de

---

[108] Entregando Coronea a los tebanos.
[109] En este punto del texto sigo la lectura de los manuscritos *(hegeîto)* y no la enmienda de Cobet *(hegeîtai)*.
[110] Obsérvese en estas tres frases el *asíndeton* o falta de conjunción copulativa, retóricamente muy eficaz porque amplifica o incrementa el significado general del texto.

exponer a los mesenios y los argivos[111] y que tal vez es mejor que os queden dichos también a vosotros[112].

«¿Pues cómo os imagináis, varones mesenios» —decía yo, pues— «el enojo con que los olintios escucharían a quien les dijera algo en contra de Filipo en aquellos tiempos en que les cedía Antemunte, ciudad que reivindicaban todos los anteriores reyes de Macedonia, y les daba Potidea al tiempo que expulsaba de ella a los colonos atenienses, y cuando él en persona había cargado con nuestra enemistad, mientras que a ellos les había dado el territorio para que lo disfrutaran? ¿Acaso os imagináis que se esperaban ser tratados como lo fueron[113] o que lo creerían si alguien se lo dijera?» (21) «Sin embargo» —les decía yo—, «tras haber disfrutado poco tiempo del territorio ajeno, llevan ya mucho privados del suyo propio por obra de aquel hombre, vergonzosamente desterrados, no sólo derrotados, sino además traicionados y vendidos los unos por los otros; y es que no son seguras para las constituciones democráticas esas tan excesivamente estrechas relaciones con los tiranos. (22) Y los tesalios ¿qué? ¿Acaso os creéis» —les decía— «que cuando les expulsaba a los tiranos y en otra ocasión les daba Nicea y Magnesia[114], esperaban que iban a tener la decadarquía[115] que hoy tienen im-

---

[111] Se refiere Demóstenes a discursos que pronunció como embajador de Atenas en las dos ciudades, o, tal como él mismo lo expresa, que le tocó pronunciar a él y no a otro de los demás miembros de la embajada.

[112] A continuación comienza una alocución dirigida en apariencia a los mesenios pero, en realidad, a los atenienses, que son quienes la escuchan. Esta figura, consistente en dirigir aparentemente una alocución a un auditorio ausente cuando en realidad el orador la dirige en su intención a los presentes, se llama *apóstrofe*.

[113] Su ciudad fue destruida (348 a. J. C.). Cfr. Tabla cronológica.

[114] Filipo expulsó a los tiranos de Feras el año 352 a. J. C. Después de la Guerra Sagrada (346 a. J. C.), puso en manos de los tesalios la ciudad de Magnesia y la fortaleza de Nicea, situada en las Termópilas. Magnesia era comarca o distrito de la costa oriental de Tesalia. Nicea era una ciudad locria situada sobre el golfo Malíaco.

[115] En Tesalia Filipo había impuesto, con el fin de descentralizarla, cuatro tetrarquías en correspondencia con sus cuatro distritos o cantones. En cambio, Esparta en el pasado había impuesto decadarquías en un gran número de ciudades griegas. Demóstenes utiliza aquí el término «decadarquía» para evocar con él el régimen oligárquico impuesto por Esparta a otras ciudades.

plantada, o que el que les devolvió el puesto en el Consejo Anfictiónico[116] les iba a confiscar sus propios ingresos? No es posible eso. Y sin embargo eso ha sucedido y a todos les es dado saberlo. (23) Y vosotros» —decía yo— «contempláis admirados a Filipo cuando da y cuando promete, pero rogad a los dioses no verlo cuando haya engañado y seducido, si realmente sois sensatos. Bien es verdad, ¡por Zeus!» —decía yo— «que hay medios de todas clases inventados para las ciudades con vistas a su protección y seguridad, como empalizadas, murallas, fosos, y todo lo demás de este género. (24) Y todas esas cosas son productos de las manos y requieren dispendios suplementarios. Pero la naturaleza de los hombres sensatos posee en sí misma un común baluarte de defensa que para todos es un bien y una garantía de salvación, sobre todo para las democracias frente a los tiranos. ¿Y cuál es este baluarte? La desconfianza. Guardadla, aferraos a ella; si la conserváis, nada terrible sufriréis. (25) ¿Qué andáis buscando?» —decía yo—, «¿la libertad? ¿Entonces es que no veis que hasta los títulos que tiene Filipo son lo más ajeno a ella? Pues todo rey y tirano es enemigo de la libertad y adversario de las leyes[117]. ¿No vais a estar en guardia» —decía yo—, «no vaya a ser que, buscando liberaros de una guerra encontréis un amo?».

(26) Aquéllos, aunque oyeron esto y manifestaban con alboroto que eso era hablar cabalmente, y pese a haber escuchado muchos otros discursos de los embajadores tanto mientras yo estaba presente como de nuevo más tarde, no por ello, según parece, van a estar en absoluto más dispuestos a apartarse de la amistad de Filipo ni de sus promesas. (27) Y no es esto extraño, que unos mesenios y unos peloponesios hagan

---

[116] El Consejo Anfictiónico (en griego, *Pulaía*, de *púle*, «puerta») era la asamblea de los Anfictíones, que se reunía en las Termópilas (de ahí el nombre de *Pulaía*) y en Delfos. Los tesalios habían sido expulsados de ella por los focidios, pero Filipo los repuso al tiempo que excluyó a estos últimos.

[117] Téngase en cuenta, para entender este pasaje, que para un ateniense de la época un régimen democrático es el régimen en el que impera la ley, por lo que las voces *politeía*, que significa «régimen ciudadano» y *demokratía*, que quiere decir «régimen en el que el poder lo tiene el pueblo» se emplean como sinónimos.

algo al margen de lo que con su raciocinio ven que es mejor, sino que vosotros que por vosotros mismos comprendéis y nos oís a nosotros los oradores decir que sois objeto de conspiraciones, que se os envuelve con redes, no os deis cuenta, a mi modo de ver, de que a fuerza de no hacer nada a su momento, lo habéis soportado todo. ¡Hasta ese punto el placer inmediato y la molicie tienen mayor fuerza que lo que un día os pueda interesar en el futuro!

(28) Pues bien, acerca de lo que hemos de hacer deliberaréis entre vosotros más tarde, si sois sensatos; pero en cuanto a la respuesta que ahora habéis de dar para que pueda decirse que habéis votado lo debido, de eso es de lo que ya voy a tratar.

Respuesta[118]

Realmente sería justo, varones atenienses, que citaseis aquí a los que presentaron las promesas en virtud de las cuales fuisteis persuadidos a hacer la paz; (29) pues ni yo mismo hubiera consentido nunca en actuar de embajador ni vosotros —bien lo sé[119]— hubierais dejado de luchar, si hubieseis imaginado que Filipo, después de haber obtenido la paz, iba a obrar de tal manera; pero lo que entonces se decía estaba a mucha distancia de eso. Y todavía habría que citar a otros. ¿A quiénes? A los que[120], cuando yo me di cuenta, conclui-

---

[118] No nos ha llegado la respuesta, pero fue el propio Demóstenes, y no un ujier o funcionario, quien la leyó. En los discursos políticos, a diferencia de lo que ocurría en los judiciales, era el propio orador quien leía los documentos por él mismo aportados como pruebas o argumentos. Cfr. Demóstenes, *Contra Filipo*, I, § 37, y *Contra Filipo*, III, § 46. A partir de aquí da comienzo el epílogo de este discurso, que se extiende, por tanto, entre los párrafos §§ 28-37.

[119] Estas frases parentéticas son propias del lenguaje coloquial, por lo que se encuentran con gran frecuencia en la Comedia aristofánica. Es propio del estilo de Demóstenes emplear coloquialismos en sus discursos, o sea, hacer retórica valiéndose incluso de lo coloquial. Es éste un rasgo que comunica al estilo de Demóstenes un especial encanto.

[120] Comienza aquí un tremendo *hipérbaton* que se extiende hasta «decían». El *hipérbaton* subraya los condicionamientos psicológicos del hablante y así pone de manifiesto el mayor peso de éstos respecto de los de tipo lógico. En retórica tienen mayor poder las estrategias psicológicas y estéticas que las racionales, lógicas y argumentativas.

da ya la paz, al volver de la segunda embajada, la de la prestación de juramentos, de que se hacía burla de nuestra ciudad y lo exponía públicamente y lo testimoniaba y no permitía abandonar las Termópilas ni a los focidios, decían (30) que era natural que yo, por ser bebedor de agua[121], fuese un hombre de mal carácter y difícil, mientras que Filipo, si pasaba adelante[122], haría todo lo que vosotros pudierais desear y fortificaría Tespias[123] y Platea y acabaría con la insolencia de los tebanos y a sus expensas haría excavar un canal a través del Quersoneso[124] y os devolvería Eubea y Oropo[125] a cambio de Anfípolis. Todo eso recordáis —bien lo sé[126]— que fue dicho aquí desde esta tribuna, aunque no sois expertos en recordar a quienes os perjudican. (31) Y lo más vergonzoso de todo: ante esas esperanzas, votasteis que ése fuese el mismo tratado de paz también para vuestros descendientes[127]; tan completamente fuisteis seducidos. ¿Por qué, pues, digo ahora esto y afirmo que hay que citar a esos individuos? Yo os voy a decir, ¡por los dioses!, la verdad con franqueza y no dejaré nada oculto. (32) No lo hago con el fin de incurrir en el insulto y así darme a mí mismo ocasión de hablar ante vosotros al mismo nivel que ellos; ni para proporcionar a los que desde el principio y también ahora chocaron conmigo una excusa para volver a sacar algo de Filipo; ni tampoco para charlar en vano, sino porque creo que el día de mañana las acciones que Filipo está llevando a cabo os afligirán más que en este mismo momento. (33) Pues veo que su empresa va hacia adelante y no quisiera imaginármelo con exactitud, pero me temo que ella esté ya demasiado cerca. Pues bien,

---

[121] El ser aficionado a la bebida (entiéndase, claro está, al vino) es, en la mentalidad popular, propio de los hombres de provecho. Así lo leemos en la comedia aristofánica titulada *Las avispas*. Cfr. Aristófanes, *Las avispas*, 80.
[122] Es decir: si traspasaba las Termópilas. Cfr. *Sobre la corona*, § 35.
[123] Cfr. *Sobre la paz*, § 10.
[124] La península del Quersoneso Tracio era habitada por colonos atenienses. Si se construyese un canal que lo separase del continente, estaría protegido contra todo intento de invasión por parte de los tracios.
[125] Cfr. *Sobre la paz*, § 10.
[126] De nuevo una frase parentética de estilo coloquial.
[127] Cfr. Demóstenes, *Sobre la embajada fraudulenta*, §§ 48; 54 y ss.

cuando ya no os quede la posibilidad de desentenderos de los acontecimientos ni me oigáis decir a mí o a fulano de tal que eso va contra vosotros, sino que vosotros mismos, todos, lo veáis y lo comprendáis, pienso que vosotros estaréis irascibles y fieros. (34) Por eso, pues, me temo no vaya a suceder que, por haber silenciado vuestros embajadores[128] las razones por las que ellos tienen conciencia de haber sido sobornados, incurran en vuesto enojo quienes intenten enderezar algo de lo que por causa de esos individuos está perdido. Y es que veo que la mayor parte de las veces ciertos hombres descargan su cólera[129] no sobre los culpables, sino sobre los que tienen más a mano. (35) En tanto, pues, los acontecimientos están por suceder y se van concentrando[130], y nos oímos bien los unos a los otros, quiero recordar a cada uno de vosotros, aunque lo sabe perfectamente, quién fue el que os persuadió a abandonar Fócide y las Termópilas, de las que, al haberse constituido aquél en dueño, se ha convertido en dueño[131] del acceso al Ática y al Peloponeso y ha hecho que vuestra deliberación no verse sobre vuestros derechos ni sobre vuestros asuntos en el exterior, sino sobre los de vuestro propio país y sobre la guerra contra el Ática, que nos afligirá cuando se nos presente y que aquel día nació. (36) Pues si entonces no hubierais sido engañados vosotros, no habría ningún problema para la ciudad; pues, sin duda, ni Filipo habría llegado nunca hasta el Ática con su flota[132], tras haber vencido con sus naves, ni por tierra atravesando las Termópilas y Fócide, sino que o bien habría obrado con la requerida justicia y, observando la paz, se habría mantenido tranquilo, o bien se vería al punto inmerso en una guerra semejante a aquella por la

---

[128] Se refiere a Filócrates, Esquines y otros que, comportándose como embajadores venales, se habrían dejado sobornar por Filipo con ocasión de la firma y ratificación por juramento del tratado de paz.
[129] Cfr. la misma idea expresada en Demóstenes, *Olintíaco,* I, § 16.
[130] Hermosa y sencilla *metáfora*. Entiéndase: como las nubes se concentran antes de estallar la tormenta.
[131] Obsérvese la repetición, conscientemente buscada y retóricamente eficaz, de la palabra «dueño».
[132] Filipo disponía ya de una modesta flota. Cfr. Demóstenes, *Contra Filipo,* I, § 34.

que entonces deseó la paz. (37) Esto, pues, en cuanto al objetivo de haceros recordar, queda suficientemente dicho; pero, en cuanto a que pudiera ponerse a prueba con máxima exactitud, ¡dioses todos, ojalá no ocurra! Que yo al menos no quisiera que nadie, aunque merezca la muerte, pague su pena involucrando en ello el peligro y el castigo de todos.

TERCERA FILÍPICA

Argumento

El argumento de este discurso es simple. Pues estando Filipo en paz con los atenienses de palabra, aunque de hecho les causaba muchos perjuicios, el orador aconseja a los atenienses que se levanten contra el rey y rechacen sus ataques, puesto que un gran peligro pende sobre ellos y en común sobre todos los griegos.

(1) Aunque son muchos, varones atenienses, los discursos que vienen pronunciándose casi en cada asamblea acerca de los agravios que Filipo, desde que concertó la paz viene infligiendo no sólo a vosotros, sino también a todos los demás griegos, y aunque todos declararían —bien lo sé[133]—, por más que no lo cumplan, que hay que hablar y obrar de manera que aquél ponga fin a su insolencia y pague su justo castigo, hasta tal punto veo arrastrada y abandonada la totalidad de nuestros asuntos, que (temo decir algo malsonante pero que sea verdadero), aun en el caso de que todos los que acceden a la tribuna se hubieran propuesto exponer y vosotros votar aquellas medidas por las que nuestra situación habría de resultar lo más desastrosa posible, ni aun así creo que hubiera podido encontrarse en peor situación que ahora. (2) Mu-

---

[133] En el original griego, estamos ante una frase parentética petrificada, propia del estilo coloquial, que con frecuencia aparece en los diálogos de la tragedia y de la comedia.

chas son tal vez las causas de ello y nuestros asuntos no han llegado a este extremo por un solo motivo o dos, pero si los examináis correctamente, encontraréis que se debe sobre todo a los que se muestran partidarios más bien de congraciarse con vosotros que de brindaros los mejores consejos. Algunos de éstos, varones atenienses, tratando de salvaguardar esa situación que a sus propias personas proporciona renombre y poder, no tienen en cuenta previsión alguna del futuro [y así opinan que tampoco es necesario que vosotros la tengáis][134]; otros, acusando y calumniando a los que están al cargo de la cosa pública, no consiguen otra cosa sino obligar a la ciudad a recibir ella misma satisfacción por sus propias faltas y a concentrarse en ello, y dar posibilidad, en cambio, a Filipo de decir y hacer lo que le venga en gana. Y tales modalidades de actuación política son las habituales para vosotros y, por otro lado, las causantes de vuestras calamidades. (3) Por eso os pido, varones atenienses, que si algo de lo que es verdad os lo digo con franqueza, no se dé lugar por ello a ningún enojo contra mí por vuestra parte. Pues reflexionad de esta manera: vosotros en los demás asuntos estimáis que la libertad de palabra debe ser tan igualitaria para todos los que habitan la ciudad, que hasta a los extranjeros y a los esclavos[135] los habéis hecho partícipes de ella, y pueden verse entre vosotros muchos criados que dicen lo que quieren con mayor libertad que quienes son ciudadanos en algunas de las demás ciudades; en cambio, la habéis desterrado completamente de las deliberaciones políticas. (4) Luego, como consecuencia de esto os sucede que en las asambleas estáis entregados a la molicie y os dejáis adular prestando oído a todo lo que vaya enderezado a daros gusto, mientras que en la gestión de los asuntos y en medio de los acontecimientos os veis envueltos ya en los peligros más extremos. Pues bien, si tam-

---

[134] La mayoría de los manuscritos nos ofrecen una mezcla de dos redacciones paralelas de esta Filípica tercera. Entre corchetes figura el texto que no se lee en los dos mejores manuscritos, *S* y *L*.

[135] Cfr. Ps-Jenofonte, *La República de los atenienses*, I, 12: «Por eso hemos dado también igualdad en la libertad de palabra a los esclavos con respecto a los libres, y a los metecos con relación a los ciudadanos.»

bién ahora os encontráis en esa disposición, no tengo nada que decir; pero si vais a estar dispuestos a escuchar lo que os conviene, dando de lado a la adulación, estoy dispuesto a hablar. Pues justamente, aunque van muy mal vuestros asuntos y muchos se han abandonado, sin embargo, es posible aún, siempre que vosotros queráis hacer lo que es debido, volver a enderezarlos todos ellos. (5) Y tal vez sea chocante lo que voy a deciros, pero es cierto: lo peor de nuestro pasado viene a ser precisamente lo mejor de cara al futuro. ¿Y qué es ello? El que, por no cumplir vosotros ninguno de vuestros deberes ni pequeño ni grande, vuestros asuntos van mal, puesto que si —daos cuenta— estuvieran en la misma situación pese a realizar vosotros lo que convenía, ni siquiera habría esperanza de que llegaran ellos a mejorar. Pero la realidad es que Filipo ha vencido vuestra indolencia y vuestra despreocupación, pero a la ciudad no la ha vencido; pues no habéis sido derrotados vosotros, sino que ni siquiera os habéis movido.

(6) [En efecto, si todos reconociéramos que Filipo está en guerra con nuestra ciudad y transgrediendo el tratado de paz, el orador que accede a la tribuna no tendría ninguna otra cosa que decir y aconsejar sino la manera más segura y fácil de defendernos de él quitándonoslo de encima; pero toda vez que algunos se encuentran en tan extraña disposición de ánimo que, aunque aquél va tomando ciudades y tiene en su poder muchas de vuestras posesiones y a todos los hombres perjudica, se contienen ante unos cuantos que en las asambleas dicen reiteradas veces que somos algunos de nosotros los que hacemos la guerra[136], es necesario ponernos en guardia y procurarnos un enderezamiento de este asunto. (7) Pues existe el temor de que uno, por haber propuesto y aconsejado que nos defendamos contra él, vaya a incurrir en la acusación de haber provocado la guerra[137]. [Por eso yo, antes

---

[136] Cfr. Demóstenes, *Sobre los asuntos del Quersoneso*, § 56: «¿Cuál es, pues, la razón, varones atenienses, por la que, aunque tan a las claras hace sus campañas, comete desafueros, toma ciudades, nunca ninguno de éstos señale que está provocando la guerra y, en cambio, acusan de provocarla a los que os aconsejan no permitirle ni dejarle eso a su merced?»

[137] Cfr. Demóstenes, *Sobre los asuntos del Quersoneso*, § 6.

que nada, propongo y defino esta cuestión en los siguientes términos: si está en nuestro poder deliberar sobre si hay que mantener la paz o hacer la guerra.] (8) Si realmente le es posible a la ciudad mantener la paz y eso está en nuestras manos —para empezar por este punto—, yo al menos afirmo que nosotros debemos mantenerla y pido al que haga tal propuesta que la presente por escrito, actúe en consecuencia y no ande con engaños; pero si otro, teniendo las armas en la mano y una gran fuerza militar a su alrededor, os echa por delante como cebo el nombre de la paz, pero él mismo echa mano de las acciones de la guerra, ¿qué otra posibilidad queda sino la de defenderse de él? Si preferís tan sólo andar declarando una y otra vez que mantenéis la paz, tal y como hace aquél, no me opongo. (9) Pero si alguien supone que es paz[138] la situación de la que se se vale aquél para venir un día contra nosotros, una vez se haya apoderado de todo lo demás, en primer lugar, está loco, y, luego, se refiere a la paz de la que goza aquél por parte nuestra, no de la que gozamos nosotros por parte de aquél; y esto es lo que se viene comprando Filipo con todo el dinero que va gastando: haceros él personalmente la guerra sin ser combatido en guerra por vosotros.

(10) Y la verdad es que si vamos a esperar hasta ese punto, hasta que nos reconozca que está en guerra con nosotros, somos los más cándidos de todos los hombres; porque ni aunque se encamine contra el Ática misma y el Pireo lo reconocerá, si es que hay que juzgar por el testimonio de lo que ha hecho a los demás. (11) Pues eso fue lo que hizo cuando les dijo a los olintios, encontrándose a cuarenta estadios de su ciudad, que era menester, una de dos, o que dejaran de habitar ellos en Olinto o él mismo en Macedonia, a pesar de que hasta ese momento, durante todo el tiempo anterior, si se le acusaba de parecidas intenciones, se indignaba y enviaba embajadores para que le defendieran; y eso fue lo que hizo con los focidios, cuando se dirigía en campaña contra ellos haciendo creer que eran sus aliados y embajadores había focidios que le acompañaban en su marcha y, mientras, entre no-

---

[138] Cfr. Demóstenes, *Sobre los asuntos del Quersoneso*, § 8.

sotros, el pueblo discutía argumentando que no iba a aprovechar en nada a los tebanos el paso de Filipo[139]. (12) Y además, muy recientemente, después de haber penetrado en Tesalia como amigo y aliado, tomó Feras[140] y aún la tiene en su poder; y últimamente, a esos desgraciados oreítas[141] les decía que les había enviado sus soldados, como una muestra de buena voluntad, con el encargo de inspeccionarlos, porque se iba enterando de que se encontraban en mal estado de salud política y en medio de discordias civiles y era propio de verdaderos aliados y amigos estar presentes en tales ocasiones. (13) ¿Y luego os imagináis que él, que prefiere más bien engañar que advertir primero y luego hacer uso de la fuerza contra quienes ningún daño le hubieran hecho, sino que tal vez se hubieran guardado de sufrirlo, con vosotros, por el contrario, va a entrar en guerra tras previa declaración, sobre todo mientras os vayáis dejando engañar a gusto? Eso no es posible. (14) Pues sin duda sería el más insensato de todos los hombres si, mientras vosotros que sois los perjudicados nada le echáis en cara, sino que acusáis a algunos de entre vosotros mismos, él resolviera vuestras rencillas y rivalidades y os invitara a volveros contra su propia persona y a sus asalariados les despojara de los argumentos de los discursos con los que os echan para atrás en vuestros intentos[142] diciéndoos que él, lo que es él, no está en guerra con la ciudad.

(15) ¿Pero existe, en nombre de Zeus, quien, en su sano

---

[139] Entiéndase: el paso de Filipo a través de las Termópilas. Cfr. Demóstenes, *Sobre la paz*, § 20. Esquines y Filócrates, antes de que el Macedonio traspasara las Termópilas el año 346 a. J. C. y destruyera las ciudades focidias, habían logrado engañar al pueblo ateniense con la increíble mentira, contraria a la opinión más generalizada entre los políticos, de que Filipo iba a volverse contra los tebanos y sus aliados para defender a los focidios. Así fue como Atenas abandonó a los focidios a su suerte y el padre del futuro Alejandro Magno se adueñó de la «llave de Grecia».

[140] Feras era una ciudad del sur de Tesalia que fue tomada por Filipo, que estableció una guarnición macedonia en su acrópolis o ciudadela. Cfr. *Contra Filipo*, IV, § 10. *Sobre el Haloneso*, § 32.

[141] Oreo era una ciudad situada al norte de la isla de Eubea. Sobre los sucesos que tuvieron lugar en esta ciudad, a los que se refiere Demóstenes, cfr. §§ 32 y 59 de este mismo discurso.

[142] Cfr. Demóstenes, *Sobre los asuntos del Quersoneso*, § 52.

juicio, se pusiera a considerar quién está en paz o en guerra con él, juzgando más por las palabras que por los hechos? Nadie, sin duda. Ahora bien, nuestro Filipo en cuestión, desde el principio, recién concluida la paz, cuando Diopites[143] aún no era estratego ni habían sido enviados al Quersoneso los que ahora están allí, iba tomando Serrio[144] y Dorisco y expulsando del fuerte Serreo y de Hierón Oros a los soldados que vuestro general[145] había apostado allí. (16) Y entonces, al obrar así, ¿qué es lo que hacía?; pues era un tratado de paz[146] lo que había ju-

---

[143] Diopites era un general ateniense enviado al Quersoneso Tracio al mando de un ejército de mercenarios para defender a los colonos que allí se habían asentado y a quienes los habitantes de Cardia habían dispensado una enojosa acogida. Éstos pidieron entonces ayuda a Filipo, pero el monarca macedonio, a la sazón ocupado en combatir a los odrisios, no les prestó la solicitada ayuda. Como respuesta a tal atrevimiento, Diopites devastó las posesiones de los cardios, operación que le valió un rico botín. Ahora bien, dado que Cardia había sido reconocida por Filipo como aliada, el ataque de Diopites significaba la violación de la paz de Filócrates, aceptada y jurada por Atenas el año 346 a. J. C. Por si esto fuera poco, el general ateniense atacó posesiones de Filipo en Tracia, por lo que las protestas del Macedonio no se hicieron esperar. En estas circunstancias, el pueblo ateniense estaba dispuesto a desautorizar la conducta de Diopites, pero Demóstenes, en su discurso titulado *Sobre los asuntos del Quersoneso* (VII de la colección), desaconseja a sus conciudadanos esta política y propone, por el contrario, la guerra declarada contra el inveterado enemigo de Atenas y de los griegos todos. Cfr. Demóstenes, *Sobre los asuntos del Quersoneso*, §§ 1 y ss. *Sobre la corona*, § 70.

[144] Cfr. *Sobre el Haloneso*, § 37. Serrio, el Hierón Oros y el fuerte Serreo eran pequeñas fortificaciones situadas en la costa de Tracia, que pertenecían al rey Cersobleptes y fueron atacadas y tomadas por Filipo pese a la resistencia de las tropas atenienses que fueron enviadas para protegerlas.

[145] Este general aquí aludido era Cares, general ateniense que murió poco antes que Demóstenes, luchó contra Cersobleptes y Filipo y en sus campañas conoció éxitos y fracasos. Entre los primeros cabe mencionar que con Ifícrates y Timoteo obtuvo una gran victoria cuando logró liberar Samos durante la «Guerra Social» o «Guerra de los Aliados» (357-355 a. J. C.). Pero fue derrotado en Quíos el año 355 a. J. C. Fue famoso por haber colaborado con el sátrapa rebelde Artábazo, a cuyo servicio había pasado. Intervino en la guerra de Olinto (348 a. J. C.) y, para su desgracia, en la batalla de Queronea (338 a. J. C.), pues se le consideró uno de los responsables de la fatal derrota que en ella cosecharon los atenienses. Se le juzgó por ello, pero fue absuelto; no así su colega en el generalato Lisicles, sobre el que recayó la condena a pena de muerte. Cfr. Demóstenes, *Sobre los asuntos del Quersoneso*, § 30.

[146] Cfr. Demóstenes, *Sobre la embajada fraudulenta*, §§ 155 y ss. *Sobre la corona*, §§ 25 y ss.

rado. Y que nadie diga: «¿Pero esto qué significa?» o «¿qué de todo esto tiene que ver con la ciudad?». Porque si esto fuera cosa de poca monta o nada os interesara a vosotros, otro sería este mi discurso; pero la piedad y la justicia, si alguien las transgrede en asunto pequeño o grande, tienen la misma importancia. Veamos, pues, ahora: Cuando envía mercenarios al Quersoneso, que el rey de Persia y todos los griegos tienen reconocido[147] que es vuestro, y admite que manda allí tropas de socorro y así lo declara en sus cartas, ¿qué es lo que está haciendo? (17) Porque asegura que no está en guerra, pero yo estoy tan lejos de admitir que él, obrando de esa manera, mantiene la paz concertada con vosotros, que, cuando pone sus manos en Mégara, instaura en Eubea la tiranía, avanza, como ahora, contra Tracia, anda enredando en los asuntos del Peloponeso, y todo lo que lleva a cabo lo hace con sus fuerzas armadas, afirmo que está quebrantando la paz y combatiendo en guerra contra vosotros, a no ser que incluso lleguéis a afirmar que los que instalan las máquinas de asedio mantienen la paz hasta el momento en que ya las aproximen a los muros. Pero no llegaréis a afirmarlo; pues el que realiza y prepara operaciones con las que yo podría ser capturado, ése está en guerra conmigo aunque todavía no dispare una lanza o una flecha. (18) Así pues, ¿qué peligros tendríais que arrostrar vosotros, si algo sucediera? El de ser desposeídos del Helesponto, el de que se adueñara de Mégara y Eubea quien está en guerra con vosotros, el de que los peloponesios se pusieran de su parte. Y luego, ¿al que instala esta máquina de guerra contra la ciudad debo yo decir que está en paz con vosotros? Mucho falta para que así sea; (19) Antes bien, desde el día en que aniquiló a los focidios, desde ese día yo al menos establezco que nos viene haciendo la guerra. Y en cuanto a vosotros, si ya os defendéis, afirmo que seréis sensatos, pero si lo dejáis, ni cuando lo queráis podréis hacerlo. Y tanto

---

[147] El año 371 a. J. C., poco después de la batalla de Leuctra, con la que los espartanos pusieron fin a la efímera hegemonía tebana, tuvo lugar el Congreso de Esparta, en el que los estados griegos fijaron las posesiones de unos y de otros. En él los atenienses lograron que se les reconocieran sus derechos sobre el Quersoneso y Anfípolis. Cfr. Demóstenes, *Sobre la embajada fraudulenta*, §§ 137; 253. Esquines, *Sobre la embajada fraudulenta*, § 32. Jenofonte, *Helénicas*, VI, § 3. Diodoro Sículo, *Historia de Grecia*, §§ 15 y 50.

es lo que disiento de los demás consejeros, varones atenienses, que ni siquiera me parece oportuno deliberar ahora sobre el Quersoneso o sobre Bizancio, (20) sino defenderlos y vigilar que no les pase nada [y enviar a los soldados que allí están ahora todo cuanto necesiten], y deliberar, no obstante, acerca de todos los griegos, en la idea de que están en gran peligro. Y quiero exponeros los motivos que me hacen sentir tanto miedo por la presente situación, con el fin de que, si razono correctamente, participéis de esos razonamientos y hagáis alguna previsión al menos en favor de vosotros mismos, ya que entonces no queréis hacerla también por los demás; pero si os parece que parloteo y estoy tocado[148], no me prestéis atención ni ahora ni en otra ocasión como a individuo en sus cabales.

(21) Que, efectivamente, Filipo, de pequeño e insignificante que era en principio, se ha hecho grande y se ha acrecentado, que los estados griegos están entre sí en situación mutua de desconfianza y discordia, y que mucho más inconcebible resultaba que aquél llegase a ser tan grande a partir de lo que antaño era que el que ahora, una vez que lleva ya realizadas tantas conquistas previas, termine por someter bajo su dominio lo que le falta, y todo lo de este tenor sobre lo que pudiera yo discurrir, lo dejaré de lado. (22) Pero veo que todos, empezando por vosotros, le habéis consentido lo que durante todo el tiempo pasado hasta ahora ha sido causa de que se suscitaran todas las guerras entre los griegos. ¿Y eso qué es?[149]. El hacer lo que le venga en gana e ir mutilando y despojando a los griegos así uno a uno y atacar sus ciudades y esclavizárselas. (23) Y eso que vosotros estuvisteis al frente de los griegos durante setenta y tres años[150] y de los lacede-

---

[148] Literalmente, «lleno de humo», o sea, loco.
[149] Es muy típico del estilo de Demóstenes plantearse a sí mismo determinadas preguntas propias de un presunto oyente y responder a ellas. Cfr. *Contra Filipo*, I, § 20.
[150] En el *Olintíaco Tercero (Olintíaco* III, § 24) Demóstenes alude a cuarenta y cinco años de hegemonía ateniense. La hegemonía ateniense sobre Grecia fue realmente larga. Se extiende desde el año 477 a. J. C., en el que se funda la Liga Ático-Délica, hasta el final de la Guerra del Peloponeso, concretamente hasta el año 404 a J. C., en el que Lisandro estableció una guarnición espartana al mando de un *harmosta*, o sea, un gobernador militar del ejército lacedemonio de ocupación de las plazas conquistadas, en la Acrópolis.

monios durante veintinueve[151] y que algo despuntó también el poder de los tebanos estos últimos tiempos después de la batalla de Leuctra[152]. Pero, sin embargo, ni a vosotros ni a los tebanos ni a los lacedemonios les fue concedido nunca hasta ahora por parte de los griegos, varones atenienses, la facultad de hacer lo que quisierais, ni mucho menos; (24) antes bien, por una parte, contra vosotros, o, más bien, contra los atenienses de entonces, toda vez que daban la impresión de no comportarse con algunos de forma comedida, pensaron todos, incluso los que ningún motivo tenían de reproche contra ellos, que había que combatir al lado de los agraviados; y de nuevo, cuando los lacedemonios, que se hicieron con el mando y llegaron al mismo grado de poder que vosotros, intentaban excederse y removían el orden establecido más allá de la mesura[153], todos se pusieron en guerra contra ellos, incluso los que no les reprochaban nada. (25) ¿Y para qué hay que referirse a los demás? Nosotros mismos y los lacedemonios, sin que pudiéramos presentar desde el principio ningún motivo de queja por alguna injuria recíproca, sin embargo pensábamos que era menester luchar entre nosotros por los desmanes que veíamos sufrir injustamente a los demás. No obstante, todos los desafueros cometidos por los lacedemonios en aquellos treinta años y por nuestros antepasados en los setenta de su hegemonía, son menores, varones atenienses, que los que Filipo, en sus trece años no comple-

---

[151] La hegemonía de los lacedemonios sobre Grecia se extiende desde el año 405 a. J. C., en que tuvo lugar la batalla naval de Egospótamos, en la que se impusieron a los atenienses, hasta el 376 a. J. C., año de la batalla naval en aguas de Naxos, en la que, ellos mismos, por el contrario, fueron derrotados por los atenienses comandados por Cabrias.

[152] La batalla de Leuctra tuvo lugar el año 371 a. J. C. Frente a la considerable extensión en el tiempo de la hegemonía ateniense (setenta y tres años, desde la constitución de la Liga Ático-Délica el 477 a. J. C. hasta la entrada de Lisandro en el Pireo al final de la Guerra del Peloponeso el año 404 a. J. C.), y la algo menos extensa duración de la hegemonía espartana (del 405 a. J. C. al 376 a. J. C.), la preeminencia de Tebas fue considerablemente menor en duración y casi pasajera, pues dio comienzo el año 371 a. J. C. con la batalla de Leuctra y acabó el 362 a. J. C. con la de Mantinea.

[153] Los lacedemonios sustituían los regímenes democráticos por gobiernos oligárquicos.

tos[154] en que viene ocupando posición cimera, ha cometido contra los griegos; o mejor, aquéllos no son ni una parte[155] de éstos. (26) Y eso es cosa fácil de demostrar con breve discurso. Dejo de lado Olinto, Metone, Apolonia y treinta y dos ciudades de Tracia[156], las cuales todas aquél las ha destruido de forma tan cruel que al que se acerca a ellas ni siquiera le es fácil decir si alguna vez fueron habitadas; también silencio el hecho de que el pueblo de los focidios, tan numeroso, haya sido aniquilado[157]. Pero Tesalia, ¿en qué situación se encuentra? ¿No les ha arrebatado a los tesalios sus constituciones y comunidades ciudadanas y establecido tetrarquías, con el fin de que no sólo sean esclavos por ciudades, sino hasta por naciones?[158]. (27) Y las ciudades de Eubea ¿no son regidas ya por tiranos y eso en una isla cercana a Tebas y Atenas? ¿No escribe expresamente en sus cartas «Yo estoy en paz con los que están resueltos a escucharme»? Y no es que esas cosas las escriba pero en la práctica no las lleve a cabo, sino que se ha puesto en marcha contra el Helesponto,

---

[154] Es decir, desde el 354 a. J. C., año en el que Filipo empezó a inmiscuirse en los asuntos de Grecia, hasta el 341 a. J. C., año en el que Demóstenes pronunció esta *Tercera Filípica*.

[155] Estamos ante la figura retórica denominada *hipérbole*.

[156] Olinto es la famosa ciudad de la Calcídica (capital de la Liga Calcídica), cuya amenaza por parte de Filipo inspiró los tres discursos *Olintíacos* de Demóstenes. Metone estaba situada en Pieria, en el golfo Termaico; era la última colonia que poseía Atenas en ese golfo; se la arrebató Filipo a los atenienses el año 353 a. J. C. Apolonia estaba situada en Migdonia, al norte de la Calcídica. Esta ciudad, pese a no formar parte de las treinta y dos ciudades de la Confederación Olintíaca o Confederación Calcídica, fue igualmente arrasada por el Macedonio.

[157] He aquí un bonito ejemplo de la figura retórica llamada *paralipsis*, que consiste en decir que no se va hablar de algo tremendo porque hay otro tema que lo es todavía más.

[158] Según Harpocración, que en este punto cita como autoridades a los historiadores Helanico y Teopompo, y al inevitable Aristóteles, Tesalia estaba dividida en cuatro distritos cuyos respectivos nombres eran Tesaliótide, Ftiótide, Pelasgiótide y Hestieótide. Al frente de cada una de estas tetrarquías impuso Filipo un gobernador. Demóstenes, que es todavía un hombre «político» (partidario de la ciudad-estado) y no individualista, como lo será el hombre helenístico, no puede entender que Filipo establezca gobiernos de comunidades superiores a la ciudad-estado o *pólis*, como lo son las cuatro etnias o naciones de Tesalia dividida en tetrarquías.

antes se lanzó contra Ambracia[159], tiene en su poder Élide[160], tan importante ciudad del Peloponeso, anteayer conspiraba contra Mégara; ni Grecia ni los países bárbaros dan cabida a la ambición de este hombre. (28) Y aunque todos los griegos vemos y oímos esto, no nos enviamos embajadores los unos a los otros para tratar de estos asuntos ni nos indignamos, y nos encontramos en tan mala disposición de ánimo y tan separados por fosos[161] ciudad a ciudad, que hasta el día de hoy no somos capaces de hacer nada ni de lo conveniente ni de lo necesario ni de aliarnos ni de constituir una comunidad de ayuda mutua y amistad; (29) antes bien, contemplamos con indiferencia cómo ese hombre se va haciendo más grande, decidido cada uno de nosotros, al menos según me parece, a sacar provecho del tiempo ése en el que otro es destruido y no examinando la manera en que se salve la situación de los griegos ni actuando en consecuencia, toda vez que nadie ignora que, tal cual una afección periódica o un ataque de fiebre o de algún otro mal[162], Filipo ataca incluso al que ahora cree estar muy lejos de su alcance. (30) Y, realmente, también eso otro al menos lo sabéis: que cuantos agravios los griegos padecían por obra de los lacedemonios o de nosotros eran, pese a todo, efectivamente, una serie de ofensas infligidas por quienes eran, en cualquier caso, hijos legítimos

---

[159] Ciudad situada al norte del golfo de Ambracia, en el Epiro. Filipo había sometido previamente el Epiro, destronado a su rey Aribbas y puesto en su lugar a Alejandro, cuñado del propio Macedonio. Fue entonces cuando tomó las ciudades de Casopia y atacó Ambracia.

[160] Élide era una pequeña, aunque importante, ciudad del Peloponeso que tras discordias sangrientas debidas a la imparable expansión macedonia se convirtió en aliada de Filipo. Cfr. *Contra Filipo*, IV, § 10. *Sobre la corona*, § 295. *Sobre la embajada fraudulenta*, §§ 260; 294.

[161] Hermosa *metáfora* para expresar muy subrayadamente la incomunicación entre las ciudades.

[162] Harpocración, comentando los términos médicos que aparecen en este pasaje *(períodos y katabolé)*, señala como ejemplo de las afecciones a las que se aplica el primero *(períodos)* las fiebres tercianas y cuartanas, y en cuanto al significado del segundo *(katabolé)* añade que en las enfermedades periódicas se dan ataques cronológicamente predeterminados y precisos como lo son también las imposiciones (que esto significa también la voz *katabolé*) que los deudores o los contribuyentes hacen el día del vencimiento de sus deudas o sus obligaciones tributarias.

de Grecia, y uno hubiera podido concebir eso de la misma manera que si se tratase de un hijo legítimo, nacido en una casa de gran fortuna, que no llevase bien o correctamente su administración en algún aspecto, a saber: que bajo ese preciso punto de vista merecería reproche y acusación, pero que no cabría decir que quien estuviera obrando así lo hiciera sin corresponderle el derecho a hacerlo o sin ser legítimo heredero. (31) Pero si en realidad un esclavo o un hijo putativo hubiera despilfarrado o arruinado lo que no le correspondía, ¡por Heracles, cuánto más terrible y merecedor de indignación lo hubieran proclamado todos! Pero no tienen esos sentimientos respecto de Filipo y de lo que ahora está haciendo, no los tienen, a pesar de que no sólo no es griego ni relacionado con los griegos por ningún lazo de unión, sino incluso ni siquiera bárbaro[163] procedente de algún lugar del que se pueda decir con honor que se procede, sino una ruina de macedonio[164], oriundo de un país en el que antes ni comprar un esclavo diligente era en absoluto posible.

(32) Con todo, ¿qué es lo que falta para el colmo de su insolencia? ¿Acaso, después de haber destruido ciudades, no está organizando los Juegos Píticos[165], común concurso de los

---

[163] Los monarcas macedonios se jactaban de ser descendientes de los Heraclidas de Argos. Amparados por este título fueron admitidos a participar en los Juegos Olímpicos.

[164] Cfr. *Sobre la corona*, § 127, donde leemos una expresión semejante con la que Demóstenes se refiere a Esquines: «una ruina de escribano».

[165] Filipo presidió personalmente los Juegos Píticos el año 346 a. J. C. Cuatro años más tarde, el 342 a. J. C., como el Macedonio estaba ocupado en una campaña que dirigía por Tracia, no pudo asistir personalmente a presidir los referidos juegos, por lo que envió como representante a uno de sus generales o lugartenientes, Antípatro, a quien Demóstenes considera esclavo por estar sometido a un monarca y no a la ley o al pueblo legítimamente soberano. Para los griegos, en los reinos bárbaros no hay más que una persona que goce de libertad, a saber: el rey (cfr. Eurípides, *Helena*, 276; Jenofonte, *Helénicas*, VI, § 1, 2. Los Juegos Píticos tenían lugar cada cuatro años, en Delfos, para conmemorar la victoria de Apolo sobre la serpiente Pitón. Anteriormente, hasta el 582 a. J. C., se celebraba cada ocho años. La reorganización de este festival tuvo lugar, precisamente, bajo el control del Consejo Anfictiónico. A partir de este momento, estos juegos estuvieron íntimamente ligados a los olímpicos y se celebraban regularmente el tercer año de cada olimpiada.

griegos, y, si él no asiste en persona, envía a sus esclavos como presidentes de los certámenes? [¿Acaso no es dueño de las Termópilas y de los accesos a Grecia ni ocupa esos lugares con guarniciones y mercenarios? ¿No posee también el privilegio de prelación en las consultas al oráculo del dios, que consiguió tras habernos postergado a nosotros, a los tesalios, a los dorios y a los demás anfictíones, un privilegio que ni siquiera comparte la totalidad de los griegos?][166]. (33) ¿Y no escribe a los tesalios indicándoles el modo en que les es preciso gobernarse? ¿No envía mercenarios, unos a Portmo para expulsar a los demócratas de Eretria[167] y otros a Oreo para instalar allí a Filístides en calidad de tirano? Pero, sin embargo, aunque los griegos ven esto, lo soportan, y del mismo modo, me da a mí al menos la impresión, que si contemplasen el granizo, suplicando cada uno que no les suceda a ellos, pero sin intentar nadie impedirlo. (34) Y no sólo por los ultrajes que de él recibe Grecia no hay nadie que plantándole cara le rechace, sino ni tan siquiera por los desmanes que cada uno de ellos sufre en particular; pues eso ya es lo último. ¿No ha marchado contra Ambracia y Léucade, posesiones de los corintios? ¿No ha jurado que entregaría Naupacto, perteneciente a los aqueos, a los etolios?[168]. ¿No les ha quitado a los tebanos Equino y no está ahora en camino para atacar a los bizantinos, que son sus aliados?[169]. (35) De nuestras posesiones dejo aparte las demás, pero ¿no tiene en su poder

---

[166] Los visitantes de Delfos podían consultar el oráculo del dios siguiendo un orden determinado por la suerte, en el que, sin embargo, los embajadores de los Estados Anfictiónicos pasaban a evacuar su consulta antes que los demás y aun entre ellos había ciertas prelaciones de unos sobre otros.

[167] Portmo era el puerto y fortaleza de la ciudad de Eretria en Eubea.

[168] La ciudad de Ambracia, próspera colonia corintia en el Epiro, lo mismo que otros asentamientos localizados alrededor del golfo de Ambracia, fueron fundados en tiempo del tirano Cipselo. Léucade era una isla situada frente a Ambracia. Naupacto estaba situada en la costa de Etolia; corresponde a la actual Lepanto. Estaba entonces Naupacto ocupada por aqueos y la reclamaban los etolios (cfr. Jenofonte, *Helénicas*, IV, § 6, 14; Diodoro Sículo, *Historia de Grecia*, XV, § 7). Equino, ciudad situada frente a Lócride, en la costa septentrional del golfo Maliaco, era una colonia tebana próxima a Tesalia.

[169] Filipo todavía no había emprendido el ataque contra Bizancio. Lo hará un año más tarde.

Cardia[170], la ciudad más importante del Quersoneso? Así pues, pese a que todos sufrimos esos desafueros, vacilamos y nos quedamos yertos[171] y miramos al vecino desconfiando los unos de los otros, no del que a todos nosotros nos trata injustamente. Sin embargo, ¿qué pensáis que hará quien con vosotros se comporta de forma tan brutal, una vez que se adueñe de cada uno de nosotros por separado?

(36) ¿Y cuál es la causa de esto? Pues no sin razón ni causa justa eran los griegos de antaño tan propensos a la libertad y hoy a la esclavitud. Había en aquel entonces, varones atenienses, había[172] algo en las conciencias de la mayoría que ahora no hay, algo que precisamente venció a la riqueza de los persas, mantenía a Grecia independiente y no era derrotado en ninguna batalla naval o por tierra y que, al haber desaparecido ahora, ha estropeado todo y ha trastocado todos los asuntos de Grecia. (37) ¿Qué era, pues, eso? [No era nada complicado ni sutil, sino el hecho de que] todos odiaban a los que aceptaban sobornos de quienes pretendían regir o destruir Grecia y era gravísimo resultar convicto de haber recibido dádivas y al que lo hubiera sido lo castigaban con la máxima pena [y no cabía súplica alguna ni perdón]. (38) Y así, la ocasión propicia de cada una de las acciones, que la fortuna muchas veces procura incluso a los negligentes en detrimento de los solícitos, no era posible comprársela a los oradores ni a los generales, ni tampoco la mutua concordia ni la desconfianza hacia los tiranos y los bárbaros ni en general nada semejante. (39) En cambio, ahora todo eso se ha vendido talmente como en un mercado y en su lugar se ha importado lo que ha perdido e infectado a Grecia. ¿Y eso qué es?[173]. La envidia, si alguien ha recibido alguna dádiva; la

---

[170] Los cardios habitaban en territorio ateniense, a pesar de que en virtud del último tratado concertado por ellos con Atenas podían sostener lo contrario.

[171] Hay en el texto original dos figuras retóricas conjuntadas: *aliteración* y esa especie de la redundancia tan frecuente en el estilo de Demóstenes que es la *duplicación*.

[172] Obsérvese la efectividad retórica de la repetición de la voz «había».

[173] Ya nos hemos referido a esta estrategia retórica consistente en interrumpir el discurso para formularse y responder a una pregunta que un imaginario oyente pudiera plantear y cuya respuesta interesa dejar bien en claro al orador. Cfr. *Contra Filipo*, I, § 20.

sonrisa, si lo reconoce; [el perdón para los convictos de ello]; el odio, si alguien se lo recrimina; y todo lo demás que depende de la venalidad. (40) Puesto que trirremes y gran número de hombres, abundancia de dinero y de los demás recursos de equipo y todo aquello por lo que uno podría ver el grado de poder de las ciudades, son cosas que ahora todos tenemos incluso en mucho mayor número y cantidad que antes. Pero esas cosas se vuelven inútiles, inefectivas y sin provecho por obra de quienes venden sus traiciones.

(41) Y que esto es así, por lo que al presente se refiere, sin duda lo estáis viendo y para nada necesitáis de mi testimonio. Y que en los tiempos de antaño la situación era la contraria, yo os lo probaré, no recitando mis propias palabras, sino un documento escrito de vuestros antepasados que aquéllos hicieron grabar en una estela de bronce y colocaron en la Acrópolis[174] [no para que les fuera útil (pues incluso sin esos documentos pensaban en sus deberes), sino para que vosotros tuvierais recordatorios y ejemplos de que conviene mostrarse serios en tales casos]. ¿Y qué dice el documento en cuestión? (42) «Que Artmio» —dice—, «hijo de Pitonacte, de Zelea, sea objeto de deshonor y considerado enemigo del pueblo de los atenienses y de los aliados, tanto él mismo como su descendencia»[175]. A continuación viene registrada la causa por la que sucedió eso: «Porque llevó oro de los medos al Peloponeso.» He ahí el documento. (43) Considerad, pues, ¡por los dioses!, cuál era en buen hora la intención de los atenienses de entonces que hacían esto o cuál su justa pretensión. Aquéllos a un zeleíta, Artmio, esclavo del Rey —pues Zelea es una localidad de Asia[176]—, por el hecho de que, sirviendo a su señor, llevó oro al Peloponeso, no a Atenas, los

---

[174] Una imitación de este pasaje se encuentra en Dinarco, *Contra Aristogitón*, § 24.

[175] Demóstenes utiliza también el ejemplo de esta inscripción en Demóstenes, *Sobre la embajada fraudulenta*, § 271. Artmio, natural de Zelea, una ciudad de la Tróade, en Asia Menor, era *próxeno*, o sea, una especie de cónsul de Atenas. Como, por encargo del rey de Persia, quiso sobornar a los peloponesios, se aprobó este decreto contra él.

[176] Zelea era una ciudad de la Tróade, situada al sur de la Propóntide y cercana a Cícico.

inscribieron como enemigos suyos y de sus aliados a él y a su descendencia y como privados de los honores de la ciudadanía. (44) Y eso viene a ser no lo que propiamente se llamaría privación de honor; pues ¿qué iba a importarle a un zeleíta no participar en los derechos comunes de los atenienses? Pero en las leyes de homicidio está escrito respecto de aquéllos a los que no se les da facultad de defender sus pleitos de asesinato, [sino que son individuos a los que se puede matar sin que ello sea un acto de impiedad]: «y que muera» —dice— «privado de sus derechos». Eso, pues, dice: que el que mate a quienquiera que sea de esos individuos quede sin mancha. (45) Aquéllos, por tanto, consideraban que les competía a ellos mismos ocuparse de la seguridad de todos los griegos; pues no les hubiera importado que quienquiera en el Peloponeso comprase y sobornase a quienesquiera que fuese, de no haber asumido esa opinión; y castigaban y condenaban de tal modo a quienes descubrían mezclados en sobornos que hasta hacían grabar sus nombres en estelas. Y a partir de esos hechos lógicamente el poder de los griegos resultaba temeroso al bárbaro, no así el bárbaro a los griegos. (46) Pero eso ahora no es así; pues vosotros no observáis tal actitud ni con respecto a los delitos de esa especie ni con respecto a los restantes, sino ¿cuál? [Vosotros mismos lo sabéis; pues ¿para qué es menester acusaros de todo tipo de faltas? Y de manera muy similar y en nada mejor que vosotros se conducen todos los demás griegos; por lo cual precisamente yo al menos afirmo que la presente situación requiere mucha diligencia y buen consejo. ¿Cuál?] ¿Mandáis que lo diga? ¿Y no os encolerizaréis?

[Lee[177] un documento del archivo]

(47) Pues bien; hay un cándido argumento que presentan los que quieren consolar a la ciudad, según el cual, justamente, Filipo después de todo aún no es lo que antaño eran los

---

[177] El sujeto de este verbo es «Demóstenes». En los discursos políticos era el propio orador (y no, como en los judiciales, el ujier) quien leía los documentos que citaba. Cfr. Demóstenes, *Contra Filipo,* I, § 37; *Contra Filipo,* II, § 28.

lacedemonios, los cuales ejercían su dominio sobre todo mar y tierra y tenían de aliado al Rey de Persia y nada se les resistía; sin embargo, la ciudad se defendió también de ellos y no fue arrasada. Yo, empero, aunque todo ha cobrado un gran incremento y en nada lo de ahora es semejante a lo de antes, considero que nada se ha movido y ha progresado más que el arte de la guerra. (48) Pues, en primer lugar, oigo decir que en aquel entonces los lacedemonios y todos los demás, durante cuatro o cinco meses, en la estación veraniega propiamente dicha, invadían y devastaban el territorio enemigo con sus hoplitas y ejércitos de ciudadanos y luego se retiraban a sus casas de nuevo; y se comportaban tan a la antigua o, más bien, tan cívicamente, que ni con dinero se compraba nada a nadie, antes bien, la guerra era leal y clara a distancia. (49) En cambio, ahora sin duda veis que los traidores lo han arruinado casi todo sin que ningún desastre se produzca como resultado de batalla ordenada o de combate, y oís decir que Filipo se encamina a donde quiere, no por llevar tras de sí una falange de hoplitas, sino porque le están vinculados soldados armados a la ligera, jinetes, arqueros, mercenarios, en fin, tropas de esa especie. (50) Y una vez que, con esta base de apoyo, cae sobre una ciudad afectada de discordia interna[178] y que nadie sale en defensa de su país por desconfianza, instala sus máquinas de guerra y la asedia. Y silencio el hecho de que no establece ninguna diferencia entre verano e invierno ni tiene una estación reservada que deje pasar como intervalo. (51) Así que, puesto que todos sabéis y os dais cuenta de estos hechos, es necesario no permitir que penetre la guerra en vuestro territorio ni dejaros romper el cuello desarzonados[179] por contemplar la simplicidad de la guerra de antaño contra los lacedemonios, sino guardaros mediante vuestras gestiones políticas y preparativos militares

---

[178] Estamos ante una *metáfora* usual, consistente en aplicar el concepto de enfermedad física a las disensiones, las revueltas intestinas, y los recelos y sospechas surgidas entre varias facciones de ciudadanos dentro de un estado.

[179] He aquí una *metáfora* proveniente de la lengua de la equitación: «romperse el cuello como consecuencia de la caída del caballo». Cfr. Jenofonte, *Ciropedia*, I, IV, § 8.

desde el lugar más alejado de él posible, con vistas a que él no se mueva de casa y no luchéis hasta el final enzarzados cuerpo a cuerpo con él[180]. (52) Pues respecto de una guerra, de muchas ventajas disponemos, varones atenienses, si estamos dispuestos a hacer lo que es menester: la naturaleza de su territorio, que en gran parte es posible saquear y devastar y otra infinidad de detalles; en cambio, para una confrontación en batalla está aquél mejor entrenado que nosotros.

(53) Pero no es bastante conocer esas cosas ni defendernos de él con los medios de la guerra, sino que hay que odiar con nuestros cálculos y propósitos a quienes entre vosotros hablan en su favor, en la idea de que no es posible dominar a los enemigos de una ciudad antes de que hayáis castigado a los que dentro de la misma ciudad sirven a aquéllos. (54) Y esto, ¡por Zeus y los demás dioses!, es algo que vosotros no seréis capaces de hacer; por el contrario, habéis llegado a tal grado de estupidez o locura o no sé qué decir (pues muchas veces me ha venido a las mientes hasta el temor de que algún espíritu esté impulsando los acontecimientos)[181], que por mor de injurias o envidia o chanzas, o cualquiera que sea el motivo que os mueva, invitáis a hablar en público a hombres asalariados, algunos de los cuales ni siquiera negarían que son tales, y os reís si se ponen a vituperar a algunas personas. (55) Y eso, aun siendo terrible, no es tan terrible[182]; pero es que además habéis dado a esos hombres más seguridad para actuar públicamente como ciudadanos que a los que hablan en vuestro beneficio. Sin embargo, contemplad cuántas desgracias proporciona el querer prestar oído a individuos de esa laya. Mencionaré hechos que todos conoceréis.

---

[180] Estamos ante una *metáfora* extraída del mundo de la palestra. Es muy grande la importancia de la gimnasia y del deporte en la cultura griega antigua.

[181] La idea de que los dioses ciegan a los hombres a los que deciden perder o desgraciar era muy cara a los griegos, que la ponen con frecuencia en boca de los personajes de sus tragedias (cfr., por ejemplo, Sófocles, *Áyax*, 504; Eurípides, *Orestes*, 2).

[182] Este giro redundante (duplicativo), que a veces llega hasta la contradicción de los términos, sirve para enfatizar la argumentación y subrayar lo que precede y lo que sigue, y es muy característico del estilo de Demóstenes.

(56) Había en Olinto, de entre los dedicados a la gestión de los asuntos públicos, unos que eran partidarios de Filipo y le servían en todo, y otros que eran defensores del más noble ideal y actuaban de manera que sus conciudadanos no cayeran en la esclavitud. Pues ¿quiénes fueron los que arruinaron su patria, los unos o los otros? ¿O quiénes traicionaron a los jinetes, por cuya traición pereció Olinto, los unos o los otros? Los adictos a Filipo, los que, cuando la ciudad existía, delataban y calumniaban a quienes daban los mejores consejos, de tal forma que por su persuasión el pueblo de los olintios fue inducido incluso a desterrar a Apolónides precisamente[183].

(57) Pues bien, no fue sólo entre ésos donde ese hábito causó todos los males y en ningún otro sitio más; por el contrario, también en Eretria, una vez que, apartados Plutarco[184] y sus mercenarios, el pueblo tenía en su poder la ciudad y Portmo[185], unos enderezaban las gestiones públicas hacia vosotros, otros hacia Filipo. Y como a estos últimos los escuchaban en casi todas las cuestiones o, por mejor decirlo, en todas, los sufridos e infortunados eretrios al final fueron persuadidos de la conveniencia de expulsar a los que en su propio favor hablaban. (58) Pues, naturalmente[186], Filipo, su aliado, enviándoles a Hiponico[187] con mil mercenarios, demolió las murallas de Portmo y estableció tres tiranos: Hiparco, Automedonte y Clitarco[188]; y después de eso ha expulsado ya

---

[183] Los comandantes de la caballería de los olintios, Eutícrates y Lástenes, entregaron a Filipo quinientos jinetes, lo que facilitó en gran medida la inmediata captura de la ciudad. Apolónides era el jefe del partido democrático que en Olinto se oponía a Filipo.

[184] Durante la guerra de Olinto, los atenienses, aceptando el consejo de Eubulo, Midias y otros, y oponiéndose a la opinión de Demóstenes, decidieron mandar tropas en apoyo del tirano de Eretria Plutarco, a la sazón amenazado por rivales y súbditos. Pero Plutarco, lejos de agradecer a los atenienses la ayuda prestada, cuando se hizo la paz, desprovisto de recursos económicos con que pagar a sus mercenarios, les entregó como rehenes los soldados que Atenas le había enviado en su socorro, a los que, por consiguiente, no hubo más remedio que rescatar con dinero.

[185] Ciudad situada en la costa de Eubea que da al Ática.

[186] Estamos ante la figura retórica denominada *ironía*.

[187] General de Filipo.

[188] Estos tres personajes fueron traidores a su patria Eretria y servidores de la causa de Filipo.

dos veces del país a quienes querían salvarse, [en la primera ocasión mandando a los mercenarios que acompañaban a Euríloco y luego a los del séquito de Parmenión][189].

(59) Pero ¿qué necesidad hay de mencionar la mayoría de los casos? En Oreo[190], con todo, Filístides trabajaba para Filipo y lo mismo Menipo, Sócrates, Toante, Agapeo, precisamente los que ahora controlan la ciudad (y eso lo sabían todos); en cambio, un tal Eufreo[191], un hombre que, además, antaño vivió aquí entre nosotros, laboraba para que sus conciudadanos fueran libres y no esclavos de nadie. (60) Sería larga historia referir cómo ese hombre era en general objeto de ultrajes e insultos por parte del pueblo; en particular, un año antes de la toma de la ciudad denunció a Filístides y los suyos como traidores tras haberse percatado de sus maquinaciones. Congregados entonces muchos individuos que tenían a Filipo por corego y prítane[192], conducen a Eufreo a la cárcel por alborotador de la ciudad. (61) Y al ver eso el pueblo de los oreítas, en lugar de prestar ayuda al uno y moler a palos a los otros, con estos últimos no se irritaba y, en cambio, del otro dijo que se lo tenía merecido y se alegraba encima. Después de eso, aquéllos, con cuanta libertad deseaban, actuaban de forma que la ciudad fuese tomada y andaban preparando la realización del plan; en cuanto al pueblo llano, si alguien se daba cuenta, se callaba y se quedaba aterrorizado al acordarse de lo que le había pasado a Eufreo. Y en tan abyecta situación se encontraban, que nadie se atrevió, pese a que se acercaba tan gran desastre, a romper a hablar hasta que los enemigos con sus preparativos ya al completo se iban aproximando a las murallas; y entonces los unos se defendían, los otros traicionaban. (62) Y sobre la ciudad, to-

---

[189] Hipónico, Euríloco y Parmenión eran tres famosos generales de Filipo.
[190] Oreo era una importante ciudad de Eubea que el año 342 a. J. C. cayó en poder de los partidarios de Filipo apoyados por las tropas macedonias del general Parmenión. Filístides, Menipo, Sócrates, Toante y Agapeo eran agentes de Filipo. Filístides llegó a ser tirano de Oreo. Cfr. *Contra Filipo*, III, § 33.
[191] Eufreo había sido discípulo de Platón, quien le puso en relación con Pérdicas, rey de Macedonia, del que llegó a ser consejero. Posteriormente se mantuvo en constante y abierta oposición a la hegemonía macedonia.
[192] Es decir: costeados y dirigidos por Filipo.

mada de forma tan vergonzosa y vil, aquéllos gobiernan y ejercen poder tiránico después de haber desterrado a unos y matado a otros de los que entonces intentaban salvarse a sí mismos y estaban dispuestos a hacer por Eufreo lo que fuese; y el famoso Eufreo se cortó el cuello, testimoniando así, de hecho, la justicia y pureza de su oposición a Filipo en favor de sus conciudadanos.

(63) Entonces, ¿cuál pudo ser la causa —os preguntáis tal vez extrañados— de que los olintios, eritreos y oreítas estuvieran por gusto más inclinados hacia los que hablaban en beneficio de Filipo que hacia quienes lo hacían en defensa de ellos mismos? Precisamente la misma que entre vosotros: que a quienes hablan en defensa del más alto ideal no les es posible a veces decir algo halagador ni aunque quieran; pues les es necesario examinar la situación, la forma en que resultará salvada; mientras que los otros, con los mismos recursos con los que se hacen halagadores, están colaborando con Filipo. (64) Los patriotas pedían recaudación de impuestos[193], los otros sostenían que para nada era necesaria; los unos, que se luchara y no se fiaran; los otros, que se mantuviera la paz; hasta que fueron atrapados. Todo lo demás, por no pormenorizar, ocurrió —me imagino— del mismo modo; unos, lo que les iba a resultar halagador, eso[194] era lo que les decían a sus conciudadanos; otros, en cambio, lo que habría de contribuir a su salvación. Y a muchas cosas al final el pueblo se adhería no por gusto ni por ignorancia, sino doblegándose, dado que se consideraba completamente derrotado. (65) Esto temo yo, ¡por Zeus y por Apolo!, no os pase a vosotros una vez que reflexionando veáis que no os queda ninguna salida. Aunque, ¡ojalá, varones atenienses, no lleguen a estar las co-

---

[193] En el texto original no aparece, por *elipsis*, el primer miembro de cada una de las dos contraposiciones, que nosotros, sin embargo, hemos hecho figurar en la traducción como «los patriotas» y «los unos».

[194] Este pronombre «eso», que en principio, parecería sobrar, en realidad está contribuyendo a marcar la *antítesis*, figura retórica que consiste en la contraposición de frases paralelas, entre «lo que les iba a resultar halagador» y «eso era lo que les decían a sus conciudadanos». El estilo de Demóstenes se mueve atinadamente entre el paralelismo gorgiano y la variación *(metabolé)* tucidídea.

sas en tal situación!; ¡morir mil veces es mejor[195] que hacer algo por halagar a Filipo [o abandonar a algunos de los que hablan en nuestro favor!]. ¡Bonita muestra de agradecimiento ha recibido hoy el pueblo de los oreítas por haberse puesto en manos de los amigos de Filipo y rechazar a Eufreo! (66) ¡Bonita también la de los eretrieos por haber rechazado a vuestros embajadores y haberse entregado a Clitarco! Son esclavos a golpe de látigo y a punta de cuchillo. ¡Buena clemencia mostró con los olintios que votaron a Lástenes para el cargo de hiparco[196] y desterraron a Apolónides! (67) Locura y cobardía es tener tales esperanzas y, deliberando erróneamente y no estando dispuestos a hacer nada de lo que conviene pero sí prestando oído a los que hablan a favor de los enemigos, considerar que se habita una ciudad por su magnitud tan grande que ni aunque llegase a suceder cualquier cosa que fuese sufrirá mal alguno. (68) Y de cierto también es una buena vergüenza llegar a decir una vez que todo haya pasado: «¿Quién se hubiera imaginado que ocurriría esto? ¡Por Zeus, hubiéramos debido hacer esto y aquello y no haber hecho esto otro!» Muchas cosas podrían decir ahora los olintios que, de haberlas previsto, no habrían sucumbido; y muchas los oreítas y muchas los focidios y muchas cada uno de los pueblos que han perecido[197]. (69) Pero ¿cuál de ellas les sirve de provecho? Mientras la nave está a salvo, sea más grande o más pequeña, es cuando es menester que el marinero, el piloto y todo el mundo por su orden se muestren diligentes y tengan cuidado de que nadie, ni voluntaria ni involuntariamente la haga zozobrar; pero una vez ya que el mar la rebasa, vano resulta el celo. (70) Así nosotros también, varones atenienses, mientras estamos a salvo y contamos con una grandísima ciudad y con numerosísimos recursos y una hermosísima reputación, ¿qué debemos hacer? Quizás esté

---

[195] Esta exclamación hiperbólica es muy del gusto y del estilo patético de Demóstenes. La reprodujo Cicerón en latín en un par de ocasiones *(Epístolas a Ático,* 14, 9, y *Filípicas,* II, § 112).

[196] El hiparco era el comandante de caballería.

[197] Con la repetición a cada comienzo de miembro de frase del adjetivo «muchas» estamos ante un bonito ejemplo de *epanadiplosis.*

sentado alguien aquí que hace tiempo me hubiera preguntado eso gustosamente. Yo lo diré, ¡por Zeus!, y hasta lo presentaré por escrito en forma de propuesta, de manera que, si queréis, podréis votarla. En primer lugar, defendernos nosotros mismos y prepararnos, quiero decir con trirremes, fondos y soldados; pues, sin duda, aun cuando los demás griegos consintieran aceptar la esclavitud, nosotros hemos de combatir por la libertad; (71) y una vez que nosotros en persona hayamos realizado todos esos preparativos y los hayamos hecho públicos, exhortemos ya a los demás y enviemos a todas partes embajadores que les informen de ello, [al Peloponeso, a Rodas, a Quíos, incluso, digo, al Rey (pues tampoco está apartado de sus intereses el no permitir que ese individuo[198] se lo someta todo bajo su poder)], con el fin de que, si los convencéis, los tengáis como copartícipes en los peligros y los gastos, si ello es menester, y, si no, al menos deis tiempo a los acontecimientos. (72) Pues, toda vez que la guerra es contra un hombre y no contra la fuerza de una ciudad organizada, ni siquiera eso[199] es inútil, como tampoco lo fueron aquellas embajadas del año pasado[200] que enviasteis alrededor del Peloponeso y las acusaciones que yo y aquel excelente Polieucto y Hegesipo[201] y los restantes embajadores llevamos de un lado para otro y con las que le hicimos detenerse y no le permitimos marchar contra Ambracia ni lanzarse hasta dentro del Peloponeso. (73) No digo, sin embargo, que sin estar vosotros mismos dispuestos a hacer lo necesario por vuestro propio bien, exhortéis a los demás; pues sería estúpido que, abandonando nosotros mismos nuestros propios intereses, anduviésemos asegurando que nos preocupamos de los ajenos y, desatendiendo el presente, atemorizáramos a los demás con relación al futuro. No digo

---

[198] Es decir: Filipo.
[199] Es decir: el tiempo.
[200] O sea, las del 343 a. J. C. y no las que menciona en *Contra Filipo*, II, § 19.
[201] Polieucto y Hegesipo son atenienses patriotas del partido antimacedonio. Polieucto era uno de los patriotas cuya entrega exigió Alejandro el año 335 a. J. C. Hegesipo es, probablemente, el autor del discurso titulado *Sobre el Haloneso*.

eso; por el contrario, afirmo que es necesario enviar dinero a los que están en el Quersoneso y hacer todo cuanto solicitan y prepararnos nosotros mismos, y a los demás griegos convocarlos, reunirlos, informarlos, reprenderlos; eso es lo propio de una ciudad que tiene una reputación como la que corresponde a la nuestra. (74) Pero si creéis que los calcidios o los megarenses[202] salvarán a Grecia y que vosotros escaparéis de los problemas, no opináis correctamente; pues cada uno de estos pueblos puede darse por contento si llega a salvarse él mismo. Antes bien, ésa es una tarea que ha de ser realizada por vosotros; es un honor que vuestros antepasados para vosotros adquirieron y os legaron a fuerza de muchos y grandes peligros. (75) Pero si cada uno va a estarse sentado tratando de encontrar lo que desea y considerando el modo en que personalmente no hará nada, en primer lugar, ni es posible que alguna vez encuentre quien lo haga, y, luego, me temo que nos sobrevendrá la necesidad de hacer a un tiempo todo lo que ahora no queremos.

(76) Yo, pues, lo que digo es eso y ésa es la moción que propongo por escrito; y opino que aún ahora podría enderezarse la situación si esas mis propuestas se cumplen. Pero si alguien tiene algo mejor que eso para proponer, que lo exponga y nos aconseje. Y lo que vosotros decidáis, ¡ojalá, dioses todos, sea lo que convenga!

---

[202] Cálcide y Mégara se encontraban a la sazón en abierto conflicto con Filipo. Por estas fechas se firmó la alianza entre Cálcide y Atenas de la que habla Esquines en su *Contra Ctesifonte*, § 92.

CUARTA FILÍPICA

Argumento

Este discurso tiene el mismo argumento que el precedente y nada añade o dice de particular, salvo la medida política sobre la concordia. Pues estando los ricos en desacuerdo con los pobres, Demóstenes intenta hacer cesar esa disensión aconsejando al pueblo no confiscar los bienes de los ricos y a los ricos no mirar con malos ojos a los pobres por cobrar del erario público. Y trata de convencer a los atenienses de que envíen una embajada al Rey de los persas para tratar de una alianza.

Por considerar, atenienses, que son importantes los asuntos sobre los que estáis deliberando e indispensables para la ciudad, trataré de exponer acerca de ellos lo que considero conveniente. Aunque no son pocos ni acumulados desde breve tiempo los errores de los que deriva que esta situación vaya mal, ninguno es, varones atenienses, de entre todos más difícil de corregir, con vistas al presente, que el hecho de que vosotros en vuestros pensamientos os habéis distanciado de las empresas y sólo mostráis interés en tanto estáis sentados escuchando o se os anuncia alguna novedad; luego, cuando cada uno de vosotros se retira, no sólo no medita sobre ellas para nada, sino que ni siquiera las recuerda. (2) Realmente, la insolencia y la ambición de que se vale Filipo con todo el mundo son de tan gran cuantía como indican las referencias que escucháis; y que no es posible detenerlo en esa carrera ni con discursos ni alocuciones públicas, nadie lo ignora sin duda. Pues precisamente, si alguien ni siquiera puede percatarse de ello a partir de una sola de las demás consideraciones, que reflexione de esta guisa: nosotros nunca ni en ninguna parte, cuando ha sido necesario hablar en defensa de nuestros derechos, fuimos derrotados o dimos la impresión de obrar injustamente, sino que en toda ocasión vencemos a todos y estamos por encima de ellos en el uso de la palabra. (3) Ahora bien, ¿acaso por esa razón a Filipo los asuntos le van mal y a nuestra ciudad bien? Mucho dista eso de ser así. Pues una vez que él, después del debate, tomando las armas, se pone en marcha dispuesto a exponer sin vacilación todos sus bienes, mientras nosotros permanecemos sentados, habiendo expuesto los unos los argumentos justos y habiéndolos escuchado los otros, naturalmente —pienso yo— los hechos toman la delantera a las palabras y todos atienden no a los razonamientos justos que dijimos o podríamos ahora decir, sino a lo que hacemos. Y esos argumentos no son capaces de salvar a ninguna de las víctimas de la injusticia, porque ya para nada es menester hablar más de ellas. (4) En consecuencia, divididos los de las ciudades en estos dos partidos, unos el de los que no quieren ni gobernar por la fuerza a nadie ni ser esclavos de otros, sino gobernarse equitativamente en libertad y con leyes, y otros, empero, el de los que apetecen mandar sobre sus conciudadanos y obedecer a una tercera persona, quienquiera que sea, mediante la cual se imaginan que podrán llevar a cabo su objetivo, los que pertenecen al partido de aquélla, los que anhelan tiranías y caudillajes, han vencido por doquier, y ciudad con régimen de democracia estable, no sé si de entre todas queda alguna otra más que la nuestra. (5) Y han vencido los que a través de aquél se hacen sus propias constituciones valiéndose de todos los medios con los que se alcanza el éxito; el primero y más importante de todos: el tener a alguien dispuesto a dar por ellos dinero a quienes lo quieran recibir; el segundo y en nada inferior al precedente: el disponer de una fuerza, capaz de derribar a sus oponentes, presente en todas las ocasiones en que la soliciten. (6) Nosotros, en cambio, varones atenienses, no sólo vamos a la zaga a ese respecto, sino que ni siquiera somos capaces de despertarnos; antes bien, nos parecemos a hombres que han bebido mandrágora[203] o alguna otra pócima del mismo estilo; luego, en mi opinión (pues hay que decir la verdad, tal como yo enjuicio la situación), hemos sido tan desacreditados y despreciados a consecuencia de esos hechos, que de entre los que se encuentran en pleno peligro, unos se oponen a nosotros por cuestión del liderazgo[204], otros por el lugar en el que habrá de reunirse el Consejo[205], y algunos han decidido defenderse por sí mismos antes que en alianza con nosotros.

(7) ¿Con qué objeto, pues, me expreso y discurro con esas razones? Pues no es que me decida a resultar odioso, ¡por Zeus y todos los dioses! Lo hago para que cada uno de vosotros, varones atenienses, comprenda y sepa que la molicie y la indolencia de cada día, al igual que en las vidas privadas, así también en las ciudades, no se hacen sentir de inmediato en cada ocasión en que se produce negligencia, sino que salen a relucir en la suma total de los acontecimientos. (8) Mirad Serrio y Dorisco, pues éstas fueron las primeras posiciones que quedaron descuidadas después de la paz, las cuales quizás para muchos de vosotros ni siquiera son conocidas. Sin embargo, haber abandonado y descuidado entonces esas plazas ocasionó la pérdida de Tracia y de Cersobleptes, que era vuestro aliado. A su vez, Filipo, viendo que estaban desatendidas y que no lograban obtener socorro alguno de vuestra parte, intentaba arrasar Portmo[206] y enfrente mismo del

---

[203] De la raíz de la mandrágora se extraía en la antigüedad un potente narcótico que producía sueño, sopor y embotamiento de la sensibilidad, y se empleaba en prácticas de hechicería. A ese poderoso narcótico se refieren Jenofonte y Platón; cfr. Jenofonte, *Banquete*, II, § 42. Platón, *República*, VI, 488 c. Esta comparación de algunos atenienses con los drogados por la mandrágora les parece a rétores bien considerados, como el Pseudo-Arístides o Hermógenes, excesivamente áspera e impropia del estilo del gran orador.

[204] No sabemos bien a qué competencia de liderazgo se refiere aquí Demóstenes. Estamos todavía en los años 40 y no cabe pensar en la posterior alianza entre atenienses y tebanos sobre el reparto de la hegemonía, que fue concertada la víspera de la batalla de Queronea (338 a. J. C.). Cfr. Esquines, *Contra Ctesifonte*, § 142.

[205] A la sazón, la ciudad de Cálcide en Eubea pretendía ser ella, en vez de Atenas, la sede de un consejo federal de ciudades-estados. Cfr. Esquines, *Contra Ctesifonte*, § 91.

[206] Cfr. Demóstenes, *Contra Filipo*, III, § 58. *Sobre la corona*, § 71.

Ática, en Eubea, erigió contra vosotros el bastión de una tiranía. (9) Y como Eubea era objeto de descuido, por poco se libró de ser capturada Mégara. No reflexionasteis en absoluto ni prestasteis atención para nada a esos acontecimientos, no disteis prueba de que no le permitiríais seguir actuando así; compraba Antrones[207] y no mucho tiempo después ya se había hecho dueño de la situación en Oreo. (10) Y dejo de lado muchos casos: Feras, la marcha contra Ambracia, las matanzas de Élide[208] e innumerables otros; pues no me puse a discurrir sobre estos hechos para hacer un cómputo exacto de las víctimas de la violencia y la injusticia de Filipo, sino para mostraros que Filipo no dejará de atropellar a todos los humanos ni de subyugar territorios si alguien no se dispone a impedírselo.

(11) Pero hay quienes antes de escuchar los discursos referentes a la situación[209], tienen la costumbre de preguntar de inmediato: «¿Qué hay, pues, que hacer?»; no para realizarlo una vez que lo han oído (pues entonces serían los más útiles de todos los hombres), sino para desembarazarse del orador. No obstante, es menester decir lo que hay que hacer. En primer lugar, varones atenienses, fijad en vuestra mente con firmeza esto: que Filipo está en guerra con nuestra ciudad y ha roto la paz y es malévolo y hostil para con la ciudad entera y el suelo de la ciudad, y —añadiré incluso— para con los dioses de la ciudad, los cuales precisamente ¡ojalá le causen la perdición!; sin embargo, contra nada lucha ni intriga más que contra nuestra constitución y a nada en absoluto dirige sus miras con mayor interés que a la manera de destruirla. (12) Y es hasta cierto punto inevitable que obre así, efectivamente, al menos ahora: Pues haceos cuentas: está decidido a mandar y a vosotros os concibe como sus únicos rivales.

---

[207] Ciudad de Tesalia emplazada frente a la localidad eubea de Oreo. En Homero aparece mencionada con el nombre de Antrón *(Ilíada,* II, 697).

[208] Élide era una pequeña aunque importante ciudad del Peloponeso que, tras discordias sangrantes motivadas por la ambición del monarca macedonio, se convirtió en aliada de éste. Cfr. *Contra Filipo,* III, § 27, y *Sobre la corona,* § 295. Véase además *Sobre la embajada fraudulenta,* §§ 260 y 294.

[209] Dan comienzo aquí los pasajes extraídos del discurso *Sobre los asuntos del Quersoneso* (§§ 38 y ss.).

Hace ya mucho tiempo que os viene atropellando y de eso él mismo es consciente mejor que nadie, pues con las posesiones que, siendo vuestras, tiene en su poder se asegura firmemente todas sus demás conquistas; porque, si hubiera abandonado Anfípolis y Potidea, ni siquiera en Macedonia podría permanecer seguro. (13) Así pues, sabe ambas cosas, que él mismo conspira contra vosotros y que vosotros os dais cuenta de ello. Y como tiene de vosotros el concepto de que sois sensatos, considera que lo odiáis. Y además de todo esto, que es bastante, sabe con exactitud que, aunque se haga dueño de todo lo demás, nada le será posible poseer con firmeza en tanto que vosotros os gobernéis democráticamente; por el contrario, si le sucede algún traspiés, lo que en gran número de ocasiones puede ocurrir a un hombre, vendrán y se refugiarán a vuestro lado todos los que ahora están sometidos por la fuerza. (14) Pues vosotros no estáis bien dotados por naturaleza para personalmente obtener provecho y mantener un imperio, antes bien, al contrario, para impedir que otro lo consiga o arrancárselo a quien lo tenga, o, en una palabra, para importunar a quienes estén decididos a mandar y para rescatar a todos los hombres para la libertad, sí que sois hábiles. En consecuencia, él no está dispuesto a que la libertad que de vosotros dimana esté al acecho de sus buenas oportunidades y en eso se hace unos cálculos que no son ni incorrectos ni vanos. (15) En primer lugar, pues, es menester que lo consideréis irreconciliable enemigo de nuestra constitución y nuestra democracia, y, en segundo término, que sepáis con claridad que toda la actividad y todos los preparativos que ahora se trae entre manos los adereza contra nuestra ciudad. Pues ninguno de vosotros es tan tonto como para suponer que Filipo codicia las miserias de Tracia (pues ¿qué otro nombre podría dársele a Dróngilo, Cábile, Mastira y las plazas que afirman que ahora va ocupando?) y que para capturarlas soporta fatigas, crudezas del invierno y los más extremos peligros (16) y, en cambio, no codicia los puertos de Atenas, sus astilleros, sus trirremes, su emplazamiento y su fama —ventajas de las que ¡ojalá ni a él ni a ningún otro le sea dado enseñorearse tras haber sometido nuestra ciudad!—, sino que os dejará poseer esos bienes mientras él por los mijos y las espeltas almacenados en los silos tracios pasa el invierno en aquella infernal sima[210]. (17) No cabe esa interpretación; al contrario, por llegar a ser dueño de esos vuestros bienes, dedica también su actividad a aquellos y a todos los demás objetivos. Así pues, si cada uno sabe para sí y conoce estos hechos, no se debe, ¡por Zeus!, invitar al que en todo lo justo os proporciona los mejores consejos a que redacte un decreto declarando la guerra[211]; porque, en efecto, esto significa que estáis resueltos a echar mano de alguien con quien luchar y no a realizar lo que conviene a la ciudad. (18) Pues mirad: si la primera vez que Filipo violó un pacto o la segunda o la tercera (que son muchas las veces y seguidas), alguien hubiera redactado la propuesta de declaración de guerra contra él, y él, de manera semejante a como precisamente hace ahora, cuando ninguno de vosotros propone una declaración de guerra, hubiera acudido en ayuda de los cardios, ¿no habría sido asaltado y arrojado por los aires[212] el autor de la propuesta y todos lo acusarían de que por culpa de ella Filipo había llevado ayuda a los cardios? (19) Por tanto, no busquéis a quien, como compensación por las ofensas de Filipo, podáis odiar y entregar a sus asalariados para que lo descuarticen, ni vosotros mismos estéis dispuestos, después de haber votado la declaración de guerra, a disputar unos contra otros acerca de si era necesario haberlo hecho o no; antes bien, imitadle la manera de hacer la guerra, dando dinero y cuanto de lo demás necesiten a quienes ya se están defendiendo, y vosotros mismos, varones atenienses, pagando el tributo y preparándoos un ejército, trirremes rápidas, caballos, naves de transporte caballar, y todas las demás cosas destinadas a la guerra. (20) Pues, por lo menos ahora es una risión la mane-

---

[210] El texto dice, literalmente, «báratro», que era la sima por la que se despeñaba en Atenas a los condenados.
[211] Ésa era la pretensión de los adversarios de Demóstenes. Cfr. Demóstenes, *Sobre los asuntos del Quersoneso*, §§ 4 y 68.
[212] Estamos ante una imagen de la lucha libre o del pancracio (especie de lucha libre acompañada de pugilato), en la que una de las llaves favoritas por su eficacia consistía en levantar en vilo al contrincante para dejarlo caer luego bruscamente o arrojarlo de golpe contra el suelo.

ra en que manejamos nuestros asuntos[213], y creo que el propio Filipo, ¡por los dioses!, haría votos por que ninguna otra cosa haga la ciudad sino lo que ahora estáis haciendo: operáis con retraso, gastáis el dinero, andáis buscando a quien hacer entrega de los asuntos, os irritáis, os acusáis mutuamente. De dónde deriva eso, yo os lo haré entender y os expondré cómo habrá de cesar. (21) Nunca, varones atenienses, habéis establecido desde el principio ni preparado correctamente ninguno de vuestros planes de acción, sino que siempre vais tras los acontecimientos y luego, cuando llegáis tarde, suspendéis las operaciones; y si de nuevo acontece otro suceso, os preparáis y os alborotáis. (22) Pero eso no es así; no es posible que haciendo uso de expediciones de socorro no se cumpla nunca ningún objetivo fundamental; antes bien, es menester organizar una fuerza y procurar para ella manutención, tesoreros y funcionarios públicos, y, para que la vigilancia de los fondos empleados sea rigurosísima dentro de lo posible, una vez hecho eso, pedir cuentas del dinero a los tesoreros y de las operaciones al comandante y no dejarle a éste ningún pretexto para navegar con otro rumbo o llevar a cabo otra operación. (23) Si lo hacéis así y de verdad estáis dispuestos a ello, obligaréis a Filipo a mantener una paz justa y a permanecer en su propio país o lucharéis con él de igual a igual; y tal vez, sí, tal vez[214], varones atenienses, del mismo modo que ahora vosotros andáis inquiriendo qué está haciendo Filipo y adónde se dirige, así podrá ser él quien se preocupe de adónde pueda haber partido la fuerza armada de nuestra ciudad y dónde se dejará ver.

(24) Y si a alguien le parece que eso es cosa de gran gasto, muchas fatigas y efectiva actividad, en verdad muy exactamente le parece; pero si se echa la cuenta de lo que sobrevendrá a la ciudad después de ello, en el caso de que no esté dispuesta a hacerlo, hallará lo ventajoso que es realizar de buen grado lo indispensable. Pues aun en el caso de que como fiador os garantizase algún dios (pues de tamaño asunto ningún

---

[213] Esta locución está tomada de *Contra Filipo*, I, § 25.
[214] Esta repetición de una palabra, cargada de tintes patéticos, es muy peculiar del estilo de Demóstenes.

hombre podría ser digno de crédito) que si vosotros os mantenéis tranquilos y lo abandonáis todo, aquel individuo[215] no terminará viniendo contra vosotros mismos, (25) sería vergonzoso, ¡por Zeus y todos los dioses!, e indigno de vosotros, de las posibilidades de vuestra ciudad y de las hazañas de vuestros antepasados, dejar caer en esclavitud a todos los demás griegos por mor de vuestra particular molicie, y al menos yo personalmente preferiría estar muerto antes que haber propuesto ese proceder. (26) No obstante, si algún otro os lo sugiere y os convence, sea, no os defendáis, abandonadlo todo. Pero si a ninguno le parece eso bien y, por el contrario, todos sabemos de antemano que cuanto más le dejemos que extienda su poder, tanto más duro y fuerte será el enemigo al que habremos de enfrentarnos, ¿adónde nos escaparemos retrocediendo? O ¿por qué vacilamos? O ¿cuándo vamos a estar dispuestos, varones atenienses, a cumplir con nuestro deber? «Cuando sea necesario, ¡por Zeus!» (27) Pero lo que se podría llamar estado de necesidad de los hombres libres no sólo está presente ya, sino que incluso hace bastante tiempo que ha pasado, mientras que el de los esclavos es menester, sin duda, hacer votos para que no se presente. ¿Y en qué se diferencian? En que el más grave estado de necesidad para el hombre libre es la vergüenza por lo que le está pasando y más fuerte que éste no sé yo cuál podríamos invocar; para un esclavo, en cambio, consiste en los golpes y castigos corporales, cosas de las que los dioses nos guarden y de las que ni tan siquiera hablar es apropiado.

(28) Pues bien, varones atenienses, mostrarse remisos hacia tales requerimientos, a los que es menester que cada uno contribuya con su persona y con su propiedad, no es cosa que esté bien, ni mucho menos, pero, no obstante, aún tiene alguna disculpa; pero no estar dispuestos a escuchar lo que se debe oír ni los asuntos sobre los que es conveniente deliberar, eso ya se presta a todo tipo de acusación. (29) Ahora bien, vosotros no soléis escuchar ni deliberar sobre nada con calma hasta que se presentan, como ahora, los propios acon-

---

[215] Entiéndase: Filipo de Macedonia.

tecimientos; por el contrario, mientras que aquel individuo[216] se hace sus preparativos, despreocupándoos de hacer otro tanto y realizar a vuestra vez los vuestros, os dais a la indolencia y, si alguien os dice algo, lo expulsáis de la tribuna, pero cuando os enteráis de que se ha perdido una plaza o está siendo asediada, entonces prestáis oído y emprendéis los preparativos. (30) Pero era entonces el momento oportuno para escuchar y deliberar, cuando vosotros no queríais; en cambio, el de actuar y de hacer uso de lo preparado es ahora, cuando escucháis. En consecuencia, como resultado de esas costumbres, sois los únicos de entre todos los hombres que hacéis lo contrario que los demás; pues los demás acostumbran a valerse de la deliberación con anterioridad a los acontecimientos, vosotros, al contrario, después de los acontecimientos.

(31) Lo que aún queda, pues, por hacer y tiempo ha debía haberse hecho, aunque su oportunidad ni siquiera ahora se escapa, eso es lo que os voy a exponer. De entre todo lo que le hace falta a la ciudad, de nada le hace tanta como de dinero para hacer frente a los acontecimientos que ahora se le echan encima. Y acontece que se han producido espontáneamente afortunadas coyunturas y, si las empleamos correctamente, tal vez podrían producirse los resultados debidos. Pues, en primer lugar, aquéllos en quienes el Rey confía y a los que tiene por sus bienhechores, ésos odian y están en guerra con Filipo. (32) Luego, el agente y cómplice de todos los preparativos que Filipo lleva a cabo contra el Rey ha sido deportado[217] y el Rey oirá todas esas operaciones no a través de las acusaciones que hagáis vosotros, de quienes podría pensar que hablaseis en defensa de vuestro particular interés, sino de labios del mismo hombre que las realizó y las planeaba, de forma que le resultarán creíbles y sólo les faltará a nuestros embajadores el discurso que con mayor agrado oiría el Rey:

---

[216] O sea, Filipo de Macedonia.
[217] Se refiere el texto a Hermias de Atarneo, agente de Filipo y amigo de Aristóteles. El sátrapa Méntor, que se había distinguido ante el Gran Rey Artajerjes III Oco por sus servicios en la campaña contra Egipto y gozaba a la sazón de toda su confianza (Diodoro Sículo, *Historia de Grecia*, XVI, 50; 52), engañó con habilidad a Hermias de Atarneo y lo envió a Persia, donde fue ejecutado.

(33) que es menester castigar de común acuerdo al que a unos y otros causa perjuicio y que mucho más temible es Filipo para el Rey, si nos ataca a nosotros los primeros; pues si, quedando desasistidos, llegamos a sufrir nosotros algún revés, sin miedo ya marchará contra él. Por todas esas razones, pues, opino que es menester que vosotros despachéis una embajada que converse con él y que os despojéis de ese necio prejuicio por el que muchas veces habéis sufrido la derrota: «Es realmente un bárbaro» y «el común enemigo de todos» y todas las frases de este tenor. (34) Porque yo, cuando veo a alguien lleno de temor hacia el que reside en Susa o Ecbatana y afirmando una y otra vez que el tal es malévolo para con nuestra ciudad, cuando él, no sólo anteriormente contribuyó a enderezar la situación de ella[218], sino que incluso ahora os venía haciendo promesas (si vosotros no las aceptabais, sino que las rechazabais con vuestro voto, no es culpa suya), y, en cambio, hablando de distinta manera del salteador de los griegos que tanto está incrementando su poder ante nuestras puertas, así de cerca, en el centro mismo de Grecia, yo, al menos, me asombro y tengo miedo de él, quienquiera que sea, dado que él no se lo tiene a Filipo.

(35) Ahora bien, hay asimismo otro asunto[219] que daña a la ciudad por ser objeto de calumnia por obra de difamación injusta e inconvenientes discursos, y luego, a los que no quieren hacer nada justo en la gestión de los asuntos públicos, les

---

[218] El año 393 a. J. C., el general ateniense Conón, dirigiendo como almirante la flota persa, derrotó a los lacedemonios en aguas de Cnido y con el oro que le había suministrado el Rey (o sea, el Gran Rey o rey de los persas) reedificó los muros de Atenas.

[219] Se refiere Demóstenes a la institución del «teórico» o «fondo para los espectáculos», creada con el fin de que los ciudadanos menesterosos pudieran asistir a los espectáculos públicos. En un principio se empleaba para tal fin sólo una parte de dichos fondos y el resto se destinaba a sufragar los gastos de guerra. Pero más tarde, con Eubulo, se votó una ley por la que la cantidad total del dinero acumulado en el susodicho «teórico» se asignaba a pagar los gastos generados por la asistencia a los espectáculos de los ciudadanos atenienses carentes de recursos. Contra esta nueva modalidad de empleo de los fondos del «teórico» luchó denodadamente Demóstenes, deseoso de suprimirla o modificarla, en sus discursos *Olintíacos*.

proporciona un pretexto; y de todo cuanto queda pendiente y cuyo cumplimiento fuese menester por parte de alguien, comprobaréis que a ese asunto se le echa la culpa. Acerca del cual tengo mucho miedo de hablar; pero, no obstante, lo haré; (36) pues creo que podré, por el interés de la ciudad, tanto defender la causa justa de los menesterosos contra los ricos, como la de los que poseen los bienes contra los necesitados. Si quitásemos de en medio tanto las calumnias que algunos dirigen, y no justamente, contra el fondo de los espectáculos, como el temor de que no se podrá detener esa institución sin provocar con ello un gran mal, ninguna contribución mayor podríamos hacer a la situación ni que, en conjunto, más robusteciera a la ciudad entera. (37) Examinadlo así: hablaré primero en defensa de los que parecen estar en necesidad. Hubo un tiempo, no hace mucho, entre vosotros, en el que no se ingresaban en la ciudad por encima de los ciento treinta talentos; y ninguno de los capacitados para la trierarquía o el pago de impuestos se negaba a cumplir con el deber que le correspondía alegando que no les sobraba dinero, antes bien, se hacían a la mar trirremes, se obtenía dinero y hacíamos todo lo debido. (38) Más adelante, la fortuna, ¡y qué bien hizo!, multiplicó los ingresos públicos[220], y en lugar de los cien talentos se ingresan cuatrocientos, sin que ninguno de los propietarios de los bienes sufra menoscabo alguno, sino que, al contrario, incluso los van incrementando; pues todos los ricos vienen a participar de esa rentabilidad ¡y hacen muy bien! (39) Pues entonces, ¿qué nueva idea hemos concebido para que nos reprochemos eso mutuamente y lo pongamos de pretexto para no hacer nada, como no sea que miramos con envidia la ayuda sobrevenida a los maenesterosos de manos de la Fortuna? A éstos yo al menos ni podría inculparlos ni considero justo hacerlo. (40) Porque tampoco en las casas particulares veo que quien está en la flor de la edad adopte tal actitud hacia sus

---

[220] Las finanzas de Atenas, como puede colegirse de este texto, se encontraban en situación óptima, gracias particularmente a la inteligente administración de la hacienda pública llevada a cabo por Eubulo. Cfr. Demóstenes, *Contra Filipo*, III, § 40.

mayores[221], ni que ningún ser humano sea tan insensato ni tan irracional como para sostener que, si todos no hacen cuanto él hace, tampoco él hará nada. Pues justamente en ese caso, incurriría en las leyes que castigan los malos tratos[222], ya que es menester aportar a los progenitores con espíritu de justicia y pagarles de buen grado en concepto de tributo debido la amistosa contribución[223] delimitada a la vez por la naturaleza y la ley. (41) Pues bien, tal y como cada uno de nosotros tiene un padre, así es menester considerar padres comunes de toda la ciudad a la totalidad de los ciudadanos[224], y que conviene no sólo no privarlos de nada de lo que les da la ciudad, sino que incluso en el caso de que ninguna de estas subvenciones existiese, habría que mirar a otra parte de donde obtenerlas, con el fin de que no se viesen privados de nada por falta de asistencia. (42) De modo que si los ricos se valieran de esta forma de pensar, estimo que no sólo harían lo que es justo, sino también lo que les aprovecha; porque privar a algunos de lo necesario mediante decreto público equivale a malquistar a muchos hombres con la situación[225]; y a los que están en situación de necesidad, por otra parte, yo les aconsejaría que eliminasen el asunto por el

---

[221] Con respecto a la prestación del servicio militar en la flor de la juventud se establecen entre los varones de las familias atenienses dos edades principales: la de los que están en esa flor de la vida y la de los que son más viejos, es decir, los mayores. Cfr. Demóstenes, *Contra Filipo*, I, § 28; *Contra Filipo*, III, § 34.

[222] Estas leyes castigaban a los hijos que o bien maltrataban a sus padres, o bien no les procuraban pensión alimenticia o sustento en su vejez. Cfr. Lisias, *Contra Ágorato*, § 91.

[223] En griego, *éranos*. Era el *éranos* la cuota, colecta o ayuda con la que se contribuía en los banquetes a escote celebrados entre amigos, y también el desembolso de dinero con el que los padres proveían a la manutención y educación de sus hijos, compensado luego por el gasto que hacía el hijo, obrando en justa reciprocidad y obediencia a la ley, al atender debidamente a sus padres durante la vejez.

[224] En una de las epístolas de Demóstenes (III, § 41) leemos que el hombre de estado ha de albergar para con sus conciudadanos, o sea para con el pueblo, los mismos sentimientos de un hijo hacia su padre.

[225] El orador y demagogo Démades, contemporáneo de Demóstenes, decía que el «teórico» o «fondo para los espectáculos» era «el cimiento de la democracia».

que los que poseen los bienes se incomodan y tan justificadamente lo acusan. (43) Y, tal y como acabo de hacer hace un momento, de la misma manera trataré también en favor de los ricos, sin vacilar en decir la verdad. Pues a mi nadie me parece ser tan miserable y cruel de espíritu —por lo menos ningún ateniense—, como para dolerse al ver que los indigentes y los que carecen de lo necesario reciben estos subsidios. (44) Pero ¿dónde produce los roces y los malestares el asunto éste? Cuando los ricos ven que ciertos individuos transfieren al dinero privado el uso que se ejerce sobre el dinero público[226] y que el que tal cosa propone al punto es ya inmediatamente importante entre vosotros e inmortal a causa de su seguridad; y cuando ven que el voto secreto es bien distinto de vuestras alborotadas manifestaciones aprobatorias[227]. (45) Eso es lo que produce desconfianza e indignación. Es, pues, menester, varones atenienses, compartir mutuamente con equidad los beneficios de la ciudadanía, los ricos considerando seguras sus propiedades para el curso normal de su vida sin temer por ellas, pero poniendo a disposición de su patria y en defensa de su salvación sus haciendas como fondo común para afrontar los peligros. Y los demás, estimando bienes comunes los que son tales y participando de ellos en la parte que les corresponda, pero teniendo los particulares por propios de sus poseedores[228]. De esta manera una ciudad, por más que sea pequeña, se hace grande y una grande se salva. Eso es tal vez lo que uno podría decir en cuanto a los deberes de cada una de las dos partes; por lo que se refiere al modo en que ello además se pueda poner en práctica, es menester hacer correcciones por vía legal.

---

[226] Repartido el dinero del erario, el pueblo desea que se proceda de igual manera con las fortunas particulares.

[227] Había sicofantas que acusaban calumniosamente a los ricos para que, condenados a pagar cuantiosas multas, éstas revirtieran al «teórico» o «fondo para los espectáculos». Los jurados populares o *dicastas* acogían con alborotos de aprobación las defensas de estos ricos injustamente acusados, pero a la hora de emitir su voto, los condenaban.

[228] En *Sobre los deberes (De officiis,* I, 7) decía Cicerón que la función u oficio de la justicia consistía en hacer que los bienes públicos se disfrutaran como públicos y los privados como particulares.

(46) De la presente situación[229] y de la confusión reinante muchas y remotas son las causas; si queréis escucharlas, estoy dispuesto a exponerlas. Os habéis salido, varones atenienses, del principio fundamental sobre el que os dejaron asentados vuestros antepasados, y os habéis dejado convencer, por los que propugnaban tal tipo de política, de que estar a la cabeza de los griegos y tener un ejército en pie de guerra[230] para defender a todos los que sufren atropellos era una tarea superflua y un gasto inútil, mientras que pasar la vida con tranquilidad y no hacer nada de lo que es debido, antes bien, ir abandonándolo todo, una cosa tras otra, dejando que otros se apoderen de ellas, os pensabais que proporcionaba maravillosa prosperidad y seguridad en abundancia. (47) A consecuencia de ello, adelantándose otro al puesto que a vosotros os correspondía ocupar, ese individuo se ha hecho próspero, grande[231], señor de un vasto dominio, como es natural; pues una situación prestigiosa, encumbrada y brillante, por la que continuamente las más poderosas ciudades andaban enzarzadas en disputas[232], tras haberse visto los lacedemonios desasitidos de la fortuna y los tebanos ocupados por causa de la guerra focidia y estando nosotros despreocupados, él la encontró abandonada y la tomó para sí. (48) Y de esta manera, como resultado le ha correspondido a él infundir miedo a los demás, contar con numerosos aliados y un gran ejército; y, en cambio, tantas y tan grandes dificultades asedian ya a todos los griegos, que no es fácil ni siquiera aconsejar lo que se debe hacer.

(49) Aunque las circunstancias presentes, varones atenien-

---

[229] Los párrafos 46-48, por un lado, y el § 49, por otro, eran en principio sendos proemios del taller retórico de Demóstenes confeccionados como piezas autónomas de las que poder echar mano en bien determinadas y precisas ocasiones. Sirven, en efecto, para abrir un discurso político sobre los males de la situación del «momento» (entiéndase, de ese momento tan amplio en que el monarca macedonio Filipo era una auténtica amenaza para Atenas). Recordemos que entre las obras de Demóstenes contamos con una colección de *Proemios*.
[230] Cfr. Demóstenes, *Sobre los asuntos del Quersoneso*, § 11.
[231] Cfr. Demóstenes, *Sobre los asuntos del Quersoneso*, § 67.
[232] Cfr. Demóstenes, *Contra Filipo*, III, § 22.

ses, son, a mi juicio, horrorosas para todos, ningunos otros de esos todos están en mayor peligro que vosotros, no sólo porque Filipo dirige sus asechanzas fundamentalmente contra vosotros, sino además porque vosotros mismos sois los que de todos os encontráis en el más alto grado de inactividad. Así pues, si contemplando el acopio de mercancías y la prosperidad que reina en la plaza del mercado, estáis encantados por ello con la ilusión de que en ningún peligro se encuentra la ciudad, no enjuiciáis la situación ni como corresponde ni correctamente. (50) Pues una plaza de mercado o una feria por estos detalles se podría juzgar si está deficiente o primorosamente provista; pero una ciudad a la que todo aquel que en cada ocasión aspira a mandar en los griegos ha concebido siempre como la única que podría oponérsele y ser baluarte de la libertad de todos, no es por las mercancías por lo que hay que probarla para ver si va bien, ¡por Zeus!, sino observando si confía en la buena voluntad de los aliados y si es fuerte con las armas; esto es lo que hay que examinar con respecto a nuestra ciudad; y eso es lo que en vuestro caso se encuentra en situación resbaladiza y de ningún modo buena en su totalidad. (51) Podréis daros cuenta de ello si lo consideráis de la siguiente manera: ¿cuándo estuvieron los asuntos de los griegos en máxima confusión? Pues nadie podrá designar ningún otro tiempo más que el presente de hoy día. Porque durante todo el tiempo anterior la política de los griegos estaba dividida en estas dos facciones: los lacedemonios y nosotros, y, de los demás griegos, unos nos obedecían a nosotros, otros a aquéllos. El Rey, de por sí, era por igual objeto de desconfianza para todos; y sumando a su causa la de los derrotados en la guerra, retenía su confianza hasta que lograba ponerlos en pie de igualdad con los del otro bando; luego no le odiaban menos aquéllos a quienes salvaba que los que desde el principio eran sus enemigos. (52) Ahora, empero, en primer lugar, el Rey está en relaciones de familiaridad con todos los griegos; con nosotros, de entre todos, es con quienes en peor disposición está, si no rectificamos ahora en algo los errores cometidos; luego, por todos lados surgen protectorados en gran número y pretenden todos, en rivalidad mutua, la hegemonía, pero, en realidad, se mantienen aparte y se envidian y desconfían unos de otros y no de quien sería menester desconfiar; y han quedado todos aislados, cada uno por su parte, argivos, tebanos, lacedemonios, corintios, arcadios y nosotros. (53) Pero, sin embargo, aunque la política griega está dividida en tantos partidos y tan numerosas dominaciones, si hay que decir la verdad con franqueza, en ningún otro estado podría uno ver salas de audiencia o consistorios menos dedicados al tratamiento de los asuntos griegos que los nuestros, y es natural: pues nadie conversa con nosotros ni por amistad, ni por confianza, ni por temor. (54) Y la causa de esto, varones atenienses, no es una sola (pues fácil os hubiera resultado enmendarla), sino muchos errores[233] de toda suerte cometidos en todo tiempo desde antiguo, de los cuales, dejando de lado el detalle, me referiré a aquél en el que confluyen todos, rogándoos que si os refiero con franqueza la verdad, no os irritéis conmigo en absoluto. Han sido vendidos nuestros intereses en cada una de las ocasiones propicias que se nos presentaron y vosotros habéis obtenido a cambio el ocio y la tranquilidad; encantados por ellos no estáis irritados con los que os perjudican, pero otros han obtenido las recompensas. (55) Y lo que concierne a los demás asuntos[234] no merece la pena investigarlo ahora; pero en cuanto se suscita en un discurso algún tema de los referentes a Filipo, al punto se levanta alguien para decir que no hay que devariar ni hacer propuestas de declaración de guerra, presentando al punto, una tras otra, consideraciones como lo agradable que es vivir en paz y qué molesto es atender a la manutención de una gran fuerza armada y «algunos quieren saquearos el dinero» y hacen otros asertos en máximo grado verdaderos. (56) Pero, sin duda, no es a vosotros a quienes hay que persuadir de que mantengáis la paz, ya que, persuadidos de ello, estáis sentados aquí mano sobre mano, sino al que continuamente lleva a cabo las operaciones de la guerra; pues si aquél se dejara persuadir, lo que de vosotros depende está ya a mano; y hay que considerar que

---

[233] Cfr. Demóstenes, *Contra Filipo*, III, § 2.
[234] De nuevo entramos a partir de este punto en una serie de párrafos literalmente reproducidos del discurso titulado *Sobre los asuntos del Quersoneso*.

lo terrible no es cuanto gastemos para nuestra salvación, sino lo que vamos a sufrir si no estamos dispuestos a hacerlo; y en cuanto al dicho de que «el dinero público será saqueado», hay que impedirlo encontrando un sistema de vigilancia mediante el cual se conserve, no desertando de nuestros intereses. (57) Aunque yo al menos me irrito también por esto precisamente: porque a algunos de vosotros os entristece que se llegue a saquear el dinero público, cuya vigilancia así como la posibilidad de castigar a quienes cometen el delito están en vuestras manos, y, en cambio, no os entristece que así, una ciudad tras otra, Filipo vaya arrebatando toda Grecia, y eso que las va arrebatando con la intención de atacaros a vosotros.

(58) ¿Por qué, entonces, varones atenienses[235], aunque tan a las claras comete atropellos y toma ciudades, nunca hasta ahora ninguno de éstos ha dicho de él que está obrando contra derecho y haciendo la guerra, y, en cambio, afirman que la hacen los que os aconsejan no permitírselo ni dejarle esa opción a su merced? Porque la responsabilidad de los padecimientos que resultarán de la guerra (pues es forzoso, sí, forzoso que de la guerra surjan muchos sufrimientos) quieren achacarla a quienes creen que están acostumbrados a proporcionaros por vuestro bien los mejores consejos. (59) Pues consideran que si vosotros hacéis frente a Filipo unánimemente y guiados por un solo criterio, vosotros le venceréis y a ellos no les quedará posibilidad de ganar su paga, mientras que, si a partir de los primeros rumores de alarma acusáis a algunos individuos y os dedicáis a llevarlos ante los tribunales, acusándolos conseguirán ellos mismos dos cosas: llegar a gozar de buena reputación ante vosotros y a obtener dinero librado por Filipo, y que vosotros impongáis a quienes han hablado en favor vuestro las penas que debíais imponerles a éstos por sus faltas. (60) Éstas son sus esperanzas y eso implica la maniobra de las acusaciones que presentan afirmando que «algunos quieren entrar en guerra». Pero yo sé a ciencia

---

[235] Da comienzo aquí una exposición, hecha en forma más sencilla, del mismo tema tratado en forma más amplia en Demóstenes, *Sobre los asuntos del Quersoneso*, §§ 56 y ss.

cierta que, aunque ningún ateniense ha propuesto declarar la guerra, Filipo tiene en su poder muchos territorios de nuestra ciudad y acaba de enviar ahora una expedición de socorro a Cardia. Si, no obstante, nosotros ahora pretendemos hacer como que ignoramos que aquél está en guerra con nosotros, él sería el más tonto de todos los hombres si tratase de contradecirlo; porque si los que sufren el agravio lo niegan, ¿qué correspone hacer al agraviante?[236]. (61) Pero el día que se dirija contra nosotros mismos, ¿qué diremos entonces? Pues él sostendrá que no nos hace la guerra, como tampoco se la hacía a los habitantes de Oreo, aun cuando sus tropas estaban en aquel territorio, ni anteriormente a los de Feras, a pesar de que atacándolos llegó hasta sus muros, ni a los olintios al principio, hasta que se presentó en el propio país de ellos al mando de un ejército. ¿O también entonces vamos a decir que los que nos exhortan a defendernos están declarando la guerra? En ese caso sólo nos queda soportar la esclavitud; pues no hay otra posibilidad alguna. (62) Y, sin embargo, el peligro que vosotros corréis no es el mismo que el de los demás hombres; pues lo que Filipo quiere no es poner vuestra ciudad bajo su dominio, no, sino destruirla por completo. Pues él sabe a la perfección que vosotros ni vais a estar dispuestos a ser esclavos ni, aunque lo estuvierais, sabríais serlo, acostumbrados como estáis a mandar, y que, en cambio, si encontrarais ocasión propicia, seríais capaces de crearle mayor número de dificultades que los demás hombres juntos. Por esta razón no os hará concesiones, si llega a teneros bajo su poder. (63) Así pues, os conviene reconocer que la pugna será[237] a vida o muerte y a los que se han vendido a ese hombre apalearlos públicamente; porque no es posible, no es posible vencer a los enemigos de fuera de la ciudad, si antes no castigáis a los enemigos que tenéis en la propia ciudad; por el contrario, es forzoso que, al chocar con éstos, como contra

---

[236] Esta pregunta retórica final no se encuentra, sin embargo, en Demóstenes, *Sobre los asuntos del Quersoneso,* § 58, párrafo que, por lo demás, está íntegramente trasladado a este pasaje.

[237] En Demóstenes, *Sobre los asuntos del Quersoneso,* § 61, en vez de «será», como leemos aquí, se lee «es», y en vez de decir sólo «apalearlos», dice «odiarlos y apalearlos».

un escollo, lleguéis a aquéllos demasiado tarde. (64) ¿De dónde os imagináis que procede que él ahora os ultraje (que a mí al menos me parece que no hace otra cosa sino eso) y que, mientras a los demás, cuando menos, los engaña haciéndoles favores, a vosotros, en cambio, os amenace ya de entrada? Por ejemplo, a los tesalios, después de haberles concedido muchos dones, los redujo al estado de esclavitud en que ahora se encuentran; nadie podría decir tampoco cuánto engañó a los desdichados olintios, habiéndoles dado primero Potidea y muchas otras plazas; y ahora trata de seducir a los tebanos entregándoles Beocia y apartándolos de una guerra larga y penosa; (65) de modo que cada uno de ésos, después de haber obtenido alguna ganancia como fruto, los unos han sufrido ya lo que les ha tocado pagar en sufrimiento y los otros sufrirán lo que les corresponda. Y en cuanto a vosotros, guardo silencio sobre todo aquello de lo que habéis sido desposeídos; ahora bien, en el mismo acto de concluir la paz, ¡cuántos engaños habéis sufrido, de cuántos bienes habéis sido desposeídos! ¿No perdisteis a los focidios, las Termópilas, las posesiones de Tracia, Dorisco, Serrio, el propio Cersobleptes?; ¿y no tiene ahora la ciudad de Cardia en su poder y admite que la tiene? (66) ¿Por qué razón, pues, se comporta de aquella forma con los demás y no de esa manera con vosotros? Porque de entre todas las ciudades tan sólo en la vuestra hay inmunidad garantizada para hablar en favor de vuestros enemigos y puede un hombre que ha aceptado dinero de soborno tomar la palabra personalmente entre vosotros con impunidad, aunque hayáis sido despojados de vuestras propias posesiones. (67) No hubiera sido posible hablar con garantías en Olinto a favor de Filipo, de no haber obtenido el pueblo olintio el beneficio de disfrutar las ventajas de Potidea; no se hubiera podido en Tesalia defender sin riesgo la causa de Filipo, si el pueblo de Tesalia no hubiera recibido de su parte el favor de haberles expulsado a los tiranos y restaurado los privilegios anfictiónicos; no hubiera sido posible hacerlo sin peligro en Tebas antes de que él les hubiera devuelto Beocia y aniquilado a los focidios. (68) Pero en Atenas, aunque Filipo os ha privado de Anfípolis y del territorio de Cardia y, además, está convirtiendo Eubea en una fortaleza avanzada contra vosotros y está ahora avanzando contra Bizancio, aquí se puede a buen recaudo hablar en favor de Filipo. Y, claro está —fijaos—, algunos de ésos, de mendigos que eran, se están haciendo rápidamente ricos, de desconocidos y oscuros pasan a ser famosos e ilustres; mientras que vosotros, por el contrario, de honorables os convertís en viles y de opulentos en indigentes; (69) pues yo, al menos, considero riqueza de una ciudad sus aliados, la confianza que inspira, la simpatía que despierta, de todo lo cual vosotros estáis en absoluta carestía. Y como consecuencia de no preocuparos de eso y dejar que los asuntos vayan marchando de esa manera, él es próspero, poderoso y terrible para todos los griegos y bárbaros; vosotros, en cambio, estáis aislados y humillados, insignes por la abundancia de víveres en el mercado, pero ridículos por lo que se refiere a los pertrechos de los que habríais menester[238]. (70) Pero observo que algunos de nuestros oradores no aconsejan de la misma manera cuando se trata de vosotros que cuando tratan de sus propios intereses; pues dicen que vosotros debéis mantener la calma aunque alguien os cause agravio; mientras que ellos mismos no pueden mantenerla entre vosotros pese a que nadie les agravia a ellos. Sin embargo, si alguien, injurias aparte, preguntara: «Dime, Aristomedes[239], sabiendo perfectamente como sabes (que nadie tales cosas desconoce) que la vida de los particulares es segura, reposada y desprovista de riesgos, en tanto que la de los hombres públicos es rica en querellas, insegura y colmada de procesos y calamidades día a día, ¿por qué, pues, no eliges la descansada en vez de la que discurre

---

[238] Acaba aquí la segunda serie de párrafos tomados casi literalmente —como venimos comprobando— del discurso *Sobre los asuntos del Quersoneso*.

[239] De este desconocido personaje, Dídimo, el prolífico filólogo y comentarista alejandrino del siglo I a. J. C., nos proporciona la información de que era conocido en Atenas con los apodos de «hombre de bronce», «ladrón». Este último calificativo se lo aplica Demóstenes, en el texto que tenemos ante nuestros ojos, a su padre en una frase que es ejemplo de la figura retórica denominada *kyklos* o ciclo, consistente en que una frase empiece y termine por la misma palabra: Demóstenes, *Contra Filipo*, IV, § 73: «tu padre era un ladrón, si precisamente era semejante a ti», literalmente: «para ti *(soi)* el padre era un ladrón, si precisamente era semejante a ti *(soi)*».

en medio de peligros?», ¿qué responderías? (71) Pues en el caso de que diésemos por cierto lo mejor que podrías responder, a saber, que por deseo de honor y por mor de tu reputación haces todo esto, me pregunto con extrañeza por qué razón piensas entonces que para tal propósito tú debes hacerlo todo, sufrir todos los trabajos y afrontar todos los peligros, y, en cambio, aconsejas a la ciudad que abandone estos esfuerzos cómodamente. Porque al menos no vas a responder que es menester que tú parezcas alguien en la ciudad, pero que la ciudad no goce de predicamento entre los griegos. (72) Y, por cierto, tampoco veo eso otro: que para la ciudad sea seguro ocuparse de la gestión de sus propios asuntos y para ti, en cambio, haya peligro si no te mezclas en cuestiones ajenas más que los demás; antes bien, por el contrario, veo que para ti los peligros extremos proceden de tu actividad y tu entrometimiento, mientras que a la ciudad le vienen de su inactividad. (73) Pero, ¡por Zeus!, tú cuentas con el renombre de tu abuelo y de tu padre, que sería vergonzoso hacer que se extinguiera en ti, mientras que la ciudad cuenta con los hechos innominados e insignificantes de sus antepasados. Pero tampoco esto es así: tu padre era un ladrón, si precisamente era semejante a ti, en cambio, los de nuestra ciudad fueron aquellos por quienes todos los griegos se saben salvados de los más grandes peligros. (74) Realmente, sin embargo, hay quienes no gobiernan con espíritu equitativo y cívico los asuntos privados y los asuntos públicos. Pues ¿cómo va a ser equitativo que algunos de éstos, recién salidos de la prisión, se desconozcan a sí mismos, mientras que la ciudad, que estuvo a la cabeza de los griegos hasta este momento y mantenía la primacía, se encuentre ahora hundida en la deshonra total y la humillación?

(75) Pues bien[240], aunque tengo todavía mucho por decir y acerca de muchos asuntos, desistiré de hacerlo; pues, de veras, no es por falta de discursos, a mi parecer, por lo que ni

---

[240] Si estudiamos detenidamente los §§ 75 y 76, nos daremos cuenta de que en realidad son dos epílogos distintos, independientes, de esos que Demóstenes elaboraba en su taller de retórica para adaptarlos luego a sus discursos reales.

ahora ni nunca las cosas marchan mal, sino que esto ocurre cada vez que vosotros, habiendo oído todo lo que es debido y habiendo reconocido en ello unánimemente lo ajustado de la exposición, seguís sentados prestando oído con igual favor a los que desean estropearlo o distorsionarlo. Y no es que no conozcáis a esos oradores, pues nada más verlos sabéis exactamente quién habla por un sueldo y lleva a cabo su actuación pública en favor de Filipo y quién lo hace verdaderamente por vuestro mayor bien, sino que vuestro propósito es acusar a estos últimos y echar el asunto a chacota y escarnio para no hacer vosotros personalmente nada de lo que debierais. (76) Esto es la verdad, con toda franqueza, lo que más os interesa expresado sencillamente y con buen deseo, no un discurso en plan de adulación, rebosante de perjuicio y de mentira, enderezado a hacer dinero para el orador y a poner los intereses de la ciudad en manos de sus enemigos. Así pues, o habrá que abandonar esas costumbres o no se habrá de acusar de que todo vaya mal a nadie sino a vosotros mismos.

EL DISCURSO XVIII

SOBRE LA CORONA.
EN DEFENSA DE CTESIFONTE

Introducción

A juzgar por los expertos en oratoria y retórica antiguos y modernos, este discurso de Demóstenes —*Sobre la corona. En defensa de Ctesifonte*— es una magistral pieza oratoria, de perfección no igualada por obra alguna del mismo género desde el año en que fue pronunciada (330 a. J. C.) hasta nuestros días.

El año 330 a. J. C. señala, pues, un hito importante en la oratoria de todos los tiempos, pues fue precisamente en esa fecha cuando un jurado compuesto por más de quinientos ciudadanos atenienses escuchó de boca del gran orador tan sorprendente e inimitable alocución.

El discurso realmente pronunciado, que sin duda no coincidió con el que luego el orador plasmó por escrito —así ocurre siempre en oratoria griega—, debió de ser, no obstante, asimismo espléndido, pues el acusador en el proceso, Esquines, no obtuvo a la hora del veredicto la quinta parte de los votos de los jurados, por lo que, en cumplimiento estricto de la legalidad vigente, se vio obligado a exiliarse.

He aquí las circunstancias que rodearon al proceso en el que se integra esta joya de la elocuencia que es el discurso demosténico *Sobre la corona:* Unos seis años antes, por tanto en el 336 a. J. C., Ctesifonte había conseguido en el Consejo que, a propuesta suya, éste aprobase un decreto provisional (necesitado, por tanto, de la ratificación de la Asamblea), en virtud del cual se reconocían y premiaban debidamente los servicios públicos de Demóstenes con la concesión de una corona de oro, recompensa que no se le otorgaba en esta ocasión por vez primera[1]. El patriotismo de Demóstenes, según esta propuesta de decreto, estaba probado con creces desde el momento reciente en que el orador y político había destinado la suma de cien minas de su personal peculio a la reparación de las fortificaciones de Atenas y aun antes además, a lo largo de toda su trayectoria como hombre de estado, durante la cual había enderezado todos sus discursos y sus actos al mayor bien del pueblo ateniense[2].

Pero de inmediato la enemistad de Esquines hacia nuestro orador y la oposición frontal a su política dejaron sentir sus efectos. Y así, aunque la propuesta en cuestión fue objeto de un informe previo *(probúleuma)* favorable por parte del Consejo (la *Bulé)*, al llegar a la Asamblea para en ella ser ratificada chocó con la inquina de este su rival político y orador como él mismo, que al punto presentó contra Ctesifonte una acusación de ilegalidad *(graphé paranómon* o «acusación escrita contra propuestas ilegales»). Era ilegal la propuesta de gratificar a Demóstenes con una corona de oro —argüía Esquines— por tres razones principales: en primer lugar, porque pretendía recompensar con una corona a un ciudadano que todavía no había rendido cuentas de su gestión al pueblo tras ocupar un cargo de responsabilidad pública (era un *hypeúthynos* o «magistrado sometido a rendición de cuentas»). Recordemos que Demóstenes, efectivamente, aún no había cumplido con esa obligación ni en su calidad de encargado de la administración de los fondos destinados a espectáculos (el *theorikón)* ni como miembro de la comisión de la reparación de los muros de Atenas *(toikhopoiós)* que había sido. En segundo término, porque en la propuesta se solicitaba que el galardón otorgado se proclamase en el Teatro durante las Fiestas Dionisias y no en la Asamblea del Pueblo, donde, según las leyes, debían proclamarse las coronas decretadas. Existía, efectivamente, una ley que prohibía la realización de tales proclamaciones en el Teatro. Por último, porque los decretos y documentos oficiales no debían contener falsedades,

---

[1] Cfr. Demóstenes, *Sobre la corona trierárquica* (LI). Pseudo-Plutarco, *Vida de los diez oradores*, 846 A y 848 F. Cfr. Demóstenes, *Sobre la corona* (XVIII), § 222.

[2] Demóstenes, *Sobre la corona*, § 57; Esquines, *Contra Ctesifonte*, § 49 y 273.

y era falso, a juicio del acusador, que nuestro orador hubiese beneficiado de palabra u obra a la ciudad de los atenienses[3]. Más bien al contrario, según Esquines, la política de Demóstenes había sido nefasta y desastrosa para la *pólis* o ciudad-estado Atenas.

Aunque el acusado de haber realizado una propuesta ilegal era Ctesifonte, sin duda alguna a quien apuntaba Esquines en su discurso *Contra Ctesifonte* era al propio Demóstenes, y así lo entendió nuestro orador en su calidad de abogado defensor *(synégoros* o «colaborador mediante un discurso público») del inculpado a la hora de responder con su brillante intervención.

De los dos primeros cargos hizo Demóstenes poco caso en su defensa del *Sobre la corona*[4]; muy hábilmente, en cambio, centró su discurso en la nobleza y el patriotismo de su actuación como hombre de estado. Éste es, para empezar, uno de los grandes méritos de este discurso paradigmático reconocido ya desde la antigüedad como obra maestra de la elocuencia griega: la increíble habilidad con la que está construido o —por decirlo técnicamente— su inimitable *disposición (dispositio)*.

La verdad es que toda la actividad política de nuestro orador no fue sino un valeroso y honrado esfuerzo personal por recuperar las glorias perdidas de una Atenas que él encontró sumida en penoso abatimiento. Quizás los tiempos ya no eran propicios a la hegemonía de ninguna *pólis* o ciudad-estado y la gestión pública del estadista Demóstenes resultaba un tanto utópica y en exceso conservadora, pero la intención que la guiaba era indudablemente patriótica.

En efecto, con la política de Aristofonte y Eubulo Atenas había llegado a perder toda moral de victoria y hasta la confianza en sí misma. Se pensaba, en la ciudad de Atenas, que el enemigo de esa *pólis* era el rey persa Artajerjes III Oco, mientras, a expensas de ese craso error de visión política, Filipo de Macedonia, el verdadero y peligrosísimo enemigo, iba incrementando día a día su poder en Grecia a un ritmo imparable.

---

[3] Demóstenes, *Sobre la corona*, § 57; Esquines, *Contra Ctesifonte*, § 49 y 273.
[4] Cfr. Demóstenes, *Sobre la corona*, §§ 110-121.

Fue Demóstenes quien con su palabra elocuente se encargó de aclarar las ideas al pueblo ateniense. Valientemente, desde la oposición, trazó las líneas directrices de su actuación futura en el discurso *Sobre las sinmorías*, del 354 a. J. C., fecha de su primera aparición en la liza política[5]. Más tarde, prestó grandes servicios a su patria: apoyando a los megalopolitas, amenazados por Esparta *(En defensa de los megalopolitas)*[6]; atacando la propuesta de Aristócrates en la que éste solicitaba conceder protección especial a Caridemo *(Contra Aristócrates)*[7]; afrontando con visión de futuro la cuestión macedónica *(Contra Filipo, I)*[8] y exhortando a sus conciudadanos a prestar ayuda a los rodios *(Por la libertad de los rodios)*[9], actuando en todas estas intervenciones movido por el propósito de adoptar una política nacional émula de la vigente en la gloriosa Atenas del pasado.

Pero sus buenos consejos chocaron con la apatía e indolencia de sus destinatarios, quienes, con tal actitud, permitieron a Filipo tomar Olinto el año 348 a. J. C. y condenaron seguidamente a Atenas a una larga e ininterrumpida serie de irrecuperables descalabros. Dos años más tarde, el 346 a. J. C., tuvo lugar el alivio efímero de la «paz de Filócrates». En esta misma fecha acuden a Pela —capital del reino macedónico— Demóstenes y Esquines formando parte de una embajada para la paz, y de allí regresaron el uno más hostil al rey que nunca y el otro convertido en amigo y colaborador del Macedonio. Y una vez votada la «paz de Filócrates», se decidió en Atenas que Filipo la ratificase, lo que dio lugar a la segunda embajada ateniense enviada al monarca de Macedonia, en la que de nuevo coincidieron nuestro orador y su irreconciliable enemigo. Pero cuando volvieron los embajadores, en una sesión de la Asamblea tomó la palabra Esquines para comunicar que Filipo había llegado a las Termópilas.

---

[5] Demóstenes, *Sobre las sinmorías* (XIV). Este mismo año, 354 a. J. C., pronunciaba Demóstenes, ante una comisión de *nomótetas* o «revisores de leyes», su discurso titulado *Sobre la exención de cargas o contra Leptines* (XX).

[6] Demóstenes, *En defensa de los megalopolitas* (XVI).

[7] Demóstenes, *Contra Aristócrates* (XXIII).

[8] Demóstenes, *Contra Filipo,* I (IV).

[9] Demóstenes, *Por la libertad de los rodios* (XVI).

No sólo esto era cierto, sino que, además, tal y como había previsto Demóstenes, no tardó mucho el monarca macedonio en ocupar Fócide, lo que implicaba ya algo más que una mera amenaza. En Atenas, al conocerse estas noticias, el pueblo se alarmó y se conmovió fuertemente. Una vez más nuestro orador hizo gala de sensatez y patriotismo sincero recomendando a los atenienses mantener la calma y salvaguardar la paz.

Más tarde, Esquines fue cayendo poco a poco en descrédito, como lo prueban los procesos de Antifonte, el asunto de *Delos* y la defensa que hizo de Filócrates, acusado por Hiperides de alta traición. Bien es verdad que fue absuelto en el proceso que, a propósito de la segunda embajada a Filipo, le promovió Demóstenes, pero salió de él indemne por escaso número de votos[10]. El mismo Macedonio encuentra, merced al infatigable esfuerzo de Demóstenes, serias dificultades en su política de expansión, y una mayor oposición en la propia Atenas. En el 342 a. J. C. cede Filipo, a título de regalo, el Haloneso y está dispuesto a someterse juntamente con Atenas a un arbitraje respecto de la posesión de las ciudades tracias y el Quersoneso. Como es conocido, Hegesipo y Demóstenes atacaron con éxito esos engañosos y falaces ofrecimientos[11]. Un

---

[10] Conservamos los discursos que en aquel pleito pronunciaron las dos partes, el de la acusación, de Demóstenes, titulado *Sobre la embajada fraudulenta* (XIX), y el de defensa, que corrió a cargo de Esquines, cuyo título es *Sobre la embajada* (II). Ambos discursos, obviamente, fueron pronunciados el año 343 a. J. C. ante un jurado compuesto por mil quinientos ciudadanos en calidad de auditores *(logistaí)* y diez consejeros designados por la suerte. Este proceso *Sobre la embajada* que enfrentó a los dos políticos irreconciliables que eran Demóstenes y Esquines viene a ser como el preludio del no menos famoso proceso *Sobre la corona* que tendrá lugar unos años más tarde (330 a. J. C.).

[11] El discurso titulado *Sobre el Haloneso* (VII) que figura en el *Corpus Demosthenicum* no es de Demóstenes, aunque contiene puntos de vista que nuestro orador realmente adoptó en el tema del que esta pieza oratoria trata. Por ello parece claro que este discurso, que indudablemente pertenece a la época de Demóstenes y por ello probablemente es obra de un partidario de la política demosténica, está ocupando en el *Corpus* el lugar vacío que debió de dejar el auténtico *Sobre el Haloneso* pronunciado por nuestro orador. El discurso *Sobre el Haloneso* que figura en el *Corpus* es probablemente obra de Hegesipo. Dionisio de Halicarnaso lo tenía por auténtico, pero no así —indudablemente, con mejor tino— Libanio de Antioquía, orador y epistológrafo aticista notable del siglo IV d. J. C.

año después, nuestro orador defiende a Diopites, que, desempeñando el cargo de comandante militar en el Quersoneso, había saqueado dos ciudades de los macedonios y vendido como esclavos a sus habitantes. En esta defensa, el discurso titulado *Sobre los asuntos del Quersoneso*[12], se enfrentó Demóstenes a las protestas de Filipo coreadas en Atenas por el partido filomacedonio. Unas semanas más tarde, exhorta a sus conciudadanos a salvaguardar su propia independencia oponiéndose a la agresiva y dolosa política de Filipo *(Contra Filipo,* III)[13], exhortación que encontró buena acogida por parte del pueblo y provocó la caída del partido de Eubulo, quien cedió su puesto de rector de la política ateniense al gran orador. Éste promovió y llevó a efecto expediciones militares a Proconeso, el Quersoneso y Ténedos; personalmente acudió como embajador a Tracia, donde a la sazón se encontraba Filipo haciendo la guerra, y al Helesponto; concluyó una alianza con Bizancio y Abido; con Calias de Cálcide recorrió por tercera vez el Peloponeso en busca de alianzas y envió por doquier mensajeros en solicitud de ayuda. Le ayudaron en esta diligente y previsora labor sus amigos y correligionarios, como los ya citados Calias e Hiperides, que no escatimaron esfuerzos en visitar muchas ciudades que con muy hábil diplomacia ganaron para su causa.

De este modo, con su personal esfuerzo y el de sus incondicionales, logró nuestro orador constituir una liga antimacedónica integrada por muchos estados griegos. En el mes de marzo del año 340 a. J. C., consiguió fraguar una grande y sólida alianza contra Filipo, en la que figuraban varias potencias helénicas. Y ya disponiendo del apoyo de esta liga de estados bien consolidada, se lanzó a la acción: Eubea fue liberada, libró del asedio a que estaban sometidas las ciudades de Perinto y Bizancio, y hasta declaró formalmente la guerra a Filipo, que, agobiado por el desgaste debido a la prolongación infructuosa del asedio de Bizancio y la imprevisión de su desenlace, pasaba por uno de sus más bajos momentos. Se comprende, pues, que, a propuesta de Aristonico, el pueblo

---

[12] Demóstenes, *Sobre los asuntos del Quersoneso* (VIII).
[13] Demóstenes, *Contra Filipo* (IX).

le concediera como recompensa una corona de oro y Demóstenes fuera de hecho coronado con ella[14]. Ésta fue su primera coronación, que se hizo realidad a propuesta de Aristonico el año 340 a. J. C. Pero dos años más tarde, a propuesta de Demómeles y para recompensarle por el éxito alcanzado en la isla de Eubea, se le otorga a nuestro orador su segunda corona[15].

A continuación pasa nuestro orador a ocupar importantes cargos en la política de Atenas y en ellos obtiene espectaculares éxitos: realiza notables mejoras en la marina ateniense, presenta y hace triunfar la «ley trierárquica»[16] y, en el 339 a. J. C., impone la reforma financiera acompañada de la abolición de la ley de Eubulo respecto del *theorikón* o «fondos para los espectáculos», una institución que fomentaba las discordias entre ricos y pobres. Aquél fue el breve tiempo que duró la gloria de nuestro elocuente héroe. Puede decirse que gobernaba en Atenas en solitario y sin miedo ni a su propio partido ni al de la oposición. La prueba de ello está, por un lado, en que acometió e impuso una reforma tributaria por la que las prestaciones recaían sobre la clase acomodada, y, por otro, en el arrojo con el que, nada temeroso de las clases populares, desvió los fondos destinados a los espectáculos a sufragar los gastos de guerra.

Pero Esquines tampoco pierde el tiempo ni permanece inactivo. Por el contrario, recurre ya abiertamente a la traición: nombrado pilágoro de la Anfictionía Délfica, empleándose a fondo en intrigas y conspiraciones, en las que fue secundado por los demás miembros del partido filomacedonio, consigue que Filipo sea nombrado comandante en jefe de la federación anfictiónica. Ocupando tal cargo, estaba comprometido el Macedonio a poner fin a la guerra decreta-

---

[14] Demóstenes, *Sobre la corona* (XVIII), §§ 79-85.
[15] Pseudo-Plutarco, *Vida de los diez oradores*, 846 A y 848 F. Cfr. Demóstenes, *Sobre la corona* (XVIII), § 222: «En razón de lo cual era yo coronado por éstos con justicia y tú, que estabas presente, no te oponías, y Diondas, que puso una denuncia, no alcanzó la porción de votos requerida. Y léeme los decretos que han resultado absueltos y que ni siquiera fueron objeto de acusación por parte de ese individuo.»
[16] Demóstenes, *Sobre la corona* (XVIII), §§ 102-109.

da contra los locrios de Anfisa, que habían violado el sagrado territorio de la llanura de Crisa[17]. Esa misión proporcionaba al ambicioso monarca la oportunidad de intervenir de lleno en los asuntos de Grecia, de dirigirlos a su gusto y de este modo pasear a la postre su superioridad militar por los cuatro puntos cardinales de Grecia. En efecto, así ocurrió: a la cabeza de un numeroso ejército, hace huir a los tebanos, que intentaban cerrarle el paso; destruye Anfisa y ocupa Elatea. Conocida en Atenas la noticia de esta ocupación, cundió el pánico y a duras penas logró Demóstenes restablecer la calma[18]. Lo consiguió, no obstante, y fue entonces cuando propuso la alianza con Tebas, propuesta que, contra todo pronóstico, los atenienses, hasta entonces hostiles a los tebanos, aceptaron entusiásticamente[19]. Así pues, los ejércitos de las dos ciudades aliadas ocuparon Fócide y consiguieron el apoyo y refuerzo de corintios y aqueos. El nuevo ejército de los confederados obtuvo un par de triunfos luchando contra los macedonios, por lo que nuestro orador fue coronado por segunda vez[20]. Pero no tardó en llegar la amarga decepción: pocos días después de los dos éxitos iniciales tuvo lugar la batalla de Queronea (338 a. J. C.), en la que atenienses y tebanos fueron totalmente derrotados. Se había alzado con la victoria el Macedonio y Demóstenes había fracasado. Pero Atenas, teniendo en cuenta su glorioso pasado —argumenta nuestro orador— no hubiera podido actuar políticamente de otro modo, de manera que los caídos en Queronea son los legítimos sucesores de los esforzados campeones que lucharon por la libertad contra los persas, aquellos héroes por los que muy hábilmente nuestro orador profiere el famosísimo

---

[17] La llanura de Crisa, situada entre Delfos y la costa, precipitó la Tercera Guerra Sagrada. La Liga Anfictiónica impuso a Fócide una fuerte multa por cultivar la mencionada llanura, que era considerada territorio sagrado dedicado a Apolo. A pesar de la denuncia formulada por Delfos (357 a. J. C.), el caudillo plenipotenciario Filomelo, al mando de un ejército focidio, contando con el apoyo financiero y moral de Atenas y Esparta, tomó en un ataque por sorpresa el santuario de Delfos el año 356 a. J. C.
[18] Demóstenes, *Sobre la corona* (XVIII), §§ 169-187.
[19] Demóstenes, *Sobre la corona* (XVIII), §§ 215-218.
[20] Demóstenes, *Sobre la corona* (XVIII), §§ 222-226.

«juramento», que es uno de los momentos culminantes de este discurso[21].

Sin embargo, Atenas no había perdido la confianza en su esforzado valedor. Antes bien, le fueron confiados importantes encargos: pues, efectivamente, fue él, y no Esquines, quien por encargo del pueblo pronunció el epitafio en honor de los caídos en Queronea; y además sus conciudadanos le absolvieron en los numerosos procesos que contra él entablaron sus enemigos[22].

A este trato favorable que el pueblo de Atenas le dispensaba aun en esos tan difíciles momentos respondió Demóstenes con la misma devoción patriótica de antaño. Y así, después del primer congreso de Corinto (338 a. J. C.), propuso el eximio orador restaurar los muros de Atenas ante el peligro de una invasión del Ática. Semejante obra debía ser realizada a expensas de los fondos públicos y dividida en diez fracciones —una por tribu—, a la cabeza de cada una de las cuales figuraba un comisario encargado de la construcción de la muralla. Demóstenes fue el comisario de su tribu, la Pandiónide, y no se contentó con poner gran celo en las reparaciones de la sección del muro que se le había asignado (la de la zona del Pireo), sino que, además, hizo excavar ante la muralla un foso. Y como el gasto de esta su esmerada labor sobrepasaba la suma de los diez talentos asignados por el pueblo, añadió de su propio dinero cien minas, que adjudicó graciosamente al estado. Hizo también donación generosa de dinero a la caja del *theorikón*, de la que era presidente.

Fueron estas generosas y desinteresadas donaciones, así como el ya reconocido patriotismo de nuestro orador, las causas que movieron a Ctesifonte, hijo de Leóstenes, del demo de Anaflisto, a presentar ante el Consejo *(Bulé)*, el año 336 a. J. C., la propuesta de premiar y recompensar a Demóstenes con una corona de oro. Ahora bien, no deja de ser evidente, sin embargo, que bajo esta moción de Ctesifonte se ocultaba, obviamente, un claro propósito: el de propalar por toda Grecia que la política del gran orador, pese a la derrota

---

[21] Demóstenes, *Sobre la corona* (XVIII), §§ 199-210.
[22] Demóstenes, *Sobre la corona* (XVIII), §§ 248-251.

final, había sido la acertada, razón por la que los ciudadanos de Atenas le otorgaban merecida recompensa. Y para neutralizar justamente ese latente pero claro propósito, este mismo año Esquines arremetió contra Ctesifonte acusándole de haber formulado una propuesta ilegal, punto de partida, como ya hemos visto, del demosténico discurso *Sobre la corona* que nos ocupa.

La proposición del uno y la acusación del otro fueron presentadas, pues, durante el arcontado de Frínico, casi dos años después de la infausta batalla de Queronea y poco antes de la muerte de Filipo, que aconteció en el 336 a. J. C. Pero el enfrentamiento no se resolvió judicialmente, sino seis años más tarde, en el 330 a. J. C., bajo el arcontado de Aristofonte. Mucho se ha especulado sobre la causa de tan larga dilación. Lo cierto es que ninguna de las partes implicadas acusa de ello a la otra en sus respectivos discursos pronunciados en el marco del litigio. Es más, Demóstenes alude a tan prolongada demora sin énfasis, ni ironía, ni estrategia retórica de ningún tipo[23], rasgo que no deja de ser chocante. Por ello se puede pensar que la causa de este retraso fuera, tal vez, o bien la incertidumbre del signo de los tiempos tras el asesinato del monarca macedonio (336 a. J. C.), o bien el pánico de Atenas ante la tremenda represión llevada a cabo por el joven monarca sucesor de Filipo, Alejandro (el futuro Alejandro Magno), que había aplastado brutalmente la sublevación de los tebanos destruyendo Tebas (335 a. J. C.). Lo cierto es, en cualquier caso, que el decreto del Consejo o *Bulé* a favor de la propuesta de Ctesifonte, que normalmente habría quedado invalidado por ley al pasar un año[24], pues en el derecho ático la mera presentación de una querella bastaba para interrumpir ya para siempre toda suerte de prescripción, siguió en vigor. Así las cosas, el decreto estaba todavía en plena vigencia pese a haber transcurrido seis años desde la fecha en que se propuso.

Conocemos con toda certeza el mes exacto en que se cele-

---

[23] Demóstenes, *Sobre la corona* (XVIII), §§125 y 225-226.
[24] Demóstenes, *Contra Aristócrates* (XXIII), § 92: «la ley ordena que las resoluciones del Consejo tengan validez anual».

bró el proceso: ha de situarse en el arcontado de Aristofonte, fecha segura de la celebración del juicio, que comenzó el mes que para nosotros es junio del año 330 a. J. C. y antes de los Juegos Píticos que se esperaban celebrar en el mes equivalente a nuestro agosto o septiembre[25]. Luego el discurso *Sobre la corona* se pronunció en julio o agosto del año 330 a. J. C.

Sabemos más cosas de este proceso en el que se pronunció esa maravillosa pieza de elocuencia que es el *De corona* demosténico[26]. Sabemos, por ejemplo, que la confrontación político-judicial de este litigio congregó en el lugar de la celebración a gran cantidad de conciudadanos de los dos bandos enfrentados[27] y de extranjeros y que era el juicio en cuestión un proceso de los que se llamaban «de duración de un día entero medido por la clepsidra o reloj de agua» *(diamemetreméne heméra)*[28]. En este tipo de procesos, según Aristóteles[29], las partes disponían de una jornada entera para pronunciar sus discursos. Aun así, si tenemos en cuenta lo extraordinariamente largo que es el *Discurso sobre la corona*, que no es sino un discurso de apoyo al de Ctesifonte en persona, que era en realidad el acusado, se impone la conclusión de que Demóstenes reescribió el discurso, tras haberlo pronunciado, ampliándolo y aderezándolo con vistas a su publicación. Lo mismo se puede decir del largo discurso de acusación que es el *Contra Ctesifonte* de Esquines.

La especie de debate judicial en la que hay que incluir esta excelente pieza oratoria que nos ocupa es la del «juicio estimativo» o *agón timetós*[30], porque en el caso de que el veredicto resultara favorable al acusador, se ponía en marcha inmediatamente otro proceso para decidir qué pena se le imponía

---

[25] Esquines, *Contra Ctesifonte* (III), § 252.
[26] El título de este discurso en la mayor parte de los manuscritos es, en traducción al español, *En defensa de Ctesifonte, sobre la corona*. Sólo en uno (S) leemos el equivalente al título en español *Sobre la corona*. Cicerón se refiere a él con el título, traducido al latín, de *Pro corona*, «A favor de la corona». Cfr. Cicerón, *El orador*, §§ 26, 11, 133.
[27] Cfr. Esquines, *Contra Ctesifonte* (III), § 56.
[28] Cfr. Esquines, *Contra Ctesifonte* (III), §§ 197 y 206.
[29] Aristóteles, *Constitución de Atenas*, § 67, 1.
[30] Esquines, *Contra Ctesifonte*, § 210.

al acusado, si la propuesta por éste o la estimada por el acusador. En el párrafo 55 del discurso que consideramos aparece inserto el presunto texto de la denuncia, en el que el acusador estima la multa que se debe imponer al acusado en cincuenta talentos, una suma por aquellas fechas considerable. Ahora bien, lamentablemente los textos insertos en los discursos en general y éste en particular tienen todas las trazas, y por tanto todas las probabilidades, de ser apócrifos.

Y no para aquí nuestro conocimiento del proceso en que se pronunció el *De corona*, esa inimitable obra maestra de la elocuencia. El acusador, Esquines no logró un veredicto favorable con el que iniciar el segundo pleito en torno a la cuantía de la pena o multa. Antes bien, el acusado Ctesifonte fue absuelto y el acusador, el irreconciliable rival de nuestro orador, no obtuvo la quinta parte de los votos del jurado, que era el mínimo legal exigible a todos los acusadores o planteadores de litigios. Por ello fue condenado, tal y como establecía el uso legal vigente, a pagar la multa de mil dracmas y a sufrir una privación de derechos civiles *(atimía)* parcial que consistía —aparte del deshonor— en la prohibición de intentar acciones judiciales de la misma modalidad que aquélla en la que no había alcanzado el requerido número de votos. Así las cosas, Esquines, considerándose políticamente dañado, decidió abandonar Atenas y dedicarse a una profesión que por entonces comenzaba a resultar ya hasta cierto punto tentadora, la de la enseñanza de la retórica dentro de las aulas, en Rodas y Samos. Con este exilio a Asia Menor de Esquines y su profesión de *rétor* (palabra que ya no se emplea con su viejo significado de «orador político», sino en el más reciente de «maestro de escuela») empieza, según Filóstrato en su *Vida de los sofistas*, la llamada Segunda Sofística, que, como es bien sabido, designa el bien conocido movimiento de renovación de la retórica griega que consiguió considerable impulso bajo los emperadores romanos.

La figura de Esquines como político y orador, como *rétor*, está indisolublemente unida a la de su homólogo Demóstenes, del que fue importante rival político, pero insignificante competidor en el arte de la elocuencia. Los tres discursos que conservamos de Esquines —*Contra Timarco* (I), *Sobre la emba-*

jada (II) y *Contra Ctesifonte* (III)— van dirigidos contra Demóstenes en persona y contra quienes políticamente le apoyaban o eran sus colaboradores.

Antes de iniciar el litigio contra Ctesifonte, Esquines ya había dado muestras de su incompatibilidad política con nuestro orador. En efecto, con el más antiguo de sus discursos, el *Contra Timarco*, del 345 a. J. C., trataba de hacer condenar al acusado, bajo el cargo de prostitución, para que así no pudiera secundar a Demóstenes en su intento de acusarle a él mismo por su política descaradamente promacedonia tras la Paz de Filócrates. En el segundo discurso de los tres conservados, el *Sobre la embajada*, del 343 a. J. C., replicaba detalladamente al discurso de nuestro orador titulado *Sobre la embajada fraudulenta*, cuyo nombre explica bien a las claras que en él Demóstenes incriminaba a su rival político el haberse dejado sobornar por Filipo de Macedonia en el curso de una embajada a Pela (la capital del reino macedonio), para la que habían sido designados y en la que habían figurado y tomado parte los dos oradores políticos adversarios.

En el proceso acerca de la corona, por consiguiente, se enfrentaban dos grandes oradores, pero también dos partidos y dos políticas irreconciliables. Por eso —como, por lo demás, suele acontecer en la oratoria judicial ática—, el discurso *En favor de Ctesifonte sobre la corona* de Demóstenes y su contrario, el *Contra Ctesifonte* de Esquines, son aparentemente dos discursos judiciales, pero en realidad resultan ser a todos los efectos dos discursos políticos totales cuyos autores, irreconciliables rivales, atacaban recíprocamente sus respectivas políticas a tumba abierta y sin ningún género de limitación, componenda o concesión.

Así pues, estamos, por lo que al demosténico discurso se refiere, ante un espécimen de discurso retórico en el que se combinan —prescindiendo ahora de ciertos elementos propios de la oratoria epidíctica o de aparato— rasgos formales y de contenido propios los unos de la oratoria judicial y los otros de la política.

Por ejemplo, nuestro orador, por una parte, no se dirige a los jueces, como sería de esperar, empleando la usual alocución «varones del jurado», sino la de «varones atenienses»[31], que es típica de los discursos políticos o *demegorías*. En otros casos, en cambio, interpela e incluso increpa al propio acusado y a su familia, tal y como era uso corriente en los pleitos de Atenas[32], y pasajes hay en los que nuestro orador se dirige tan pronto al público como al rival político al que encarnizadamente ataca[33]. En cuanto a la argumentación, tan pronto nos topamos con una discusión mediante la cual Demóstenes trata de rebatir las dos presuntas ilegalidades que Esquines detectaba en la propuesta de Ctesifonte[34], como con una exposición detallada con la que pretende informar de lo que a su juicio fue su política, por un lado, panhelénica al servicio del interés de todos los griegos[35] y, por otro, conservadora (una política de una ciudad-estado añorante de su glorioso pasado hegemónico) y netamente ateniense, para la que no se guió por más indicadores que los de los intereses y la gloria de su patria[36].

El pueblo de Atenas decidió con su voto que triunfase Demóstenes, haciendo con ello honor a la justicia.

---

[31] Demóstenes, *Sobre la corona* (XVIII), §§ 1, 3, 5, etc.
[32] Demóstenes, *Sobre la corona* (XVIII), §§ 128 y ss.
[33] Demóstenes, *Sobre la corona* (XVIII), §§ 10-11 y 119.
[34] Por ejemplo, Demóstenes, *Sobre la corona* (XVIII), §§ 110-125.
[35] Por ejemplo, Demóstenes, *Sobre la corona* (XVIII), §§ 20 y ss.; 45-47 y 59.
[36] Por ejemplo, Demóstenes, *Sobre la corona* (XVIII), §§ 65-66, 193, 195, 206, 229, 301 y 309.

Esquema del discurso de la acusación de Esquines

1. §§ 1-8 Proemio.
2. §§ 9-48 Ilegalidad de la propuesta de Ctesifonte.
   2.1. §§ 9-31 Primer punto de la ilegalidad: La coronación de un magistrado sujeto a rendición de cuentas.
   2.2. §§ 32-48 Segundo punto de la ilegalidad: La proclamación de la coronación en el teatro.
3. §§ 49-176 La cuestión de los merecimientos de Demóstenes.
   3.1. §§ 49-50 Demóstenes no merece tal honor.
   3.2. §§ 51-53 Demóstenes no merece tal honor en consideración a su vida privada.
   3.3. §§ 54-57 Demóstenes no merece tal honor en consideración a su vida pública o su gestión política en general.
   3.4. §§ 58-78 Demóstenes no merece tal honor en el momento de la «Paz de Filócrates».
   3.5. §§ 79-105 Demóstenes no merece tal honor teniendo en cuenta su actuación política en el período de tiempo transcurrido hasta el estallido de la «Segunda Guerra contra Filipo».
   3.6. §§ 106-158 Demóstenes no merece tal honor teniendo en cuenta su actuación política en el período de tiempo en el que acontecieron la «Guerra Anfictiónica» en torno a Anfisa y la derrota de Atenas y Tebas en la batalla de Queronea.
   3.7. §§ 159-167 Demóstenes no merece tal honor teniendo en cuenta su actuación política en el período de

tiempo transcurrido tras la derrota de Atenas y Tebas en la batalla de Queronea.
3.8. §§ 168-176 Refutación de la objeción de que Demóstenes sea un político popular y democrático.
4. §§ 177-259 Diversas reflexiones tendentes a la corroboración de la acusación.
  4.1. §§ 177-190 Acusación de la acumulación de inmerecidos honores por parte de Demóstenes.
  4.2. §§ 191-212 Exigencias relativas a la defensa (en especial, que no intervenga Demóstenes al mismo nivel que la defensa propiamente dicha, o sea, Ctesifonte, o, si esto no es posible, que, al menos, en su defensa adopte el mismo orden que él mismo ha seguido previamente en su discurso dentro del turno de la acusación).
  4.3. §§ 213-214 Sobre la persona de Ctesifonte.
  4.4. §§ 215-229 Refutación anticipada de esperados, si bien infundados, recelos y sospechas.
  4.5. §§ 230-259 Reflexiones y advertencias a modo de conclusión: Demóstenes no se merece tal honor y la absolución de Ctesifonte acarrearía a la ciudad deshonor y menoscabo.
5. § 260 Recapitulación.

Esquema del discurso de la defensa de Demóstenes

1. §§ 1-8 Proemio en forma de plegaria.
2. §§ 9-52 Refutación de las acusaciones ajenas al tema del debate.
  2.1. §§ 9-11 Respuesta previa a los reproches dirigidos contra su vida privada.
  2.2. §§ 12-16 Crítica general a la acusación de Esquines.
  2.3. §§ 17-24 Reflexiones en torno a la «Paz de Filócrates».
  2.4. §§ 25-41 Consideraciones respecto de la «Segunda Embajada» para firmar la paz.
  2.5. §§ 42-52 Las consecuencias de la paz.
3. §§ 53-109 Justificación de su propia política. Primera parte.

- 3.1. §§ 53-59 La acusación contra Ctesifonte y la posición de la defensa.
- 3.2. §§ 60-79 Justificación de su política de resistencia y oposición a los ataques de Filipo.
- 3.3. §§ 80-94 Los éxitos de Demóstenes en la política exterior (Eubea, Bizancio y el Quersoneso).
- 3.4. §§ 95-101 Justificación de la ayuda brindada a Eubea y Bizancio tomando en consideración la línea tradicional de la política exterior de Atenas.
- 3.5. §§ 102-109 La reforma de la «ley trierárquica» y de la trierarquía.
4. §§ 110-125 Fundamentación de la legalidad de la propuesta de coronación presentada por Ctesifonte.
  - 4.1. §§ 110-119 La cuestión del deber de rendir cuentas.
  - 4.2. §§ 120-125 La aparente obligatoriedad de hacer la proclamación de la corona otorgada en el teatro.
5. §§ 126-159 Ataque a Esquines.
  - 5.1. §§ 126-131 Esquines, el increíble advenedizo.
  - 5.2. §§ 132-138 Sus traiciones a la patria cometidas con anterioridad a la «Segunda Guerra» contra Filipo.
6. §§ 139-159 La traición de Anfisa.
7. §§ 160-296 Justificación de su propia política. Segunda parte.
  - 7.1. §§ 160-226 La alianza con Tebas.
  - 7.2. §§ 227-243 Cómputo de los resultados obtenidos en la lucha contra Filipo.
  - 7.3. §§ 244-251 Conclusión de la prueba: Demóstenes no es responsable de la derrota ateniense en la batalla de Queronea (338 a. J. C.).
  - 7.4. §§ 252-275 La fortuna de Demóstenes y la de Esquines.
  - 7.5. §§ 276-296 El diferente empleo de la elocuencia por Demóstenes y por Esquines.
8. §§ 297-323 Epílogo. Comparación, a fuer de conclusión, del patriota Demóstenes con el traidor Esquines.
9. § 324 Conclusión en forma de plegaria, cerrando, en composición cíclica o anular, el discurso al completo.

SOBRE LA CORONA

Argumento

Nuestro orador erigió una muralla, para protección de los atenienses, más infrangible y mejor que las usuales y construidas con las manos: la buena voluntad hacia la ciudad y su destreza en los discursos, como él mismo ha dicho: «no con piedras y ladrillos fortifiqué Atenas, sino con grandes contingentes de tropas y muchas alianzas, unas por tierra y otras por mar». Y no sólo esto, sino que también contribuyó en no escasa medida ayudando a la ciudad en la construcción a mano de su contorno amurallado. Pues, deteriorada la muralla de Atenas en muchas de sus partes, una vez que se decidió reerigirla, fueron elegidos para la labor diez hombres, uno de cada tribu, quienes debían encargarse sencillamente de la supervisión; (2) pues el desembolso se hacía con fondos públicos. Pues bien, uno de ellos fue nuestro orador, quien no sólo contribuyó al servicio con su vigilancia, al igual que los demás, sino que concluyó el trabajo de forma irreprochable y dio el dinero a la ciudad tomándolo de su propio peculio. Elogió el Consejo ese gesto suyo de buena voluntad y correspondió a su celo con una corona de oro; pues los atenienses estaban bien dispuestos hacia los favores de sus benefactores. (3) Y fue Ctesifonte quien expresó la opinión de que se debía coronar a Demóstenes con ocasión de las Fiestas Dionisias, en un lugar como el Teatro de Dioniso y a la vista de todos los griegos a quienes la fiesta hubiese reunido; y que ante ellos el heraldo debía proclamar que la ciudad coronaba a Demóstenes, hijo de Demóstenes, del demo de Peania, por todos sus méritos y su buena voluntad para con ella. (4) Era ésta, por tanto, una admirable recompensa desde todos los puntos de vista; razón por la cual, precisamente, la envidia puso su mano en ella y del decreto derivó una acusación de ilegalidad. Pues Esquines, que era enemigo de Demóstenes, presentó una demanda de juicio por ilegalidad contra Ctesifonte, alegando que, como Demóstenes había sido magistrado y no había rendido cuentas, estaba obligado a responder de ellas, y que la ley ordenaba que a los sujetos a tal obligatoriedad no se les coronase; y, además, invocaba una ley que ordenaba que en el caso de que el pueblo de los atenienses coronase a alguien, la corona fuese proclamada en la Asamblea, y en el caso de que lo hiciese el Consejo, en la sede de las reuniones del Consejo; en algún otro lugar, empero, no fuese lícito. (5) Afirma, además, que los elogios recaídos sobre Demóstenes son falsos; pues el orador no ha llevado a cabo una buena gestión de los asuntos públicos; antes bien, es incluso un hombre venal y causante de muchos males para la ciudad. Y de este orden precisamente se ha valido Esquines en su acusación: en primer lugar habló acerca de la ley de los magistrados sometidos a rendición de cuentas; en segundo término, acerca de la ley de las proclamaciones, y en tercer lugar, sobre su actuación en el gobierno; y pidió que también Demóstenes observara el mismo orden[37]. (6) Pero nuestro orador no sólo comenzó por la cuestión de su gestión de los asuntos públicos[38], sino que, además, volviendo a ella remató su discurso[39], obrando así de acuerdo con las reglas del arte: pues hay que comenzar por los más fuertes argumentos y terminar en ellos; y en el medio ha colocado los asuntos referentes a las leyes[40], y a la que concierne a los magistrados obligados a rendir cuentas opone interpretaciones[41], y a la que versa sobre las proclamaciones enfrenta otra ley o, como él mismo dice, parte de una ley, en la cual está permitido que incluso en el Teatro se haga una proclamación si el pueblo o la Asamblea así lo decretaran[42].

Otro argumento

(1) Los atenienses y los tebanos, luchando contra Filipo en Queronea, ciudad de Beocia, fueron derrotados. Así pues, el Macedonio, tras haber vencido, estableció una guarnición en Tebas y mantenía esclavizada, bajo su control, la ciudad. Y esperando los ate-

---

[37] Cfr. Esquema del discurso de la acusación de Esquines, en especial, 4. 2.
[38] Cfr. Esquema del discurso de la defensa de Demóstenes, en especial, 2 y 3.
[39] Cfr. Esquema del discurso de la defensa de Demóstenes, en especial, 7.
[40] Cfr. Esquema del discurso de la defensa de Demóstenes, en especial, 4.
[41] Cfr. Esquema del discurso de la defensa de Demóstenes, en especial, 4. 1.
[42] Cfr. Esquema del discurso de la defensa de Demóstenes, en especial, 4. 2.

nienses sufrir el mismo trato y sospechando que el tirano no tardaría ya en llegar para atacarlos, pensaron en restaurar las partes de la muralla dañadas por el paso del tiempo y, así, de cada tribu fueron propuestos comisarios de fortificaciones. De tal manera, también la tribu Pandiónide eligió de entre sus propios miembros a nuestro orador para ese servicio. Pues bien, estando ya el trabajo en marcha, necesitando el orador todavía más dinero, además del que había sido consignado por la ciudad, lo gastó extrayéndolo de sus propios fondos y no se lo computó a la ciudad, sino que se lo donó. (2) Tomando esa acción como fundamento, Ctesifonte, uno de los ciudadanos partícipes en la gestión pública, propuso acerca de él en el Consejo la moción siguiente: «Toda vez que Demóstenes, hijo de Demóstenes, viene mostrando a lo largo de toda su vida devoción hacia la ciudad, y actualmente, en calidad de comisario de fortificaciones, como quiera que necesitase dinero, lo proporcionó de su peculio e hizo de él donación, por ello tengan a bien el Consejo y el Pueblo de los atenienses coronarlo con corona de oro en el Teatro y con ocasión de la representación de las nuevas tragedias» [tal vez cuando las masas concurren deseosas de ver las nuevas obras teatrales][43]. (3) Introducida, pues, también ante el pueblo esa moción, se erige en acusador de Ctesifonte Esquines, que era enemigo de él a raíz de la gestión de los asuntos públicos, arguyendo que el decreto era ilegal respecto de tres leyes: una, la que ordena que quien está sometido a rendición de cuentas no sea coronado antes de haberlas rendido[44]; todavía no lo había hecho Demóstenes, afirma, en su calidad de administrador de los fondos para espectáculos y comisario de fortificaciones y sería menester aguardar y retener la recompensa hasta que, tras el examen, se le viese libre de toda tacha. (4) En segundo lugar, lee la ley que ordena se haga la coronación en la Pnix, en la Asamblea, desacreditando, así, a los ciudadanos que aceptaron que la corona de Demóstenes fuese proclamada en el Teatro[45]. La tercera ley contempla la completa revisión de la vida y la actividad pública de Demóstenes; pues manda que nunca se introduzcan documentos falsos en el Metroon, donde se encuentran todos los documentos públicos. Pero Ctesifonte mintió, sostiene Esquines, al dar testimonio de la buena voluntad y celo de Demóstenes; pues más bien se le encuentra malévolo y hostil a su patria[46]. (5) A esta úl-

---

[43] Se trata, a todas luces, de una glosa interpolada que desechó Wunderlich.
[44] Cfr. Esquema del discurso de la acusación de Esquines, en especial, 2. 1.
[45] Cfr. Esquema del discurso de la acusación de Esquines, en especial, 2. 2.
[46] Cfr. Esquema del discurso de la acusación de Esquines, en especial, 3.

tima ley, la tercera, que resultaba útil, asiéndose el orador como a un ancla, derribó al adversario, valiéndose para ello de un procedimiento habilísimo y tremendo para su acusador, pues por ahí pudo hacer presa en su enemigo y abatirlo. En efecto, las otras dos leyes, la de los sometidos a rendición de cuentas y la de la proclamación, desechándolas, las arrojó a la parte central del discurso, maniobrando así como astuto general que «a los cobardes los empuja a las partes del centro», y, en cambio, hace uso de su más fuerte contingente colocándolo en los extremos, fortificando así lo podrido a base de las restantes partes de cada uno de los dos lados. (6) Y da la impresión también de que organiza el discurso de acuerdo a su conveniencia y no hace alarde de su arte en forma desvergonzada en exceso. Pues aunque parece que en los comienzos pasa por alto la cuestión de la legalidad, es punto que ha tratado, si bien de otra manera; pues, en efecto, Esquines había leído la ley referente a los que introducen documentos falsos; y respondiendo a ella nuestro orador encontró ocasión de sacar a colación sus logros en el ejercicio de la gestión pública, como si se las hubiera con un asunto de legalidad. Y tal es la disposición del discurso; y mientras que el fundamento provisto de fuerza para Esquines es la legalidad, para nuestro orador lo es la justicia, y común a ambos es, en pie de igualdad, la conveniencia, objetivo que no es susceptible de exposición evidente. La disensión versa sobre una cuestión de hecho recogida en documento; pues el decreto se refiere a un punto especificado.

(7) La acusación había sido depositada cuando Filipo aún vivía, pero el discurso y el juicio datan de la época en que Alejandro le había sucedido en el poder. Pues cuando murió Filipo y los tebanos, tras recobrar el valor, expulsaron la guarnición, Alejandro, sintiéndose despreciado, asoló Tebas; luego, arrepintiéndose de su acción y avergonzado, abandonó Grecia y emprendió campaña contra los bárbaros. Y los atenienses pensaron que era ocasión propicia para someter a juicio a los traidores que habían perjudicado a Grecia, y así se configuró el tribunal.

(1) En primer lugar, varones atenienses, ruego a los dioses todos y a todas las diosas que cuanta buena voluntad vengo yo teniendo para con la ciudad y todos vosotros, la obtenga yo de vuestra parte en igual medida para este proceso; luego, que lo que en mayor grado os beneficia, a vosotros y a vuestra piedad y reputación, eso os inspiren los dioses, a saber: que no hagáis a mi adversario vuestro consejero acerca de cómo debéis vosotros escucharme (que eso sí que sería reprobable), sino a las leyes y al juramento[47], (2) en cuya redacción, además de todas las otras justas prescripciones, consta el precepto que os obliga a prestar oído a ambas partes con imparcialidad. Ello significa no sólo carecer de todo juicio condenatorio previo y acordar a los dos igual favor, sino también permitir que cada uno de los litigantes haga uso de la disposición y plan de defensa que haya decidido y preferido[48].

---

[47] Se refiere al juramento de los heliastas, que había sido jurado por cada juez. Es altamente probable que, como sugirió Libanio (aticista buen conocedor de la obra demosténica que vivió en el siglo IV d. J. C.), el partidario de Demóstenes al que nos referimos fuera Hegesipo de Sunio, incondicional valedor de nuestro orador y enemigo declarado de Filipo, que el año 346 a. J. C. se opuso a las propuestas de paz que éste hizo llegar a Atenas (es la fecha en que se firma la «Paz de Filócrates»), y un año más tarde (345 a. J. C.) apoyó a Timarco, el íntimo colaborador de Demóstenes, oponiéndose a Esquines, y el año 343 a. J. C. formó parte junto con Demóstenes de la embajada enviada al Peloponeso.

[48] Esquines, en *Contra Ctesifonte* (III), § 202, había pedido a los jueces que o bien no escuchasen para nada a Demóstenes, o que si lo hacían, le obliga

(3) En muchos puntos, ciertamente, me hallo yo en desventaja con respecto a Esquines por lo que a este pleito se refiere, pero en dos sobre todo, varones atenienses, que son, además, de gran importancia: uno, el hecho de que no litigo por los mismos motivos que mi adversario; pues no es lo mismo para mí el fracaso de no alcanzar vuestro favor que para ése no ganar el proceso, sino que para mí...[49] —no quiero decir nada de mal agüero al empezar mi discurso— ese individuo, en cambio, me acusa desde una posición de lujo. El otro, cosa que es natural disposición de todos los hombres, que las injurias y acusaciones se escuchan con placer, mientras que se experimenta disgusto con los que se elogian a sí mismos[50]. (4) Pues bien, de estas dos circunstancias, la que tiende al agrado le ha sido dada a ese individuo[51], y, en cambio, la que a todos, por decirlo así, molesta, me queda de resto a mí. Y si, por tratar de guardarme de ello, no refiero mis realizaciones, daré la impresión de no poder liberarme de las acusaciones ni indicar las razones por las que considero justo recibir honores públicos; pero si paso a lo que he llevado a cabo y a las gestiones públicas por mí realizadas, me veré forzado a hablar muchas veces de mi propia persona. Así que trataré de hacerlo con el mayor comedimiento posible; y en cuanto a lo que el caso en sí me obligue a decir, justo es que la responsabilidad de ello la tenga ése, el que planteó un pleito de tal índole.

---

sen a seguir en su exposición el orden por él establecido en la acusación. Responde, así, nuestro orador a la pretensión de su adversario. Cfr. Esquines, *Contra Ctesifonte*, §§ 202-205.

[49] Emplea aquí Demóstenes una figura denominada *aposiopesis*, que consiste en decir que no se va a decir lo que de algún modo en esta mera enunciación negativa ya se está realmente diciendo, estratagema que apercibe al juez de que algo raro se oculta y lo dispone por tanto en beneficio del usuario de esta figura retórica. El pasaje, que se ha convertido en paradigmático o ejemplar, aparece traducido al latín por Aquila Romanus, *De figuris*, V, § 24, 16 Halm.

[50] Es un «lugar común» en la oratoria que el defensor haga constar la inferioridad en que se encuentra respecto de su acusador. Pero en esta ocasión se añade la circunstancia de que nuestro orador se verá obligado a aludir a sus propios méritos, contraídos a lo largo de su carrera política.

[51] Esquines, el autor del escrito de denuncia por ilegalidad contra la propuesta de decreto de Ctesifonte a favor de la coronación de Demóstenes.

(5) Creo que vosotros todos, varones atenienses, reconoceréis que este pleito me afecta tanto a mí como a Ctesifonte y que en nada merece menor diligencia por mi parte; pues sufrir cualquier tipo de pérdida es penoso y duro, especialmente si ello acontece por causa de un enemigo, pero en el mayor grado lo es perder vuestra benevolencia y afectuosidad, por cuanto también el conseguirlas es señaladísimo logro. (6) Y dado que este debate versa sobre esos extremos, os pido y suplico a todos por igual que me prestéis oído mientras me defiendo de las acusaciones que se me han hecho, con espíritu de justicia, como mandan las leyes, cuyo primer legislador, Solón[52], bien dispuesto hacia vosotros y amigo del pueblo[53], pensó que era menester fuesen soberanas no sólo por el hecho de su promulgación, sino también por haberlas jurado los jueces; (7) y no porque desconfiara de vosotros, al menos según a mí me parece, sino porque veía que no era posible al acusado pasar de largo por las acusaciones y calumnias en que, por hablar el primero[54], reside la fuerza del acusador, a no ser que cada uno de vosotros, los jueces, observando la piedad debida a los dioses, acogiera benévolamente también los justos alegatos del que hablara en segundo lugar y, ofreciéndose a ambas partes en calidad de ecuánime e imparcial auditor, elaborara de este modo su veredicto sobre el conjunto de la causa.

(8) A punto de dar cuenta hoy de toda mi vida privada, a lo que parece, y de mis gestiones públicas, quiero de nuevo invocar a los dioses[55], y ante vosotros les ruego, en primer lu-

---

[52] Evoca Demóstenes el recuerdo de Solón, legislador de Atenas por antonomasia e instaurador del régimen democrático, porque Esquines había hecho otro tanto *(Contra Ctesifonte*, § 257) en la acusación. Por lo demás, es tradicional en la oratoria ática la alusión al codificador de las leyes escritas y precursor de la democracia instituida por Clístenes.

[53] Aristófanes, en *Las nubes* (1187), califica a Solón de *philódemos*, es decir, «amigo del pueblo».

[54] En causas públicas, ante el tribunal de los «heliastas», las partes en litigio estaban autorizadas a hablar una vez cada una; comenzaba el acusador. En causas privadas y en el Areópago, en cambio, se concedía a cada una de ellas posibilidad de réplica en una segunda exposición de argumentos.

[55] El exordio acaba como ha comenzado, con repetición de las palabras empleadas en el primer párrafo del discurso.

gar, que cuanta buena voluntad vengo yo teniendo para con la ciudad y con vosotros, tanta esté a mi disposición por parte vuestra para este proceso, y luego, que lo que os vaya a aprovechar con vistas a vuestra buena reputación en general y a la piedad de cada uno, eso os inspiren juzgar a todos vosotros a propósito de la presente acusación.

(9) Si realmente Esquines hubiera limitado su acusación a los cargos que alegaba al promover este pleito[56], también yo me defendería al punto ciñéndome a la resolución previa del Consejo[57]; pero, dado que ha consumido una parte no menor de su discurso en la exposición de lo demás[58], y al hacerla dirigió contra mí acusaciones falsas en su mayor parte, considero que es necesario y justo al mismo tiempo, varones atenienses, decir previamente unas breves palabras acerca de esos puntos, a fin de que ninguno de vosotros, arrastrado por esos argumentos extraños a la causa, preste oído con cierto desapego a mis justificaciones respecto de la acusación.

(10) Pues bien, por lo que se refiere a cuantas injurias e infamias ha proferido acerca de mi vida privada, contemplad de qué forma tan sencilla y justa me expreso: Si sabéis —pues no he vivido en ningún otro lugar sino entre vosotros— que soy tal cual éste alegaba en su acusación contra mí, no soportéis ni siquiera mi voz, ni aun cuando toda mi gestión de los asuntos públicos haya sido excelente; antes bien, levantaos y condenadme ya. Pero, si me tenéis por mucho mejor que ese individuo[59] y nacido de mejores padres, y no nos conceptuáis ni a mí ni a los míos de condición inferior a la de ningún ciudadano medio —por no decir nada molesto—, no creáis a ese individuo tampoco en los demás

---

[56] Entiéndase: los cargos que figuraban en su escrito de acusación *(graphé)* previo al proceso.

[57] Esta «resolución previa del Consejo» *(probouleuma)*, que más adelante se denomina «decreto» con exactitud menor, es la resolución que tomó el Consejo en virtud de la moción de Ctesifonte. Es una «resolución previa», porque aún no ha sido refrendada por el Pueblo ateniense reunido en la Asamblea.

[58] Cfr. Esquema del discurso de la acusación de Esquines, especialmente, 3 y 4.

[59] Es decir: Esquines.

argumentos (pues es manifiesto que todos los fraguaba[60] igualmente), y a mí, en cambio, procuradme también ahora la buena voluntad que me habéis demostrado continuamente en tantos procesos anteriores. (11) Tan malicioso como eres, Esquines, esto lo imaginaste con total simpleza[61]: que yo iba a dejar de lado los argumentos relativos a mis actos y gestiones públicas para dirigir mi atención a tus invectivas. Pues no, no haré eso; no estoy tan tocado[62]; por el contrario, pasaré revista a las mentiras y calumnias que ibas lanzando[63] con respecto a mis actuaciones públicas y, más tarde, si ello resulta del agrado de estos aquí presentes[64], haré mención de ese carnaval[65] que ha tenido lugar con tanto desenfreno.

(12) Las acusaciones, realmente, son muchas, y algunas hay a las que las leyes asignan grandes e incluso los extremos castigos; pero el propósito del presente proceso es el siguiente: contiene malicia de enemigo, insolencia, insulto y ultraje a la vez, y todo lo similar; sin embargo, de todas las acusaciones y cargos formulados, aunque fueran verdaderos, a la ciudad no le es posible imponerles un castigo adecuado ni cosa que se le parezca. (13) Pues no hay que privar a nadie de presentarse ante el pueblo y hacer uso de la palabra, ni siquiera

---

[60] Entiéndase: en su reciente intervención como acusador en este proceso. Cfr. Esquema del discurso de la acusación de Esquines.

[61] Hay en el texto griego una *paronomasia* muy difícil de mantener en la traducción. La *paronomasia* es una figura de la que se sirve Demóstenes en muy contadas ocasiones, pues es demasiado estridente, a la manera de las más antiguas de las figuras retóricas, o sea, las figuras gorgianas, tan llenas de palpables recurrencias. Demóstenes es ya un maestro de oratoria y retórica mucho más avanzado y refinado.

[62] Harpocración *(s. v.)* establece equivalencia semántica entre el verbo *typhóo* y *brontéo*, «fulminar», y conecta etimológicamente la voz *typhóo* con el nombre propio *Typhón*, monstruoso hijo de Tártaro y la Tierra *(Gaya)*, que, pese a haber sido arrojado al Tártaro *fulminado* por el rayo de Zeus, el padre de los dioses y los hombres, continuaba siendo el origen y causa de los huracanes.

[63] Es decir, en el discurso de acusación recién pronunciado por él. Cfr. Esquema del discurso de la acusación de Esquines.

[64] Entiéndase: a los jurados que actúan como jueces.

[65] Se refiere Demóstenes a la parte del discurso de Esquines en la que le cubría de oprobio. Según Harpocración *(s. v. pompeías)*, esta palabra evoca las invectivas y pullas mutuas a las que se libraban quienes participaban en las fiestas dionisíacas.

de hacerlo por vía de agravio y envidia; eso, por los dioses, ni está bien ni es propio de conducta ciudadana ni justo, varones atenienses. Pero, si me veía cometer contra la ciudad tales desafueros como los que ahora mismo exponía y relataba con trágico estilo[66], lo justo hubiera sido que se sirviese, al tiempo de la comisión de los mismos delitos, de los castigos que de las leyes emanan, denunciándome y, de esa forma, haciéndome comparecer en juicio ante vosotros, si veía que mis actos eran merecedores de denuncia[67], o acusándome de proponer medidas ilegales, si veía que lo eran las que yo proponía. Porque, sin lugar a dudas, no es posible que pueda perseguir en justicia a Ctesifonte a causa mía, y a mí en persona, si pensaba llegar a demostrar mi culpabilidad, que no me hubiese denunciado. (14) Y por cierto que si veía que yo cometía contra vosotros alguno de los demás delitos[68] que ahora[69] exponía calumniándome, o cualquier otro que fuese, hay leyes que tratan de todos ellos y castigos y procesos y sentencias que conllevan penas severas y fuertes y podía hacer uso de todos esos recursos; y cuando se le hubiese visto obrar así y emplear de ese modo los procedimientos aplicables a mi caso, su acusación actual estaría de acuerdo con su conducta de antes. (15) Pero la realidad es que, habiéndose desviado del recto y justo camino y tras haber evitado las pruebas presentadas durante la realización misma de los hechos, después de tanto tiempo acumuló acusaciones, burlas e insultos y con ellos representa su papel[70]; luego me acusa a mí, pero el juicio lo dirige contra éste; y al frente de todo este proceso coloca su enemistad

---

[66] Comenta el escoliasta: «Desacredita su *(sc.* de Esquines) arte; pues era actor.»

[67] Esta denuncia se presentaba ante el Consejo y el Pueblo; a veces se trataba de ella ante la Asamblea popular. Era similar a la *graphé paranómon* o «escrito de denuncia por ilegalidad».

[68] Es decir: aquellos delitos diferentes de los que dan lugar a la *eisaggelía* o «acusación por alta traición» y a la *graphé paranómon* o «escrito de denuncia por ilegalidad».

[69] Es decir, en el discurso de acusación recién pronunciado por él. Cfr. Esquema del discurso de la acusación de Esquines.

[70] De nuevo alude Demóstenes a la habilidad de su adversario para fingir y engañar que le procuró su dedicación al teatro. Cfr. *Sobre la corona* § 13.

contra mí, pero, sin haberme salido nunca al encuentro para zanjar esa cuestión, anda a todas luces buscando suprimir la plena ciudadanía de algún otro[71]. (16) Aunque, a decir verdad, varones atenienses, aparte de todos los demás argumentos que en favor de Ctesifonte se podrían aducir, también éste, por lo menos a mí, me parece muy razonable exponerlo, a saber: que sería justo que a nuestras enemistades nosotros las pasáramos revista entre nosotros en vez de dejar de lado nuestro conflicto mutuo para buscar una tercera persona en la que hacer recaer algún daño; pues eso sí que es el colmo de la injusticia.

(17) Pues bien, a partir de esos presupuestos uno podría ver que todas sus acusaciones por igual no han sido expuestas ni con justicia ni con respeto ninguno a la verdad. No obstante, quiero examinarlas en particular una a una, y muy especialmente cuantas mentiras[72] a propósito de la paz y la embajada dirigió contra mi atribuyéndome lo que ha sido llevado a cabo por él mismo secundado por Filócrates[73]. Pero

---

[71] Si Ctesifonte perdía el pleito, se vería obligado a pagar una fuerte suma de dinero en concepto de multa: cincuenta talentos, según el texto de la acusación, *Sobre la corona* § 55 —aunque este texto es espúreo. Como Ctesifonte sería declarado en ese caso deudor público, al no poder satisfacer la cuantiosa suma que Esquines le condenaba a pagar, quedaría privado, por insolvente, de sus derechos como ciudadano (este castigo se llamaba *atimía)*. La *epitimía* era la posesión de los derechos ciudadanos y la *atimía* la privación y carencia de los mismos.

[72] Estos hechos, la paz de Filócrates y la embajada a que se alude, son el tema principal del discurso de Demóstenes titulado *Sobre la embajada fraudulenta*. La paz de Filócrates tuvo lugar el año 346 a. J. C. A raíz de ella, envió Atenas una embajada a Filipo, de la que formaban parte los dos oradores que ahora se enfrentan en este proceso sobre la corona. La narración de estos hechos desde el punto de vista de Esquines se puede leer en su discurso de acusación *Contra Ctesifonte* (III), del cual es réplica este discurso demosténico que comentamos. Cfr. Esquines, *Contra Ctesifonte*, §§ 54 y ss.

[73] Efectivamente, en principio Esquines se jactaba de haber colaborado con Filócrates en la gestación de la paz conocida por el nombre de este último. Cfr. Esquines, *Contra Timarco*, § 174. Más tarde, en cambio, reprocha a Demóstenes haber sido cómplice de Filócrates (cfr. Esquines, *Sobre la embajada fraudulenta*, § 56). Finalmente, echa en cara a nuestro orador haber contribuido en gran medida con su elocuencia a que se hiciese realidad el mencionado tratado de paz. Cfr. Esquines, *Contra Ctesifonte*, § 72.

es necesario, varones atenienses, y conveniente en igual medida recordaros cómo estaban las cosas por aquellos tiempos, con el fin de que consideréis cada asunto con relación a sus particulares circunstancias.

(18) Cuando estalló la guerra focidia[74], no por culpa mía (pues por entonces yo, al menos, no intervenía todavía en la administración pública), en primer lugar, vosotros estabais en una disposición de ánimo por la que deseabais que los focidios resultaran incólumes, aunque veíais que no estaban obrando de acuerdo a derecho, y por la que os hubierais alegrado, en cambio, de que a los tebanos les ocurriera lo que fuese, irritados contra ellos no sin razón ni injustamente[75], pues no habían hecho moderado uso de sus éxitos en Leuctra[76]. Además, el Peloponeso entero se encontraba sumido en disensión y ni los que odiaban[77] a los lacedemonios tenían fuerza suficiente como para eliminarlos, ni quienes anteriormente por mediación de ellos goberna-

---

[74] La Guerra Sagrada estalló el 355 a. J. C. Un año más tarde, 354 a. J. C., inicia Demóstenes su carrera política.

[75] Todavía los tebanos no se habían alineado junto a los atenienses en Queronea (338 a. J. C.) ni Tebas había sido destruida por Alejandro (335 a. J. C.). Los intereses de Atenas en aquel momento aconsejaban conceder a los focidios alianza y apoyo, pese al sacrílego despojo de Delfos que habían llevado a cabo.

[76] La batalla de Leuctra tuvo lugar el 371 a. J. C. En ella los tebanos, comandados por Epaminondas, derrotaron a los espartanos. En Isócrates, *Filipo*, § 53, se refiere el efecto que produjo este éxito en los tebanos. La «arrogancia tebana», como la denomina Diodoro Sículo (Diodoro Sículo, *Historia de Grecia*, XVI, § 58), los impulsó a conquistar Platea, Orcómeno y el resto de las ciudades beocias, así como a implantar sin vacilación ni miramientos su hegemonía sobre Grecia. Ésta sólo duró nueve años, del 371 al 362 a. J. C. Cfr. Demóstenes, *Contra Leptines*, § 109.

[77] Los mesenios, los arcadios y los argivos odiaban a los lacedemonios o espartanos porque durante el período de la hegemonía espartana en Grecia habían venido siendo gobernados por magistrados oligarcas que aquéllos les imponían. Las cosas cambiaron después de la batalla de Leuctra (371 a. J. C.), en la que los tebanos derrotaron a los lacedemonios. Los mesenios y arcadios fueron apoyados por Epaminondas, que, para debilitar a los lacedemonios, hizo surgir para los unos y los otros, respectivamente, las nuevas ciudades de Mesenia y Megalópolis. Por otro lado, hostiles a los espartanos eran también los argivos, que odiaban a Esparta desde antiguo. Cfr. Demóstenes, *Sobre la paz*, § 18; Jenofonte, *Helénicas*, III, §§ 5 y 11.

ban[78] eran dueños de las ciudades, sino que tanto entre éstos como entre todos los demás reinaba una insoluble rivalidad y confusión[79]. (19) Y Filipo, al ver esto (que no estaba oculto), gastando dinero en pagar a los traidores de cada una de las ciudades, iba promoviendo conflictos entre todas ellas y embrollos mutuos; luego, a base de los errores y faltas que otros cometían, él se iba preparando y crecía por encima de todas sus cabezas amenazadoramente[80]. Y cuando era evidente que los tebanos[81], agresivos entonces y desventurados ahora[82], llegando al agotamiento por la larga duración de la guerra, se iban a ver forzados a buscar refugio en vosotros, para que eso no ocurriera ni entrasen a formar coalición las dos ciudades, Filipo os prometió a vosotros paz y a ellos ayuda. (20) ¿Y qué fue lo que le favoreció para que os cogiera casi voluntariamente engañados? La disposición de los demás griegos (llámese la bajeza, estupidez o ambas cosas a un tiempo), que mientras vosotros luchabais en una incesante y larga guerra[83] y lo hacíais en defensa de los intereses comunes, como ha quedado claro por los hechos, no os prestaban colaboración[84] ni con dinero ni con

---

[78] Se refiere Demóstenes a los oligarcas que, con el apoyo de Esparta, mandaban en las ciudades del Peloponeso antes de la batalla de Leuctra. Por ejemplo, en Fliunte, que había sido conquistada por Agesilao el año 380 a. J. C., ejercía el poder el «Consejo de los Cien» en interés de los espartanos. Algo similar ocurría en Mantinea, tomada por Agesípolis el 385 a. J. C. Más tarde, estas ciudades se fueron independizando del poder de Esparta. Cfr. Jenofonte, *Helénicas*, V, §§ 3 y 25; VII, §§ 4 y 10; V, §§ 2 y 1-7; VI, §§ 5 y 3-5. Lo mismo hizo Tegea. Cfr. Jenofonte, *Helénicas,* VII, §§ 5 y 6-9.
[79] Casi con los mismos términos describe Jenofonte, al final de las *Helénicas,* la situación en que quedó Grecia después de la batalla de Mantinea. Cfr. Jenofonte, *Helénicas,* VII, §§ 5 y 27.
[80] Se refiere Demóstenes a los éxitos alcanzados por Filipo en Tesalia, Tracia y la Calcídica (Olinto). Obsérvese la audaz metáfora: Filipo crece por encima de las cabezas de los demás griegos amenazadoramente.
[81] Los hechos aquí aludidos se relatan con más detalle en Demóstenes, *Sobre la embajada fraudulenta, §*§ 141 y 148.
[82] Alejandro destruyó Tebas el año 335 a. J. C. Este discurso fue pronunciado el 330 a. J. C.
[83] La Guerra de Anfípolis que sostuvieron los atenienses contra Filipo desde el 357 al 346 a. J. C.
[84] Las embajadas enviadas por Atenas a todas partes de Grecia en solicitud de ayuda y colaboración, con el fin de formar una liga de ciudades griegas que hiciera frente a Filipo, no obtuvieron el deseado éxito.

hombres ni con ningún otro de todos los medios; irritados contra ello justamente y como correspondía, atendisteis a Filipo con presteza. Por tanto, la paz entonces convenida[85] se realizó por esas circunstancias y no por intervención mía, como maliciosamente declaraba ése[86]; en cambio, los desmanes y corrupciones de esa gente en el período en que fue concluida, si alguien los examina honradamente, encontrará que han sido las causas de la actual situación[87]. (21) Y eso todo me dispongo a referirlo con rigurosa exactitud y exponerlo en honor a la verdad. Pues si os pareciera claro en máximo grado que hay en ello algún delito, nada, por cierto, tiene que ver conmigo, sino que el primero que habló e hizo alusiones respecto de la paz fue Aristodemo[88] el actor, y el que le sucedió en la labor, redactó el decreto y juntamente con aquél alquiló sus servicios para alcanzar esos objetivos fue Filócrates de Hagnunte[89], tu compinche, Esquines, no el mío (¡mal que te pese y aunque revientes[90] por tus mentiras!), y

---

[85] Atenas no se mostró especialmente deseosa de firmar esa paz, pese a que el motivo principal que se adujo para que la concluyese era que Filipo la aceptaría de buen grado, lo que no era cierto, pues Filipo hizo saber en Atenas, pero sólo y exclusivamente a través de terceros y no oficialmente, que estaba dispuesto a aceptar la paz. Ahora bien, si Filipo en el fondo y para sus adentros la deseaba, Atenas la necesitaba.

[86] Es decir, en el discurso de acusación recién pronunciado por él. Cfr. Esquema del discurso de la acusación de Esquines.

[87] Gracias a la paz, Filipo consiguió una sólida situación desde la cual operar en Grecia. Consiguió influencia en el Consejo Anfictiónico y resultó, finalmente, vencedor en Queronea.

[88] Aristodemo era un actor dramático que gozaba de buena reputación y formaba parte de la compañía en que figuraba también Esquines. El año 348 a. J. C., en misión informal, trató con Filipo del rescate de algunos atenienses que habían sido hechos prisioneros en la guerra de Olinto. Cfr. *Sobre la embajada fraudulenta*, §§ 12, 18, 97 y 315.

[89] Este Filócrates, que intervino en la embajada a Filipo del 348 a. J. C., fue quien propuso el 346 a. J. C. que se eligiesen diez embajadores (entre los que fueron nombrados Demóstenes y Esquines) para que se entrevistasen con el Macedonio y trataran de la paz y le rogasen que enviara a Atenas embajadores plenipotenciarios para negociarla. Cfr. *Sobre la embajada fraudulenta*, § 95.

[90] Estamos ante una locución metafórica procedente de la Comedia. En efecto, en Aristófanes leemos expresiones del tipo de «¡así revientes!» (Aristófanes, *Las aves*, 2; 1257) o «¡voy a reventar de rabia!» (Aristófanes, *Los caballe-*

los que hablaron en su favor, por la razón que haya sido (que eso, al menos, lo omito ahora), fueron Eubulo y Cefisofonte[91]. (22) Pero yo no hice nada en ningún momento. Y, sin embargo, pese a ser estos hechos tales y como son mostrados sobre la base de la verdad misma, ha llegado a tal grado de desvergüenza, que se atrevía a decir que justamente yo, además de haber sido responsable de la paz, había impedido que la ciudad la concertase juntamente con un Consejo Común de los griegos[92]. Y entonces, tú[93] —¿qué se te podría llamar para nombrarte con exactitud?—, ¿hubo alguna ocasión en la que estando tú presente y viendo que yo trataba de privar a la ciudad de tamaña gestión y alianza como la que poco ha referías, te indignaras, o, accediendo a la tribuna, explicaras y expusieras el contenido de las acusaciones que ahora dirigías contra mí? (23) Sin embargo, si yo había vendido a Filipo la misión de impedir la coalición de los griegos, lo que

---

ros, 340; Menandro, *La samia*, 474; 519). Hay otros ejemplos de esta locución coloquial en este mismo discurso y en otros del *Corpus*. Cfr. Demóstenes, *Sobre la corona* (XVIII), § 87, y *Contra Conón* (XLIV), § 41.

[91] Cefisofonte de Peania es un personaje mencionado por Esquines, *Sobre la embajada fraudulenta*, § 73, y Demóstenes, *Sobre la embajada fraudulenta*, § 293. En cuanto a Eubulo, fue, como es sabido, el famoso político partidario de «paz a cualquier precio», que controló los votos de la Asamblea del 355 al 342 a. J. C. Fue nombrado administrador del tesoro público y elevó la prosperidad privada y pública a un nivel no alcanzado por Atenas desde el siglo V a. J. C. Instituyó el famoso *theorikón* o fondo para los espectáculos y fue autor de una ley con la que hizo extremadamente difícil recaudar fondos para actividades militares. En política, sus asociados fueron Midias, Esquines y Foción, y su programa consistía en mantener los intereses esenciales de Atenas, pero salvaguardando a toda costa la paz. A partir del año 342 a. J. C., Demóstenes y el partido belicista desplazan al pacifista Eubulo y se adueñan de la política de Atenas. Con posterioridad a la batalla de Queronea (338 a. J. C.), no volveremos a saber ya nada más de Eubulo.

[92] Según Esquines *(Contra Ctesifonte,* §§ 58 y 64; *Sobre la embajada fraudulenta,* §§ 58 y ss.), Demóstenes, al apresurar la deliberación sobre el tratado de paz, impidió que se concluyera una paz general, común a todos los griegos. Pues, en su opinión, se debería haber esperado a los diputados de las demás ciudades griegas, a las que Atenas había enviado embajadores, para que Filipo se encontrase enfrentado no sólo a la Asamblea del Pueblo ateniense, sino a todo un Consejo *(sunédrion)* griego.

[93] Estamos de nuevo ante un ejemplo de la figura retórica denominada *aposiopesis*. Un giro similar se encuentra en una comedia aristofánica: Aristófanes, *Las nubes*, 1378.

te restaba a ti era no callar, sino gritar, protestar públicamente e informar a estos aquí presentes[94]. Así pues, no hiciste eso en ningún momento, ni nadie te oyó emitir la voz en ese sentido; pues ni entonces había ninguna embajada enviada a ninguna de las ciudades griegas, sino que hacía tiempo que todos habían sido puestos en evidencia, ni ese individuo ha dicho nada sensato en torno a esas cuestiones. (24) Pero aparte de eso, incluso lanza las mayores calumnias contra la ciudad con sus mentiras; pues si vosotros exhortabais a los griegos a la guerra y vosotros mismos a la vez enviabais a Filipo mensajeros para tratar de la paz, estabais llevando a cabo una gestión digna de Euríbates[95], no una acción propia de una ciudad ni de hombres honrados. Pero ello no es así, no lo es[96]; pues, ¿con qué propósito habríais enviado embajadas para convocar a los griegos en aquella ocasión? ¿Para la paz? Pero si todos gozaban de ella. Pues, ¿para la guerra? Pero si vosotros mismos deliberabais sobre la paz. Por tanto, resulta claro que yo no soy ni inductor ni responsable de la paz tal cual era desde el principio[97], y se demuestra que tampoco es verdadera ninguna de las demás calumnias que virtió en su acusación contra mí.

(25) Pues bien, una vez que la ciudad concertó la paz, considerad de nuevo cuál fue entonces la línea de actuación que cada uno de nosotros dos prefirió adoptar; pues también a partir de esos datos sabréis quién era el que en todo colabo-

---

[94] Es decir: al Pueblo.
[95] Euríbates era el prototipo de individuo desleal y pérfido. Cfr. Esquines, *Contra Ctesifonte*, § 137. Harpocración *(s. v. Eurubaton)* nos transmite que, según Éforo, este Euríbates era un efesio que recibió dinero de Creso para reunir un ejército que se enfrentara a los persas. Pero el muy vil le traicionó y entregó ese dinero a Ciro, rey de los persas. A partir de este hecho —añadía el historiador—, a los hombres perversos se les llamaba «Euríbates». La *Suda* cita el verbo *eurubateúesthai*, que significaría «hacer el Euríbates», o sea, «obrar o comportarse pérfidamente».
[96] Obsérvese la misma repetición ante el famoso «juramento» de este discurso, § 208.
[97] Es decir, de la paz tal cual era en principio. Luego, la aplicación de la paz trajo consigo serias decepciones para Atenas por culpa, sobre todo, de la lentitud de la segunda embajada enviada por Atenas a presencia de Filipo y también por causa de los falsos informes transmitidos por Esquines.

raba con Filipo y quién el que actuaba en vuestro beneficio y buscaba lo conveniente para la ciudad. Así pues, yo propuse por escrito, como consejero[98], que lo más rápidamente posible zarparan los embajadores[99] hacia el lugar en que averiguaran que se encontraba Filipo y que recibieran de él los juramentos de ratificación; pero ésos ni siquiera tras mi propuesta quisieron hacerlo. (26) ¿Cuál era el alcance de eso, varones atenienses? Yo os lo explicaré. A Filipo le resultaba conveniente que el tiempo que mediara entre los juramentos[100] fuese el mayor posible; a vosotros, en cambio, que fuese el más breve posible. ¿Por qué? Porque vosotros, no sólo desde el día en que jurasteis, sino incluso desde aquél en que albergasteis esperanzas de que se concertaría la paz, interrumpisteis los preparativos de la guerra; él, por el contrario, trabajaba desde el primer momento con el mayor denuedo por lograr precisamente ese resultado[101], estimando —como era cierto— que cuantas posesiones de la ciudad se adelantara a ocupar antes de prestar los juramentos, todas ellas las mantendría con seguridad, pues nadie por causa de ellas rompería la paz. (27) Previendo yo esto y evaluándolo, varones atenienses, propongo por escrito el citado decreto, el de que se zarpara hacia el lugar en que se encontrase Filipo y se le tomaran los juramentos lo más rápidamente posible, con el fin de que mientras los tracios, vuestros aliados, tenían en su poder esos fuertes que poco ha ése ridiculizaba[102], Serrio, Mirteno y Ergisce, en esas circunstancias se celebrasen los juramentos, y no se erigiera aquél en señor de Tracia adelantándose a tomar las posiciones ventajosas[103], ni, contando

---

[98] Demóstenes era por aquel entonces (347-346 a. J. C.) miembro del Consejo y además presidió la Asamblea del Pueblo el día 25 del mes de Elafebolión. Cfr. Esquines, *Sobre la embajada fraudulenta*, §§ 62, 73 y 74.

[99] Cfr. Esquines, *Sobre la embajada fraudulenta*, § 92.

[100] Es decir: el tiempo que mediara hasta que Filipo prestara juramento, y no el tiempo que mediara entre los juramentos de una y otra parte.

[101] A saber: que vosotros interrumpierais los preparativos de la guerra.

[102] Cfr. Esquines, *Contra Ctesifonte*, § 82. El verbo que hemos traducido por «ridiculizar» está usado metafóricamente, lo que implica un coloquialismo; pues, en efecto, literalmente significa «despiezar» o «despedazar».

[103] «Ventajosas», porque desde ellas podía Filipo atacar las posesiones atenienses, en especial el Quersoneso.

con abundantes riquezas[104] y cuantiosos soldados, a raíz de ello acometiese con comodidad sus ulteriores empresas. (28) Y luego, ese decreto ni lo cita ni lo lee; pero si yo pensaba, actuando como miembro del Consejo, que era menester introducir a los embajadores[105], esa opinión mía es lo que desacredita. Mas, ¿qué tenía yo que hacer? ¿No proponer por escrito que se introdujese a quienes habían venido expresamente para eso, para conferenciar con vosotros? ¿O no mandar al administrador del Teatro que les asignase asiento para el espectáculo?[106]. Pero podrían haber asistido a él sentados en los asientos de los dos óbolos[107], si no se hubiera redactado ese decreto. ¿Debía yo observar los insignificantes intereses[108] de la ciudad y haber vendido, en cambio, a los

---

[104] Estas riquezas se las proporcionaban a Filipo las minas de oro que explotaba en Tracia. Según Diodoro Sículo (Diodoro Sículo, *Historia de Grecia*, XVI, § 8), el Macedonio obtenía de las minas de Crenides (Filipos), en Tracia, unos ingresos anuales que alcanzaban los mil talentos.

[105] Se refiere a los embajadores enviados por Filipo para negociar la paz. Las embajadas extranjeras se presentaban primeramente ante el Consejo, y éste, luego, se encargaba, mediante un decreto, de introducirlas ante la Asamblea popular. Demóstenes, en su calidad de consejero y de embajador, se encargó de redactar el decreto que hizo suyo el Consejo. Cfr. Esquines, *Sobre la embajada fraudulenta*, § 58.

[106] Como era costumbre, el Consejo (en esta ocasión a propuesta de Demóstenes) invitó a los embajadores de Filipo a presenciar, desde un lugar de honor del Teatro de Dioniso, las representaciones dramáticas que en él se ofrecían con ocasión de las Fiestas Dionisias. Esquines convirtió esta cortesía habitual en indicio de adulación a Filipo, acusando a Demóstenes de haberse comportado con los embajadores macedonios de forma excesivamente obsequiosa y hasta servil. Según él, su adversario llegó a tal punto de vileza, que procuró a los embajadores cojines y tapices de púrpura, por lo cual recibió una silba por parte de sus conciudadanos. Cfr. Esquines, *Contra Ctesifonte*, § 76.

[107] Eran éstos los asientos ocupados por la ciudadanía media y aun pobre, pues sólo costaban dos óbolos, que, incluso, a todo ciudadano indigente que los solicitara se los proporcionaba el propio Estado a expensas de un fondo especial para espectáculos denominado *theorikón*. Con estas palabras irónicas y hasta sarcásticas Demóstenes desacredita ante los jueces a su adversario Esquines.

[108] O sea, el estado debiera haber pagado al administrador del Teatro dos óbolos por cada asiento ocupado por los embajadores macedonios, y no precios más altos por haberse sentado éstos en localidades de privilegio.

generales, como precisamente han hecho ésos? No, por cierto. Toma, pues, y lee este decreto que ese individuo, aun conociéndolo perfectamente, omitió.

(29) Decreto de Demóstenes[109]

[En el arcontado de Mnesífilo, el día treinta del mes de Hecatombeón, ejerciendo la pritanía la tribu Pandiónide, Demóstenes, hijo de Demóstenes, de Peania, dijo: «Toda vez que Filipo, tras haber enviado embajadores acerca de la paz, ha concluido pactos convenidos, resuelvan el Consejo y el Pueblo de los Atenienses que, con el fin de que se ratifique la paz votada en la primera asamblea, se elija de inmediato a cinco embajadores de entre todos los atenienses, y que los designados partan, sin demora alguna, a donde averigüen que se encuentra Filipo, y reciban de él los juramentos y los presten a su vez lo más rápidamente posible sobre la base de los pactos convenidos por él con el pueblo ateniense, incluyendo también a los aliados de ambas partes. Fueron elegidos embajadores Eubulo de Anaflisto, Esquines de Cotócidas, Ctesifonte de Ramnunte, Demócrates de Flía y Cleón de Cotócidas.]

(30) Pese a haber propuesto yo entonces ese decreto y aunque buscaba el interés de la ciudad, no el de Filipo, esos buenos embajadores, haciendo poco caso de ello, permanecieron inactivos en Macedonia tres meses enteros[110], hasta que Filipo llegó de Tracia tras haberlo subyugado todo, por más que en diez días, o igualmente bien en tres o cuatro, podían

---

[109] Este decreto, apócrifo, como todos los que figuran en este discurso, es un buen ejemplo de falsificación inexperta. No hay en él un solo detalle que ofrezca visos de verosimilitud. El nombre del arconte y la fecha son inaceptables; pretende, además, ser un decreto del Consejo y de la Asamblea del Pueblo, cuando el verdadero lo era sólo del Consejo; se alude en él a cinco embajadores, siendo así que en la realidad fueron diez; estos embajadores, según el decreto, debían encargarse de intercambiar juramentos con Filipo, aunque los atenienses, de hecho, ya los habían prestado; y, finalmente, casi todos los nombres de los enviados son falsos.

[110] Exageración retórica. Cfr. Demóstenes, *Sobre la embajada fraudulenta* § 57, y *Sobre la corona* § 58-60. En *Sobre la embajada fraudulenta* § 155, afirma Demóstenes que los embajadores atenienses, entre los que él mismo se contaba, tardaron veintitrés días en llegar a Pela y su estancia allí duró veintisiete.

haber llegado al Helesponto y salvado aquellas plazas, recibiendo los juramentos antes de que aquél las conquistara; pues no las hubiera tocado en nuestra presencia o no le habríamos aceptado el juramento, de modo que le habría fallado la paz y no tendría ambas cosas: la paz y las plazas.

(31) Así pues, este cariz tuvieron en la embajada el primer hurto de Filipo y la venalidad de esos hombres sin ley. Por lo que entonces, ahora y siempre reconozco que estoy en guerra y desacuerdo con ellos. Pero contemplad otra canallada, que sucedió inmediatamente después, mayor que ésta. (32) Pues una vez que Filipo aceptó la paz tras haber tomado Tracia por culpa de esas gentes que no hicieron caso a mi decreto, de nuevo compra de ellos el que no partiéramos de Macedonia hasta que aprestase su expedición contra los focidios, para evitar que, si nosotros anunciáramos aquí que intentaba ponerse en marcha y se preparaba para ello, vosotros salierais y, costeando con vuestras trirremes hasta las Termópilas[111], le cerrarais, como antes, el paso por ese lugar; antes bien, trataba de que vosotros nos oyerais referir esas noticias en el momento en que él estuviese dentro de las Termópilas y nada pudierais vosotros hacer. (33) Hasta tal punto estaba Filipo lleno de miedo e inquietud por si, pese a haber tomado previamente esas plazas, se le escapara de las manos la situación en el caso de que vosotros votarais prestar ayuda antes de que los focidios sucumbieran, que alquila a ese despreciable individuo aquí presente[112], ya no en común junto con los demás embajadores, sino privada y personalmente, para que os expresara y refiriera ese tipo de razones por las cuales todo se perdió. (34) Y yo solicito y pido, varones atenienses, que tengáis esto presente a lo largo de todo el proceso: que si Esqui-

---

[111] Se refiere a la famosa expedición del 352 a. J. C., con la que Atenas detuvo a Filipo en las Termópilas. En efecto, el Macedonio, después de haber derrotado a los focidios junto al golfo de Págasas, marchó hacia las Termópilas, pero las encontró bien vigiladas por los atenienses, a quienes apoyaban espartanos y aqueos. Cfr. Demóstenes, *Contra Filipo* I § 41; *Sobre la embajada fraudulenta* §§ 84, 319; Diodoro Sículo, *Historia de Grecia* XVI, §§ 31, 37, 38.
[112] O sea, Esquines.

nes no me hubiese acusado de nada ajeno a la denuncia, tampoco habría pronunciado yo ningún discurso apartado de lo normal; pero como ése se ha valido de todo tipo de inculpaciones y calumnias a un tiempo, me es obligado también a mí responder brevemente a cada una de sus acusaciones. (35) ¿Cuáles fueron, pues, las razones expuestas entonces por ése y por las que se perdió todo? Que no había que alborotarse porque Filipo hubiera traspasado ya las Termópilas; pues, si os manteníais en calma, ocurriría todo cuanto vosotros deseabais y al cabo de dos o tres días oiríais decir que Filipo se había hecho amigo de aquellos contra quienes había venido en plan de enemigo y que, por el contrario, se había convertido en enemigo de aquellos de quienes era amigo[113]. Pues no eran las palabras[114] —aseguraba, haciendo uso de muy solemne expresión— las que aseguraban las familiaridades, sino el hecho de compartir los mismos intereses; y que interesaba a Filipo y a los focidios y a vosotros todos por igual apartaros de la insensibilidad[115] y brutalidad de los tebanos. (36) Esas razones algunos se las escuchaban con gusto

---

[113] Es decir: ya amigo de los focidios y enemigo de los tebanos.

[114] El «título de aliados» de Filipo, del que disfrutaban los tebanos.

[115] Eran proverbiales la insensibilidad, brutalidad y torpeza de los beocios. Cfr. C. Nepote, *Epaminondas*, § 5, 2: «pues aquellas gentes poseen más fuerza que ingenio». *Alcibíades*, § 11, 3: «pues todos los beocios sirven más a la robustez del cuerpo que a la agudeza del ingenio». Cicerón, *Sobre el Hado*, § IV, 7: «En Atenas el cielo es tenue, por lo que los atenienses son reputados como más agudos de lo normal; en Tebas, por el contrario, es grueso, y así son los tebanos grasos y fornidos.» Horacio, *Epístolas*, II, 1, 244: «un beocio nacido en medio de aire grueso». Esta estolidez, torpeza y falta de sensibilidad para la literatura, la música y el arte que se atribuían a los beocios había hecho surgir la expresión proverbial, ya vigente en pleno siglo V a. J. C., recogida por Píndaro *(Olímpicas*, VI, 90) de «la cerda beocia». El escoliasta que comenta este pasaje pindárico señala que se trata de un reproche, antigua acusación calumniosa basada en el carácter iletrado de los beocios. La insensibilidad de espíritu de los beocios se transformaba ante los enemigos en crueldad y perversidad. Así lo expone Demóstenes (cfr. Demóstenes, *Contra Leptines*, § 109). De la «insensibilidad» trata Aristóteles en su *Ética*, de pasada, en dos ocasiones; dice, por ejemplo que insensible al miedo es quien no teme a un terremoto o a las olas; y que no es humana la insensibilidad ante el placer ni el alegrarse menos de lo que corresponde, por lo que —sostiene el Estagirita— no abundan los insensibles de esta especie. Cfr. Aristóteles, *Ética*, III, § 7, 7, y III, § 11, 7.

por el odio entonces[116] latente[117] contra los tebanos. ¿Y qué sucedió inmediatamente después y no mucho más tarde? Que los focidios perecieron y sus ciudades fueron derruidas y vosotros, que habíais permanecido en calma y con vuestra confianza depositada en ése, poco después transportabais vuestros enseres desde los campos[118], y él recibió dinero, y, además de eso, a nuestra ciudad le correspondió ganarse el odio de tebanos y tesalios; a Filipo, en cambio, la gratitud por sus realizaciones[119]. (37) Como prueba de que esto es así, léeme el decreto de Calístenes[120] y la carta de Filipo, documentos ambos a partir de los cuales todos estos puntos os resultarán claros. Lee[121].

---

[116] Con anterioridad al 346 a. J. C., fecha en que finalizó la Guerra Sagrada, que había comenzado en el 356 a. J. C.

[117] El texto griego dice *hupoúsan*, y el escoliasta comenta: «es decir, oculta y no visible».

[118] Once días después de que la segunda embajada hiciera relación de sus gestiones a la Asamblea, llegó la inquietante noticia de la rendición de los focidios en las Termópilas. Cfr. Demóstenes, *Sobre la embajada fraudulenta*, §§ 86 y 125.

[119] Cfr. Demóstenes, *Sobre la embajada fraudulenta*, § 85. Atenas por su proceder, en todo momento vacilante e indeciso, no ganó otra cosa sino la enemistad y reprobación de los griegos partidarios de Filipo, pues pensaban éstos que los atenienses no se habían atrevido a defender a los focidios con la decisión y el empeño requeridos; Filipo, en cambio, ganó prestigio y crédito por haber puesto fin a la Guerra Sagrada y castigado a los sacrílegos focidios.

[120] Cfr. Demóstenes, *Contra Leptines*, § 33. Estuvo comprometido en el asunto de Hárpalo (Timocles, fr. 4); Alejandro, más tarde, pidió su extradición (Plutarco, *Vida de Demóstenes*, § 23).

[121] El decreto es claramente apócrifo y contiene bastantes errores, empezando por el nombre del arconte, idéntico al del decreto del § 39. En segundo lugar, el «estratego de los hoplitas» y el «encargado de la administración» no existían todavía el año 346 a. J. C. Además, las guarniciones de Eleusis, Ramnunte y Sunion cobran importancia y fama en época helenística, no antes. Finalmente, sabemos, por el discurso titulado *Sobre la embajada fraudulenta*, que el decreto en cuestión (aprobado, por cierto, bajo el arcontado de Temístocles y en el mes de Esciroforión y no en el arcontado de Mnesífilo y en el mes de Memacterión, como reza el que comentamos) contenía una serie de disposiciones que no aparecen en este aquí interpolado. Cfr. Demóstenes, *Sobre la embajada fraudulenta* §§ 58-60, 86, 125. Por ejemplo, el decreto auténtico daba disposiciones acerca de la celebración *intra muros* de las fiestas Heraclias en Maratón. No obstante, el interpolador ha extraído detalles verosímiles de decretos similares al que debiera haber figurado aquí, pero de época

Decreto

[En el arcontado de Mnesífilo, convocada una asamblea por estrategos y prítanes, con la aprobación del Consejo, el día veinte del mes de Memacterión, Calístenes, hijo de Eteónico, de Falero, propuso: que ningún ateniense bajo ningún pretexto pase la noche en el campo, sino en la ciudad y en el Pireo, de cuantos no están destinados en las guarniciones; de éstos, que cada uno conserve el lugar que recibió en asignación sin abandonarlo ni de día ni de noche. (38) Y que quien desobedezca este decreto, quede sujeto a los castigos correspondientes a la traición, si no demuestra que en su caso personal hubo alguna causa de fuerza mayor; y de esa causa de fuerza mayor hagan estimación el estratego de los hoplitas[122], el encargado de la administración[123] y el secretario del Consejo. Y que transporten de los campos todos los enseres lo más rápidamente posible, los que se encuentren dentro de un área de ciento veinte estadios, a la ciudad y al Pireo, y los que se hallen fuera de esta área de ciento veinte estadios, a Eleusis, File, Afidna, Ramnunte y Sunion. Hizo la propuesta Calístenes de Falero.]

¿Acaso era sobre la base de estas esperanzas sobre la que estabais dispuestos a hacer la paz, o era eso lo que os prometía ese asalariado?

(39) Lee ahora la carta[124] que envió Filipo después de esos acontecimientos.

---

posterior. No ha obrado, pues, a ciegas, sino que ha tratado de lograr una falsificación perfecta que levantase pocas sospechas. Piénsese, por ejemplo, en que haya introducido en este decreto el mismo aronte que aparecía en el también apócrifo decreto del § 39. No queremos extendernos más sobre este asunto, pero sí nos parece oportuno notar que, desde el punto de vista lingüístico, el decreto es claramente posterior al siglo IV a. J. C. Nótese, por ejemplo, la expresión *koitaíton gígnesthai*, «pasar la noche acostado», que aparece en la literatura griega a partir de Polibio. Cfr., por ejemplo, Polibio, *Historias*, V, § 17, 9.

[122] En otro decreto que aparece inserto en este mismo discurso (*Sobre la corona*, § 116) se opone el «estratego» que está al frente de los hoplitas» al «estratego que tiene a su cargo la caballería».

[123] Cfr. *Sobre la corona*, § 115.

[124] Desde el punto de vista lingüístico, cuesta decidirse sobre si esta carta es o no auténtica. De hecho, los estudiosos de Demóstenes mantienen, en este punto, opiniones contrarias. Nosotros pensamos que hay en ella algunos pequeños detalles formales que la declaran decididamente apócrifa. Pero es,

Carta

[El rey de los macedonios, Filipo, al Consejo y al pueblo de los atenienses, salud. Sabéis que hemos traspuesto las Termópilas, hemos sometido el territorio de Fócide, introducido guarniciones en cuantas plazas se iban entregando de grado, y a las que no obedecían, las tomamos por la fuerza[125], redujimos a esclavitud a sus habitantes y las arrasamos. Pero oyendo que también vosotros os estáis preparando para ir en su ayuda, os escribo para que no os molestéis más en este asunto; pues en conjunto me da la impresión de que nada moderado hacéis habiendo concertado la paz y no obstante saliendo en campaña para hacerme frente; y eso que los focidios ni siquiera han quedado comprendidos en nuestros comunes acuerdos[126]. De modo que si no permanecéis firmes en lo convenido, ninguna otra ventaja obtendréis fuera de haber llevado la delantera en los agravios.]

(40) Estáis oyendo con qué claridad en la carta que os dirige manifiesta y expone con precisión a sus aliados lo siguiente: «Yo he hecho eso contra la voluntad y a pesar de los atenienses, de manera que, si sois prudentes, tesalios y tebanos, tendréis a esos individuos por enemigos y en mí, por el contrario, confiaréis.» No lo escribió con estas palabras, pero era eso lo que quería dar a entender. Así pues, a raíz de ello, los arrebataba llevándolos a un punto de enajenación en que ni lo más mínimo de lo que sucedió luego preveían ni captaban[127],

---

sobre todo, a juicio nuestro, en el contenido donde se halla la prueba más clara del carácter apócrifo de esta carta. En efecto, su contenido nada tiene que ver con el texto y sentido que entresaca Demóstenes de la auténtica carta que desgraciadamente no ha llegado hasta nosotros.

[125] No obstante, asegura Demóstenes, en *Sobre la embajada fraudulenta*, § 61, que ninguna ciudad de la Fócide ofreció resistencia. En el mismo sentido se expresa Esquines sobre el mismo asunto; Esquines, *Sobre la embajada fraudulenta*, § 130. He aquí, pues, una prueba más del carácter apócrifo de la carta precedente. Cfr., asimismo, Diodoro Sículo, *Historia de Grecia*, XVI, § 59; Justino, *Historias Filípicas*, VIII, § 5.

[126] Cfr. Demóstenes, *Sobre la embajada fraudulenta* § 174.

[127] De nuevo estamos ante una *duplicación* o empleo de voces cuasi sinónimas coordinadas. Cfr. idéntica expresión, en Demóstenes, *Sobre la embajada fraudulenta*, § 19. Nuestro orador se valía de duplicaciones bien estudiadas como importantes estrategias de su estilo.

antes bien, permitieron que aquél pusiera bajo su control todos los asuntos, a consecuencia de lo cual los infelices se encuentran agobiados por sus actuales desgracias. (41) Y el que fue su cómplice y colaborador[128] en el logro de esa confianza y el que transmitió aquí las falsas noticias y os engañó[129], ése es el que ahora se lamenta de los padecimientos de los tebanos[130], y el que refiere lo lamentables que éstos son, cuando él mismo es el culpable de estos males, de los de los focidios y de todos los demás que sufren los griegos. Pues es evidente que tú, Esquines, te dueles de lo sucedido[131] y compadeces a los tebanos, teniendo como tienes propiedades en Beocia[132] y cultivando sus campos, mientras que yo me alegro, yo que era de inmediato reclamado por el que llevó a cabo esas acciones[133].

(42) Pero he venido a dar en argumentos que tal vez convendrá más exponer dentro de poco; vuelvo, pues, de nuevo a las demostraciones de cómo los desafueros de esos individuos han sido los causantes de la presente situación.

En efecto, una vez que vosotros habíais sido engañados por Filipo por mediación de ésos, los que alquilaron sus pro-

---

[128] La palabra griega *sunagonistés*, «colaborador», la emplea Demóstenes solamente dos veces, aquí y en el § 61, en el que se refiere a los traidores de Grecia que colaboraron con Filipo.

[129] De nuevo estamos ante una *duplicación* o empleo de voces cuasi sinónimas coordinadas. Cfr. idéntica expresión, en Demóstenes, *Sobre la embajada fraudulenta*, § 177.

[130] Eso hizo Esquines en dos ocasiones. Cfr. Esquines, *Contra Ctesifonte*, §§ 133 y 15-67.

[131] Eufemismo por «desgracias», «calamidades».

[132] Demóstenes, en *Sobre la embajada fraudulenta*, había echado en cara a Esquines y Filócrates la posesión de propiedades y tierras de labor extensas en la zona de Olinto; cfr. Demóstenes, *Sobre la embajada fraudulenta*, §§ 145 y ss. De este hecho incluso había presentado testigos. Por otro lado, es bien conocido que, después de la destrucción de Tebas, Alejandro distribuyó las tierras de los tebanos entre sus aliados. Cfr. Arriano, *Anábasis*, I, § 9.

[133] Sobre esa petición de extradición, en la que insiste el propio Demóstenes al final de este mismo discurso *(Sobre la corona*, § 322), cfr. Arriano, *Anábasis*, I, § 10; Plutarco, *Vida de Demóstenes*, § 23. También pidió Alejandro la extradición de otros políticos atenienses, por ejemplo, Licurgo (cfr. *IG* II², 457; *Syll*³, 326); de los demás, hasta diez, nos informan fragmentos de historiadores como Duris e Idomeneo, y además la *Suda*. Naturalmente, Esquines no formaba parte de los oradores reclamados por el monarca macedonio.

pias personas en las embajadas y nada verdadero os refirieron, y habían sido engañados[134] los infelices focidios y sus ciudades habían sido destruidas, ¿qué ocurrió? (43) Los despreciables tesalios[135] y los estúpidos tebanos consideraban a Filipo su amigo, bienhechor y salvador; lo era todo para ellos[136]; ni siquiera estaban dispuestos a escuchar la voz de quien quisiera decir algo distinto. Y vosotros, aunque mirabais con desconfianza e incomodo los acontecimientos, manteníais la paz pese a todo, pues no teníais nada que hacer. Y los demás griegos, burlados al igual que vosotros y defraudados en sus esperanzas, continuaban manteniendo la paz contentos, aunque también ellos mismos de alguna manera hacía tiempo que se veían envueltos en la guerra. (44) Pues cuando Filipo, dando vueltas de aquí para allá, sometía a los ilirios y tríbalos[137] e incluso a algunos griegos[138] y lograba poner bajo control a muchos y grandes efectivos militares y eran sobornados algunos de los que, valiéndose de la facultad que otorgaba la paz, se encaminaban allí desde sus respectivas ciudades, de los cuales uno era ése, entonces estaban envueltos en la guerra todos aquéllos contra los que aquél realizaba esos preparativos. Y si no se daban cuenta de ello, eso es otra cuestión, y no me afecta. (45) Pues yo bien que advertía y protestaba invocando a los dioses tanto ante voso-

---

[134] Obsérvese la repetición, deliberadamente buscada por el orador, justamente en un pasaje de tono patético y de gran peso argumentativo dentro de la narración de los hechos.

[135] Los atenienses consideraban a los beocios gente de pocas luces y torpes, y a los tesalios, engañosos y desleales.

[136] Hay aquí una figura retórica denominada, en griego, *epimoné*, y, en latín, *commoratio*, que es una acumulación de voces que significan lo mismo o casi lo mismo: «... amigo, bienhechor, salvador, todo para ellos».

[137] Diodoro Sículo menciona una penetración victoriosa en Iliria llevada a cabo por Filipo el año 344 a. J. C. Cfr. Diodoro Sículo, *Historia de Grecia*, XVI, § 69. Con los tríbalos combatió Filipo a su regreso de la campaña contra los escitas, el año 339 a. J. C.

[138] Probablemente los de Cardia y Eubea. Cfr. *Contra Filipo*, III, §§ 17 y 27, aunque no fueron exactamente sometimientos. Lo más seguro es pensar en la expedición de Filipo a Ambracia (343/342 a. J. C.), a lo largo de la cual tomó tres colonias eleas en Casopia; cfr. *Sobre el Haloneso*, § 32. Este discurso *Sobre el Haloneso* ya sabemos que no es de Demóstenes.

tros en toda ocasión como allí dondequiera era enviado[139], pero las ciudades se hallaban enfermas[140]; los encargados de los asuntos públicos y su gestión aceptaban regalos y se dejaban corromper por dinero, los particulares y las masas, en parte no preveían el futuro, y en parte se dejaban prender por el cebo de la facilidad y la indolencia de la vida cotidiana[141]; y todos habían sido presa de un mal de tal especie, que imaginaban cada uno en particular que la desgracia habría de llegar a todos salvo a ellos mismos y que gracias a los peligros ajenos mantendrían segura su situación cuando quisieran. (46) Luego, creo yo, ha sucedido que las masas a cambio de su excesiva e inoportuna negligencia han perdido la libertad, y que los dirigentes, los que se imaginaban que lo estaban vendiendo todo salvo sus propias personas, se dieron cuenta de que se habían vendido a sí mismos antes que a ninguna otra cosa; porque, en lugar de amigos y huéspedes, nombres que entonces recibían, cuando aceptaban sobornos, ahora se oyen llamar aduladores, enemigos de los dioses y todos los demás calificativos que les caen bien. (47) Y es que nadie, varones atenienses, gasta dinero buscando los intereses del traidor, ni, una vez que se hace dueño de lo que compra, vuelve ya en lo sucesivo a hacer uso del traidor en calidad de consejero; que en ese caso no habría persona más afortunada que el traidor. Pero no es esto así. ¿Cómo iba a serlo? Bien lejos está de ello. Por el contrario, una vez que el que intenta dominar se hace dueño de la situación, también es amo de los que le vendieron tal dominio, y, como conocedor que es de su maldad, entonces sí que los odia, desconfía de ellos y los ultraja (48). Ved estos casos (pues aunque la oportunidad de esos hechos ha pasado, la ocasión de al menos conocer tales

---

[139] Dos embajadas al Peloponeso son mencionadas en *Contra Filipo*, II, § 19, y *Contra Filipo*, III, § 72. Cfr. también *Sobre la corona* §§ 79, 244. Este pasaje aparece citado como prueba de la política panhelénica de Demóstenes y de las dificultades que semejante política planteaba, en J. Luccioni, *Démosthène et le panhellénisme*, París, 1961, págs. 129 y ss.

[140] Cfr. Demóstenes, *Olintíaco*, II, § 21; *Contra Filipo*, III, §§ 12, 39, 50; *Sobre la embajada fraudulenta*, 259.

[141] Cfr. *Contra Filipo*, III, § 29. Estamos ante una sencilla pero bella metáfora inspirada en la actividad de la pesca.

casos está siempre a disposición de los sensatos): a Lástenes[142] se le llamaba amigo, hasta que entregó traidoramente Olinto; a Timolao[143], hasta que causó la ruina de Tebas; a Éudico y Simo de Larisa[144], hasta que sometieron Tesalia bajo el control de Filipo. A continuación, todo el mundo habitado vino a estar lleno de desterrados, ultrajados y sufridores de toda suerte de males. ¿Qué es de Arístrato en Sición?[145], ¿qué de Perilo en Mégara?[146]. ¿No están arrumbados como material inútil? (49) A partir de estos hechos puede verse clarísimamente que quien en mayor medida protege su patria y con máxima frecuencia contradice a esas gentes, ése es, Esquines, el que os proporciona a vosotros, traidores y mercenarios, las ocasiones de aceptar sobornos, y gracias a la mayoría de estos aquí presentes y los que se enfrentan a vuestros designios, estáis vosotros a salvo y asalariados, puesto que, lo que es por vosotros mismos, hace tiempo que estaríais perdidos.

(50) Y aunque todavía puedo decir muchas cosas acerca de las gestiones de entonces, considero que incluso con esto he dicho más que suficiente. Y el culpable es ese individuo[147],

---

[142] Lástenes y Eutícrates aparecen con frecuencia mencionados en la obra de Demóstenes. Traicionaron a sus compatriotas entregando la caballería de Olinto a Filipo en el 348 a. J. C.

[143] Timolao era tebano y fue traidor a su patria, pues colaboró con otros en hacer que Tebas se rindiese a Filipo después de la batalla de Queronea, que tuvo lugar el 338 a. J. C. El orador Dinarco, contemporáneo de Demóstenes, pues su vida se sitúa entre los años 360 y 290 a. J. C., con muy mala intención, lo presenta como amigo de éste. Cfr. Dinarco, *Contra Demóstenes*, § 74. Su nombre figura también en la lista de traidores: cfr. Demóstenes, *Sobre la corona*, § 295.

[144] De Éudico no sabemos nada. Simo, según Harpocración *(s. v.)*, pertenecía a la noble familia de los Alévadas de Larisa. Éstos pidieron a Filipo que interviniese en Tesalia en contra de los tiranos de Feras. El resultado fue, como era de esperar, que el Macedonio desalojó del poder a los de Feras y lo ocupó él mismo. Cfr. Diodoro Sículo, *Historia de Grecia*, XVI, §§ 14 y 35.

[145] Arístrato fue tirano de Sición. Aparece mencionado en Plutarco, *Vida de Arato*, § 13 (Arato mandó destruir su retrato, obra de Melanto y Apeles), y en Plinio, *Historia natural*, §§ 35 y 109.

[146] Perilo pertenecía a las capas sociales altas de Mégara. Aparece mencionado, junto con Pteodoro y Helixo, en la lista de traidores; cfr. Demóstenes, *Sobre la corona*, § 295.

[147] Esquines.

por haber derramado sobre mí las heces[148], por decirlo así, de su propia perversidad y de sus crímenes, de las que era necesario que yo me liberase ante los que son más jóvenes que aquellas negociaciones[149]. Pero tal vez estáis aburridos quienes antes incluso de que yo dijese una palabra ya conocíais la condición mercenaria de ese individuo por aquel tiempo. (51) No obstante, él la llama amistad y hospitalidad y en algún sitio hace bien poco dijo expresamente: «Ése que me echa en cara en plan de oprobio la hospitalidad de Alejandro»[150]. ¿Yo a ti la hospitalidad de Alejandro? Ni huésped de Filipo ni amigo de Alejandro te llamaría yo a ti (no estoy tan loco), a no ser que también a los segadores y a los que en alguna otra ocupación trabajan a jornal haya que llamarlos amigos y huéspedes de quienes los tomaron a sueldo. (52) [Pero no es ello así. ¿De qué? Ni mucho menos.] Por el contrario, yo a ti te llamo asalariado de Filipo antes y de Alejandro ahora, y así hacen todos los aquí presentes. Y si no te fías, pregúntales; o, mejor, yo lo haré por ti. ¿Qué os parece, varones atenienses? ¿Que Esquines es un asalariado o un huésped de Alejandro? Ya oyes lo que dicen[151].

(53) Pues bien, quiero ya defenderme de la acusación en sí y exponer mis realizaciones, para que Esquines, aunque lo sabe, oiga, no obstante, las razones por las que afirmo que en justicia merezco obtener no sólo las recompensas que se me han acordado en el decreto previo, sino incluso otras aún mucho mayores. Toma el texto de la acusación y léemelo.

---

[148] Después de una noche de banquete, los jóvenes, bien empapados en vino, se divertían arrojando las heces y los restos del licor de Baco, así como las salsas sobrantes, sobre los comensales que se habían quedado dormidos. A estas heces alude aquí Demóstenes.

[149] Es decir, ante los que por su edad no alcanzaron a presenciar las negociaciones de paz con Filipo que condujeron a la «Paz de Filócrates» del año 346 a. J. C.

[150] Cfr. Esquines, *Contra Ctesifonte*, § 66: «Demóstenes, el que me echa en cara la hospitalidad de Alejandro.»

[151] Según el escoliasta, Demóstenes habría salido airoso de esta pregunta retórica empleando el ardid siguiente: Habría pronunciado a propósito incorrectamente la palabra «asalariado» en griego *(misthotós)* y el público —los jueces— la habrían pronunciado inconscientemente en su forma corregida y exacta, con lo que habrían dado la impresión de estar respondiendo afirmativamente a la pregunta planteada pos nuestro astuto orador.

Texto de la acusación

(54) [En el arcontado de Querondas[152], el día sexto del mes Elafebolión, Esquines, hijo de Atrometo, de Cotócidas, presentó ante el arconte[153] denuncia de ilegalidad contra Ctesifonte, hijo de Leóstenes, de Anaflisto, por haber presentado por escrito un decreto ilegal proponiendo que se debía coronar a Demóstenes, hijo de Demóstenes, de Peania, con corona de oro, y proclamar en el Teatro con ocasión de las Grandes Dionisias, el día destinado a los nuevos poetas trágicos, que el pueblo corona a Demóstenes, hijo de Demóstenes, de Peania, con corona de oro por sus méritos, por la buena voluntad que viene teniendo para con todos los griegos y el pueblo de los atenienses y por su hombría de bien, y porque continuamente actúa y habla promoviendo lo mejor para el pueblo y está deseoso de hacer todo el bien que pueda. (55) Toda esa propuesta es ilegal y falsa por no permitir las leyes, en primer lugar, introducir falsos alegatos en las actas públicas, ni, en segundo término, coronar al ciudadano sujeto a rendición de cuentas (y Demóstenes es comisario de fortificaciones y encargado de los fondos para los espectáculos); y, además, prohíben proclamar la corona en el Teatro, con ocasión de las fiestas Dionisias y el día del acceso a él de nuevos poetas trágicos; por el contrario, si el Consejo corona, se debe hacer la proclamación en el Consistorio, y si lo hace la ciudad, en la Asamblea, en la Pnix[154]. Multa: cincuenta talentos. Testigos de la citación: Cefisofonte de Ramnunte, hijo de Cefisofonte; Cleón, hijo de Cleón, de Cotócidas.]

(56) Éstas son, varones atenienses, las cláusulas del decreto contra las que dirige su acusación. Por lo que a mí respecta,

---

[152] Este documento, tan espúreo como los demás, pasó, hace algún tiempo, por ser el único auténtico de los incluidos en este discurso. El nombre «Querondas» corresponde efectivamente al de un arconte, pero, por desgracia, al arconte que ocupó el cargo, del 338 al 337 a. J. C. Sin embargo, la acusación presentada por Esquines, de la que se trata en este contexto, se data un año más tarde, exactamente en la primavera del 336 a. J. C., bajo el arcontado de Frínico, sucesor de Querondas en dicho cargo.

[153] Una «denuncia de ilegalidad» no se presentaba al arconte, sino a los *tesmótetas* o «revisores de la legislación». Este error prueba que el documento que tenemos ante nuestros ojos es apócrifo.

[154] La Pnix era una baja colina situada al occidente de la Acrópolis y el lugar de reunión de la Asamblea del Pueblo o *Ekklesía*.

partiendo de ellas mismas creo que, en primer término, os pondré en claro que me defenderé en todo punto con justicia[155]. Pues, adoptando el mismo orden de la denuncia presentada por ese individuo[156], hablaré sucesivamente de todas y cada una de las imputaciones sin dejar de lado ninguna (57) por propia voluntad. Así pues, en cuanto al hecho de que aquél[157] escribiera que yo de obra y de palabra vengo haciendo lo mejor para el pueblo y estoy dispuesto a realizar todo el bien que pueda y que por tales motivos se me elogie, estimo que el veredicto de ello se encuentra en mi conducta política. Pues sometido ese proceder a examen, a partir de él se descubrirá si lo que ha escrito Ctesifonte acerca de mí en su moción es verdadero y ajustado, o bien, por el contrario, falso. (58) Pero en cuanto a que no añadiera la especificación de la coronación se haga «una vez rinda mis cuentas»[158] y mande que se proclame la corona en el Teatro, considero que también eso está en relación con mi actuación política, es decir, si soy o no digno de la corona y de la proclamación ante el pueblo; no obstante, me parece que además habrá que señalar las leyes[159] en virtud de las cuales le era lícito a él presentar por escrito esas propuestas. De este modo, varones atenienses, tengo resuelto hacer mi defensa con espíritu de justicia y sin doblez; pasaré ahora directamente a mi actuación. (59) Y que nadie sospeche que yo desvío mi discurso del contenido de la acusación, si incido en la discusión de cuestiones y hechos políticos de Grecia. Pues el que persigue ante los tribunales la cláusula del decreto según la cual «de palabra y de obra yo llevaba cabo lo mejor» y el que ha presentado acusación de que eso es falso, ése es el que ha hecho

---

[155] Esquines, en la acusación, cfr. Esquines, *Contra Ctesifonte,* § 202, había rogado a los jueces que exigiesen de Demóstenes una defensa que siguiera, punto por punto, el mismo orden que él había adoptado en su discurso de inculpación.
[156] Esquines.
[157] Ctesifonte.
[158] Cfr. Esquines, *Contra Ctesifonte*, §§ 31 y 203.
[159] Hermógenes *(Rhetores Graeci,* III, pág. 432 Walz) señala que, astutamente, Demóstenes finge sencillez tratando de presentar como accesorio lo que es fundamental.

que sean pertinentes y estrechamente vinculados[160] a la acusación los discursos de la relación de toda mi actuación política. Además, aunque son muchos los campos que ofrece la actividad pública, yo escogí el de los asuntos griegos, de forma que también mis demostraciones justo es que las haga valiéndome de ellos.

(60) Ahora bien, lo que, antes de dedicarme yo a la administración del Estado y a la oratoria pública[161], Filipo se anticipó a conquistar y retuvo en su poder, lo dejaré de lado; pues opino que nada de ello me concierne; pero las empresas cuya realización yo impedí a partir del día en que me entregué a las mencionadas gestiones, os las recordaré y daré razón de ellas tras haceros brevemente las siguientes consideraciones previas. (61) ¡Ventaja grande, varones atenienses, tuvo a su favor Filipo! Pues fue el caso que entre los griegos (y no entre unos cuantos, sino entre todos por igual) se produjo una cosecha[162] tal de traidores, individuos venales y hombres aborrecibles para los dioses, como nadie hasta ahora recuerda que se haya producido otra anteriormente. Tomando Filipo a éstos de auxiliares y colaboradores, puso aún en peor situación a los griegos, que ya antes estaban mal avenidos entre sí y envueltos en disensiones; engañaba a los unos, sobornaba a los otros, a otros corrompía por todos los medios; y así los dividió en muchas fracciones, cuando, en realidad, una sola cosa era el interés de todos: impedir que aquél se engrandeciera. (62) Y estando todos los griegos en tal situación y siendo desconocedores aún del mal que se configuraba y crecía, es menester que vosotros examinéis, varones atenienses, cuáles eran la actitud y la actividad[163] que convenía eligiese la

---

[160] Otra vez más, una *duplicación* o coordinación de voces semánticamente semejantes («pertinentes» y «estrechamente vinculados»).

[161] Con el discurso *Sobre las sinmorías* (354 a. J. C.) inició Demóstenes su vida pública. Su responsabilidad en la política exterior de Atenas comenzó a partir de la paz del 346 a. J. C. Su oposición a Filipo se remonta al *Contra Filipo*, I, del 351 a. J. C.

[162] Cfr. Demóstenes, *Sobre la corona*, § 295, donde se especifican, en una larga enumeración, los frutos de esta cosecha.

[163] De nuevo estamos ante una *duplicación*, figura amplificadora muy del gusto de Demóstenes.

ciudad y que de ellas recibáis razón por parte mía; pues el que se puso al frente de esa parcela de la política fui yo[164]. (63) ¿Acaso[165] era menester, Esquines, que ella, dejando caer su orgullo y dignidad propios al mismo nivel que los tesalios y dólopes[166], ayudara a Filipo a adquirir el imperio sobre los griegos y aniquilase las gloriosas y justas empresas de nuestros antepasados? ¿O bien no hacer eso (pues sería, en verdad, tremenda cosa), pero sí, en cambio, permitir que ocurriese lo que ella veía que iba a ocurrir, si nadie lo impedía, y lo que iba previendo, al parecer, desde tiempo atrás? (64) Pero ahora, a mí, al menos, me gustaría preguntar al que más severamente censure la actuación del pasado, de qué parte hubiera preferido que estuviese la ciudad, de la que era cómplice de los males y vergüenzas que habían sobrevenido a los griegos, entre cuyos componentes se podría citar a los tesalios y sus aliados, o de la que había hecho caso omiso del desarrollo de esos acontecimientos por la esperanza de su propia ventaja, en la que podríamos situar a los arcadios, mesenios y argivos[167]. (65) Sin embargo, incluso muchos de éstos, mejor dicho, todos, han salido peor librados que nosotros. Puesto que si Filipo, una vez que impuso su poder[168], se hubiese retirado al punto y tras ello se hubiera mantenido en calma, sin molestar a nadie ni de sus aliados ni de los demás griegos, habría tal vez algún motivo de reproche y acusación contra los que se opusieron a lo que aquél llevaba a cabo;

---

[164] Demóstenes se siente orgulloso de su actuación política.
[165] Hermógenes *(Rhetores Graeci*, III, págs. 226 y 267 Walz) propone este período como ejemplo brillante de la figura denominada *epimoné* (en latín, *commoratio),* «insistencia», «detenimiento», «morosidad», que es una estrategia retórica que hace hincapié en una idea a través de la repetición de una misma forma de expresión (la interrogación en este caso).
[166] Los tesalios ayudaron a Filipo en la guerra de Anfisa. Los dólopes aparecen nombrados junto a los tesalios para rebajar a éstos más aún y presentarlos como traidores a los griegos.
[167] Cfr. Polibio, *Historias,* XVII, § 14.
[168] Con la batalla de Queronea, que tuvo lugar en el 388 a. J. C., Filipo trató a los derrotados atenienses con generosidad y consideración, pues devolvió a Atenas sin exigir rescate los dos mil combatientes de su ejército que habían sido hechos prisioneros; por el contrario, descargó su cólera vengativa sobre Tebas, que antes fuera su aliada, e invadió el Peloponeso.

pero si a todos por igual les suprimió la dignidad, la supremacía, la libertad y, lo que es más, hasta los gobiernos constitucionales de todos los que pudo, ¿cómo negar que vosotros, fiados de mí, elegisteis la más honrosa de todas las decisiones?

(66) Pero vuelvo a aquella cuestión anterior[169]. ¿Qué[170] convenía que hiciera la ciudad, Esquines, al ver que Filipo se estaba procurando autoridad y gobierno personal sobre Grecia? ¿O qué era menester que expusiese o propusiera un consejero del pueblo de Atenas (de Atenas, digo, pues, en efecto, este detalle es de importancia decisiva) que era consciente de que, desde el comienzo de los tiempos hasta el día en que subí a la tribuna, la patria venía luchando en todo momento por la primacía, el honor y la gloria, y más dinero y vidas había gastado por amor a la honra y el interés de todos que cada uno de los demás griegos en defensa de sí mismos; (67) y que veía que el propio Filipo, contra quien estábamos en contienda, por el mando y el poder personal tenía vaciado un ojo, la clavícula fracturada, estaba lisiado de la mano y la pierna[171] y siempre dispuesto a sacrificar cualquier parte de su cuerpo que la fortuna quisiera arrebatarle con tal de vivir con el resto rodeado de honra y gloria?[172]. (68) Y, realmente, tampoco nadie se atrevería a decir que al que se crió en Pela[173], lugar oscuro, al menos entonces, y pequeño, le cuadrase que en su pecho brotasen tan altas aspiraciones como para desear el imperio sobre los griegos y meterse tal proyecto en la cabeza, y, en cambio, a vosotros, que sois atenienses y diariamente en discursos y espectáculos contempláis monumentos de

---

[169] Se acaba la digresión que contiene el § 65.

[170] De nuevo estamos ante la figura denominada *epimoné* (en latín, *commoratio*), magistralmente empleada por Demóstenes; cfr. Hermógenes, *Rhetores Graeci*, III, pág. 266 Walz.

[171] Sobre las heridas de Filipo, comenta el escoliasta que la herida en el ojo se la hizo en Metone, la de la clavícula entre los ilirios, y la de la mano y la pierna cuando se encontraba entre los escitas.

[172] Acaba aquí una carga de *preguntas retóricas* acumuladas para conmocionar al oyente. Con frecuencia a lo largo de este discurso preguntará retórica e inteligentemente Demóstenes: «¿Qué había que hacer?»

[173] Cfr. Ps.- Demóstenes, *Sobre el Haloneso*, § 7. Pela era una minúscula localidad de Macedonia. La engrandeció Filipo porque había nacido en ella.

la virtud de vuestros antepasados, os acomodara poseer tan alto grado de cobardía que voluntariamente y de forma espontánea cedierais a Filipo vuestra libertad. Nadie podría decir tal cosa. (69) El recurso, pues, que quedaba y era a la vez obligado consistía en oponeros con justicia a todo cuanto él llevaba a cabo por vía de la injusticia. Eso hacíais vosotros desde el principio[174] de forma apropiada y conveniente y yo proponía y aconsejaba, por mi parte, de acuerdo con las oportunidades con que contaba en mi vida pública. Lo reconozco. Pero, ¿qué debía hacer?[175]. Pues ya te estoy preguntando a ti, Esquines, dejando todo lo restante, Anfípolis[176], Pidna, Potidea, Haloneso —de ninguna de estas plazas me acuerdo—, (70) Serrio, Dorisco[177], el saqueo de Peparetos[178] y todos los demás atropellos que sufría la ciudad, ni siquiera sé si han ocurrido. Ahora bien, tú, por cierto, decías[179] que yo al mencionar esas plazas arrojé a estos mis conciudadanos a una situación de odio, aunque los decretos referentes a esos asuntos son de Eubulo, Aristofonte[180] y Diopites[181], no míos,

---

[174] Es decir, cuando fueron capturadas Anfípolis, Pidna y Potidea, Demóstenes no era responsable del desinterés e inactividad de Atenas.

[175] Esta *pregunta retórica*, ya empleada por Demóstenes (§ 66), la repetirá en más de una ocasión nuestro hábil y experto orador.

[176] Aunque cedida por el tratado que dio lugar a la «Paz de Filócrates», esta ciudad, al igual que Potidea, no dejaba de ser reclamada por los atenienses patriotas, que la consideraban posesión de Atenas. Cfr. *Contra Filipo*, II, § 17.

[177] Acerca de Serrio y Dorisco, cfr. el § 27 de este mismo discurso.

[178] «Peparetos —dice el escoliasta— es una isla situada en el mar Egeo, frente a Tesalia. La saqueó Álcimo, que era almirante de Filipo.» Este saqueo de Peparetos tuvo lugar el 341 a. J. C. Los habitantes de Peparetos, aliada de Atenas, habían tomado la islita de Haloneso, ocupada por Filipo, y capturado su guarnición.

[179] Esquines, *Contra Ctesifonte*, § 82.

[180] Eubulo, jefe del partido pacifista después del 346 a. J. C., año de la «Paz de Filócrates», y Aristofonte, que, con anterioridad a esta fecha se había retirado de los asuntos públicos, redactaron, tal vez, decretos en solicitud de entablar negociaciones con Filipo en torno a la captura, por parte de este último, de plazas como Anfípolis, Pidna, Potidea e, incluso, la de Peparetos, que tuvo lugar posteriormente.

[181] No sabemos a ciencia cierta si Demóstenes se refiere al general mencionado en *Las Filípicas* o discursos *Contra Filipo*, o al orador de Esfeto de quien habla elogiosamente Hiperides en su discurso titulado *En favor de Eujenipo* (Hiperides, XXXIX, § 29).

¡tú, que a la ligera dices lo que te viene en gana! (71) Tampoco ahora hablaré de ello. Pero aquel que se anexionaba Eubea y la convertía en base de operaciones contra el Ática y atentaba contra Mégara[182] y ocupaba Oreo y asolaba Portmo y establecía en Oreo[183] a Filístides en calidad de tirano y en Eretria a Clitarco e intentaba someter bajo su poder el Helesponto[184] y sitiaba Bizancio y unas ciudades griegas destruía mientras en otras restituía a los exiliados[185], ¿acaso el que eso hacía obraba injustamente, transgredía el tratado y violaba la paz, o no? ¿Y era preciso o no que apareciera algún griego que le impidiera cometer esas acciones? (72) Pues si no era preciso, antes bien, Grecia habría de aparecer a los ojos de todos como si fuese el botín misio que se llama[186], aun existiendo y viviendo[187] atenienses, yo he hecho un trabajo en balde al hablar de estos asuntos y la ciudad ha obrado en vano por haberme hecho caso; y corran de mi cuenta todos los delitos y errores que se han cometido. Pero si era necesario que apareciese quien impidiera esos hechos, ¿a qué otro pueblo le correspondería hacerlo sino al ateniense? Pues bien, así era como yo actuaba en función de hombre de estado, y, viendo que aquél iba esclavizando a toda la humanidad, trataba de hacerle frente y continuamente advertía y sugería que no entregaseis nada. Y, sin em-

---

[182] El año 344-343 a. J. C., Filipo intentó apoderarse de Mégara ayudado por una «quinta columna», que le apoyaba desde dentro de la ciudad. Mégara estuvo, pues, a punto de convertirse, dada su proximidad al Ática, en otra «base de operaciones» *(epiteíkhisma)* que amenazara a Atenas.

[183] Mediante una exposición desordenada, que en el fondo es un ardid de la oratoria, vuelve Demóstenes a referirse a la situación de Eubea.

[184] Sobre las operaciones de Filipo en el Helesponto y en Bizancio, cfr. Demóstenes, *Sobre la corona*, §§ 87-89 y 244.

[185] Es decir, a sus partidarios.

[186] Dice el escoliasta que el refrán «botín misio» se aplica a «los que en vano y sin causa perecen». Misia, en ausencia del rey Télefo —que, disfrazado de mendigo, anduvo errante en busca de Aquiles, para que le curase la herida que este héroe precisamente le había infligido— fue objeto de innumerables incursiones por parte de los pueblos vecinos y los piratas.

[187] He aquí otro caso de *duplicación*, procedimiento retórico de *amplificación*, puesto que si los atenienses «viven», también es seguro que «existen».

bargo, la paz fue aquel quien la rompió al capturar las naves[188], no la ciudad, Esquines.

(73) Pero trae los decretos en cuestión y la carta de Filipo y léelos en su propio orden; pues a partir de ellos aparecerá claro quién es responsable de cada actuación.

Decreto[189]

[En el arcontado de Neocles, en el mes de Boedromión, en la asamblea convocada por los estrategos, Eubulo[190], hijo de Mnesíteo, de Copro, propuso: Toda vez que los estrategos anunciaron en la Asamblea que al almirante Leodamante y las veinte naves enviadas bajo su mando al Helesponto para el transporte de trigo, Amintas, el general de Filipo, las ha conducido a Macedonia para hacerlas atracar y las sigue teniendo allí bajo custodia, que se preocupen los prítanes y los estrategos de que el Consejo se reúna y se elijan embajadores para que vayan ante Filipo (74), los cuales, una vez en presencia suya, conferenciarán con él sobre la liberación del almirante, las naves y los soldados; y si Amintas ha obrado así por ignorancia, dirán que el pueblo no le hace ningún reproche; pero si Filipo ha descubierto que lo hizo descuidando las instrucciones recibidas, dirán que los atenienses investigarán el asunto y le castigarán como merece su negligencia. Y si no se da ninguna de estas dos posibilidades, sino que particularmente se comportan con desconsideración o bien el que dio la orden de marcha o el que la recibió, comunicar también eso, para que, enterándose el pueblo, decida qué debe hacer.]

---

[188] El hecho de que la escuadra de Filipo apresara unos barcos mercantes atenienses, dio pie a Atenas para considerar la acción como una violación formal e intencionada del tratado de paz, y, consiguientemente, a declarar sin dilación la guerra al Macedonio.

[189] Este decreto, al igual que los documentos que le siguen a continuación, es apócrifo, pues, entre otras razones, se habla en él de un *náuarkhos* (nosotros hemos traducido «almirante») cuando, en realidad, en pleno siglo IV a. J. C., se esperaría el término *strategós*. Sólo Jenofonte en las *Helénicas* (Jenofonte, *Helénicas*, V, § 1, 5) emplea la voz *náuarkhos* para referirse a un «almirante». Pero Jenofonte escribe ya en *koiné* o griego helenístico o variedad de ático de uso supranacional y se le escapan frecuentes laconismos, por ejemplo, la voz *náuarkhos*, error en que ha caído nuestro falsificador.

[190] Eubulo, el estadista famoso, era del demo de Anaflisto. Otra prueba más del carácter apócrifo de este decreto.

(75) Así pues, ese decreto lo propuso Eubulo, no yo, y el que viene a continuación, Aristofonte; el otro, Hegesipo; luego, el que sigue, otra vez Aristofonte; después, el siguiente, Filócrates; luego, el que viene a continuación, Cefisofonte; y luego, el último, todos ellos[191]. Yo, en cambio, no propuse ninguno sobre esos asuntos. Lee[192].

Decreto

[En el arcontado de Neocles, el día treinta del mes de Boedromión, por decisión del Consejo, los prítanes y los estrategos trataron los asuntos tramitados por la Asamblea que previamente refirieron: que pareció bien al pueblo elegir embajadores que fuesen ante Filipo para tratar del recobro de las naves y que se les diera instrucciones de acuerdo con los decretos de la Asamblea. Y eligieron a los siguientes: Cefisofonte, hijo de Cleón, de Anaflisto; Demócrito, hijo de Demofonte, de Anágiro; Polícrito, hijo de Apemanto, de Cotócidas. En la pritanía de la tribu Hipotóntide. Lo propuso Aristofonte de Cólito, presidente.]

(76) Pues bien, de la misma manera que yo muestro estos decretos, muestra tú también, Esquines, cuál fue aquel que yo propuse por el que soy responsable de la guerra. Pero no podrás hacerlo; que, si pudieras, ninguno hubieras presentado ahora antes que ése. Y, realmente, ni Filipo me acusa para nada respecto de la guerra, aunque sí inculpa a otros. Lee la propia carta de Filipo.

---

[191] Es una maravilla la manera en que Demóstenes, empleando un esquema paratáctico propio del nivel coloquial de la lengua («luego... luego, y luego...»), consigue amplificar los hechos en su interés. Da la impresión de que el decreto en cuestión lo ha propuesto todo el mundo menos él mismo. ¡Maravillas de la retórica!

[192] Esquines, en el discurso de acusación *(Contra Ctesifonte,* § 55), había afirmado que el decreto que declaraba la guerra había sido propuesto por Demóstenes. Ahora Demóstenes enumera los decretos que manda leer al ujier uno tras otro en un orden previamente fijado por él: el de Antifonte, el de Filócrates, el de Cefisofonte y el de todos ellos juntos.

Carta

(77) [El rey de los macedonios, Filipo, al Consejo y al Pueblo de los Atenienses, salud. Se presentaron ante mí los embajadores enviados por vosotros, Cefisofonte, Demócrito y Polícrito, y trataron sobre la liberación de las naves que tenía bajo su mando Leodamante en calidad de almirante. En general, ciertamente, lo que es a mí, me da la impresión de que vais a ser muy tontos si imagináis que se me oculta que esos barcos fueron enviados con el pretexto de transportar trigo del Helesponto a Lemnos, cuando en realidad lo fueron para llevar ayuda a los selimbrianos, que están siendo asediados por mí y no están incluidos en los acuerdos de amistad establecidos mutuamente entre nosotros. (78) Y esas órdenes fueron dadas al almirante, sin contar con el pueblo de los atenienses, por ciertos magistrados y por otros que ahora son simples particulares, pero que quieren a cualquier precio que el pueblo, abandonando su actual sentimiento de amistad hacia mí, reemprenda la guerra, y ponen mucho mayor celo en que eso llegue a término que en prestar ayuda a los selimbrianos. Y tienen para sí que tal actitud será para ellos una fuente de ingresos; no me parece a mí, sin embargo, que ello sea provechoso ni para vosotros ni para mí. Por lo cual, las naves que ahora fueron conducidas a mis puertos, las dejo en libertad y os las envío, y para el futuro, si estáis dispuestos a no permitir a vuestros hombres de estado que gobiernen malignamente, antes bien, los censuráis, procuraré también yo ir salvaguardando la paz. Que os vaya bien.]

(79) Aquí en ningún sitio ha escrito el nombre de Demóstenes ni acusación ninguna contra mí. ¿Por qué razón, pues, inculpando a los demás no ha hecho mención de los hechos realizados por mí? Porque recordaría sus transgresiones, [si algo escribiera sobre mí]; que a ellas me aferraba yo y a ellas me oponía. Y, en primer lugar, efectivamente, propuse por escrito la embajada al Peloponeso[193], cuando por vez primera aquél trataba de introducirse subrepticiamente allí; luego, la que fue a Eubea, cuando andaba tentando a Eubea, a con-

---

[193] Se refiere a la embajada del 344 a. J. C. en que Demóstenes pronunció un discurso ante los mesenios y argivos, el que cita en *Contra Filipo*, II, §§ 20-25.

tinuación, la expedición a Oreo —ya no embajada—, y la dirigida a Eretria[194], una vez que aquél estableció tiranos en estas ciudades. (80) Después de eso, despaché todas las expediciones navales por las cuales se salvaron Quersoneso, Bizancio y todos los aliados[195]. A raíz de ellas os iban cayendo en suerte por parte de los beneficiados las más hermosas recompensas: elogios, gloria, distinciones, coronas, muestras de gratitud; y de entre los que sufrían agresión, a quienes entonces os hicieron caso les sobrevino la salvación, mientras que a quienes se despreocuparon[196] de vuestra advertencia les tocó acordarse en muchas ocasiones de vuestras predicciones y reconocer que vosotros no sólo erais bienintencionados para con ellos mismos, sino además hombres sagaces y adivinos; pues se ha cumplido todo cuanto pronosticasteis. (81) Y, en verdad, nadie desconoce, y tú menos que nadie, que Filístides habría pagado buena suma de dinero por tener en su poder Oreo, y Clitarco por poseer Eretria, y el propio Filipo por contar con esas plazas para emplearlas contra vosotros y por no resultar convicto en relación con ninguna de sus restantes empresas, así como para que nadie en ningún lugar hiciese indagación de las injusticias que iba cometiendo. (82) Pues los embajadores que de parte de Clitarco y de Filístides aquí iban llegando se alojaban en tu casa, Esquines, y tú eras el representante oficial de ellos; aquellos hombres a quienes la ciudad rechazó como enemigos y gentes que nada justo ni aceptable proponían, eran tus amigos. Ahora bien, nada de eso, en cambio, se llevó a efecto, ¡oh tú que me calumnias y dices de mí que callo cuando cobro y vocifero cuando me lo he gastado![197]. Pero no haces tú eso; por el contrario, andas

---

[194] Estas expediciones tuvieron lugar el 341 a. J. C. y, a raíz de ellas, fueron eliminadas las tiranías de Oreo y Eretria, ejecutados los tiranos Filístides y Clitarco, y toda la isla quedó libre del dominio de Filipo.
[195] Cfr. Demóstenes, *Sobre la corona*, §§ 87-89, 240, 241. El Proconeso y Ténedos aparecen mencionados en el § 302.
[196] Se refiere a los peloponesios, que no hicieron caso del consejo de Demóstenes el 344 a. J. C. ni más tarde (cfr. Demóstenes, *Contra Filipo*, III, §§ 27 y 34); y también a los de Oreo y Eritrea, que se negaron a escuchar a Atenas (Demóstenes, *Contra Filipo*, III, §§ 57, 66 y 68).
[197] Cfr. Esquines, *Contra Ctesifonte*, § 218.

continuamente vociferando y nunca cesarás si éstos no te hacen cesar despojándote hoy de tus derechos ciudadanos[198].
(83) Así pues, aunque vosotros me coronasteis entonces por esos merecimientos y Aristonico redactó el decreto en los mismos términos que Ctesifonte ahí presente ha empleado ahora, y pese a que la corona fue proclamada en el Teatro —y era ésta ya para mí la segunda vez que se me hacía tal proclamación—, Esquines, que estaba presente, ni se opuso ni entabló demanda contra el autor de la propuesta. Toma también ese decreto y léemelo.

(84) Decreto[199]

[En el arcontado de Querondas, hijo de Hegemón, el día vigésimo quinto del mes de Gamelión, ocupando la pritanía la tribu Leóntide, Aristonico de Frearros propuso: Toda vez que Demóstenes, hijo de Demóstenes, de Peania, ha prestado muchos y grandes servicios al pueblo de los atenienses y a través de sus decretos ha ayudado a muchos aliados tanto en el pasado como en la presente ocasión y ha liberado algunas de las ciudades de Eubea y continúa siendo amable para con el pueblo de los atenienses y de palabra y obra hace todo el bien que puede en favor de los atenienses mismos y de los demás griegos, tengan a bien el Consejo y el Pueblo de los Atenienses elogiar a Demóstenes, hijo de Demóstenes, de Peania, y coronarle con una corona de oro y proclamar la corona en el Teatro en las fiestas Dionisias, en la representación de las tragedias nuevas, y que de la proclamación de la corona se cuiden la tribu que ocupa la pritanía y el organizador de los certámenes. Hizo la propuesta Aristonico de Frearros.]

(85) ¿Hay, pues, alguno de entre vosotros que sepa si sobrevino a la ciudad algún oprobio, escarnio o mofa a raíz de ese decreto, como dijo ese individuo[200] que ahora ocurriría si

---

[198] Si el acusado resultaba absuelto ganando las cuatro quintas partes de los votos, el acusador quedaba privado del derecho de intentar en el futuro una acción judicial de este género.
[199] De nuevo estamos ante un documento apócrifo.
[200] Es decir, Esquines. Cfr. Esquines, *Contra Ctesifonte*, § 231: «Vosotros mismos, cuando coronéis a un hombre de esta laya, ¿no pensáis que en el concepto de los griegos recibís una silba?»

yo soy coronado? Y bien es verdad que cuando los hechos son recientes y conocidos de todos, si son buenos, alcanzan gratitud, y si son de otra suerte, castigo. Pues bien, es claro que yo entonces alcancé gratitud y no censura ni castigo.

(86) Por tanto, hasta aquellas fechas en que tuvieron lugar esos hechos, es cosa por todos reconocida que yo actuaba de la mejor manera en beneficio de la ciudad, por el hecho de que con mis discursos y propuestas triunfaba cada vez que deliberabais, y se llevaban a la práctica mis propuestas y de ellas resultaban coronas para la ciudad, para mí y para todos, y vosotros habéis hecho sacrificios y procesiones en agradecimiento a los dioses en la idea de que tales resultados eran buenos.

(87) Ahora bien, una vez que Filipo fue expulsado de Eubea por vosotros, con las armas, y por mí (aunque algunos de esos individuos[201] revienten) mediante mi gestión pública y mis decretos, buscaba él otro baluarte contra la ciudad[202]. Y viendo que de entre todos los hombres somos los que en mayor medida consumimos trigo importado[203], queriendo hacerse dueño de la importación de grano, avanzó hacia Tracia[204] y al principio reclamaba de los bizantinos, que eran sus aliados[205], la colaboración en la guerra contra nosotros; pero como no estaban dispuestos y afirmaban que no habían hecho la alianza en esos términos (diciendo en eso la verdad),

---

[201] Es decir: Esquines y los demás partidarios de la causa macedonia y traidores a su patria.
[202] Bizancio.
[203] Para la política exterior de Atenas era vital evitar que el Helesponto y el Bósforo, puntos estratégicos de la «ruta del trigo», estuviesen bajo control de poderes enemigos (cfr. Demóstenes, *Sobre la corona*, §§ 241 y 301). Ello era debido al hecho de que el suelo del Ática, «de escaso espesor», como señalara acertadamente Tucídides (Tucídides, *Historia de la Guerra del Peloponeso*, I, § 2), ni en las mejores cosechas proporcionaba grano suficiente para alimentar a la población a la que brindaba asiento. Necesitaba, pues, Atenas importar trigo de las fértiles costas del Ponto Euxino.
[204] Filipo se acercó a Tracia el 340 a. J. C. para asediar Perinto. Un ejército macedonio que marchaba a través del Quersoneso protegía a la flota de Filipo, que en ese momento se abría paso por el Helesponto.
[205] Bizancio se alió con Filipo después de abandonar su alianza con Atenas a raíz de la Guerra Social o de los Aliados (cfr. Demóstenes, *Contra Filipo*, III, § 35).

Filipo levantó una empalizada frente a la ciudad, y emplazando máquinas de guerra, la asediaba. (88) Ante tal situación, lo que debíais vosotros hacer, no os lo voy a preguntar, pues es para todos evidente. Pero, ¿quién fue el que prestó ayuda a los bizantinos y los salvó? ¿Quién el que impidió que el Helesponto pasara a manos ajenas por aquellas fechas? Vosotros, varones atenienses, y cuando digo vosotros, digo la ciudad. Y ¿quién era el que para bien de la ciudad hacía uso de la palabra, proponía por escrito decretos, actuaba y, por decirlo de una vez por todas, se entregó sin reservas a esos asuntos? Yo. (89) Pero, realmente, cuánto benefició ello a todos es cosa que ya no es menester comprendáis a partir de mi discurso, pues lo habéis experimentado con los hechos.

En efecto, la guerra que entonces se declaró, sin contar el hecho de que os aportó hermosa gloria, os hacía vivir en todo lo tocante al sustento con mayor abundancia y baratura que la paz actual[206], la que esa buena gente observa en detrimento de su patria[207] y con vistas a futuras esperanzas, ¡de las que ojalá se vean frustrados y compartan los bienes que vosotros, los que albergáis los mejores deseos, pedís a los dioses; que nunca os hagan partícipes de los que ellos personalmente han escogido! Léeles las coronas de los bizantinos y las de los perintios, con las que coronaban entonces a la ciudad a raíz de esos acontecimientos.

Decreto de los bizantinos

(90) [Siendo *hieromnemon*[208] Bosporico, Damageto en la Asamblea, tomando un decreto previo del Consejo, presentó esta propuesta: toda vez que el pueblo de los atenienses en las pasadas oca-

---

[206] La «Paz de Démades», que protegía a Atenas a partir de la derrota de Queronea (338 a. J. C.).

[207] Obsérvese la ironía del sintagma «esa buena gente». El partido filomacedonio de Atenas había impedido que los atenienses decidiesen prestar ayuda a Tebas en su revuelta del 335 a. J. C. y a los lacedemonios que hicieron lo mismo en el reinado de Agis, el 330 a. J. C.

[208] En Bizancio, el *hieromnemon*, sacerdote de Posidón, era el magistrado epónimo, como el arconte en Atenas; cfr. Polibio, *Historias*, IV, § 52.

siones ha venido siendo constantemente bienintencionado hacia los bizantinos y sus aliados y parientes los perintios[209], y les han prestado muchos y grandes servicios y, recientemente, cuando Filipo el macedonio atacó la región y la ciudad con el fin de liquidar Bizancio y Perinto y quemaba el campo y talaba sus árboles, acudió en su ayuda con ciento veinte bajeles, trigo, proyectiles y hoplitas y nos libró de esos grandes peligros y restableció la constitución patria, las leyes (91) y los sepulcros, ha parecido bien al pueblo de los bizantinos y de los perintios conceder a los atenienses derecho de matrimonio, de ciudadanía, de posesión de tierras y casas, presidencia en los certámenes, acceso inmediato al Consejo y a la Asamblea después de los sacrificios, y exención de toda prestación de servicios públicos para quienes deseen habitar la ciudad; y erigir en el Bosporeo tres estatuas de dieciséis codos que representen al pueblo de los atenienses en actitud de ser coronado por el de los bizantinos y perintios, y enviar delegaciones a las grandes concentraciones griegas, los Juegos Ístmicos, Nemeos, Olímpicos y Píticos, y proclamar las coronas con las que ha sido coronado el pueblo de los atenienses por nosotros, para que conozcan los griegos los méritos de los atenienses y la gratitud de los bizantinos y perintios.]

(92) Lee también las coronas decretadas por los habitantes del Quersoneso.

Decreto de los Quersonesios

[Los quersonesios que habitan Sesto, Eleunte, Mádito y Alopeconeso coronan al Consejo y al Pueblo de los Atenienses con una corona de oro de sesenta talentos y erigen un altar a Gratitud y al Pueblo de los Atenienses por haber sido causante de todos los mayores bienes para los quersonesios, al haberlos arrancado de las manos de Filipo y haberles devuelto sus patrias, sus leyes, su libertad y sus templos. Y en todo el tiempo por venir no cesarán de darles gracias y de hacerles todo el bien que puedan. Estos acuerdos fueron votados en el Consejo Confederado.]

---

[209] Los bizantinos eran colonos de los megarenses, dorios, por tanto; los perintios, en cambio, lo eran de los jonios de Samos, pero a éstos se les habían unido megarenses.

(93) Así pues, mis principios y mi actividad en el gobierno no sólo lograron salvar el Quersoneso y Bizancio, impedir que el Helesponto llegase a estar entonces sometido a Filipo, y que nuestra ciudad alcanzara por ello alta consideración, sino que, además, revelaron a todos los hombres la nobleza de nuestra ciudad y la ruindad de Filipo. Pues él, siendo, como era, aliado de los de Bizancio, era visto por todos asediando esa ciudad; y ¿qué hay más vergonzoso y sucio que eso? (94) Vosotros, en cambio, quienes precisamente con razón les hubierais podido echar en cara muchos y justos reproches por la desconsideración con que os habían tratado en tiempos pasados, resultaba claro que no sólo no guardabais rencor ni abandonabais a los agraviados, sino que además los salvabais, por lo cual os habéis granjeado gloria y simpatía por parte de todos. Y además, que habéis coronado ya a muchos de vuestros hombres públicos, es cosa que todos saben; pero algún otro por cuyos servicios la ciudad haya sido coronada (algún otro consejero u orador, quiero decir) exceptuado yo, nadie podría nombrarlo.

(95) Ahora bien, con el fin de demostraros que también las infamantes razones[210] que esgrimió contra los eubeos[211] y los bizantinos trayendo a colación lo que de desagradable hubiera podido haber en su trato con vosotros, son mentirosas acusaciones no sólo por el hecho de ser fingidas (de lo que estimo estáis vosotros bien al tanto), sino, además, porque, aunque fueran absolutamente verdaderas, convenía hacer uso de los acontecimientos en la forma en que yo lo he hecho, quiero exponeros, y ello en pocas palabras, una o dos honrosas hazañas[212] de las realizadas por la ciudad en vuestros días; porque, realmente, tanto un varón en su vida privada como una ciudad en su conducta pública deben procurar siempre realizar sus acciones futuras adaptándolas a las más

---

[210] Cfr. Esquines, *Contra Ctesifonte*, §§ 85-93.

[211] Cfr. Esquines, *Contra Ctesifonte*, §§ 85 y ss. Curiosamente, no se refiere Esquines, en cambio, para nada a los bizantinos.

[212] La primera pertenece a la Guerra de Corinto, que tuvo lugar el año 395 a. J. C., es decir, está a una distancia de sesenta y cinco años de la fecha en que fue pronunciado el discurso *Sobre la corona*. Cfr. Demóstenes, *Contra Filipo*, I, § 17, y *Sobre la corona*, § 96.

hermosas de las que tienen ya en su haber. (96) Así pues, vosotros, varones atenienses, cuando los lacedemonios mandaban por tierra y mar, y con harmostas y guarniciones[213] dominaban los alrededores del Ática, Eubea, Tanagra, toda Beocia, Mégara, Egina[214], Ceos, las demás islas[215], y la ciudad no poseía entonces ni naves ni murallas[216], salisteis hasta Haliarto[217] y, una vez más, no muchos días más tarde, hasta Corinto[218], y eso que los atenienses de aquel entonces por muchas razones hubieran podido guardar rencor a corintios y tebanos debido a su conducta en la guerra de Decelia; sin embargo, no obraron así, ni por asomo. (97) Y, no obstante, entonces ambas acciones, Esquines, ni las llevaban a cabo en

---

[213] Después de la Guerra del Peloponeso, Lisandro, el triunfador absoluto al que incluso se le rindió en Grecia culto divino, estableció en la mayor parte de las ciudades conquistadas un gobernador espartano, llamado *harmosta*, al frente de una guarnición y una Junta de Gobierno, compuesta por diez miembros *(dekadarkhía)* elegidos de entre los ciudadanos de la población sometida más afectos a la causa espartana.

[214] Eubea y Mégara habían pasado a manos de los espartanos poco antes de acabar la Guerra del Peloponeso. Tanagra estaba en poder de partidarios de Esparta el 377 a. J. C. (cfr. Jenofonte, *Helénicas*, V, § 4, 49). Egina, a la que en el 431 a. J. C. Atenas había repoblado con sus ciudadanos tras expulsar previamente a los nativos (estas repoblaciones a base de ciudadanos eran las *cleruquías)*, volvió a pertenecer a sus antiguos dueños por obra de Lisandro, cuando éste se dirigía a Atenas para atacarla el año 405 a. J. C. (cfr. Tucídides, *Historia de la Guerra del Peloponeso*, II, § 27; Jenofonte, *Helénicas*, II, § 2, 9). En general, Beocia había sido aliada de Esparta; pero, cuando la guerra terminó, Tebas, disgustada con la actitud tiránica adoptada por los lacedemonios, aunque había sido encarnizada enemiga de Atenas, acogió, en el 403 a. J. C., a los demócratas atenienses Trasibulo y sus compañeros de exilio, antes de que éstos atacasen, en el 403 a. J. C., a los Treinta Tiranos y a sus partidarios. Este descontento de Tebas con Lacedemonia terminó en la «Guerra de Beocia» el año 395 a. J. C., en la cual Atenas estuvo del lado de Tebas; en la batalla de Haliarto murió Lisandro en pleno campo de liza.

[215] Es decir, las islas adyacentes a Ceos: Tenos, Andros, Melos. Lisandro devolvió Melos a sus antiguos habitantes (cfr. Plutarco, *Lisandro*, § 14).

[216] Por imposición de Esparta, Atenas se vio obligada a demoler sus Muros Largos y los del Pireo; y sólo se le permitió mantener doce barcos de guerra; cfr. Jenofonte, *Helénicas*, II, § 2, 20.

[217] Cfr. Demóstenes, *Contra Filipo*, I, §§ 17 y 35.

[218] La batalla de Haliarto tuvo lugar el año 395 a. J. C. Un año más tarde se fecha la batalla de Corinto. En la «Guerra de Corinto» se enfrentó a los espartanos una coalición formada fundamentalmente por atenienses, corintios, beocios y argivos.

defensa de bienhechores ni veían que ellas estuviesen desprovistas de riesgo; pero no por ese motivo abandonaban a los que acudían a ellos en busca de amparo, antes bien, por amor a la gloria y al honor estaban dispuestos a entregarse a los peligros, tomando, de este modo, una acertada y honrosa decisión. Pues para todos los hombres término de la vida es la muerte, aunque alguien se guarde encerrándose en un aposento; pero es menester que los hombres esforzados emprendan siempre todas las bellas acciones blandiendo ante ellos mismos el escudo de la esperanza, y soporten con nobleza lo que la divinidad les asigne. (98) De esta forma obraban vuestros antepasados, así obrabais los de más edad de entre vosotros, quienes, a pesar de que los lacedemonios no eran vuestros amigos ni vuestros bienhechores, antes bien, habían cometido muchas y graves injurias contra nuestra ciudad, cuando los tebanos después de su victoria en Leuctra[219] se aprestaban a aniquilarlos, lo impedisteis, sin temer la fuerza y la reputación con que entonces contaban los tebanos y sin tener en cuenta cuál había sido el comportamiento de aquellos hombres en cuya defensa ibais a correr peligros. (99) Y, en efecto, a todos los griegos mostrasteis, a raíz de esos hechos, que, cualquiera que sea el agravio que os hayan hecho, guardáis para otra ocasión el resentimiento por él provocado, y si a los ofensores les atrapa un peligro por defender su salvación o libertad, ni les guardaréis rencor por la in-

---

[219] Era bien conocida la «insolencia de Leuctra», que convirtió a Tebas en blanco de la hostilidad de Atenas, después de haberlo sido por bastantes años Esparta. Cfr. Diodoro Sículo, *Historia de Grecia*, XVI, § 58. En el 370 a. J. C., es decir, un año después de la batalla de Leuctra, Epaminondas, a la cabeza de un ejército tebano, invadió Laconia y llegó hasta la mismísima Esparta, en la que, no obstante, se abstuvo de penetrar. Retrocedió, seguidamente, a Arcadia, y allí fundó dos nuevas ciudades, Mesenia y Megalópolis, cuya función y razón de ser consistían exclusivamente en tener a Esparta de continuo amenazada y bajo control. Fue entonces cuando los lacedemonios solicitaron la ayuda de sus antiguos enemigos, los atenienses. En el 369 a. J. C., Atenas envía al Peloponeso a Ificrates al mando de un contingente de tropa que llegaba a los doce mil hombres. Así, Esparta se libró de la invasión tebana que la amenazaba. Se fraguó, de este modo, una alianza entre Atenas y Esparta destinada a estar aún en vigor con posterioridad al 362 a. J. C., fecha de la batalla de Mantinea, en la que las dos ciudades aliadas lucharon juntas contra su enemigo común, los tebanos.

juria ni se la tendréis en cuenta. Y no en esas circunstancias tan sólo os comportasteis así, sino que, una vez más, cuando los tebanos trataban de apropiarse de Eubea[220], no os desentendisteis de ello ni recordasteis los agravios sufridos por Temisón[221] y Teodoro a propósito de Oropo, antes bien, incluso a ellos les prestasteis socorro, ocasión aquélla en que por primera vez se pusieron al servicio de la ciudad los trierarcos voluntarios, de los cuales uno era yo. (100) Pero aún no hablaré de ello. Y bella acción realizasteis ya al salvar la isla, pero mucho más bella todavía cuando, constituidos en dueños de sus vidas y ciudades, se las devolvisteis, en concierto con la justicia, a quienes personalmente os habían causado perjuicio, sin que para nada tomaseis en consideración vuestras ofensas en medio de aquella confianza que se os otorgó. Pues bien, aunque puedo citar miles de otros ejemplos, los paso por alto: batallas navales, expediciones [por tierra, campañas] tanto realizadas otro tiempo como ahora en nuestros propios días, todas las cuales la ciudad las ha llevado a cabo por la libertad y salvación de los demás griegos. (101) Entonces, yo, tras haber visto que la ciudad entraba en liza de buen grado en tantas y tan grandes empresas por defender los intereses de los demás, cuando la deliberación concernía de alguna manera a ella misma, ¿qué órdenes debía dar o qué actuación aconsejarle? ¿Guardar rencor, por Zeus, contra los que querían salvarse y buscar excusas por las que abandonásemos todo? ¿Y quién no me hubiera matado con toda justicia, si yo hubiera intentado deshonrar, aun sólo de palabra, alguna de las glorias con las que cuenta la ciudad? Puesto que, de todos modos, la acción en sí vosotros no la hubierais realizado,

---

[220] Los tebanos mantenían bajo su dominio a Eubea desde el año 371 a. J. C., fecha de la batalla de Leuctra. Pero, el 357 a. J. C., un ejército tebano fue enviado a la isla con el fin de sofocar algunos disturbios que se producían en ella. Fue entonces cuando los eretrios revoltosos pidieron ayuda a Atenas para hacer frente a sus adversarios compatriotas, que eran apoyados por fuerzas tebanas. Los atenienses enviaron a Eubea un ejército que en treinta días expulsó de la isla a las tropas tebanas.

[221] Tirano de Eretria que, el año 366 a. J. C., juntamente con otro eubeo, Teodoro (citado en el texto a continuación), atacaron Oropo, localidad ateniense situada en la frontera con Beocia, la tomaron y se la entregaron a los tebanos.

perfectamente lo sé yo; pues si hubieseis querido, ¿qué impedimento habría? ¿No estaba ello abierto a vuestro albedrío? ¿No se encontraban aquí esos individuos[222] para aconsejaros esas medidas?

(102) Pues bien, quiero volver[223] a la gestión pública que iba yo desarrollando inmediatamente después de esos sucesos. Y considerad de nuevo en ella qué era lo mejor para la ciudad. Pues viendo, varones atenienses, que vuestra flota[224] se iba descomponiendo y que los ricos resultaban exentos de impuestos a base de pequeños desembolsos, mientras que los ciudadanos poseedores de moderados o insignificantes recursos iban perdiendo sus haberes y que, además, a consecuencia de ello la ciudad perdía sus oportunidades por llegar tarde a ellas, propuse[225] una ley en virtud de la cual a los unos, los ricos, los obligué a cumplir sus justas obligaciones, en cuanto a los pobres, les puse fin a las injusticias que venían sufriendo, y para bien de la ciudad logré —lo que precisamente era lo más útil— que los preparativos se dispusieran a su debido tiempo. (103) Y denunciado por ello me presenté al correspondiente juicio ante vosotros y salí de él absuelto y el acusador no obtuvo la porción de votos requerida. Ahora bien, ¿cuánto dinero imagináis que me ofrecían

---

[222] Es decir, los traidores a la patria, o sea, Esquines y los demás partidarios de la causa macedonia.

[223] Tras la digresión comprendida entre los §§ 95 y 101, ambos inclusive, reemprende Demóstenes la exposición de su política defendiendo su famosa Ley Trierárquica (340 a. J. C.) de los ataques de Esquines (§§ 102-109).

[224] Ya en el mismo comienzo de su carrera política, Demóstenes había propuesto modificar las cuestiones del pago de las contribuciones para la guerra *(eisphorá)*, del servicio de la flota y de las prestaciones de los trierarcos concentrados ahora en grupos de contribuyentes llamados *sinmorías*. Estamos todavía en el año 354 a. J. C., fecha del discurso demosténico *Sobre las sinmorías*. Pero sólo más tarde, en el 340 a. J. C., cuando empezaba la «Segunda Guerra contra Filipo», logró nuestro orador, pese a todas las resistencias y obstáculos que le salieron al paso, imponer finalmente una reforma radical en la organización de las trierarquías (específicas *liturgías* o prestaciones al estado), según la cual todos los ciudadanos que tenían posibles contribuían, cada cual según su fortuna, a las cargas impuestas por el servicio público.

[225] Las leyes en Atenas se proponen y luego se votan. La ley demosténica de reforma de la *sinmoría* trierárquica fue votada, probablemente, el año 340 a. J. C.

los jefes de la primera, segunda y tercera clase de contribuyentes de las sinmorías[226] a cambio de que, preferentemente, no propusiera esa ley, o si no, en todo caso, la echase abajo dejándola en suspenso bajo declaración jurada?[227]. Tanto, varones atenienses, que tendría reparos en decíroslo. (104) Y eso con razón intentaban ellos hacer. Pues en virtud de las leyes anteriores, podían realizar el servicio público en grupos de dieciséis, gastando ellos mismos poco o nada, pero abrumando a los ciudadanos sin recursos, mientras que, de acuerdo con mi ley, cada cual debía pagar la cuota correspondiente a sus haberes, y el que antes era el contribuyente decimosexto de una sola nave (pues ya ni se llamaban a sí mismos trierarcos, sino contribuyentes) apareció convertido en trierarco de dos. Con tal, pues, de que se abrogaran esas leyes y no se vieran forzados a cumplir sus justos deberes, no hay cosa que no estuviesen dispuestos a dar. (105) Y léeme, en primer lugar, el decreto en virtud del cual comparecí en el proceso a raíz de la acusación pública, y, seguidamente, las listas, la resultante de la ley anterior y la obtenida en conformidad con la mía. Lee.

DECRETO[228]

[En el arcontado de Policles, el día decimosexto del mes de Boedromión, ocupando la presidencia la tribu Hipotóntide, Demóstenes, hijo de Demóstenes, de Peania, introdujo una ley sobre la trierarquía en sustitución de la anterior, en virtud de la cual se establecían los sindicatos de los trierarcos; y el Consejo y el Pueblo la aprobaron por votación; y Patroclo, de Flía, presentó denuncia de ilegalidad contra Demóstenes, y, como no obtuvo la

---

[226] Cfr. Demóstenes, *Sobre las sinmorías* (discurso XIV de la colección).
[227] Cuando se presentaba una acusación de ilegalidad contra una ley o un decreto, era menester que el acusador jurase su intención de proseguir con la denuncia. De este modo, la ley o el decreto inculpados eran inmediatamente anulados, o detenidos (en el caso de que su aprobación estuviese aún en proceso de trámite).
[228] No es un decreto, en absoluto, lo que tenemos ante nosotros, sino un memorándum, lleno, por lo demás, de indicios que denuncian sin posibilidad de réplica su carácter apócrifo.

mínima parte de votos requeridos, pagó la multa de quinientas dracmas.]

(106) Presenta ahora ya también la hermosa lista ésa[229].

Lista[230]

[Que los trierarcos sean llamados para la dotación de cada trirreme, en número de dieciséis, de las agrupaciones de las compañías, desde los veinticinco años hasta los cuarenta, y participen del servicio público en términos de igualdad.]

Presenta ahora, frente a ésta, la lista que resulta de mi ley.

Lista

[Que los trierarcos sean elegidos para cada trirreme por su hacienda, según evaluación, a partir de diez talentos; y si la hacienda resultara estimada en más elevadas sumas, sea fijada su contribución proporcionalmente hasta tres bajeles y un barco auxiliar. Y aplíquese la misma proporcionalidad también a aquellos cuyas haciendas sean inferiores a los diez talentos, reuniéndose éstos en una agrupación que alcance los diez talentos.]

(107) ¿Acaso os parece que presté escasa ayuda a los pobres de entre vosotros o que los ricos hubieran desembolsado pequeñas sumas de dinero con tal de no cumplir sus justas obligaciones? Pues bien, no sólo me enorgullezco de no haber desistido de ello, ni de haber sido absuelto tras haber sido acusado, sino también de haber legislado la ley que con-

---

[229] Es decir, la anterior a la resultante de la aplicación de la reforma propuesta por nuestro orador en su famosa Ley Trierárquica. El calificativo «hermosa», pues, es claramente irónico.
[230] Está claro que estas listas ni son listas ni cosa que se les parezca. En las listas verdaderas y auténticas debieran figurar nombres de ciudadanos, especificación de la magnitud de su riqueza y sus contribuciones a la trierarquía antes (primera lista) y después (segunda lista) de que entrara en vigor la ley de Demóstenes.

venía y de haber dado prueba de ello con los hechos. Porque a lo largo de toda la guerra, mientras las expediciones tenían lugar de acuerdo con mi ley, nunca ningún trierarco depositó un ramo de suplicante considerándose agraviado entre vosotros, no se sentaba en Muniquia[231], no fue prendido por los comisarios de las expediciones[232], no perdió la ciudad ninguna trirreme, ora abandonada en alta mar, ora retenida aquí mismo por no poder zarpar. (108) Sin embargo, cuando regían las leyes precedentes, todos esos incidentes ocurrían. Y ésta era la causa: que los servicios públicos recaían sobre los pobres; se daban, pues, muchos casos de imposibilidad. Pero yo transferí las contribuciones navales de los menesterosos a los opulentos; así pues, iba resultando todo lo que era menester. Y, realmente, también por eso mismo soy merecedor de alcanzar elogio, porque adoptaba yo todas las medidas de ese tenor, a raíz de las cuales resultaban para la ciudad especies varias de gloria, honor y poder. Nada hay de malicioso, cruel o maligno en mi actuación pública, ni de rastrero o indigno para la ciudad. (109) Resultará, pues, evidente que he mantenido los mismos principios[233] tanto en los asuntos concernientes a nuestra ciudad como en los relativos a las ciudades griegas; porque ni en nuestra ciudad preferí la gratitud de los ricos a los derechos de la mayoría, ni en los asuntos griegos acogí con afecto las dádivas de Filipo o su hospitalidad en vez de los comunes intereses de todos los griegos.

(110) Estimo, por consiguiente, que me resta tratar de la proclamación y de la rendición de cuentas; pues, que iba yo

---

[231] El trierarco que se sentía agraviado o perjudicado en sus intereses y derechos depositaba un ramo de suplicante sobre un altar (tal vez el situado en la Pnix), o bien se sentaba sobre el ara del altar de Ártemis Muniquia emplazado en el puerto de este mismo nombre; cfr. Lisias, *Contra Agorato*, §§ 24 y 52.

[232] Eran diez en número. Se les elegía en cada ocasión en que se preparaban expediciones navales; estaban encargados de proveer a las trirremes de jarcias y aparejos, y de comprobar si después de su navegación se encontraban en perfecto estado.

[233] Literalmente dice «carácter». Este término «carácter» *(ethos)* encierra un concepto importantísimo tanto en retórica como en ética y política.

actuando de la mejor manera posible y que continuamente estoy bien dispuesto y deseoso de beneficiaros, estimo haberlo mostrado suficientemente con lo antedicho. No obstante, dejo de lado lo más importante de mi gestión y actuación públicas[234] por entender, en primer lugar, que debo dar cuenta en su debido orden de los argumentos referentes a la cuestión misma de la ilegalidad, y en segundo término, porque, aunque nada diga del resto de mi gestión pública, de igual modo cuento con el apoyo de la conciencia que cada uno de vosotros tiene de ella.

(111) Pues bien, por lo que atañe a los argumentos que ése iba exponiendo, mezclándolos en desorden total, acerca de las leyes presentadas en parangón con mi caso, me imagino, por los dioses, que ni vosotros los entendéis ni yo mismo pude comprender la mayor parte. Pero, simplemente y a derechas voy a tratar de los aspectos legales del caso. Pues estoy tan lejos de proclamar que no estoy sujeto a rendición de cuentas (cosa que ése ahora manifestaba y calumniosamente me atribuía), que a lo largo de toda mi vida me reconozco sometido a daros razón del dinero que he manejado o de mi gestión como hombre público. (112) Sin embargo, al menos de las donaciones que de mi hacienda particular prometí e hice al pueblo, afirmo que ni por un solo día estoy yo sometido a rendición de cuentas (¿oyes, Esquines?) ni ningún otro, ni aunque se tratara de uno de los nueve arcontes. Porque, ¿qué ley hay tan llena de injusticia y aversión a los seres humanos, que a quien ha dado algo de lo suyo propio y llevado a cabo un acto de humanidad y generosidad, le priva de la gratitud, lo arrastra ante los sicofantas[235] y a ésos les encarga de tomarle

---

[234] He aquí otro ejemplo de *duplicación* («mi gestión y actuación públicas»).

[235] El *sicofanta* era un acusador habitual a sueldo. Esta figura se entiende si se piensa que en el sistema jurídico ateniense no había fiscales y cualquier ciudadano podía entablar un proceso por determinado asunto público. Los *sicofantas* actuaban a sueldo del ateniense interesado en perjudicar políticamente a un adversario, o bien se ganaban un dinero chantajeando a aquellos ciudadanos que preferirían pagar un dinero a sus inmorales acusadores antes de verse envueltos en pleitos.

cuenta del dinero que dio? Ninguna. Y si ese individuo dice que sí, que la muestre y yo me daré por contento y me callaré. (113) Pero no existe, varones atenienses, sino que es este individuo[236] quien me calumnia porque cuando estaba al cargo del fondo para espectáculos añadí dinero de mi propio caudal, y sostiene: «Le acordó un elogio pese a estar sometido a rendición de cuentas.» Al menos, no por nada de eso por lo que estaba sujeto a dar cuentas, sino por mis propias donaciones, ¡sicofanta! «Pero también eras comisario de fortificaciones.» Y por eso precisamente se me otorgaba coherentemente un elogio, porque hice donación de los gastos y no los cargaba en la cuenta pública. Pues las cuentas requieren explicaciones e inspectores, en cambio los donativos justo es que obtengan agradecimiento y aplauso. Por esta razón Ctesifonte, aquí presente, presentó esa moción acerca de mi persona. (114) Y que esta definición está así establecida no sólo en las leyes, sino también en vuestros sentimientos morales, os lo mostraré fácilmente con ejemplos de varia suerte. En primer lugar, efectivamente, Nausicles[237] siendo general ha sido coronado en múltiples ocasiones por vosotros en razón de las aportaciones que hizo de su propio bolsillo. Luego, cuando Diotimo[238] y en otra ocasión Caridemo[239] donaron los escudos, eran coronados. Después, Neoptólemo[240], que

---

[236] Esquines.

[237] Nausicles fue el general que estuvo al frente de 1a expedición militar que detuvo a Filipo en las Termópilas el año 352 a. J. C. Cfr. Diodoro Sículo, *Historia de Grecia*, XVI, § 37.

[238] Es uno de los patriotas cuya extradición pidió Alejandro después de la destrucción de Tebas y a punto ya de partir hacia Asia. Cfr. Arriano, *Anábasis de Alejandro*, I, § 10, 4.

[239] Caridemo de Oreo, cuya extradición pidió también Alejandro el año 335 a. J. C., fue objeto de un duro ataque, por parte de nuestro orador, en su discurso *Contra Aristócrates* (XXIII en el *Corpus*). Fue, en principio, jefe de tropas mercenarias; luego, sus servicios fueron en Atenas altamente considerados, sobre todo por sus campañas en el Quersoneso. Llegó a ser general ateniense y luchó contra Filipo de Macedonia, de quien fue acérrimo e irreconciliable enemigo.

[240] Bien conocido en Atenas. A propuesta de Licurgo, fue, al igual que Diotimo, colmado de honores; cfr. *Vida de los diez oradores*, págs. 843 y ss.

ahí se encuentra, cuando estaba al cargo de numerosas obras, por las donaciones que hizo ha sido honrado. Porque eso sí que sería lamentable, que a quien ejerza una magistratura no le sea lícito donar a la ciudad sus bienes por mor de su cargo, o que por sus donaciones, en vez de granjearse agradecimiento, se vea sometido a rendir cuentas. (115) En efecto, para mostrar que es cierto lo que digo, toma y léeme los decretos mismos que han sido propuestos en honor de esos ciudadanos recién mencionados. Lee.

Decreto

[En el arcontado de Demonico de Flía, el día veintiséis del mes de Boedromión, determinación del Consejo y del Pueblo, Calias de Frearros propuso: parece bien al Consejo y al Pueblo coronar a Nausicles, el comandante al frente de los hoplitas, porque encontrándose dos mil hoplitas atenienses en Imbros prestando, además, ayuda a los atenienses que habitaban la mencionada isla, no pudiendo Filón, elegido para estar al frente de la administración financiera, hacerse a la mar por causa de las tempestades, ni pagar las soldadas a esos hoplitas, hizo donación del requerido dinero aportándolo de su propia hacienda y no se lo reclamó al pueblo; y que la corona sea proclamada en las Fiestas Dionisias, en la representación de las nuevas tragedias.]

(116) Otro decreto

[Propuesta que presentó Calias de Frearros, haciendo los prítanes exposición de ella, determinación del Consejo: Toda vez que Caridemo, el comandante al frente de los hoplitas, y Diotimo, el comandante al frente de los caballeros, enviados a Salamina, después que algunos soldados fueron despojados de sus armas por el enemigo en la batalla que tuvo lugar en las márgenes del río, a sus propias expensas armaron a los jóvenes con ochocientos escudos, tengan a bien el Consejo y el Pueblo coronar a Caridemo y Diotimo con sendas coronas de oro y proclamar la coronación en las grandes Fiestas Panateneas con ocasión del certamen gimnástico, y en las Fiestas Dionisias durante la representación de las nuevas tragedias; y que se encarguen de la proclamación los tesmótetas, los prítanes y los agonótetas]²⁴¹.

(117) Cada uno de ésos, Esquines, estaba sometido a rendición de cuentas respecto de la magistratura que ejerció, pero no lo estaba en cuanto a los servicios por los que se le coronaba. Así pues, tampoco yo; porque, sin duda, en las mismas circunstancias, me asisten los mismos derechos que a los demás. Hice una donación: recibo elogio por ello sin estar obligado a rendir cuentas de lo que di. Desempeñaba yo un cargo: y he dado cuenta, por cierto, de mi gestión, no de las donaciones que hice. ¡Por Zeus!, pero lo desempeñé a tuerto. Y entonces, ¿estando tú presente, cuando los miembros del tribunal de cuentas me citaban a examen, no me acusabas?

(118) Pues bien, para que veáis que él mismo me confirma con su testimonio que yo he sido coronado por hechos de los que no estaba obligado a rendir cuentas, toma y lee por entero el decreto redactado en mi favor. Y es que por los puntos del proyecto de decreto que no hizo constar en su escrito de denuncia, resultará claro que en su acusación actúa como sicofanta. Lee.

Decreto²⁴²

[En el arcontado de Euticles, a día veintidós del mes de Pianepsión, ostentando la presidencia la tribu Eneide, Ctesifonte de Anaflisto, hijo de Leóstenes, expuso: Toda vez que Demóstenes, hijo de Demóstenes, de Peania, encargado de la reparación de las murallas, de sus propios ingresos hizo gasto adicional de tres talentos para sufragar las obras y los entregó como donativo al pueblo; y, puesto al frente

---

²⁴¹ Los *tesmótetas* eran seis de los nueve arcontes o magistrados anualmente elegidos en Atenas; su función consistía en velar por el asentamiento y cumplimiento de las leyes. Los *prítanes* eran cincuenta ciudadanos elegidos de cada una de las diez tribus de Atenas, que durante una décima parte del año —según el calendario ateniense unos 37 días— desempeñaban importantes funciones públicas. Los *agonótetas* eran presidentes y jueces de las competiciones y los juegos.

²⁴² Fue bajo el arcontado de Frínico. Aparte de la fecha hay, en este decreto, omisiones y determinados detalles del texto que lo declaran apócrifo.

del Teórico regaló cien minas para sacrificios a los delegados de todas las tribus, tengan a bien el Consejo y el Pueblo de Atenas elogiar a Demóstenes, hijo de Demóstenes, de Peania, por sus méritos y la hombría de bien que en toda ocasión viene mostrando hacia el Pueblo de los Atenienses, y coronarle con corona de oro, y proclamar la corona en el Teatro, en las Fiestas Dionisias, en la representación de las tragedias nuevas, y que se ocupe de la proclamación el agonóteta.]

(119) Así pues, ésas son mis donaciones, ninguna de las cuales has mencionado tú en tu acusación; en cambio, las recompensas que en compensación de ellas dice el Consejo se me deben otorgar, ésas sí que las persigues ante los tribunales. Reconociendo, pues, que recibir lo que se regala es legal, denuncias por ilegalidad el hecho de que se corresponda con gratitud a esos favores. Y el hombre más malvado y enemigo de los dioses y aojador[243] de verdad, ¡por los dioses!, ¿cómo tendría que ser? ¿No vendría a ser más o menos como el individuo ése?

(120) Y, en realidad, a propósito de la proclamación en el Teatro, dejo de lado el que mil veces miles de ciudadanos hayan sido proclamados y que yo mismo muchas veces [haya sido coronado] antes. Pero, ¡por los dioses! Esquines, ¿eres tan torpe y tan cerrado, como para que no puedas darte cuenta de que para el que es coronado la corona tiene el mismo interés, sea cual sea el lugar de la proclamación, y de que es por conveniencia de quienes la otorgan por lo que el pregón tiene lugar en el Teatro? Pues los que lo oyen, todos, se sienten impulsados a servir a la ciudad y más alaban a los que dan pruebas de su gratitud que al que recibe la corona, por lo cual, precisamente, la ciudad ha redactado esa ley. Toma y léeme esa ley misma.

Ley

[En cuantos casos los demos otorguen coronas, háganse las proclamaciones de éstas en los respectivos demos de cada uno, a no ser que otorgue las coronas el Pueblo de los Atenienses o el Consejo; en tal caso, sea lícito hacerlas en el Teatro, en las Fiestas Dionisias...]

---

[243] Es decir: que hace mal de ojo o perjudica a alguien mirándole mal.

(121) ¿Oyes, Esquines? La ley dice claramente: «excepto si a algunos se las decreta el Pueblo o el Consejo; a esos tales, que los proclame el heraldo»[244]. ¿Por qué, entonces, desgraciado, te comportas como sicofanta? ¿Por qué forjas embustes? ¿Por qué no usas eléboro[245] para combatir esos tus males? Pero, ¿ni siquiera te avergüenzas de iniciar un proceso basado en la envidia y no en delito alguno, ni de modificar leyes y de suprimirles algunas de sus partes, cuando deberían ser leídas por entero al menos a quienes han jurado emitir su voto de acuerdo con ellas? (122) Y luego, obrando así, enumeras cuantas cualidades deben acompañar a un hombre partidario del pueblo, al modo del que ha encargado una estatua según un contrato por escrito y después se la lleva sin que tenga las cualidades que debiera poseer en virtud del documento, o como si a los partidarios del pueblo se los conociera por sus palabras y no por sus actos y su gestión pública. Y a gritos, como desde un carro[246], pronuncias palabras decibles e indecibles, que son propias de ti y de tu linaje, no de mí. Aunque aún hay otra cuestión, varones atenienses: (123) Yo considero que el vituperio se diferencia de la acusación en esto: en que la acusación comporta faltas cuyos castigos se contemplan en las leyes, mientras que el vituperio conlleva calumnias que suelen dirigirse recíprocamente los enemigos en virtud de su propio natural. Y sostengo que nuestros antepasados edificaron estos tribunales, no para que, tras haber logrado reuniros en ellos, nos denostemos mutuamente sacando a relucir lo indecible de nuestras vidas privadas, sino para que reduzcamos a la condición de convicto a quienquiera haya cometido algún delito contra la ciudad. (124) Pues bien, aunque Esquines sabe eso no menos que yo, eligió, en vez de acusarme, comportarse como en un carnaval. Sin em-

---

[244] Cfr. Esquines, *Contra Ctesifonte*, §§ 35-48.
[245] El eléboro era una planta medicinal que usaban los antiguos para curar la demencia.
[246] Alusión a las invectivas, pullas y palabras torpes y soeces que se lanzaban mutuamente desde sus carros los participantes en procesiones festivas en honor de Dioniso (en los Coes y las Leneas) o en conmemoración de los grandes Misterios eleusinos (en estos festejos recordemos que eran mujeres las participantes).

bargo, ni siquiera en este caso merece librarse sin sufrir mengua. Ya voy a pasar a ese tema, tras haberle preguntado tan sólo esto: ¿Se ha de declarar, Esquines, que eres enemigo de la ciudad, o mío? Mío, evidentemente. En tal caso, donde te era posible cobrar justa venganza de mí en favor de éstos[247] y de acuerdo con las leyes, si es que yo cometía injusticia, en la rendición de cuentas, en los procesos públicos, en los demás procedimientos legales, cejabas en el empeño; (125) en cambio, donde yo soy invulnerable a cualquier sanción, por toda suerte de razones, por las leyes, por el tiempo transcurrido, por la prescripción, por haber sido juzgado con anterioridad muchas veces a propósito de todos los cargos, porque jamás resulté convicto de cometer ningún delito contra vosotros, y donde es obligado que la ciudad participe en mayor o menor grado de la gloria de los actos llevados a cabo oficialmente, ¿ahí precisamente has salido a mi encuentro? Mira a ver no seas enemigo de éstos mientras finges serlo mío.

(126) Pues bien, dado que se ha mostrado a todos cuál es el voto requerido por vuestra piedad y justicia, es menester, a lo que parece, que yo, aunque no soy amigo de vituperios, a causa de las calumnias levantadas contra mí por ese individuo, exponga lo más meramente imprescindible acerca de su persona en compensación de sus muchos embustes y señale quién es y de quiénes procede el que con tanta ligereza da comienzo a las injurias y ridiculiza ciertas frases mías, cuando él personalmente ha dicho lo que ¿qué hombre moderado no se recataría de pronunciar?...[248]. (127) Porque si mi acusador fuera Éaco, Radamantis o Minos[249] y no un charlatán, un haragán de mercado, una ruina de escribano[250], no creo que él hubiera hablado así ni se hubiera procurado expresiones tan pesadas, gritando como en las tragedias: «¡oh tierra, sol y

---

[247] Es decir: de los jurados que están juzgando esta causa en representación del Pueblo de los Atenienses.

[248] Mantenemos el estilo vivaz y conversacional del original aun a riesgo de que resulte chocante en español.

[249] Los tres jueces de los muertos en el *Gorgias* platónico. Cfr. Platón, *Gorgias*, 523 B.

[250] Cfr. *Contra Filipo*, III, § 31, donde leemos la expresión, referida a Filipo, de «una ruina de macedonio».

virtud!» y similares, y en otra ocasión haciendo una invocación a «la inteligencia y la educación», «por las que se distingue lo decoroso de lo infamante»; porque eso era, sin duda, lo que le oíais decir. (128) ¿Qué participación tenéis tú, basura, y los tuyos en la virtud? O, ¿cuál es para ti la distinción entre lo honesto y lo que no es tal? ¿De dónde te viene esa capacidad o cómo se te juzgó digna de ella? ¿Dónde se te permite mencionar la educación? Nadie de los que de verdad la han alcanzado se atrevería a expresar de sí mismo nada semejante, antes bien, incluso enrojecería de oírselo decir de otro; pero a los que, como tú, privados de ella, tratan por estupidez de fingir que la poseen, les queda como ganancia remanente no el pasar por tales, sino molestar a los oyentes cada vez que lo dicen.

(129) Y aunque no tengo dudas sobre lo que es menester decir acerca de ti y los tuyos, sí que las tengo a propósito del punto que he de mencionar en primer término. ¿Acaso diré que tu padre Tromes[251] era esclavo en casa de Elpias, el que enseñaba las letras al lado del templo de Teseo, y que andaba provisto de gruesos grilletes y palo de horca al cuello? ¿O que tu madre, haciendo uso de las nupcias de mediodía en la cabaña situada al pie del héroe Calamita[252], te crió a ti, hermosa estatua y eximio actor de papeles de tercer orden?[253]. Pero esas cosas las saben todos aunque yo no las diga. Pero ¿y si digo que el cómitre Formión, el esclavo de Dión el frearrio, la arrancó de esa honrosa actividad?[254]. Pero, ¡por Zeus y los dioses!, no me decido, no vaya a ser que yo mismo, diciendo de ti lo que bien te cuadra, dé la impresión de haber se-

---

[251] Cuando pronunció Demóstenes el discurso *Sobre la embajada fraudulenta* (cfr. § 249), se contentó con presentar al padre de Esquines como un maestro de escuela llamado Atrometo. Ahora, en cambio, le rebaja de categoría, pues nos lo muestra como esclavo de un maestro, y le desfigura el nombre, que de *Atrometo* («impávido») pasa a ser *Tromes* («tembloroso»).

[252] De difícil interpretación. Se ha propuesto identificar este héroe con el *hérōs iatrós* («héroe médico») que aparece mencionado por Demóstenes en un texto en que sitúa la escuela de Atrometo junto al santuario de este héroe. Cfr. Demóstenes, *Sobre la embajada fraudulenta*, § 249.

[253] Cfr. Demóstenes, *Sobre la corona*, §§ 262 y 265; *Sobre la embajada fraudulenta*, §§ 246, 247 y 337.

leccionado expresiones que no se acomodan a mi propia persona. (130) Así que, eso lo dejaré de lado y empezaré por las actuaciones de su propia vida. Pues ni era hijo de padres corrientes y normales, sino de los que maldice el pueblo[255]. Ya que recientemente..., ¿recientemente digo?, ayer o anteayer ha llegado a ser a un tiempo ateniense y orador, y, con la adición de un par de sílabas, a su padre le trocó de Tromes en Atrometo, y a su madre, muy campanudamente, en Glaucótea, a quien todos saben se la conocía con el nombre de Empusa[256], sobrenombre que se ganó, sin duda, por hacerlo y experimentarlo todo; pues, ¿qué otro origen podría tener? (131) Pero, sin embargo, eres tan desagradecido y malvado por naturaleza, que habiéndote trocado gracias a éstos[257] de esclavo en libre y de pobre en rico, no es ya que no les muestres gratitud, sino que te pusiste a sueldo y actúas en tu gestión pública en contra de ellos. Y en cuanto a aquellas actuaciones en que cabe cierta duda de que acaso haya hablado en beneficio de la ciudad, haré caso omiso de ellas; pero aquéllas en que se manifestó a todas luces que obraba a favor de los enemigos, ésas las voy a recordar.

(132) Porque, ¿quién de vosotros no conoce a Antifonte, que fue borrado del registro de los ciudadanos[258], el que vino a la ciudad tras haber prometido a Filipo que quemaría los arsenales? A éste, a quien yo había echado mano en su escondite del Pireo y hecho comparecer ante la

---

[254] La *ironía* es palpable.
[255] Al comienzo de cada asamblea el heraldo maldecía con fórmula solemne y ritual a los malos consejeros y traidores.
[256] Empusa es el nombre de una bruja, a veces identificada con Hécate y Lamia, que en *Las ranas* de Aristófanes adopta las más variadas formas: vaca, mula, mujer hermosa y perro. Este nombre se les aplicaba metafóricamente a las prostitutas, a las que se veía como brujas o arpías.
[257] Los jurados, que representan en ese momento al Pueblo Ateniense.
[258] En el año 346 a. J. C., arcontado de Arquias, tuvo lugar en Atenas una revisión general de las listas de ciudadanos, práctica, por lo demás, frecuente en la historia de Atenas. Los miembros de cada demo fueron examinados y, si se planteaban dudas respecto de un nombre, se procedía a votar sobre su presunta legitimidad. El proceso se llamaba *diapséphisis*, y el hecho de eliminar a un individuo del demo en cuya lista figuraba su nombre se denominaba *apopséphisis*.

Asamblea del pueblo[259], ese maldiciente aojador, a fuerza de vociferar y gritar sin tregua que yo en un régimen de gobierno popular estaba cometiendo tremendos desmanes al ultrajar a los ciudadanos desafortunados y penetrar en las casas sin el requerimiento fijado por decreto, logró que se le dejase en libertad. (133) Y de no haber sido por el Consejo del Areópago[260] que, al percatarse del asunto y ver que vuestro error había ocurrido en un momento inoportuno, ordenó una nueva búsqueda de ese individuo y, habiéndolo arrestado, lo presentó de nuevo ante vosotros, el tal habría sido arrebatado de vuestro alcance y, tras eludir dar satisfacción de su culpa[261], habría sido despedido por este grandilocuente personaje; la realidad, en cambio, fue que vosotros le disteis tortura y lo matasteis, como bien que deberíais hacer asimismo con ese individuo[262]. (134) Por tanto, el Consejo del Areópago, conocedor de su actuación de entonces, cuando vosotros lo elegisteis como abogado para defender el asunto del santuario de Delos[263], dejándoos llevar de la misma torpeza por la que vais sacrificando vuestros intereses comunes, dado que también a aquel Consejo lo habíais elegido para colaborar y le habíais conferido autoridad sobre el asunto, excluyó inme-

---

[259] En ese momento (340 a. J. C.) era Demóstenes «encargado de la flota». Cfr. Esquines, *Contra Ctesifonte*, § 222.

[260] Antiguo Consejo de Atenas formado por aristócratas, cuya sede estaba en la «Colina de Ares», al noroeste de la Acrópolis, hecho del que deriva su nombre. Más tarde sus miembros eran exarcontes, que entraban a formar parte de él al finalizar su mandato. El año 462 a. J. C. Efialtes recortó considerablemente su jurisdicción y sus poderes.

[261] En el texto original hay una *aliteración* perspicua del fonema /d/, pues leemos: *díken doûnai diadús*, «tras eludir dar satisfacción de su culpa».

[262] Esquines.

[263] Hacia el 343 a. J. C. los delios, incitados —claro está— por el partido macedonio local, se negaron a reconocer el antiguo derecho de Atenas a administrar el templo de Apolo en la isla. El caso fue presentado ante el Consejo Anfictiónico. La Asamblea (o *Ekklesía*, como se llamaba en ático) de Atenas, manejada asimismo por los atenienses partidarios de la causa de Filipo, escogió a Esquines como consejero delegado; pero el Areópago, a quien el pueblo había concedido autoridad para revisar la elección, rechazó al candidato de la Asamblea y nombró en su lugar a Hiperides.

diatamente al individuo ése como traidor y ordenó a Hiperides que se encargase de pronunciar el discurso; y así obró el Consejo votando con los guijarros tomados del altar, y ningún voto se depositó a favor de ese canalla. (135) Y en prueba de que esto que digo es verdad, llama a los testigos de esos hechos.

Testigos

[Dan testimonio en favor de Demóstenes, en nombre de todos, los siguientes: Calias de Sunio, Zenón de Flía, Cleón de Falero, Demonico de Maratón: Que cuando en cierta ocasión el Pueblo eligió a Esquines como abogado ante los Anfictíones, en el asunto del templo de Delos, nosotros, reunidos en consejo, resolvimos que Hiperides era más digno de hablar en defensa de la ciudad, y fue enviado Hiperides.]

(136) Así pues, cuando el Consejo le excluyó a ése de la función de orador público y se la encomendó a otro, entonces declaró manifiestamente que era un traidor y un individuo malintencionado para con vosotros.

He aquí, pues, un ejemplo —¡y de qué calidad!— de la actuación pública de ese jovenzuelo, bien similar, ¿cómo no?, a los que esgrime contra mí en su acusación[264]. Pero, recordad otro. Cuando Filipo envió a Pitón de Bizancio[265] y juntamente con él despachó embajadores de todos sus aliados con el propósito de dejar en mal lugar a vuestra ciudad y hacer ver que su comportamiento era injusto, entonces yo no cedí ante Pitón, pese a que daba rienda suelta a su audacia y con torrente caudaloso de palabras se desbordaba sobre vosotros, sino que, levantándome, le repliqué y no traicioné en absoluto los derechos de la ciudad, antes bien, refutándole probé tan a las claras que Filipo obraba injustamente, que,

---

[264] El tono irónico de la frase es manifiesto.
[265] Famoso orador, discípulo de Isócrates, que fue enviado a Atenas por Filipo, el año 343 a. J. C., para tranquilizar a los atenienses, que muy justificadamente recelaban de las verdaderas intenciones del Macedonio, y darles garantías de los deseos de paz del monarca.

los propios aliados de aquél, levantándose, lo reconocían. Ese individuo[266], en cambio, le prestaba apoyo en la disputa y daba testimonio en contra de su patria, y, encima, falso testimonio.

(137) Y no le bastaba eso, sino que una vez más, con posterioridad a esos acontecimientos, fue sorprendido confabulándose con Anaxino[267] el espía en casa de Trasón. Ahora bien, aquel que a solas con un individuo también solo, el enviado por los enemigos, se confabulaba y consultaba, ese individuo venía a ser básicamente también él mismo por naturaleza un espía y enemigo de la patria. Y para probar que lo que digo es cierto, llámame a los testigos de esos hechos.

TESTIGOS

[Teledemo, hijo de Cleón, Hiperides, hijo de Calescro, Nicómaco, hijo de Diofanto, prestan testimonio en favor de Demóstenes y juraron en presencia de los estrategos saber que Esquines, hijo de Atrometo, de Cotócidas, concurría por la noche a casa de Trasón y consultaba con Anaxino, de quien se sentenció que era espía comisionado por Filipo. Esos testimonios fueron entregados en tiempo de Nicias, el día tres del mes de Hecatombeón.]

(138) Pues bien, aunque puedo decir otras mil cosas acerca de él, las dejo de lado. En efecto, así está, poco más o menos, el asunto: Muchos casos además de ésos podría yo citar en los que se puso de manifiesto que ése por aquel tiempo prestaba servicios a los enemigos y a mí, en cambio, me vejaba. Pero no se guardan esos sucesos entre vosotros con vistas a su exacta memoria y la indignación que correspondería; antes bien, por no sé qué hábito frívolo tenéis concedida amplia licencia a quienquiera desee zancadillear y calumniar a quien proponga algo de lo que os conviene, entregando el

---

[266] Esquines.
[267] Esquines acusó a Demóstenes de haber sido responsable de la detención y muerte de Anaxino, e, incluso, de haberle torturado dos veces con sus propias manos, pese al hecho de haber recibido hospitalidad por parte de aquél en Oreo. Cfr. Esquines, *Contra Ctesifonte*, § 223 y 224.

interés de la ciudad a cambio de vuestro placer y agrado en las injurias; por lo cual precisamente es más fácil y más seguro en todo momento percibir un salario sirviendo a vuestros enemigos que desempeñar el cargo de defender vuestros intereses en la administración pública.

(139) Y, realmente, cooperar con Filipo, ya antes de la lucha abierta era cosa terrible, ¡oh tierra y dioses!, ¿cómo no?, ¡y contra la patria!; mas condonadlo, si queréis, condonádselo. Pero, una vez que ya abiertamente las naves habían sido capturadas, se devastaba el Quersoneso[268] y nuestro hombre marchaba contra el Ática[269] y ya no estaban los hechos en fase ambigua, sino que se había entablado la guerra, lo que ese aojador malicioso comeyambos[270] hizo alguna vez por vosotros, no podría mostrarlo, ni hay ningún decreto, ni grande ni pequeño, debido a Esquines, acerca de los intereses de la ciudad. Y si dice que sí, que lo muestre ahora en el tiempo a mí concedido[271]; pero no hay ninguno. Ahora bien, es forzoso, una de dos: o que él, por no poder reprochar ninguna de las gestiones llevadas a cabo por mí, no propusiera por escrito otras contrarias, o que, por buscar la ventaja de los enemigos, no planteara las que fueran mejores que aquéllas.

(140) ¿Acaso, pues, ni siquiera hablaba en público —del mismo modo que tampoco presentaba propuestas por escrito— cuando le era menester poner en obra algún mal? ¡Que si hablaba! ¡Como que no podía hablar ningún otro! Y en

---

[268] Para que la flota de Filipo pasase por el Helesponto rumbo a Perinto, ciudad que el monarca se disponía a asediar, sin ser molestada por los atenienses, un ejército macedonio iba atravesando el territorio ateniense del Quersoneso.
[269] De no haber sido detenido en el Helesponto, Filipo habría atacado de inmediato el Ática y toda Grecia. Así de claro lo expuso nuestro orador ya el año 351 a. J. C.; cfr. Demóstenes, *Contra Filipo*, I, § 50, y el 344 a. J. C., cfr. *Contra Filipo*, II, § 35.
[270] Se refiere a poemas compuestos por Esquines en su juventud, a los que él mismo alude; cfr. Esquines, *Contra Timarco*, § 136.
[271] Literalmente el texto dice: «en mi agua», es decir, «empleando el agua de mi clepsidra». La clepsidra era el reloj de agua que en las causas judiciales medía el tiempo de las intervenciones de cada una de las dos partes en litigio. Demóstenes está tan seguro de que su adversario no podrá exhibir ningún decreto, que hasta le ofrece parte del tiempo a él mismo asignado.

los demás asuntos hasta la ciudad podía soportarlo, a lo que parece, y ése pasar desapercibido mientras actuaba; pero una acción llevó a cabo en añadidura, varones atenienses, de tal calibre, que puso remate a todas las anteriores; en torno a ella gastó las abundantes palabras de su discurso[272], exponiendo pormenorizadamente los decretos relativos a los [locrios] de Anfisa con ánimo de distorsionar la verdad. Pero eso no se presta a tal intento. ¡Cómo va a prestarse! Nunca, por más que te laves, llegarás tú a borrar la mancha de las acciones por ti mismo allí realizadas; no hablarás tanto como para eso.

(141) Invoco en vuestra presencia, varones atenienses, a todos los dioses y diosas que tienen bajo su poder la región del Ática, y a Apolo Pitio, que es dios ancestral[273] de la ciudad, y a todos ellos ruego que en el caso de que os dijera la verdad ahora y si os la dije también entonces sin dilación en la Asamblea del pueblo, cuando por primera vez vi a ese malvado poner mano en ese asunto[274] (pues me di cuenta, me di cuenta al instante)[275], me concedan buena ventura y seguridad, pero si, por enemistad o a causa de rivalidad personal imputo a ése una culpa falsa, me dejen desposeído del disfrute de todo bien.

(142) Ahora bien, ¿por qué he lanzado esta imprecación y por qué me distendí de forma tan vehemente? Porque, aunque cuento con documentos depositados en el archivo público[276], con los cuales mostraré claramente esos hechos, y sé que vosotros conserváis el recuerdo de los acontecimientos,

---

[272] Se refiere al largo pasaje del discurso de la acusación, en el que Esquines refirió su actuación en Delfos cuando con ella suscitó la guerra de Anfisa. Cfr. Esquines, *Contra Ctesifonte*, §§ 107-129.

[273] Apolo es dios patrio, ancestral de Atenas, porque fue padre de Ión. Cfr. Eurípides, *Jon;* Harpocración, *s. v. Apollon;* escolio a Aristófanes, *Aves*, 1527: «como patrio estiman a Apolo los atenienses, toda vez que Jon, polemarco de los atenienses, fue hijo de Apolo y Creúsa, la hija de Juto».

[274] El «asunto de Anfisa».

[275] He aquí un ejemplo más de *epanadiplosis*. La epanadiplosis en paréntesis es figura empleada gustosamente por Demóstenes.

[276] Es decir, en el *Metroyon*. Cfr. Esquines, *Contra Ctesifonte*, § 187; Pausanias, I, § 3, 5.

temo que se le conceptúe a ese individuo[277] demasiado insignificante en comparación con los males por él perpetrados. Cosa que, por cierto, aconteció anteriormente[278], cuando fue causa de la aniquilación de los desgraciados focidios por haber referido aquí falsas noticias. (143) Pues la guerra de Anfisa, a causa de la cual penetró Filipo en Elatea y fue elegido jefe de los anfictíones quien trastocó toda Grecia, ése fue el que contribuyó a planearla y el responsable, él solo, de todos los mayores males. Y pese a que entonces, de inmediato, yo protestaba y gritaba en la Asamblea diciendo: «una guerra estás introduciendo en el Ática[279], Esquines, una guerra anfictiónica», los que estaban aquí sentados previa convocatoria de ese individuo[280] no me dejaban hablar, mientras que los otros se extrañaban y suponían que yo por odio personal le imputaba un cargo sin fundamento[281]. (144) Y cuál fue la verdadera naturaleza de estos hechos, varones atenienses, y por qué motivo se tramaron y cómo fueron ejecutados, oídlo ahora, dado que entonces se os impidió hacerlo. Pues, en efecto, vais a ver un asunto bien urdido y obtendréis gran provecho de ello para el conocimiento de los asuntos públicos y contemplaréis qué tremenda habilidad había en Filipo.

(145) No había para Filipo posibilidad de poner fin o retirarse de la guerra que sostenía contra nosotros[282], a no ser

---

[277] Esquines.
[278] El año 346 a. J. C., cuando volvieron a Atenas los miembros de la segunda embajada enviada a presencia de Filipo el año 343 a. J. C., Esquines fue absuelto del proceso que se le instruyó a raíz de esta embajada tan mal desempeñada, pero lo fue por el escaso margen de treinta votos.
[279] Haciendo gala de gran inteligencia política, Demóstenes comprendió de inmediato que la «Guerra Anfictiónica» iba a terminar con la penetración de Filipo en Grecia.
[280] Esquines.
[281] Esquines dio cuenta ante el Pueblo Ateniense de su misión en Delfos, el año 339 a. J. C., y la Asamblea aprobó su gestión. Demóstenes se opuso a esa aprobación y los presentes estimaron que lo hacía movido por enemistad personal. Pero al menos logró que Atenas se negara a secundar las medidas propuestas por los Anfictíones.
[282] En este punto de la guerra sostenida entre Atenas y Filipo de Macedonia, que tenía aún por escenario la Grecia septentrional y las posesiones atenienses en Tracia, la situación era todavía de equilibrio entre las dos potencias. Filipo vencía por tierra y Atenas por mar.

que convirtiera a los tebanos y tesalios en enemigos de la ciudad. Ahora bien, aunque vuestros generales luchaban con él desdichada y penosamente[283], no obstante, por efecto del mismo estado de guerra y de los piratas iba sufriendo perjuicios a millares; pues ni exportaba ninguno de los productos que se daban en su país ni importaba para sí los que necesitaba; (146) ni por mar era entonces superior a vosotros ni sería capaz de llegar al Ática si los tesalios no le siguieran y los tebanos no le franquearan el paso. Y acontecía que él, aunque en las operaciones dominaba a los generales que enviabais, cualesquiera que en buena hora fuesen —que esta cuestión la dejo de lado—, lo pasaba mal por la misma naturaleza del terreno y de los recursos propios de cada uno de los dos bandos contendientes. (147) Y en efecto, si, por satisfacer su enemistad personal, intentaba ayudar a persuadir bien a los tesalios, bien a los tebanos, para que marcharan contra vosotros, pensaba que nadie le haría caso; en cambio, si recogía los pretextos comunes de aquéllos y era elegido caudillo, esperaba que le sería más fácil hacer efectivos unas veces sus engaños, otras su persuasión. ¿Qué hace, pues? Intenta (observad con cuánta habilidad) suscitar una guerra entre los anfictíones y sembrar confusión en el Consejo de las Termópilas[284]; pues sospechaba que para esas contingencias ellos le necesitarían inmediatamente. (148) Ahora bien, si esa cuestión la introdujera alguno de los *hieromnémones*[285] enviados por él mismo o algu-

---

[283] Se refiere Demóstenes a los generales Cares y Foción, que estaban al frente de las tropas atenienses al comienzo de la guerra, mientras Filipo asediaba Bizancio.

[284] El texto dice «la Pilea», es decir, la Asamblea del Consejo Anfictiónico, que dos veces por año (en primavera y otoño) se reunía primeramente en las Termópilas, en el santuario de Deméter, situado en Antela, y luego ya celebraba las sesiones regulares en Delfos. Cfr. Hiperides, *Epitafio*, § 18; Heródoto, VII, § 200; Esquines, *Contra Ctesifonte*, § 126; Estrabón, *Geografía*, 429; Harpocración, *s. v. Pylai*.

[285] Se llamaba *hieromnémon* cada uno de los miembros del Consejo Anfictiónico. Veinticuatro *hieromnémones* lo componían, dos por cada una de las doce tribus. Los *pilágoros* eran delegados que las distintas ciudades enviaban al Consejo. Éstos tenían facultad para hablar en público ante los miembros del Consejo Anfictiónico, pero no derecho a voto. Atenas, en la primavera del 339 a. J. C., envió al Consejo Anfictiónico un *hieromnémon* y tres *pilágoros*.

no de sus aliados, pensaba que los tebanos y los tesalios mirarían con desconfianza el asunto y todos estarían en guardia, mientras que si fuese un ateniense y delegado por vosotros, sus contrarios, el que tal cosa hacía, fácilmente pasaría desapercibido; lo que, precisamente, ocurrió. Y ¿cómo lo logró? Tomando a sueldo a ese individuo[286] que veis ahí. (149) Y toda vez que, en mi opinión, nadie conocía de antemano la intriga ni se guardaba de ella, tal cual suelen acontecer las cosas de esta especie entre vosotros, propuesto ése como *pilágoro*[287] y luego que le votaron tres o cuatro individuos a mano alzada, fue proclamado. Y en cuanto llegó al Consejo de los Anfictíones[288] una vez hubo tomado investidura de la dignidad de la ciudad, dejando de lado y mirando con despreocupación todo lo demás, trataba de llevar a término los planes por los que había sido asalariado; y a fuerza de trabar y componer discursos de hermoso cariz y leyendas[289], remontándose a los tiempos en que el territorio de Cirra[290] fue

---

[286] Esquines.
[287] O sea, como delegado (por Atenas, en este caso) en la Asamblea, o mejor, Consejo de los Anfictíones.
[288] En la primavera del 339 a. J. C. Cfr. Esquines, *Contra Ctesifonte*, §§ 115-124.
[289] Alude a la narración que hace Esquines de la primera «Guerra Sagrada», que tuvo lugar en época de Solón. Cfr. Esquines, *Contra Ctesifonte*, §§ 107-112.
[290] Esquines, en efecto, narró la historia de los Anfictíones, comenzando por la consagración de la llanura de Cirra, que tuvo lugar al final de la primera «Guerra Sagrada», en torno al 586 a. J. C. Cfr. Esquines, *Contra Ctesifonte*, §§ 61 y ss. Cirra era una ciudad de la Fócide situada en los confines de la Lócride. En tiempos de Solón de Atenas, los Anfictíones habían decretado que dicha ciudad fuese destruida en pago de los sacrilegios cometidos por sus habitantes contra el templo de Apolo en Delfos. El territorio de Cirra, en la llanura de Crisa, fue consagrado al dios. Pero más adelante los locrios de Anfisa, ciudad de la Lócride Ozolia, se apoderaron de Cirra. Y estos mismos anfiseos solicitaban a la sazón del Consejo Anfictiónico que condenase a Atenas con una multa por haber colgado unos escudos de oro en el templo de Delfos. Esquines, entonces, replicó acusando a los anfiseos de haber ocupado Crisa y cultivar sacrílegamente un terreno dedicado al dios Apolo (o sea, sin pagar por ello una renta). El Consejo les declaró la guerra y llamó a Filipo para que se hiciera cargo de la dirección de las operaciones militares. Aferrándose de muy buena gana a esta invitación como pretexto, Filipo derrotó a los locrios y ocupó la ciudad de Elatea, que estaba situada en el desfiladero que conectaba Tesalia con Beocia y ya en el camino mismo que conducía directamente a Atenas.

consagrado, persuade a los *hieromnémones,* hombres inexpertos en discursos y carentes de visión del futuro[291], (150) para que voten un recorrido de inspección por la región[292] que los anfiseos sostenían que cultivaban porque les pertenecía, mientras que ese individuo[293] alegaba en su acusación que formaba parte de la región consagrada, y eso sin que los locrios intentasen entablar contra nosotros ningún proceso ni nada de lo que ahora, diciendo mentiras, alega como pretexto[294]. Y esto lo vais a saber por lo siguiente: no estaba, evidentemente, en poder de los locrios llevar a término un proceso contra la ciudad sin haber hecho citación previa. Pues, en efecto, ¿quién nos citó? ¿En qué magistratura? Nombra al que lo sepa, preséntalo. Pero no podrías, sino que la verdad es que tú abusabas de ese huero y falso pretexto.

(151) Pues, bien, mientras los Anfictíones hacían su gira de inspección por aquel territorio en virtud de la sugerencia de ése, cayeron sobre ellos los locrios y a punto estuvieron de matar a todos a flechazos, y a algunos *hieromnémones* incluso se los llevaron presos. Y como a raíz de eso surgieron de golpe alborotadas incriminaciones y estalló una guerra

---

[291] Ciertamente, los estados que enviaban representantes al Consejo Anfictiónico no sobresalían, precisamente, por su alto nivel cultural y, consiguientemente, sus *hieromnémones* tampoco eran individuos de muchas luces. Fue precisamente en esta época cuando el Consejo Anfictiónico, que no venía siendo más que una antigualla, se revitalizó de modo sorprendente en beneficio de Filipo.

[292] Una inscripción del 380 a. J. C. contiene una orden de los Anfictíones en la que se ordena se realicen visitas de inspección a lo largo del territorio consagrado. En ella también se amenaza con la imposición de una multa a todo aquel que sea sorprendido usurpando el territorio consagrado, y, si esa multa no llegase a ser pagada, incluso con la exclusión del templo y hasta con la guerra. Cfr. *C. I. A.,* II 545, 15-18.

[293] Esquines.

[294] Para entender este pasaje, viene bien confrontarlo con el de *Contra Ctesifonte,* § 116, donde Esquines dice que los anfiseos trataban de proponer un decreto al Consejo en virtud del cual se imponía a Atenas una multa de cincuenta talentos por haber colgado de los muros del templo (el de Apolo, naturalmente, centro del santuario) viejos escudos ofrendados como exvotos tras la batalla de Platea.

contra los anfiseos, al principio Cótifo[295] condujo un ejército de los propios Anfictíones; pero como los unos no fueron y los otros, aun yendo, nada hacían, aquéllos con quienes se había urdido el plan y gentes, ya de antiguo perversas, tesalias y de las demás ciudades, al punto tomaron medidas de cara al próximo congreso, para intentar poner los asuntos en manos de Filipo como comandante. (152) Y habían echado mano a razonables pretextos; pues decían que o bien tenían que pagar contribuciones ellos mismos y mantener a los mercenarios y castigar a los que tal no hicieran, o bien elegir a aquél. ¿Qué falta hace descender a la prolijidad de los detalles? Pues a raíz de eso fue elegido comandante. E inmediatamente después congregó sus fuerzas, avanzó como si se dirigiese hacia la Cirrea, dijo adiós muy buenas a cirreos y locrios y toma Elatea[296]. (153) Pues bien, si al punto, nada más ver eso, los tebanos no hubieran cambiado de opinión y se hubiesen puesto de nuestro lado, como un invernal torrente toda esa situación se habría desplomado sobre la ciudad. Tal como ocurrió, en cambio, aquéllos aguantaron por el momento, sobre todo, varones atenienses, gracias a la benevolencia de algún dios para con vosotros; en segundo término, no obstante, y en cuanto de un solo hombre pudo depender, también por mediación mía. Dame esos decretos y las fechas en que cada uno de ellos fue redactado, para que sepáis qué tremendas conmociones provocó la impura cabeza ésa[297] sin haber dado justa satisfacción de ellas. (154) Léeme los decretos.

---

[295] El presidente del Consejo, un tesalio de Fársalo; cfr. Esquines, *Contra Ctesifonte*, § 128.
[296] Filipo, una vez hubo pasado a través de las Termópilas, olvidó la empresa para la que había sido designado general de las tropas anfictiónicas, a saber, la de entrar en guerra con Anfisa, y se presentó en la localidad focidia de Elatea, desde donde era fácil penetrar en Beocia y emprender acto seguido la ruta hacia Atenas. Filipo fue nombrado general por los Anfictíones el 339 a. J. C., y, al final de este mismo año o comienzos del siguiente, irrumpió en Elatea. Pocos meses después (338 a. J. C.) tuvo lugar la batalla de Queronea.
[297] Con esta metonimia (se expresa la parte por el todo de algo) Demóstenes se refiere a Esquines.

Decreto de los Anfictíones[298]

[En el sacerdocio de Clinágoras, en la sesión de primavera, pareció bien a los pilágoros y a los consejeros de los Anfictíones y al Común de los Anfictíones que, toda vez que los anfiseos penetran en el sagrado territorio y lo siembran y apacientan sus rebaños, acudan los pilágoros y los consejeros y con estelas separen las lindes y prohíban a los anfiseos penetrar en él en lo sucesivo.]

Otro decreto

(155) [En el sacerdocio de Clinágoras, en la sesión de primavera, pareció bien a los pilágoros y a los consejeros de los Anfictíones y al Común de los Anfictíones que, toda vez que los de Anfisa, habiendo ocupado el territorio sagrado, lo cultivan y pastorean en él sus ganados, y cuando se les trataba de impedir que obrasen de esa suerte, se presentaron provistos de armas y han puesto trabas por la fuerza al Consejo Común de los griegos, y a algunos de sus miembros hasta los han herido, que vaya como embajador ante Filipo el macedonio el general electo de los Anfictíones, Cótifo el arcadio[299] y le ruegue que acuda en socorro de Apolo y los Anfictíones para que no permita que el dios sea ofendido por los impíos anfiseos; y que le elijan a él general plenipoteciario los griegos que forman parte del Consejo de los Anfictíones.]

Lee ya también las fechas en que tenían lugar esas gestiones; pues son aquéllas en las que ese individuo[300] estuvo de pilágoro. Lee.

---

[298] Este decreto, al igual que el que le sigue y la carta que va a continuación, son documentos a todas luces espurios. El falsificador ignora el relato que Esquines hace de los hechos que aquí intentan reflejarse, no sabe a ciencia cierta quiénes eran los *pilágoros* e ignora a los *hieromnémones*.

[299] Otro error del falsificador: Cótifo no era arcadio, sino tesalio, de Fársalo concretamente.

[300] Esquines.

FECHAS[301]

[Siendo arconte Mnesítides, el día dieciséis del mes de Antesterión.]

(156) Dame ahora la carta que, al no obedecerle los tebanos, envía Filipo a sus aliados del Peloponeso[302], para que veáis también por ella claramente que el verdadero motivo de sus empresas, a saber, el de realizar esas acciones contra Grecia, los tebanos y vosotros, se lo guardaba en secreto, y fingía, en cambio, actuar de acuerdo con los intereses comunes y decisiones de los anfictíones; y el que le proporcionaba esos puntos de partida y esos pretextos era ese individuo[303]. Lee.

CARTA

(157) [El rey macedonio Filipo a los demiurgos[304] y los consejeros de sus aliados peloponesios y a todos los demás aliados, salud. Toda vez que los locrios llamados ozolas, que habitan en Anfisa, cometen ofensas contra el templo de Apolo en Delfos y, penetrando con armas en el territorio sagrado, lo saquean, quiero con vosotros acudir en socorro del dios y rechazar a los que violen cualquiera de los principios de piedad establecidos entre los hombres; de forma que salidnos al encuentro armados en la Fócide, con provisiones para cuarenta días, el presente mes de Loo según nuestro calendario de celebraciones, de Boedromión según los atenienses, de Panemo según los corintios. Y a los que no se nos unan con todas sus fuerzas, les aplicaremos las sanciones establecidas por nosotros +consejeros+. Que os vaya bien.]

---

[301] He aquí otra incoherencia de las muchas que presentan los documentos apócrifos de este discurso: deberían aparecer consignadas dos dataciones, puesto que de dos decretos se trata.
[302] Es decir, los arcadios, eleos y argivos.
[303] Esquines.
[304] Este nombre, *demiurgo*, era el que recibían ciertos magistrados de varias ciudades del Peloponeso.

(158) Veis que rehúye los motivos personales y se refugia, en cambio, en los de los Anfictíones. ¿Quién, pues, fue el que le[305] prestó su colaboración para preparar eso? ¿Quién el que le proporcionó esas excusas? ¿Quién el principal causante de los males acaecidos? ¿No fue ese individuo?[306]. No vayáis, pues, por ahí diciendo, varones atenienses, que tan grandes males ha sufrido Grecia por culpa de un solo hombre[307]. No por culpa de uno solo, sino de muchos malvados que hay en cada ciudad, ¡oh tierra y dioses! (159) De los cuales ése es uno, a quien, si hubiese que decir la verdad sin recato alguno, yo al menos no dudaría en llamarlo plaga[308] común de todo lo que después ha perecido, hombres, lugares, ciudades; pues el que proporcionó la semilla, ése es el responsable de las plantas, a quien me admiro de que no le volvierais la cara nada más verlo. A no ser que haya, entre vosotros, como parece, espesas tinieblas delante de la verdad.

(160) Así pues, acontece que, al tocar yo el tema de los actos contra la patria llevados a cabo por ése, he venido a dar en el de los que he realizado como hombre público tratando de oponerme a aquéllos; asunto que por muchas razones haríais bien en escuchar prestándome oído, pero sobre todo porque es vergonzoso, varones atenienses, que yo soportara la realidad de los trabajos padecidos por vuestro bien y vosotros, por el contrario, ni siquiera la relación de ellos estéis dispuestos a tolerar. (161) Pues al ver yo que los tebanos y casi incluso vosotros, por efecto de los partidarios de Filipo y de quienes por él habían sido corrompidos en cada una de las dos ciudades, estabais haciendo caso omiso y no os guardabais ni en un solo punto de lo que era para ambos temible cosa y necesitada de mucha vigilancia, a saber, el permitir que Filipo se engrandeciera, y, en cambio, estabais prestos a incurrir en enemistad y mutuo choque, no cesaba yo de es-

---

[305] Es decir: a Filipo.
[306] Esquines.
[307] Es decir, Filipo. Cfr. Demóstenes, *Sobre la embajada fraudulenta*, § 64.
[308] La palabra griega que aparece en este lugar es *alitérios,* voz que sirve para designar al hombre que ha ofendido a los dioses y sobre el que, en consecuencia, pesa una maldición que transmite por contagio a todo individuo con el que trata. Cfr. Andócides, *Sobre los misterios*, §§ 130 y 131.

tar alerta para que eso no sucediera, no sólo porque suponía en virtud de mi propia opinión que esas medidas eran convenientes, (162) sino porque sabía que Aristofonte[309] y luego Eubulo en todo tiempo deseaban hacer efectiva esa amistad[310] y que, a pesar de que en lo demás muchas veces estaban en desacuerdo, en eso eran siempre entre sí de opiniones conformes. A los cuales, mientras vivían, tú, ¡zorro!, los adulabas pegado a ellos, pero una vez muertos los estás acusando sin darte cuenta; pues con los reproches que a mí me haces[311] respecto de los tebanos, mucho más que a mí acusas a aquéllos, los que antes que yo aprobaron esta alianza. (163) Pero vuelvo a aquel punto anterior; digo que, habiendo ése provocado la guerra en Anfisa y conseguido sus demás colaboradores concitar el odio a los tebanos, acaeció que Filipo marchó contra nosotros, razón por la cual ésos hacían que las ciudades chocasen entre sí, y si no nos hubiésemos plantado a pie firme un poco antes, ni recuperarnos hubiéramos podido; tan lejos llevaron esos individuos[312] las cosas. Y en qué situación os encontrabais los unos respecto a los otros, oyendo estos decretos y sus respuestas[313], lo habréis de saber. Cógelos y léemelos.

---

[309] Este hombre de estado (cfr. Demóstenes, *Contra Leptines*, 148; *Sobre la corona*, 70) fue partidario de concertar una alianza con Tebas para hacer frente a Esparta. Según Esquines, durante muchísimo tiempo tuvo que soportar la acusación de ser defensor de los intereses beocios. Cfr. Esquines, *Contra Ctesifonte*, § 139.

[310] En los tiempos aún no lejanos en que todavía era clara la supremacía espartana, Atenas había enviado ayuda a Tebas para desalojar de la Cadmea (es decir, la ciudadela de Tebas) a la guarnición de soldados lacedemonios que la ocupaban (379 a. J. C.). Después de la batalla de Leuctra (371 a. J. C.), estos ofrecimientos amistosos de los atenienses a los tebanos desaparecieron del todo.

[311] En realidad, Esquines dice que la alianza que Atenas ha establecido con Tebas ha resultado onerosa para aquella ciudad por culpa de Demóstenes. Cfr. Esquines, *Contra Ctesifonte*, §§ 137 y ss.

[312] Esquines y los demás agentes a sueldo de Filipo.

[313] Por poco que se discurra sobre el contenido de este pasaje, aparece a todas luces claro que los «decretos» atenienses y las «respuestas» que a ellos debieron de dar los tebanos deben de referirse a verdaderos decretos y respuestas, a través de los cuales podría mostrarse la gran enemistad existente entre ambas ciudades. Sin embargo, un interpolador bastante inepto y chapucero

Decreto

(164) [Bajo el arcontado de Herópito, el día vigésimo quinto del mes de Elafebolión, ejerciendo la pritanía la tribu Erecteide, opinión del Consejo y de los estrategos: Toda vez que Filipo unas ciudades de nuestros vecinos las ha capturado y algunas otras asuela y, en suma, se prepara para presentarse en el Ática, no reputando en nada nuestros pactos, y se propone romper los juramentos y la paz transgrediendo los mutuos compromisos, tengan a bien el Consejo y el Pueblo enviar embajadores junto a aquél para que conversen con él y le exhorten a observar sobre todo la concordia y los pactos con nosotros, y, si no, a dar tiempo a la ciudad para deliberar y concluir un armisticio hasta el mes de Targelión. Del Consejo fueron elegidos Simo de Anagiro, Eutidemo de File, Bulágoras de Alópece.]

Otro decreto

165) [Bajo el arcontado de Herópito, el día veintinueve del mes de Muniquión, opinión del polemarco: Toda vez que Filipo ansía poner en situación de enemistad a los tebanos con nosotros y está preparado además para presentarse con todo su ejército en los lugares más cercanos al Ática, transgrediendo los pactos existentes entre él y nosotros, tengan a bien el Consejo y el Pueblo enviar junto a aquél un heraldo y embajadores que le pidan y exhorten a concluir el correspondiente armisticio con el fin de que el Pueblo delibere aceptablemente; pues incluso ahora no ha decidido enviar socorro en caso de que medie moderación. Fueron elegidos del Consejo Nearco, hijo de Sosínomo, Polícrates, hijo de Epifón, y como heraldo, escogido del Pueblo, Éunomo, de Anaflisto.]

Lee ahora, también, las respuestas.

---

nos ha obsequiado con absurdos decretos contra Filipo y sendas cartas del Macedonio que nada tienen que ver con el contexto concreto en que se insertan. Los errores que estos documentos contienen son tan crasos y patentes, que no merece la pena extenderse sobre ellos. Nos contentamos con decir que las fechas que se leen en ellos no cuadran con los hechos a que se refieren, y que, en la Atenas de la época a que se refiere el primer documento, los estrategos no colaboraban con el Consejo en la elaboración de decretos previos, como parece deducirse del encabezamiento del aludido texto (§ 164: «opinión del Consejo y de los estrategos»).

Respuesta a los atenienses

(166) [El rey de los macedonios Filipo, al Consejo y al Pueblo de los atenienses, salud. La actitud que desde un principio manteníais respecto a mí, no la ignoro, ni tampoco qué empeño poníais en vuestro deseo de llamar a vuestro lado a tesalios, tebanos y también a los beocios; pero como ellos discurren mejor que vosotros y no quieren depositar su actitud en vuestras manos, sino que se mantienen firmes de acuerdo con sus intereses, ahora vosotros, dando marcha atrás, enviáis junto a mí embajadores y heraldo, me recordáis los pactos y me pedís la correspondiente tregua, pese a que no habéis sido ofendidos en nada por parte nuestra. Yo, no obstante, después de haber escuchado a los embajadores, accedo a vuestras demandas y estoy dispuesto a concluir la susodicha tregua, si a los que no os aconsejan rectamente los despedís y castigáis con la privación de los derechos de ciudadanía como les corresponde. Que os vaya bien.]

Respuesta a los tebanos

(167) [El rey de los macedonios, Filipo, al Consejo y al Pueblo de los tebanos, salud. Recibí vuestra carta en la que me renováis la concordia y la paz. Me entero, sin embargo, de que los atenienses os aplican todo su afán con el deseo de que vosotros seáis sancionadores de las propuestas a que os exhortan. Antes, efectivamente, os reprochaba el estar a punto de confiar en sus esperanzas e ir en pos de sus preferencias. Ahora, en cambio, al descubrir que vosotros, por lo que atañe a las relaciones conmigo, habéis buscado más estar en paz que seguir las opiniones de otros, me alegré y os elogio más por muchas razones, pero, sobre todo, por deliberar de forma bien segura acerca de esos asuntos y estar en buena disposición por lo que a mí se refiere, cosa precisamente que espero a vosotros os proporcionará no pequeña ventaja si perseveráis en este propósito. Que os vaya bien.]

(168) Una vez que Filipo dispuso de este modo las mutuas relaciones entre las ciudades por medio de esos individuos[314], enaltecido por estos decretos y las respuestas, llegó con sus tropas y tomó Elatea, en la idea de que, por más que

---

[314] Esquines y los demás traidores obedientes a Filipo contra los intereses de sus respectivas patrias.

aconteciese, ya no nos pondríamos de acuerdo nosotros y los tebanos. Pero, por cierto, todos sabéis la confusión que entonces se produjo en la ciudad; escuchad, no obstante, brevemente los rasgos más esenciales e imprescindibles de ella.

(169) Era[315] ya plena tarde y llegó alguien junto a los prítanes[316] anunciando que Elatea había sido tomada. Y tras eso, unos, levantándose, al punto, a mitad de la cena, echaban a los de las tiendas de la plaza y prendían fuego a los zarzos de mimbres[317], otros mandaban buscar a los estrategos y llamaban al trompeta; y llena estaba de confusión la ciudad. Y al día siguiente, con el día, los prítanes convocaban al Consejo en su lugar de reunión y vosotros marchabais a la Asamblea, y antes de que aquél hubiese tratado asuntos y adoptado resoluciones previas, todo el pueblo estaba sentado arriba[318]. (170) Y después, cuando llegó el Consejo y comunicaron los prítanes lo que se les había anunciado y presentaron al recién llegado y aquél habló, preguntaba el heraldo: «¿quién quiere tomar la palabra?». Pero nadie se presentaba. Y aunque muchas veces el heraldo repetía la pregunta, no más por ello se levantaba nadie,

---

[315] Comienza aquí un pasaje modélico de la prosa ática. Un comentario puede verse en A. López Eire, «Oratoria griega: Demóstenes, *De Corona* 169-170», en *El comentario de textos griegos y latinos*, Madrid, 1979, págs. 263-277. Esta narración pictórica de la alarma con que en Atenas se acogió la noticia de la toma de Elatea por Filipo pareció espléndida e inimitable ya a los antiguos. La elogia calurosamente el Pseudo-Longino por la sabia elección de detalles que acertó a hacer el autor y su habilidad al combinarlos de modo que del conjunto resultase un todo armónico. Cfr. Pseudo-Longino, *Sobre lo sublime*, § X. Hiperides, en su discurso pronunciado en defensa de Aristogitón, describió el estado de postración y desaliento en que se encontraba Atenas tras la batalla de Queronea (338 a. J. C.). Pero tal narración, según Teón *(Rh. Gr.*, 167 Walz), no logró la calidad de ésta en que Demóstenes narra cómo el pánico cundió en su ciudad al conocerse la mala nueva de la captura de Elatea por las tropas del Macedonio. No olvidemos que Elatea, por su situación geográfica, franqueaba al Macedonio el acceso directo e inmediato a Atenas.

[316] Los *prítanes* eran cincuenta ciudadanos elegidos de cada una de las diez tribus de Atenas, que durante una décima parte del año —según el calendario ateniense unos 37 días— desempeñaban importantes funciones públicas.

[317] Estos zarzos de mimbre que se mencionan en el texto servían de techo a los tenderetes instalados en el ágora.

[318] Es decir, el pueblo, impaciente, se había instalado ya en la Pnix, colina situada al noroeste de la acrópolis, en la que se celebraban las asambleas o reuniones de la Asamblea *(Ekklesía)*.

pese a que estaban presentes todos los estrategos y todos los oradores y a pesar de que la patria llamaba a quien quisiera hablar en defensa de su salvación; pues la voz que emite el heraldo de acuerdo a las leyes, justo es considerarla voz común de la patria[319]. (171) Bien es verdad que si hubiera sido menester que se presentaran los que querían la salvación de la ciudad, todos vosotros y los demás atenienses, puestos en pie, os habríais encaminado a la tribuna; pues sé que todos vosotros queríais que la patria se salvase; y si esa obligación hubiera afectado a los más ricos, habrían acudido los trescientos[320]; y si hubiera correspondido a quienes son a la vez ambas cosas, bien dispuestos para con la ciudad y ricos, se habrían presentado los que después de estos sucesos aportaron las tan generosas donaciones aquéllas[321]. Pues esas donaciones las hicieron tanto por su buena voluntad como por su riqueza. (172) Pero, a lo que parece, aquella ocasión y el día aquél reclamaban a un hombre no sólo bienintencionado y rico, sino también a uno que hubiera seguido de cerca el desarrollo de los acontecimientos desde el principio y hubiese reflexionado rectamente preguntándose por qué actuaba Filipo de esa manera y qué pretendía; pues el que no conociera esos extremos ni los hubiera examinado con esmero desde tiempo atrás, aunque fuese bienintencionado y rico, no por ello iba a saber mejor, en absoluto, lo que era necesario hacer ni iba a poder aconsejaros. (173) Pues bien, ese hombre que apareció aquel día fui yo y presentándome os dirigí una alocución que quiero me escuchéis[322] prestando atención, por dos razones: una, para que sepáis que yo fui el úni-

---

[319] Este último período, que ha parecido sospechoso a muchos críticos y editores, nos parece a nosotros hermoso, solemne y demosténico en esencia y de pura cepa. Cumple, además, una importante función dentro del contexto: la de prolongar la tensión e incertidumbre descritas, retrasando la aparición del salvador de la patria. Tras él están, pues, sin duda, la habilidad y el estilo de Demóstenes.

[320] Los trescientos ciudadanos que estaban al frente de las *sinmorías*.

[321] Después de la batalla de Queronea se recaudaron contribuciones voluntarias. Cfr. Demóstenes, *Sobre la corona*, § 312; Dinarco, *Contra Demóstenes*, § 80.

[322] El texto original dice, literalmente: «que *escuchadme* prestando atención». Este entreveramiento o mixtura sin previo aviso del estilo directo y del indirecto es típico del nivel coloquial de la lengua y lo aprovecha Demóstenes con vistas a la mayor efectividad de su estilo oratorio.

co de entre los oradores y hombres de estado que no abandoné en los peligros mi puesto[323] de buena intención, sino que en él se me encontraba, al pasar revista, hablando y proponiendo las medidas que convenían para vuestro bien en medio mismo de aquellas terribles circunstancias; y la otra razón, para que, gastando poco tiempo, seáis mucho más duchos para el futuro en la totalidad de la administración pública. (174) Así pues, dije: «Los que se alborotan exageradamente ante la idea de que los tebanos están del lado de Filipo[324], opino que desconocen la situación actual; pues sé bien que, si eso por acaso fuera sí, no oiríamos decir que aquél se encuentra en Elatea, sino en nuestros propios límites. No obstante, que él ha venido para disponer en su favor los asuntos de Tebas, lo sé con claridad.» «Y cómo están ellos», decía yo, «oídlo de mí. (175) Aquél, a cuantos tebanos podía convencer a fuerza de dinero o engañar, los tiene bien dispuestos a todos, pero a los que desde el principio se le han encarado y ahora se le enfrentan, en modo alguno puede convencerlos. ¿Qué quiere, pues, y por qué ha tomado Elatea? Haciendo en las cercanías una exhibición de su fuerza y mostrando sus armas en parada, soliviantar y volver audaces a sus amigos y consternar a los que se le oponen, con el fin de que o, presos por el miedo, consientan en lo que ahora no están dispuestos a consentir, o sean forzados por la violencia a hacerlo». (176) «Por tanto», decía yo, «si nosotros en las circunstancias presentes vamos a tomar partido por recordar todo lo que de desagradable hayan llevado a cabo los tebanos contra nosotros, y por desconfiar de ellos, dando por supuesto que están de parte del enemigo, en primer lugar estaremos haciendo lo que Filipo pediría en sus plegarias, y, luego, me temo que, aceptándole los que ahora le hacen frente y convertidos todos por acuerdo unánime en partidarios de Filipo, los unos y los otros invadan el Ática. En cambio, si me hacéis caso y os dais a reflexionar, no a rivalizar,

---

[323] Esta metáfora del lenguaje militar es una de las favoritas de Demóstenes, muy frecuente en sus discursos; cfr., por ejemplo, Demóstenes, *Olintíaco*, II § 36; *Por la libertad de los rodios* §§ 32, 33; *Sobre la embajada fraudulenta* §§ 9, 29; *Contra Midias* § 120, etcétera.

[324] Cfr. Demóstenes, *Sobre la embajada fraudulenta* 54, 118.

sobre lo que yo diga, considero que os parecerá que propongo las precisas medidas y que dispersaré el peligro que se cierne sobre la ciudad. (177) ¿Qué afirmo, pues, que es preciso? En primer lugar, abandonar vuestro actual temor, luego, cambiar de mentalidad y temer todos por los tebanos; pues están mucho más cerca de los peligros que nosotros y el riesgo lo corren ellos primero. Después, que, haciendo una salida hacia Eleusis los que estén en edad militar y los jinetes, hagáis ver a todos que vosotros personalmente estáis en armas, con el fin de que los que están de vuestra parte en Tebas cuenten, en situación de igualdad, con la posibilidad de hablar abiertamente en torno a sus legítimos derechos, al ver que así como los que intentan vender su patria a Filipo disponen de una fuerza, presente en Elatea, presta a ayudarles, del mismo modo estáis vosotros preparados en calidad de reserva para los que están decididos a combatir por la libertad y les socorreréis, si alguien marcha contra ellos. (178) Después de esto, recomiendo vivamente elegir diez embajadores y darles plenos poderes, para que, juntamente con los generales, decidan cuándo se ha de marchar allí y lo relativo a la expedición militar. Y una vez que lleguen los embajadores a Tebas, ¿cómo les aconsejo que traten el asunto? En este punto prestadme toda vuestra atención. No pidáis nada a los tebanos (pues la ocasión es oprobiosa), sino prometedles que iremos en su ayuda, si lo solicitan, por entender que ellos se encuentran en las últimas y nosotros somos más previsores que ellos; esto con el fin de que, si aceptan esas propuestas y nos hacen caso, hayamos manejado a nuestro gusto los asuntos que deseamos y lo hayamos hecho con porte digno de la ciudad; y si no nos es dado tener éxito, ellos se hagan a sí mismos los reproches, si en algo ahora se equivocan, y, en cambio, por parte nuestra nada se haya hecho de vergonzoso ni humillante». (179) Tras haber expuesto estas y similares razones, bajé de la tribuna. Y como todos dieron su aprobación conjuntamente y nadie dijo nada en contra, no me limité[325] a

---

[325] Comienza aquí un famosísimo período que fue ejemplo arquetípico de la figura retórica denominada en griego *klímax* y en latín *gradatio*. Quintiliano tradujo al latín este modélico pasaje. Cfr. Quintiliano, *Institutio oratoria*, IX, § 3, 55.

exponer esas medidas sin proponerlas por escrito, ni a proponerlas por escrito, pero sin ejercer de embajador, ni a ejercer de embajador pero sin lograr convencer a los tebanos, sino que lo llevé todo a cabo desde el principio hasta el fin y me entregué a vosotros sin reserva introduciéndome en medio de los peligros que se habían instalado en derredor de la ciudad. Pues tráeme el decreto que se pasó entonces. (180) Aunque, ¿con quién quieres que te identifique a ti, Esquines, y con quién a mí por lo que fuimos aquel día? ¿Quieres que yo sea Bátalo[326], como me llamarías en plan de injuria y zaherimiento, y tú, en cambio, un héroe cualquiera, pero no el primero que se nos ocurra, sino uno de ésos del teatro, Cresfonte, o Creonte[327], o Enómao, a quien en cierta ocasión en Colito[328] machacaste de mala manera? Pues bien, entonces en aquella ocasión, yo, Bátalo el peaneo, me mostré más meritorio que tú, Enómao de Cotócidas[329], para con la patria. Pues tú en ningún momento serviste para nada útil; yo en cambio iba cumpliendo todo cuanto incumbía al buen ciudadano. Léeme el decreto.

---

[326] Éste es el mote que, según nuestro orador, le impuso su propia nodriza (cfr. Esquines, *Contra Timarco*, § 126), pero que en manos luego de Esquines pasó a tener connotaciones de afeminamiento y falta de virilidad. En boca de su nodriza, este apodo de Demóstenes hacía referencia, en principio, seguramente, al aspecto de poca salud y la desmirriada figura del orador en su niñez y primera juventud. Es sumamente curioso que este insulto no aparezca en el *Contra Ctesifonte* de Esquines, y sí, en cambio, en sus otros dos discursos: Esquines, *Contra Timarco*, §§ 126, 131 y 164. *Sobre la embajada fraudulenta*, § 99. Sobre las connotaciones del apodo entre los antiguos, cfr. Plutarco, *Vida de Demóstenes*, § IV.

[327] Esquines desempeñó el papel de Creonte (papel francamente secundario o —casi mejor— terciario *[tritagonistés]* en importancia) en representaciones de la *Antígona* de Sófocles. Hizo también de Cresfontes en la pieza de este mismo nombre, obra de Eurípides, desempeñando igualmente un papel secundario, pues el principal correspondía a otro personaje de la trama dramática: Mérope. Encarnó, asimismo, a Enómao en la obra del mismo título compuesta por Sófocles. El núcleo argumental de este drama debía de ser la famosa carrera de carros en que se enfrentaron Enómao y Pélope, y de la que, este último, mediante un ardid en el que contó con los buenos servicios de Mirtilo, el cochero de Enómao, que se dejó sobornar por él, resultó vencedor, victoria que precisamente le confirió la mano de Hipodamia. Cfr. Demóstenes, *Sobre la embajada fraudulenta*, § 247.

[328] Demo de Atenas.

[329] Esquines era del demo de Cotócidas.

Decreto de Demóstenes[330]

(181) [En el arcontado de Nausicles, ejerciendo la pritanía la tribu Ayántide, el día dieciséis del mes de Esciroforión, Demóstenes, hijo de Demóstenes, de Peania, propuso: Toda vez que Filipo el Macedón en el pasado inmediato aparece como transgresor de los términos de la paz concluidos por él con el Pueblo ateniense, despreciando los juramentos y los principios de justicia reconocidos por todos los griegos, y se apodera de ciudades que no le pertenecen en absoluto, e incluso, a algunas que son de los atenienses, las ha capturado en guerra sin haber sido provocado por agravio alguno debido al Pueblo de los atenienses, y en el presente progresa más y más en violencia y crueldad; (182) pues, en efecto, hay ciudades griegas en que establece guarniciones y deroga sus constituciones, otras las arrasa y reduce a esclavitud a sus habitantes, en algunas incluso, asienta, en vez de griegos, a bárbaros, induciéndolos contra los santuarios y las tumbas, sin hacer con ello nada ajeno a su propia patria ni a su carácter y abusando hasta la saciedad de su presente y actual fortuna, olvidado de sí mismo, de que del individuo insignificante y ordinario que era, se ha convertido inesperadamente en grande; (183) y mientras el Pueblo de los atenienses veía que él iba arrebatando ciudades bárbaras y de su pertenencia, suponía que era cosa de menor importancia la falta de consideración de que ofensivamente era objeto; pero ahora, al ver que de entre las ciudades griegas, unas son ultrajadas y otras asoladas, considera que es escandaloso e indigno de la reputación de sus antepasados el desentenderse del hecho de que los griegos vayan siendo esclavizados; (184) por lo cual, tengan a bien el Consejo y el Pueblo de los atenienses, una vez se hayan ofrecido plegarias y sacrificios a los dioses y a los héroes que dominan la ciudad y la región de los atenienses, y se hayan hecho cargo de los méritos de los antepasados, porque en más valoraban conservar la libertad de los griegos que su propia patria, echar al mar doscientas naves y que el navarco zarpe hacia la parte de aquí de las Termópilas y el estratego y el hiparco saquen en

---

[330] Huelga decir que este «decreto de Demóstenes», como los demás decretos que anteriormente hemos estudiado, es asimismo espurio. La fecha de dieciséis del mes de Esciroforión es una confusión clarísima. Si la toma de Elatea por parte de Filipo hubiera tenido lugar a mediados del mes de Esciroforión (fecha de este decreto), entonces esa captura no habría precedido a la batalla de Queronea

dirección a Eleusis las tropas de infantería y caballería, y se envíen también embajadores a los demás griegos y, lo primero de todo, a los tebanos por el hecho de que Filipo se encuentra cerquísima del territorio de aquéllos; (185) y exhortarles a que no se espanten para nada ante Filipo y se adhieran fuertemente a su propia libertad y a la de los demás griegos; y se les diga que el Pueblo de los atenienses, que ya no guarda ningún rencor por diferencia alguna que antaño haya podido existir entre las dos ciudades, les ayudará con tropas, dinero, municiones y armas, conocedor como es de que discutir mutuamente entre ellos, que son griegos, en torno a la primacía es cosa honrosa, pero ser regidos por un hombre de otra estirpe y verse despojados de la hegemonía es indigno de la fama de los griegos y de los méritos de los antepasados. (186) Y además, el Pueblo de los atenienses ni siquiera considera extraño al Pueblo de los tebanos ni en razón del parentesco familiar ni del tribal. Recuerda también los servicios prestados por sus antepasados a los de los tebanos; pues, en efecto, a los hijos de Heracles, a quienes los peloponesios intentaban despojar del imperio paterno, los restituyeron a su país, después de haber vencido con las armas a los que intentaban salir al paso a los descendientes de Heracles; y a Edipo y a los que con él fueron desterrados, les dimos acogida, y muchas otras acciones humanitarias e insignes hechas a los tebanos cuentan en nuestro haber; (187) por lo cual, tampoco ahora el Pueblo de los atenienses hará defección de los intereses de los tebanos y de los demás griegos. Y que se concierte con ellos una alianza y se establezca derecho recíproco de matrimonio, y se presten y tomen juramentos. Embajadores: Demóstenes, hijo de Demóstenes, de Peania; Hiperides, hijo de Cleandro, de Esfeto; Mnesitides, hijo de Antífanes, de Frearros; Demócrates, hijo de Sófilo, de Flía; Calescro, hijo de Diotimo, de Cotócidas.]

(188) Ése venía siendo el principio y primer afianzamiento de nuestras relaciones con Tebas, siendo así que antes las dos ciudades habían sido arrastradas por esos individuos a la enemistad, el odio y la desconfianza. El decreto ése hizo que el peligro que entonces asediaba a la ciudad pasara de largo como un nubarrón[331]. Era, pues, deber del ciudadano justo señalar entonces públicamente un plan, si lo tenía y era mejor que esas mis medidas, y no ahora censurarlo. (189) Pues

---

[331] Este símil fue muy del gusto de los antiguos; los rétores lo citan con gran frecuencia. Cfr. Ps.-Longino, *Sobre lo sublime*, § 39.

el consejero y el sicofanta³³², que ya en nada de lo demás se parecen, en esto difieren mutuamente en máximo grado: el primero manifiesta su opinión antes de los acontecimientos y se ofrece como responsable ante los que siguen su consejo, ante la fortuna, ante los eventos, ante quienquiera que sea; el otro, en cambio, guardando silencio cuando debería hablar, si algo desfavorable sucede, lo convierte en blanco de sus maliciosos reproches de aojador. (190) Era, en efecto, como precisamente dije, aquella ocasión la apropiada para el hombre preocupado por su ciudad y para los argumentos justos; pero yo voy mucho más lejos, hasta el punto de que si ahora alguien puede mostrar algo mejor o, sencillamente, si alguna otra solución cabía al margen de lo que yo propuse, confieso mi equivocación. Porque si hay alguna medida, cualquiera que sea, que alguien ha visto ahora y que convenía que entonces se hubiera adoptado, yo sostengo que no tenía que haberme pasado desapercibida. Pero si ni la hay, ni la había, ni nadie podría indicarla ni aun en el día de hoy, ¿qué debía hacer el consejero? ¿No debía elegir el más ventajoso plan entre los que se le ofrecían a la vista y estaban dentro de su esfera de acción? (191) Pues bien, eso fue lo que hice, Esquines, cuando el heraldo preguntaba: «¿Quién quiere hablar» y no «¿Quién quiere hacer acusaciones respecto de los acontecimientos pasados?», ni: «¿Quién quiere garantizar lo que está por venir?» Y mientras tú por aquellos días te quedabas sentado en las asambleas sin decir palabra, yo pasaba hacia adelante y hablaba. Pero ya que no entonces, muéstranoslo ahora, di; ¿qué discurso omití del que debiera haber estado bien pertrechado o qué ocasión ventajosa para la ciudad quedó dejada de lado por mí? ¿Qué alianza, qué empresa a la que más que a ninguna otra tenía yo que haber conducido a éstos?

(192) Pero realmente el pasado siempre es dejado de lado por todos y nadie nunca acerca de él propone deliberación

---

³³² Cuenta Plutarco que, en cierta ocasión en que el pueblo encargó a Demóstenes de una acusación, éste replicó con estas palabras: «vosotros os serviréis de mí como consejero, aunque no queráis, pero no como sicofanta, aunque queráis». Cfr. Plutarco, *Vida de Demóstenes*, § 14.

alguna; en cambio, el futuro o el presente reclaman al consejero en su puesto[333]. Pues bien: en aquel entonces algunos peligros eran inminentes, según parecía, y otros estaban ya presentes[334]; en esas circunstancias considera cuál fue la actuación que yo elegí y no te dediques a presentar calumniosamente los acontecimientos resultantes. Porque el cumplimiento de todas las empresas se produce como la divinidad quiera; pero la elección misma de las gestiones pone de manifiesto el designio del consejero. (193) No consideres, pues, falta mía la circunstancia de que Filipo venciera en la batalla[335]; porque en manos de la divinidad estaba el resultado de ésta, no en las mías. Pero que no tomara yo todas las medidas que era posible dentro de los límites del humano razonamiento, o que no las pusiera en práctica con rectitud, diligencia y un afán superior a mis fuerzas, o que no emprendiera acciones honrosas, dignas de la ciudad o necesarias, eso demuéstramelo y entonces ya acúsame. (194) Pero si el huracán que sobrevino no sólo ha sobrepasado nuestro poder, sino también el de todos los demás griegos, ¿qué había que hacer? Es como si a un armador que todo lo ha hecho con vistas a la seguridad de la nave y la ha provisto de los medios con los que creía que podría salvarse, pero luego, sorprendido por una tormenta, se le averían o, sencillamente, se le hacen polvo los aparejos, se le incriminase el naufragio. «Pero» —podría decir— «ni siquiera pilotaba[336] yo la nave (como, justamente, tampoco mandaba yo el ejército) ni era dueño de la fortuna, sino ella de todo». (195) Reflexiona y considera también aquello otro: si aun luchando nosotros con el apoyo de los tebanos, era decisión del destino que nos fuese así, ¿qué habría sido de esperar si ni siquiera a éstos los hubiéramos tenido de aliados, sino que se hubiesen sumado a Filipo, situación para cuyo logro tocó aquél por aquellas fechas todos los

---

[333] De nuevo estamos ante la metáfora derivada de la lengua militar. Cfr. Demóstenes, *Sobre la corona*, 173.
[334] El peligro inminente es el de la batalla de Queronea; el ya presente es la ocupación de Elatea por Filipo.
[335] La batalla de Queronea, del 338 a. J. C.
[336] Cfr. Esquines, *Contra Ctesifonte*, § 158.

registros? Y si ahora que la batalla tuvo lugar a tres días de jornada del Ática[337], un peligro y un pánico tan grandes asediaron la ciudad, ¿qué sería de esperar que hubiera ocurrido si este mismo desastre se hubiese producido en algún punto de nuestro territorio? ¿Acaso no te has percatado de que, tal como ha ocurrido, un solo día, dos, tres días dieron ocasión de levantarse, concentrarse, cobrar aliento, tomar muchas medidas para la salvación de la ciudad, mientras que, de haberse dado entonces el caso contrario...?[338]. No vale la pena hablar de lo que ni siquiera ha dado prueba de existencia gracias a la benevolencia de algún dios y al hecho de que esta ciudad se escudó en esta alianza que tú censuras en tono acusador.

(196) Todo esto que digo, en su mayor parte lo dirijo, jueces, a vosotros y a los espectadores y oyentes de ahí fuera[339], porque, lo que es para ese despreciable individuo[340], bastaban unas breves y claras palabras[341]. Pues si para ti solo, Esquines, de entre todos, era manifiesto el futuro cuando la ciudad deliberaba acerca de esas cuestiones, era entonces cuando había que predecirlo; pero si no lo conocías de antemano, estás sujeto igual que los demás al cargo de ignorancia, de modo que, ¿por qué me acusas de ello con más derecho que yo a ti? (197) En efecto, respecto de estos asuntos en particular de los que estoy hablando (y todavía no trato de las demás cuestiones), he sido un ciudadano tanto mejor que tú cuanto que me ofrecía para lo que parecía convenir a todos sin vacilar ante ningún riesgo personal ni tenerlo en

---

[337] Desde Queronea, pasando por Tebas, hasta la frontera ática con Beocia en Eléuteras había alrededor de cuatrocientos cincuenta estadios: desde Eléuteras a Atenas, unos doscientos cincuenta; de modo que la distancia de Queronea a Atenas era de setecientos estadios poco más o menos, que podían, por tanto, ser recorridos en tres días.

[338] Estamos ante un ejemplo de la figura retórica denominada *aposiopesis* o *reticencia*, que consiste en una brusca interrupción del pensamiento que, sin embargo, no impide que el oyente, en su procesamiento del mensaje, reconstruya lo que el orador no se ha atrevido o no ha querido decir.

[339] Cfr. Esquines, *Contra Ctesifonte*, § 56.

[340] Esquines.

[341] Comienza, en este punto, un famoso *dilema* bien conocido por los rétores, que con frecuencia aluden a él.

cuenta, mientras que tú ni propusiste otras medidas mejores que ésas (pues no se habrían empleado ésas) ni para su ejecución te mostraste útil en nada; y ha quedado comprobado con posterioridad a los sucesos que lo que hubiera hecho el hombre más perverso y hostil para la ciudad, eso lo has realizado tú; y al mismo tiempo que Arístrato en Naxos y Aristolao en Tasos[342], enemigos por entero de la ciudad, procesan a los amigos de los atenienses, también en Atenas Esquines acusa a Demóstenes. (198) Aunque aquél para quien las desventuras de los griegos iban acumulándose como reservas en que basar su buena reputación, ése es merecedor más de perecer que de acusar a otro; y aquél a quien han venido bien las mismas ocasiones que los enemigos de la ciudad han encontrado ventajosas, no es posible que ése sea leal a la patria. Y lo pones de manifiesto con tu forma de vida y de actuar y con las gestiones que haces en la administración pública, y, al revés, con las que no haces. Se lleva a cabo alguna cosa de las que parecen que os convienen; Esquines[343] está mudo. Hubo algún contratiempo y sucede algo que, por ser así, no debería; Esquines está presente. Ocurre como con las roturas y los desgarros musculares, que se estimulan cuando el cuerpo recibe algún daño.

(199) Y toda vez que insiste mucho en lo sucedido, quiero decir algo, por cierto, chocante. Y, ¡por Zeus y los dioses!, que nadie se extrañe de mi exageración, antes bien, considere con benevolencia lo que voy a decir. Aun en el caso de que para todos hubiese sido de antemano manifiesto lo que iba a pasar y todos lo hubieran sabido y tú, Esquines, que ni articulaste palabra, lo hubieras predicho a voces y gritos, ni siquiera así debía haberse apartado la ciudad de esos proyectos, si es que justamente tenía en cuenta el honor, los antepasados y los tiempos futuros. (200) Ahora, de cierto, parece

---

[342] Nada sabemos de estos personajes ni de la situación en que se encontraban Naxos y Tasos, salvo lo que de este pasaje concreto puede deducirse. Una y otra isla, a lo que parece, estaban a la sazón en poder de Alejandro, y el gran éxito que el monarca iba logrando en su campaña de Asia envalentonaba al partido filomacedonio, cuyos miembros se dedicaban a perseguir con saña a sus adversarios.

[343] A esta figura la denominan los rétores griegos *antístrofa*.

haber fracasado en la empresa, vicisitud común a todos los hombres cuando así place a la divinidad. Pero, de haberse dado entonces el caso contrario, si aspirando a la primacía sobre los demás, luego hubiera desistido de ella en beneficio de Filipo, tendría la responsabilidad de haber traicionado a todos. Pues si hubiera abandonado, sin mancharse con el polvo de la lucha[344], la causa por la que ningún riesgo habrían dejado de afrontar nuestros antepasados, ¿quién no te habría escupido con desprecio? A ti, que no a la ciudad, ni a mí. (201) ¿Con qué ojos, ¡por Zeus!, miraríamos a los hombres que llegasen a la ciudad, si, aun habiendo abocado los acontecimientos a la situación actual, y elegido Filipo jefe y señor de todos, sin embargo hubieran llevado a cabo otros, sin nosotros, el combate destinado a evitar que tal sucediera, y eso cuando nunca nuestra ciudad en los anteriores tiempos ha preferido la seguridad sin gloria a los peligros en defensa de las causas nobles? (202) Porque ¿quién de entre los griegos, quién de entre los bárbaros no sabe que tanto por parte de los tebanos[345], como de los que aun antes que ellos llegaron a ser poderosos, los lacedemonios, incluso por parte del rey de los persas[346], con mucha gratitud y gusto se le habría concedido a nuestra ciudad, a cambio de tomar lo que quisiera y conservar lo suyo propio, obedecer lo que se le ordenase y dejar a otro la preeminencia sobre los griegos? (203) Pero no era esa actitud, según parece, para los atenienses ni acorde con las tradiciones de sus antepasados ni tolerable ni conforme a su manera de ser, ni pudo jamás nadie, desde los más remotos tiempos, persuadir a nuestra ciudad para que, uniéndose a los pueblos poderosos pero de injusto proceder, fuese esclava gozando de seguridad; antes bien, luchando, ha pasado toda la vida afrontando riesgos por las principalías, el honor y la gloria. (204) Y ese modo de proceder vosotros lo

---

[344] Esta expresión procede del área de la lucha libre, deporte en el que el polvo de la palestra se adhería a los cuerpos aceitados de los combatientes.

[345] En tiempos de Epaminondas.

[346] Se refiere a Jerjes y a la orden que dio a Mardonio antes de la batalla de Platea, transmitida a Atenas por Alejandro, rey de Macedonia. Cfr. Heródoto, *Historia*, VIII, § 140; IX, § 4, 5; Demóstenes, *Contra Filipo*, II, § 11.

consideráis tan respetable y tan ajustado a vuestros sentimientos morales, que justamente a los que así obraron de vuestros antepasados, los alabáis en grado máximo. Y es natural; pues, ¿quién no admiraría el valor de aquellos varones[347] que soportaron abandonar su tierra y su ciudad y embarcarse en las trirremes en defensa de su libertad de no hacer lo que se les mandaba, que eligieron estratego al que así los aconsejó, Temístocles, y, en cambio, al que se declaró partidario de obedecer las órdenes, Círsilo[348], lo lapidaron, y no sólo a él, sino que también vuestras mujeres lapidaron a la suya? (205) Y es que los atenienses de entonces no buscaban ni orador ni estratego que les procurase una servidumbre feliz, antes bien, ni vivir tenían por digno si no les fuese posible hacerlo con libertad. Pues cada uno de ellos pensaba que no sólo había nacido para su padre y para su madre, sino también para su patria. ¿Y cuál es la diferencia? Que el que piensa que ha nacido sólo para sus padres aguarda su muerte natural fijada por el destino, mientras que el que considera que ha nacido también para la patria estará dispuesto a morir por no verla esclavizada y tendrá por más temibles que la muerte los ultrajes y deshonras que es menester soportar en una ciudad sujeta a esclavitud.

(206) Pues bien, si eso intentara yo decir, a saber, que fui yo quien os induje a tener sentimientos dignos de vuestros antepasados, no habría quien no me lo reprochase con razón. Pero, en cambio, yo declaro que tales resoluciones son vuestras, e indico que ya antes de mí la ciudad tenía esos ideales; ahora bien, afirmo que en la intendencia de cada uno de los hechos hay también participación mía. (207) Pero ese individuo[349], al denunciar la totalidad de mi gestión y al

---

[347] Con anterioridad a la batalla de Salamina, los atenienses, siguiendo el consejo de Temístocles, abandonaron Atenas. Respecto de la lapidación de Círsilo, Heródoto narra una historia similar a ésta, pero adobada con detalles diferentes: en primer lugar, el lapidado, según el historiador, era un *buleuta* («miembro del Consejo») llamado Lícidas, que compartió el apedreamiento con su mujer y sus hijos; y, por último, el suceso lo sitúa Heródoto cuando los persas, guiados por Mardonio, invadieron el Ática por segunda vez. Cfr. Heródoto, *Historia*, IX, § 4.
[348] En la versión herodotea, este personaje se llamaba Lícidas.
[349] Esquines.

exhortaros a que seáis desabridos conmigo como causante de temores y peligros para la ciudad, desea vivamente privarme de la gloria del presente, pero, por otro lado, os detrae elogios para todo el tiempo futuro. Pues, si, por considerar que mi proceder en el gobierno no ha sido el mejor, condenáis a Ctesifonte, daréis la impresión de que os habéis equivocado, no de haber sufrido lo que os tocó padecer por la desconsideración de la fortuna. (208) Pero no es posible, no es posible que os equivocarais, varones atenienses, quienes arrostrasteis el peligro por la libertad y la salvación de todos; no[350], ¡por aquellos de nuestros antepasados que se expusieron los primeros al peligro en Maratón, y los que se alinearon en Platea, y los que intervinieron en combates navales en Salamina y junto al Artemisio, y muchos otros que, bravos hombres, yacen en los monumentos públicos!, a todos los cuales enterró la ciudad considerándolos dignos por igual del mismo honor, Esquines, no solamente a los que tuvieron éxito y prevalecieron. Con toda justicia; pues lo que era propio de hombres valientes, ha sido llevado a cabo por todos; de la suerte, en cambio, cada uno se ha servido de aquella que le asignó la divinidad. (209) Luego, maldito chupatintas encorvado, tú, queriendo privarme de la estimación y benevolencia con que éstos me honran, hablabas de trofeos[351], batallas y antiguas hazañas, de todo lo cual ¿qué falta le hacía a este presente proceso? En cambio, yo, que me adelantaba a hablar como consejero de la ciudad acerca de sus principalías, dime, ¡actor de tercer orden!, ¿en los sentimientos de quién debía yo inspirarme y subir luego a la tribuna? ¿En los de uno que va a hablar de manera indigna de estos éxitos? En ese caso hubiera merecido justamente la muerte. (210) Puesto que tampoco vosotros, varones atenienses, debéis juzgar las causas privadas y las públi-

---

[350] Comienza aquí el famoso y solemne «juramento por los héroes de Maratón, Platea, Salamina y Artemisio». Estamos ante un emocionante pasaje muy admirado por el Pseudo-Longino *(Sobre lo sublime*, § XVI), Hermógenes *(Rh. Gr.*, 246, 247 Walz), Pseudo-Aristides *(Arte Retórica*, I, § 1, 7) y Quintiliano *(Institución oratoria*, XI, § 3, 168).
[351] Cfr. Esquines, *Contra Ctesifonte*, §§ 181-188.

cas con la misma mentalidad, sino que los contratos de la vida cotidiana debéis considerarlos fijándoos en los casos de leyes y actos de la vida privada; en cambio, las decisiones públicas es menester que las juzguéis volviendo los ojos a los títulos de gloria de nuestros antepasados. Y es necesario que, cada uno de vosotros, si sois de la opinión de que hay que obrar de manera digna de nuestros antepasados, piense, cuando entréis a juzgar procesos públicos, que, al mismo tiempo que el bastón y la tésera, recibe en depósito el orgullo de la ciudad.

(211) Pero, en efecto, por haber ido a dar en las hazañas de vuestros antepasados, hay decretos y hechos que pasé por alto. Así pues, quiero volver al punto en que me aparté del relato.

Cuando llegábamos a Tebas, encontrábamos, allí presentes, embajadores de Filipo, de los tesalios y de los demás aliados, y vimos a nuestros amigos atemorizados y a los de aquél, por el contrario, llenos de audacia. Y en prueba de que no estoy hablando ahora en mi provecho por interés, léeme la carta que entonces de inmediato enviamos los embajadores. (212) Aunque ese individuo[352] pone en práctica con tanto exceso su índole de sicofanta, que si algo se hizo de lo que había que hacer, declara que la causa no fui yo, sino las circunstancias[353]; en cambio, de todos los acontecimientos que resultaron de forma contraria, afirma que yo y mi destino[354] somos culpables; y, a lo que parece, yo, el consejero y orador, en su opinión no soy para nada copartícipe de los éxitos logrados por los discursos y deliberaciones, y, en cambio, soy el único responsable de los infortunios habidos en las armas y en lo que se refiere a la dirección de las operaciones militares. ¿Cómo podría haber sicofanta más cruel o más maldito? Lee la carta.

---

[352] Esquines.
[353] Cfr. Esquines, *Contra Ctesifonte,* §§ 137-141 y 237-239. El historiador del siglo IV a. J. C. Teopompo, autor entre otras obras de una Historia de Filipo o *Filípicas* en cincuenta y ocho libros, aunque no sentía absolutamente simpatía alguna hacia Demóstenes, no está, sin embargo, de acuerdo con esta apreciación de Esquines. Cfr. Plutarco, *Vida de Demóstenes,* § 19.
[354] Cfr. Esquines, *Contra Ctesifonte,* § 157.

Carta

(213) Pues bien, una vez que celebraron la asamblea, introducían primero a aquéllos por tener aquéllos rango de aliados. Y adelantándose a la tribuna, iban pronunciando ante el pueblo sus discursos colmando de alabanzas a Filipo y a vosotros de acusaciones, recordando todo cuanto vosotros alguna vez llevasteis a cabo en contra de los tebanos. Y, en resumen, les pedían que pagasen con su gratitud los beneficios recibidos de Filipo y tomaran venganza de los agravios que por obra vuestra habían sufrido, de cualquiera de estas dos maneras que quisieran: o bien dejándoles paso franco en su marcha contra vosotros, o participando con ellos en la invasión del Ática; y les manifestaban que, según creían, como consecuencia de seguir su consejo, los ganados, esclavos y demás bienes del Ática pasarían a Beocia, mientras que, por seguir las propuestas que aseguraban íbamos nosotros a hacer, Beocia sería arrasada por la guerra. Y otros muchos argumentos, además de éstos, aducían, si bien tendentes todos a la misma conclusión. (214) Y lo que nosotros replicamos a eso, daría toda mi vida[355] por relatároslo en detalle, pero temo que vosotros, pasadas ya las circunstancias, como si pensaseis que sobre los acontecimientos hubiera sobrevenido además un diluvio[356], consideréis vano enojo las palabras referentes a esos asuntos; pero, así y todo, aquello de lo que nosotros les convencimos y lo que nos contestaron, oídlo. Toma esto y léelo.

---

[355] Después de la batalla de Queronea y de la destrucción de Tebas, el contenido e intención de esos discursos quedaría fuera de lugar. En la *Vida de Demóstenes*, de Plutarco, puede verse un bosquejo del gran esfuerzo que puso en juego nuestro orador para ganarse a la Asamblea tebana. Citando a Teopompo, el de Queronea nos informa de que, en aquella ocasión, la oratoria de Demóstenes, arrebatadora y sumamente suasoria, causó verdaderos estragos entre los oyentes, a quienes entusiasmó y arrastró al seguimiento de la noble empresa antimacedónica. Cfr. Plutarco, *Vida de Demóstenes*, § 18.
[356] Los atenienses veían ya muy desdibujado el pasado inmediato, como si los hechos ya acaecidos hubieran sido borrados del paisaje de sus circunstancias por un diluvio.

Respuesta de los tebanos

(215) Así pues, tras esto, los tebanos os llamaban y mandaban buscar. Vosotros salíais del Ática, ibais en su ayuda; dejando de lado lo que ocurrió entre tanto, con tan gran familiaridad os acogían, que estando acampados fuera de Tebas sus hoplitas y sus jinetes, daban recibimiento al ejército en sus casas y en la ciudad, junto a sus hijos, mujeres y sus más preciosas posesiones. Y por cierto que aquel día tres elogios, los más bellos, proclamaron sobre vosotros los tebanos ante todos los hombres: uno por vuestra hombría, otro por vuestra justicia y el tercero por vuestra compostura. Porque, en efecto, al preferir afrontar el combate a vuestro lado más que contra vosotros, juzgaron que erais mejores que Filipo y que vuestras reclamaciones eran más justas; y al poner en vuestras manos lo que entre ellos y entre todos en más estricta vigilancia se mantiene, los hijos y las mujeres, revelaron que tenían confianza en vuestra templanza. (216) En todo lo cual, varones atenienses, resultó evidente que os habían juzgado bien. Pues ni siquiera una vez que entró el campamento en la ciudad nadie os hizo reproche alguno, ni aun injustamente; hasta tal punto os mostrasteis moderados; y después de haberos alineado junto a ellos en las dos primeras batallas, la de junto al río[357] y la de invierno, os revelasteis no sólo irreprochables, sino también admirables por vuestro orden, vuestros equipos, vuestro celo. Por lo cual recibíais vosotros elogios de los demás, y los dioses sacrificios y procesiones de vuestra parte. (217) Y yo, al menos, preguntaría con gusto a Esquines si, cuando se producían esos acontecimientos y la ciudad estaba llena de emulación, alegría y alabanzas, él tomaba parte en los sacrificios y se regocijaba a la vez que la mayoría, o si apesadumbrado, gimiendo y descontento por los éxitos co-

---

[357] Se refiere al río Cefiso en su curso alto. Este río atraviesa Fócide y entra luego en Beocia, por donde discurre; pasa cerca de la localidad de Queronea, donde tuvo lugar la definitiva batalla que dio a Filipo el triunfo. En las dos anteriores, en cambio, habían resultado vencedores los aliados.

lectivos, se quedaba en casa. Pues si estaba presente y se encontraba entre los demás, ¿cómo que no está llevando a cabo una acción escandalosa o, incluso, impía, si aquellas medidas de cuya excelencia él personalmente puso por testigos a los dioses, ahora os pide a vosotros, que habéis jurado por los dioses, que votéis que no eran óptimas? Y si no estaba presente, ¿no es justo que muera muchas veces si, por lo que los demás se alegraban, él se entristecía al verlo? Léeme ya también esos decretos.

Decretos sobre los sacrificios

(218) Así pues, nosotros estábamos entonces celebrando sacrificios y los tebanos en la creencia de que se habían salvado por mediación nuestra; las circunstancias habían cambiado para los que parecía que, a raíz de las maniobras de esos individuos[358], iban a verse necesitados de ayuda, de tal modo, que ellos precisamente se la estaban prestando a otros gracias a los consejos que aceptasteis de mí. Por el contrario, a decir verdad, qué tono de voz empleaba entonces Filipo y en qué desconciertos andaba a raíz de esos acontecimientos, lo sabréis por las cartas que aquél enviaba al Peloponeso. Cógelas y léeme, para que sepáis lo que consiguieron mi constancia, mis idas y venidas, mis agobios y los muchos decretos que él ahora ridiculizaba[359].

(219) De todas maneras, muchos oradores famosos y grandes ha habido entre vosotros, varones atenienses, antes que yo: aquel Calístrato[360], Aristofonte[361], Céfalo[362], Trasibulo[363] y mil otros; pero, sin embargo, ninguno de ellos jamás se en-

---

[358] Esquines y los demás traidores a sus patrias y partidarios de Filipo.
[359] Cfr. Esquines, *Contra Ctesifonte*, § 100.
[360] Calístrato de Afidnas fue el famoso orador, cuya elocuencia despertó la vocación oratoria del joven Demóstenes.
[361] Cfr. Demóstenes, *Sobre la corona*, § 70 y nota.
[362] Cfr. Demóstenes, *Sobre la corona*, § 251 y nota.
[363] Trasibulo de Colito fue el famoso restaurador de la democracia en la Atenas del 403 a. J. C., una vez que derrotó y derrocó al gobierno de los Treinta Tiranos.

tregó a la ciudad por entero para ninguna tarea, antes bien, el que hacía propuestas por escrito no formaba parte de embajadas, y el que actuaba de embajador no hacía propuestas por escrito. Porque cada uno de ellos se reservaba cierta holganza y al mismo tiempo alguna escapatoria en caso de que surgiera un incidente. (220) «Entonces, ¿qué?» —podría alguien decir—, «¿tú tanto los aventajaste en fuerza y audacia que todo lo hacías solo?» No digo eso, sino que hasta tal punto estaba convencido de que era grande el peligro que se había apoderado de la ciudad, que no me parecía bien concederme lugar ni previsión ninguna en beneficio de mi propia seguridad, sino que debía uno contentarse con que al menos alguien cumpliera con su deber sin dejar nada de lado.

(221) Y estaba convencido, respecto de mí mismo, quizás tontamente, pero, aun así, convencido, de que ni proponiendo decretos ni poniéndolos por obra ni desempeñando embajadas nadie los propondría ni ejecutaría ni actuaría de embajador con más celo ni mayor justicia que yo. Por eso me colocaba a mí mismo en todos los puestos. Lee las cartas de Filipo.

Cartas

(222) En esa coyuntura puso a Filipo mi gestión de los asuntos públicos, Esquines; ése fue el tono que empleó, él que antes de esos sucesos lanzaba, elevando la voz, muchas y arrogantes palabras contra la ciudad. En razón de lo cual era yo coronado por éstos[364] con justicia y tú, que estabas presente, no te oponías, y Diondas[365], que puso una denun-

---

[364] Los jurados allí presentes, que representaban al Pueblo de los Atenienses.
[365] Diondas era un ciudadano ateniense partidario de Filipo que redactó y cursó una denuncia por ilegalidad contra el decreto de propuesta para coronar a Demóstenes presentado por Demómeles el año 338 a. J. C. y retocado luego y defendido más adelante, a raíz del curso que siguió la denuncia, por el famoso orador Hiperides. Aparece de nuevo, más adelante, este nombre, citado con desprecio por Demóstenes entre sus adversarios políticos. Cfr. Demóstenes, *Sobre la corona*, § 249.

cia, no alcanzó la porción de votos requerida. Y léeme los decretos que han resultado absueltos y que ni siquiera fueron objeto de acusación por parte de ese individuo.

Decretos

(223) Esos decretos, varones atenienses, contienen las mismas sílabas y las mismas palabras que los que han propuesto primero Aristonico y ahora Ctesifonte aquí presente. Y esos decretos ni Esquines los denunció personalmente ni se unió a la acusación del denunciante. Bien es verdad que, si su acusación de ahora contra mí fuese verdadera, con mayor razón que a éste[366] habría demandado entonces a Demómeles[367], que era el autor de esta propuesta, y a Hiperides. (224) ¿Por qué? Porque a éste[368] le es posible remitir a aquéllos y a las decisiones de los tribunales y al hecho de que el propio Esquines no haya denunciado a aquellos individuos que hicieron las mismas propuestas que él ahora, y a que las leyes no permiten ya presentar acusaciones acerca de asuntos ya así zanjados, y a otros muchos argumentos; en cambio, entonces el propio caso hubiera sido juzgado en sí mismo, antes de haber adquirido ninguno de esos precedentes. (225) Pero no era, creo yo, posible entonces hacer lo de ahora, seleccionar de entre muchas fechas antiguas y decretos[369] lo que nadie ni conocía de antemano ni se imaginaría que iba a decirse hoy, y calumniar, y, haciendo alteraciones en las fechas y cambiando por falsos los motivos verdaderos de los hechos, dar la impresión de decir algo de peso. (226) No era posible eso

---

[366] Es decir, Ctesifonte.
[367] Demómeles era hijo de Demón y primo de Demóstenes; cfr. Demóstenes, *Contra Afobo*, I, § 11. Probablemente él fue quien propuso el decreto al que se alude en el § 222 con la palabra Decretos. y, luego, Hiperides lo modificó o, simplemente, le añadió alguna cláusula. Por esa razón, utiliza nuestro orador el plural («decretos») en vez del singular.
[368] Es decir, Ctesifonte.
[369] Cfr. Esquines, *Contra Ctesifonte*, §§ 58-78. En este amplio pasaje de veinte párrafos, Esquines introduce decretos referentes a las negociaciones de la «Paz de Filócrates», del 346 a. J. C., que incidían de manera muy leve sobre el argumento principal de su discurso.

entonces, sino que sobre la base de la verdad, cerca de los hechos, acordándoos vosotros todavía de ellos y teniéndolos, como quien dice, al alcance de la mano, se habrían pronunciado todos los discursos. Por ello justamente es por lo que, tras haber escapado de las demostraciones contemporáneas de los hechos mismos, se presenta ahora considerando (por lo menos a mí así me lo parece) que vosotros vais a hacer una confrontación de oradores y no una indagación de las gestiones públicas, y que el veredicto va a versar sobre los discursos y no sobre el interés de la ciudad.

(227) Luego emplea argumentos sutiles y afirma[370] que conviene hagáis caso omiso de la opinión que sobre nosotros traéis de casa, y que así como, cuando hacéis cuentas en la idea de que a alguien le queda excedente de dinero, le dais el visto bueno si las cifras son claras y nada sobra, así también ahora os rindáis a la evidencia de los razonamientos. Pues bien, ved qué endeble es por naturaleza todo lo que no está hecho según justicia. (228) Porque a partir de ese sutil ejemplo ha reconocido que ahora, al menos, es cosa establecida por la opinión pública respecto de nosotros, que yo hablo en favor de la patria y él en favor de Filipo; pues no trataría de haceros cambiar de opinión, si no fuese tal la impresión que tenéis acerca de cada uno de nosotros. (229) Además, por cierto, que no habla justamente cuando os pide que cambiéis esa opinión, yo os lo demostraré fácilmente, no acumulando guijarros (pues no se hace así el cómputo de las gestiones públicas), sino recordándoosla una por una en pocas palabras, sirviéndome de vosotros que me escucháis como inspectores de cuentas y a la vez como testigos. Porque

---

[370] Esquines intenta hacer creer a 105 jueces que Demóstenes, en un determinado momento de su carrera política, fue favorecedor de Filipo. Asegura que fue activo promotor de la «Paz de Filócrates» y que ayudó al Macedonio a conseguir unas condiciones favorables y aun ventajosas para firmarla. Ahora bien, dado que Demóstenes había ganado, a la sazón, merecida fama de adversario político de Filipo, Esquines pide a los jueces que no se dejen arrastrar por opiniones preconcebidas, sino que, como en una operación de cálculo se respetan los resultados que arrojan las cifras, así también ellos deben hacer caso de los datos, que demostrarán que el orador de Peania fue partidario del monarca macedonio.

mi proceder en la cosa pública, objeto de las acusaciones de ese individuo[371], logró que los tebanos en vez de invadir con Filipo nuestro territorio, lo que todos creían, se alineasen a nuestro lado y trataran de impedírselo; (230) y que en lugar de que la guerra se desarrollara en el Ática, haya tenido lugar a setecientos estadios de la ciudad y dentro de los límites de Beocia; y que en lugar de que los piratas nos saqueasen desde Eubea, estuviera el Ática en paz por mar a lo largo de toda la guerra; y que en vez de que el Helesponto lo tuviera Filipo en sus manos por haber tomado Bizancio, que los bizantinos combatieran a nuestro lado contra aquél. (231) ¿Acaso te parece similar a tus cuentas este balance de los hechos?[372]. ¿O es menester cancelarlos en vez de considerar la manera de que sean recordados por siempre? Y ya no añado que la crueldad que es posible ver allí donde Filipo se constituyó en dueño de gentes de una vez por todas, a otros les tocó probarla, mientras que de la humanidad que aquél fingía tratando de hacerse con el subsiguiente desarrollo de los acontecimientos, vosotros habéis recibido los frutos[373] y eso está bien. Pero dejo eso.

(232) Y, por otra parte, tampoco vacilaré en decir que quien desee investigar con justicia la actuación de un orador sin emplear la mala fe propia del sicofanta, nunca haría acusaciones como las que tú acabas de hacer, forjando ejemplos de pura invención e imitando palabras y gestos[374] (pues totalmente de eso ha dependido la suerte de los griegos, ¿no lo ves?, de si yo conversando dije tal palabra y no tal otra, o de si yo alargué el brazo hacia aquí y no hacia acá), (233) antes bien, examinaría sobre la base de los hechos mismos con qué recursos y con qué fuerzas contaba la ciudad cuando ingresa-

---

[371] Esquines.
[372] Véanse las dos notas precedentes.
[373] Después de la batalla de Queronea, Filipo mantuvo con Atenas una actitud comprensiva y generosa ante la firme y digna postura de Demóstenes y sus correligionarios y no causó daños en el Ática.
[374] Esquines había ridiculizado en su discurso de acusación determinadas expresiones de Demóstenes y criticado su inmoderada gesticulación, remedando a la vez para mayor burla, sus exagerados gestos. Cfr. Esquines, *Contra Ctesifonte*, §§ 166 y ss.

ba yo en la gestión de los asuntos públicos, y cuáles congregué yo en su beneficio después de eso, estando al cargo de los mismos, y cuál era la situación de nuestros adversarios. Y seguidamente, si yo hice disminuir nuestras fuerzas, demostraría él que la culpa era mía, pero si las hice mucho mayores, él no calumniaría como un sicofanta. Pero toda vez que tú has esquivado ese proceder, yo lo pondré en práctica; y examinad si hago uso de mi argumentación con imparcialidad.

(234) Pues bien, en cuanto a fuerzas[375], sólo contaba la ciudad con algunos isleños, no todos, sino los más débiles; pues ni Quíos, ni Rodas, ni Corcira estaban con nosotros[376]; en cuanto a recaudación de dinero, ascendía ésta a cuarenta y cinco talentos[377], y ésos además habían sido recaudados por adelantado; hoplitas y jinetes no había ninguno excepto los nuestros. Pero lo más alarmante y lo más a favor de nuestros enemigos era que esos individuos, Esquines y los suyos, habían procurado que todos nuestros vecinos, los megarenses,

---

[375] El imperio marítimo ateniense, que nació, al final de las Guerras Médicas, y quedó deshecho tras la Guerra del Peloponeso, revivió el año 378 a. J. C. sobre la base de unas condiciones políticas absolutamente nuevas que nada tenían ya que ver con las de la Liga Ático-Délica. Pero esta revitalización fue efímera y ya en el 355 a. J. C., a raíz del infeliz desenlace de la Guerra Social o de los Aliados, que enfrentó a Atenas con aquellos de entre sus aliados que se alzaron en rebeldía (Quíos, Rodas, Cos y Bizancio), puede decirse que la hermosa empresa para Atenas, consistente en remedar el pasado con la Segunda Liga o Confederación Marítima, tocaba ya definitivamente a su fin.

[376] Se está refiriendo Demóstenes al año 340 a. J. C., momento en que Quíos y Rodas eran independientes de Atenas como consecuencia de la Guerra Social o de los Aliados (357-355 a. J. C.), pero Bizancio, que había intervenido también en esta guerra combatiendo contra Atenas al lado de Quíos y Rodas, había hecho ya renovación de su antigua alianza. Por otra parte, Corcira, antigua aliada de Atenas, se había vuelto hostil a ella poco antes del año 353 a. J. C. Cfr. Demóstenes, *Contra Timócrates*, § 202; Diodoro Sículo, *Historia de Grecia*, XV, § 95.

[377] Esta suma es una ridiculez, palpable muestra de hasta qué punto había descendido el poder de Atenas después de la Guerra Social o de los Aliados. El tributo ascendía en tiempos de Aristides, es decir, en los comienzos de la Liga Ático-Délica, a cuatrocientos sesenta talentos, y en tiempo de Pericles llegó a seiscientos (cfr. Tucídides, *Historia de la Guerra del Peloponeso*, II, § 13). Según Esquines y Plutarco, Atenas llegó a recaudar después de la Paz de Nicias sumas cercanas a los mil doscientos o mil trescientos talentos; cfr. Esquines, *Sobre la embajada fraudulenta*, § 175; Plutarco, *Vida de Aristides*, § 24.

los tebanos, los eubeos, estuvieran más próximos a la enemistad que a la amistad. (235) Tal era la situación de la ciudad, y nadie podría decir ninguna otra cosa fuera de eso; en cambio, la situación de Filipo, contra quien teníamos nosotros fijada la contienda, examinad cuál era. En primer lugar, él personalmente, con plenos poderes, mandaba en los que le seguían, lo que es la mayor ventaja de todas para la guerra; luego, ésos tenían siempre las armas en las manos; en segundo término, disponía de dinero en abundancia y llevaba a cabo lo que le parecía bien en cada ocasión sin proponerlo en decretos ni discutirlo en público, sin ser denunciado por calumniadores sicofantas ni acusado por presentar mociones ilegales, sin estar sometido a rendir cuentas ante nadie, sino, sencillamente, dueño, caudillo y señor de todo él solo en persona. (236) Yo, empero, que había sido colocado frente a él (pues justo es también examinar esto), ¿de qué era dueño? De nada. Porque, para empezar, el derecho mismo de hablar al pueblo, único del que yo participaba, se lo acordabais vosotros a los asalariados de Filipo tanto como a mí, y en todas aquellas ocasiones en que ellos prevalecían sobre mí (y eran ésas muchas, por el pretexto que fuere en cada caso), en otras tantas os marchabais después de haber deliberado en favor de nuestros enemigos. (237) Pero, pese a todo, aun partiendo de tales desventajas, yo os conseguí como aliados[378] a los eubeos, aqueos, corintios, tebanos, megarenses, leucadios y corcireos, de cuyos efectivos se reunieron quince mil mercenarios y dos mil jinetes, sin contar las fuerzas formadas por ciudadanos; y de dinero logré yo una contribución conjunta de las mayores cantidades que pude. (238) Y si hablas[379], Es-

---

[378] Se refiere Demóstenes a la Liga contra Filipo formada en el 340 a. J. C. por él mismo y Calias de Cálcide.

[379] En su discurso *Contra Ctesifonte*, Esquines echa en cara a Demóstenes haber obligado a Atenas a pechar con las dos terceras partes de los costes de la guerra, mientras el tercio restante corría por cuenta de Tebas, que, no obstante, compartía con Atenas el mando sobre las tropas por mar y tenía más poder que Atenas sobre los ejércitos conjuntos si combatían por tierra. Cfr. Esquines, *Contra Ctesifonte*, § 143. Asimismo le acusa de haber presentado una moción para concluir con Cálcide una alianza entre esta ciudad y Atenas, movido por el oro de Calias. Cfr. Esquines, *Contra Ctesifonte*, § 91. A ambas acusaciones responde Demóstenes brillantemente en este pasaje.

quines, de nuestros derechos con relación a los tebanos o bizantinos, o eubeos, o tratas ahora de la igualdad en las cargas, en primer lugar, desconoces que, ya antes, de aquellas trirremes que combatieron por los griegos, que eran trescientas[380] en total, doscientas las proporcionó la ciudad, y, sin embargo, no se la veía considerarse menoscabada ni procesar a los que habían aconsejado en ese sentido ni indignarse por ello (lo que hubiera sido vergonzoso), sino dar gracias a los dioses de que, cuando un peligro común se cernía sobre los griegos, ella sola había proporcionado doble número de efectivos que los demás para la salvación de todos. (239) En segundo lugar, intentas en vano agradar a éstos[381] calumniándome a mí en tu condición de sicofanta. Pues, ¿por qué dices ahora que había que haber hecho tales y cuales cosas, y, en cambio, no lo proponías por escrito cuando estabas en la ciudad y asistías a las asambleas, si es que cabía en aquellas circunstancias por las que pasábamos, en las que había que aceptar no todo lo que queríamos, sino lo que daba de sí la situación en cada momento? Porque había quien estaba dispuesto a pujar y a recibir en seguida a los que nosotros expulsásemos y darles, encima, dinero.

(240) Pero si ahora soy objeto de acusaciones por lo realizado, ¿qué os imagináis que harían o dirían esos hombres impíos, si, por andar yo entonces tratando minuciosamente

---

[380] Las cifras que se barajan en el cómputo de las naves que intervinieron en la batalla naval de Salamina varían notablemente según las distintas fuentes de información. No obstante, todas ellas están de acuerdo en que el contingente de la flota ateniense constituía las dos terceras partes del total. Esa diferencia, pues, de un autor a otro afecta únicamente al número de naves griegas, en general, y no a las atenienses en particular. Demóstenes concuerda con Esquilo, testigo presencial de la batalla, quien en *Los persas* habla de trescientas diez *(Persas,* 339); Heródoto dice que fueron trescientas setenta y ocho (aunque si se suman los contingentes parciales que va presentando, el total sólo llega hasta trescientas sesenta y seis); Heródoto, *Historia,* VIII, §§ 1, 44 y 48; en la obra de Tucídides se nos habla de cuatrocientas (cfr. Tucídides, *Historia de la Guerra del Peloponeso,* I, § 74). Es sumamente desconcertante, por lo que vamos viendo, que el propio Demóstenes en el discurso *Sobre las sinmorías* se refiera a las «doscientas» naves griegas que se enfrentaron a las mil persas. Cfr. Demóstenes, *Sobre las sinmorías,* § 29.

[381] Es decir, a los jurados o *dicastas* que en el presente juicio representan al Pueblo Ateniense.

esos asuntos, se hubieran retirado las ciudades y se hubiesen unido a Filipo y éste se hubiera hecho dueño a la vez de Eubea y de Tebas y de Bizancio? ¿No dirían que habían sido entregados? (241) ¿Que habían sido rechazados aunque querían estar a nuestro lado? Y a continuación esto: «a través de los bizantinos se ha hecho dueño del Helesponto y señor de la ruta del trigo de los griegos, y se ha transportado al Ática a través de los tebanos una guerra fronteriza y pesada, y el mar está innavegable por efecto de los piratas que se hacen a la mar desde su base de operaciones situada en Eubea». ¿No dirían esas cosas y otras muchas además? (242) Malvado, varones atenienses, malvado es siempre el calumniador y por doquier aojador maldiciente y buscapleitos; pero ese hombrecillo es también un zorro[382] por naturaleza, que desde antiguo nada sano ni liberal ha hecho, un mono de imitación en las tragedias[383] por su propio natural, un Enómao rústico[384], un orador de cuño falso. Pues, ¿de qué le ha venido a servir a la patria esa tu habilidad oratoria? (243) ¿Ahora nos hablas del pasado? Es como si un médico, entrando en casa de sus pacientes enfermos, no les dijera ni mostrara los remedios para liberarse de la enfermedad, pero, después que alguno de ellos finara y se le rindieran las acostumbradas ofrendas funerarias,

---

[382] Ambos oradores se zahieren mutuamente con este insulto, con el que se echan en cara recíprocamente un comportamiento más bien astuto que leal. Cfr. Esquines, *Contra Ctesifonte*, § 167.

[383] Según los gramáticos antiguos, «mono trágico» era una locución proverbial en griego que se aplicaba a quien afectaba una seriedad que no le correspondía por su naturaleza, procediendo como si imitase a los actores trágicos. No hay que olvidar que Esquines fue actor trágico, profesión en la que no alcanzó grandes éxitos.

[384] Es decir: un «Enómao de las tierras de arada o de labranza» abucheado en los demos del Ática durante las Fiestas Dionisias rústicas. *Enómao* era el título de un drama de Sófocles que no ha llegado a nosotros íntegramente, en el cual se trataba de la carrera de carros en que compitieron Enómao, el rey de Pisa, y Pélope, y de cómo este último, con la ayuda de Mirtilo, el auriga de aquél, que se dejó sobornar y alteró el eje del carro de su amo, resultó ganador y obtuvo, de este modo, la mano de Hipodamia. Pues bien, el anónimo autor de la *Vida de Esquines* nos transmite una anécdota contada por Demócares, sobrino de Demóstenes, según la cual Esquines, haciendo el papel de Enómao, en un momento en que perseguía a Pélope en la escena, se había caído al suelo en forma ridícula.

yendo en procesión al sepulcro prescribiera en tono de disertación: «si tal cosa y tal otra hubiera hecho el hombre, no habría muerto». ¡Atontado![385], ¿y lo dices ahora? (244) Pues bien, tampoco la derrota, ya que te ufanas de ella cuando debías, maldito, llorarla, reconoceréis que no la ha sufrido la ciudad por ninguna falta de la que yo fuera responsable. Pues reflexionad de este modo: nunca de ningún lugar al que hubiera sido yo enviado[386] por vosotros como embajador regresé derrotado por los legados de Filipo, ni de Tesalia, ni de Ambracia, ni de Iliria, ni de cerca de los reyes de Tracia, ni de Bizancio, ni de ningún otro sitio, ni últimamente, de Tebas, sino que a aquellos lugares en los que sus embajadores resultaban vencidos por la palabra, acudiendo él con sus armas los sometía. (245) ¿Eso, pues, reclamas de mí y no te avergüenzas de burlarte por su blandura del mismo individuo de quien exiges que, aun siendo uno solo, llegue a ser superior a la fuerza de Filipo? ¿Y que eso suceda a base de palabras? Pues, ¿de qué otra cosa era yo dueño? Porque no lo era del alma de cada uno, ni de la fortuna de los combatientes, ni del mando militar, del que me exiges rendición de cuentas. ¡Así de torpe eres! (246) No obstante, por cierto, haced todo tipo de indagación sobre aquellos menesteres de los que un orador podría estar sometido a rendir cuentas; no os pido indulgencia. ¿Y cuáles son éstos? Ver los acontecimientos en sus comienzos y darse cuenta de ellos previamente y advertir a los demás. Eso lo he hecho yo. Y, además, reducir al mínimo las lentitudes en todo lugar, las vacilaciones, ignorancias, rivalidades, que son vicios inevitables de las constituciones populares e inherentes a todas las ciudades; y, al contrario, incitar a la concordia, a la amistad y al empeño por cumplir con el deber. También todo eso lo he hecho yo y no hay mie-

---

[385] Literalmente, dice: «aturdido por un trueno».
[386] Nada sabemos de estas embajadas en que fue enviado Demóstenes, excepto de la de Bizancio *(Sobre la corona*, §§ 87-89) y Tebas *(Sobre la corona*, §§ 211 y ss.). En *Contra Filipo*, III, § 72, nuestro orador deja entrever que fue, como embajador, a varias ciudades del Peloponeso y que, como consecuencia de estas embajadas, Filipo se abstuvo de conquistar Ambracia. Cfr. Demóstenes, *Contra Filipo*, III, §§ 27 y 34.

do de que nadie jamás pueda encontrar, por lo que a mí atañe, algún punto que haya dejado al descuido. (247) En efecto, si se preguntara a cualquiera con qué medios se administró Filipo para dar cumplido fin a la mayor parte de sus empresas, todos dirían que con su ejército y con sus intentos de dadivar y de sobornar a los encargados de los asuntos públicos. Pues bien, de las fuerzas armadas ni era yo dueño ni jefe, de forma que ni dar cuenta siquiera de lo que se hizo en este aspecto me corresponde. Y, sin embargo, por lo que toca a ser corrompido o no por dinero, he vencido a Filipo; pues así como el que intenta comprar es vencedor del que recibió dinero, si es que compra, del mismo modo quien no lo recibió [ni se dejó corromper] es vencedor del que intentaba sobornarlo. De forma que la ciudad, por lo que a mí respecta, está invicta.

(248) Así pues, los méritos que yo aporté para que éste[387] redactara justificadamente decreto tal acerca de mí, son, además de muchos otros, ésos y similares a ésos; pero los que me proporcionasteis todos vosotros, los voy a decir ya. Pues, inmediatamente después de la batalla, el pueblo, que conocía y había visto cuanto yo venía haciendo metido en medio de los peligros y los temores mismos, cuando no hubiera sido extraño que la mayoría mostrase cierta desconsideración para conmigo, en primer lugar votaba mis propuestas en torno a la salvación de la ciudad y todas las medidas que se tomaban por mor de la vigilancia; la distribución de las guardias, las trincheras, los dineros para las fortificaciones[388], todo ello pasaba por mis decretos; y en segundo término, al elegir de entre todos un comisario

---

[387] Ctesifonte.
[388] Inmediatamente después de la batalla de Queronea (338 a. J. C.), los atenienses, temerosos de la invasión de Filipo, emprendieron previsoramente la reparación de sus muros y fortificaciones. Esta labor, a la que se refiere Demóstenes en este pasaje concreto, no tiene nada que ver con la más concienzuda fortificación de las murallas de la que nuestro orador fue comisario inspector y que tuvo lugar un año más tarde. Cfr. Demóstenes, *Sobre la corona*, § 113. El orador ateniense también del siglo IV a. J. C. Licurgo habla del entusiasmo general que reinaba en Atenas cuando, tras la batalla de Queronea, todos los ciudadanos sin distinción de edad se entregaron a la tarea de reparar los muros de su patria (Licurgo, *Contra Leócrates*, § 44).

de abastecimientos[389], el pueblo me votó a mí a mano alzada. (249) Y después se confabularon los que se preocupaban de hacerme daño y me promovían toda suerte de pleitos, denuncias de ilegalidad, rendiciones de cuentas, acusaciones de alta traición, no por sí mismos al principio, sino a través de los individuos por los que se imaginaban iban a pasar más desapercibidos (pues sin duda sabéis y os acordáis de que en los primeros tiempos era yo juzgado día a día, y ni la insensatez de Sosicles, ni la calumnia de Filócrates, ni la locura de Diondas y Melanto[390] ni ningún otro recurso dejaron ellos de probar contra mí) y en todos estos procesos, en primer lugar gracias a los dioses y en segundo término gracias a vosotros y a los demás atenienses, iba siendo absuelto. Con justicia, pues esa absolución es conforme a la verdad y para crédito de los jueces que han prestado juramento y dictaminaron de acuerdo con lo que juraron. (250) Pues bien, en el momento en que, cuando era juzgado de alta traición, vosotros me absolvíais y a mis acusadores no les asignabais el mínimo legal de votos, entonces votabais que mi conducta era la mejor; y cuando salía airoso de las acusaciones de ilegalidad, entonces se demostraba la legalidad de mis propuestas por escrito y de mis palabras. Y cuando refrendabais mis cuentas sellándolas, entonces reconocíais que todo lo había llevado a cabo en justicia y sin aceptar sobornos. Así las cosas, pues, ¿qué nombre convenía a mis actos o debía aplicarles en justicia Ctesifonte? ¿No sería el que veía que me iban aplicando el pueblo, los jueces juramentados y la verdad que se iba afirmando ante todos?

---

[389] Esta magistratura sólo entraba en vigencia en períodos difíciles por la carestía y la escasez de grano. Normalmente el control del trigo lo ejercían unos magistrados llamados «vigilantes del trigo» *(sitophúlakes),* treinta y cinco en número, veinte para la ciudad y quince para el Pireo.

[390] Sosicles y Melanto nos son desconocidos. Acerca de Diondas, cfr. *Sobre la corona*, § 222. Filócrates no es el de Hagnunte, el que dio nombre a la paz del 346 a. J. C. («Paz de Filócrates»), quien, a la sazón, debía de estar seguramente en el exilio, condenado a raíz de la acusación pública presentada contra él por Hiperides (cfr. Demóstenes, *Sobre la embajada fraudulenta*, § 116), sino un eleusino que reaparece nombrado en Demóstenes, *Contra Aristogitón* I, § 44.

(251) Sí, afirma, pero hermoso es aquello de Céfalo[391]: no haber sido objeto de ninguna acusación. Y, por Zeus, que es una felicidad. Mas, ¿por qué razón el que ha sido muchas veces acusado, pero nunca convicto de delito, habría de estar por ello en justicia más sujeto a inculpación? Bien es verdad que, al menos por lo que a ese individuo[392] se refiere, hasta aquel rasgo hermoso de Céfalo me es dado expresarlo a mí. Porque nunca me presentó ninguna acusación ni me intentó proceso alguno, de modo que por tu parte al menos se me reconoce ser no peor ciudadano que Céfalo en nada[393].

(252) Pues bien, en todas las partes de su discurso pueden verse su desconsideración y envidia, pero no en el menor grado en lo que dijo acerca de la fortuna. Yo, de una manera general, a quien, siendo hombre, a otro hombre echa en cara su fortuna, lo tengo por insensato; porque, si el que considera que le va muy bien y piensa que tiene la mejor suerte, no sabe si ésta permanecerá tal hasta la tarde, ¿cómo va a ser menester hablar de ella o echársela en cara a otro? Pero, toda vez que ése se expresa con arrogancia en este punto como en muchos otros, reflexionad, varones atenienses, y observad bien cuánto más verdadero y humano que el de éste va a ser

---

[391] Este Céfalo no puede ser, de ninguna manera, el padre de Lisias, Polemarco y Eutidemo que aparece, al comienzo de la *República* de Platón, dialogando con Sócrates y de quien se nos dice, en ese mismo diálogo, que se encontraba ya entonces «en el umbral de la vejez». El Céfalo al que este pasaje alude es el mismo que aparece mencionado en el § 219 de este discurso junto con Calístrato, Aristofonte y Trasíbulo de Colito. El orador asimismo del siglo IV a. J. C. Dinarco (I, § 76), hablando del pueblo ateniense, afirma que tuvo la gran suerte de dar con buenos generales (Conón, Ifícrates, Cabrias y Timoteo) y buenos consejeros (como Arquino, el ciudadano ateniense que juntamente con Trasíbulo, en el 403 a. J. C., restauró la democracia en Atenas, y Céfalo de Colito). Fue, pues, un famoso estadista que, junto con Trasíbulo de Colito, estaba a la cabeza del partido protebano en Atenas. Según Esquines, Céfalo, que pasaba por ser, en alto grado amigo del pueblo, se gloriaba diciendo que, aunque había redactado muchísimos más decretos que nadie, sin embargo nunca se había visto obligado a presentarse ante los tribunales acusado de haber propuesto en ellos medidas ilegales; cfr. Esquines, *Contra Ctesifonte*, § 194.

[392] Entiéndase: «en sus relaciones judiciales conmigo».

[393] Obsérvese que Demóstenes se dirige con extraordinaria versatilidad a diferentes interlocutores. Éste es un rasgo que proporciona a la prosa retórica de Demóstenes, tan trabajada, una impresión de espontaneidad y frescura.

el tratamiento que haré yo de la fortuna. (253) Yo considero buena la suerte de la ciudad y veo que eso también os lo profetizaba el Zeus de Dodona[394]; sin embargo, la que ahora domina a la humanidad en general, la tengo por dura y tremenda. Pues, ¿quién de los griegos o de los bárbaros no ha experimentado en estos tiempos muchas calamidades? (254) Así pues, el haber elegido el partido más honorable y el ir viviendo mejor que los griegos que creyeron que iban a pasar la vida en prosperidad si nos abandonaban, lo atribuyo a la buena fortuna de la ciudad; en cambio, el haber sufrido reveses y que no nos haya salido todo como queríamos, creo que en eso la ciudad ha participado de la porción que nos correspondía en la suerte del resto de la humanidad. (255) Y en lo que se refiere a mi suerte particular y a la de cada uno de nosotros, estimo que es justo que se examinen a la luz de nuestras circunstancias personales. Yo juzgo de este modo acerca de la fortuna, de manera correcta y justa, a lo que me parece a mí mismo, y opino que también a vosotros; pero él sostiene que mi suerte particular es más poderosa que la común de la patria, mi insignificante y endeble fortuna por encima de la gloriosa y grande de la patria, y ¿cómo es posible que esto aconteciera?

(256) Sin embargo, Esquines, si estás decidido a examinar enteramente mi suerte, compárala con la tuya, y si descubres que la mía es mejor que la tuya, deja de insultarme con ella. Examínalas, pues, al punto desde el principio. Y que nadie, por Zeus, me acuse de indelicadeza alguna. Pues yo considero que no tiene sentido ni quien injuria a la pobreza ni quien, por haberse criado en la opulencia, se muestra jactancioso; pero por la maledicencia y las acusaciones calumniosas de este malvado sicofanta me veo obligado a recurrir a ar-

---

[394] El Zeus de Dodona es invocado por Aquiles en la *Ilíada* (cfr. *Ilíada*, XVI, 233). El propio Demóstenes recoge oráculos enviados a Atenas por Dodona (cfr. Demóstenes, *Contra Midias*, § 53; *Sobre la embajada fraudulenta*, § 299). En esta época, el oráculo de Dodona estaba en alza seguramente porque el de Delfos estaba sumamente politizado y en particular se hallaba sometido a influencia macedonia. Demóstenes estaba convencido —y no le faltaba razón en absoluto— de que la Pitia era partidaria de Filipo. Cfr. Esquines, *Contra Ctesifonte*, § 130.

gumentos que emplearé con la mayor moderación que me permita el caso.

(257) A mí, pues, Esquines, me cupo la suerte de frecuentar, siendo niño, la escuela adecuada y poseer cuanto uno precisa para no cometer ninguna vileza por necesidad, y, al salir de la niñez, llevar a cabo acciones acomodadas a esta situación: ser corego, trierarco[395], contribuyente, no verme privado de ninguna noble ambición ni particular ni pública, antes bien, ser útil a la ciudad y a mis amigos; y una vez que me pareció bien dedicarme a los asuntos públicos, me fue dado elegir tal modalidad de gestión, que he sido coronado muchas veces tanto por la patria como por otros muchos griegos y ni siquiera vosotros, mis enemigos, intentabais decir que la elección política que yo realicé no era honorable. (258) Así que yo he convivido con un destino de esa calidad y, aunque podría decir mucho más acerca de él, lo dejo de lado guardándome de molestar a alguien con esas cosas de las que me enorgullezco. Tú, en cambio, el jactancioso y despreciador de los demás, considera, comparándolo con ése, el mío, cuál ha sido tu destino; ése por el que tú, siendo niño, te criaste en esa consabida gran indigencia, en compañía de tu padre atendiendo a la escuela, fabricando la tinta a base de molienda, fregando los bancos y barriendo la sala de espera de los pedagogos, ocupando un rango de criado y no de niño libre. (259) Y cuando te hiciste hombre, mientras tu madre practicaba sus iniciaciones, tú le leías los libros[396] y colaborabas con ella en la preparación de lo demás, revistiendo por la noche con piel de cervato[397] a los que se iniciaban, escanciándoles vino de las crateras, purificándolos, frotándolos con la

---

[395] Testimonio de estos servicios públicos se ofrecen en el § 267. Demóstenes fue corego el 350 a. J. C., justamente el año y la ocasión en que sufrió violencia y atropello por parte de Midias (cfr. Demóstenes, *Contra Midias*, §§ 30 y ss.).

[396] Esto mismo había dicho Demóstenes en *Sobre la embajada fraudulenta*, § 199. Nuestro orador nos ofrece una caricatura genial de ceremonias de ritos de iniciación asiáticos en que se entrecruzan rasgos del culto bacanal con otros propios de los misterios órficos.

[397] Tal era el atuendo de quienes integraban el cortejo de Baco; cfr. Eurípides, *Las Bacantes*, 23.

arcilla y los salvados ésos, haciéndoles levantar[398] tras la purificación y mandándoles decir: «Huí del mal, encontré el bien»[399]; te jactabas de que nadie había lanzado nunca alaridos semejantes (y yo, al menos, así lo creo: pues no os imaginéis que él, que con tan fuerte voz[400] habla, no aullara de forma superbrillante). (260) Y, durante el día, conducías por las calles las hermosas comitivas ésas, a los coronados con el hinojo y el álamo blanco[401], apretando con tus manos las serpientes carrilludas y elevándolas por encima de tu cabeza, y gritando «euoí saboí»[402] y danzando el «hyés áttes, áttes hyés»[403]; saludado por las viejecillas con los títulos de director del coro, jefe del cortejo, portador de la yedra[404] y de la criba sagrada[405] y otras advocaciones de la misma ralea; reci-

---

[398] Al igual que a Estrepsíades, en *Las nubes* de Aristófanes; cfr. Aristófanes, *Las nubes*, 256.

[399] Fórmula típica de los rituales de iniciación. Con ella el iniciado proclamaba el comienzo de su nueva vida.

[400] También en otros lugares alude Demóstenes a la fuerte voz de Esquines. Cfr. Demóstenes, *Sobre la corona* §§ 280, 285, 291, 313; *Sobre la embajada fraudulenta*, §§ 206-208, 216 y 337-340. En el § 216 de este último discurso contrapone Demóstenes su propia voz débil a la fuerte de su adversario.

[401] Según Focio, el hinojo (en griego, *márathos*, por lo que el nombre de la localidad de *Maratón*, en el Ática, sería equivalente al topónimo español de *Hinojosa*) era planta muy usada en las ceremonias mistéricas, porque servía para atraer a las serpientes, las cuales sobre ella mudaban la piel. Cfr. Focio, *Léxico, s. v. márathos*. Eliano confirma el hecho de que el hinojo ejerce atracción sobre las serpientes; cfr. Eliano, *Historia de los animales*, IX, § 16. Estrabón explica que la localidad de Maratón había recibido este nombre por ser lugar apetecido por las serpientes. Cfr. Estrabón, *Geografía*, pág. 160 Kramer. Del álamo blanco dice Harpocración que lo empleaban los iniciados para coronarse con sus hojas en los ritos báquicos, por ser planta que, según Homero, crece en las riberas del Aqueronte. Cfr. Harpocración, *s. v. leúke*.

[402] «Euoí» era el grito que se empleaba regularmente en el culto báquico. «Saboí», el que se usaba para invocar a Sabacio, una especie de Baco traco-frigio.

[403] Palabras ligadas a los ritos mistéricos. Cfr. C. A. Lobeck, *Aglaophamus. Drei Bücher über die Grundlagen der Mysterienreligion der Griechen mit einer Sammlung der Fragmente der orphischen Dichter*, reimp., Darmstadt, 1961, págs. 652 y 1041-1046.

[404] La hiedra era planta consagrada a Baco.

[405] La *mystica vannus Iacchi*. Cfr. Virgilio, *Geórgicas*, I, 166, y el comentario a este verso que hace Servio citando a Varrón.

biendo en pago a estos servicios pasteles[406] empapados en vino, rosquillas y tartas, por los que ¿quién no se consideraría verdaderamente feliz tanto a sí mismo como a su suerte?[407]. (261) Y una vez que fuiste inscrito en el censo de los ciudadanos por el procedimiento que fuera[408] (que eso lo dejo), una vez que, de todos modos, fuiste inscrito, al punto escogiste el más hermoso de los trabajos, el de escribano y ayudante de magistradillos[409]. Y cuando al fin abandonaste también ese empleo, después de haber realizado tú mismo todo aquello de lo que acusas a los demás, con tu vida posterior no deshonraste ninguno de tus antecedentes, (262) sino que te pusiste a sueldo de los actores llamados de apodo «los gimehondos»[410], Simicas y Sócrates, y representabas terceros papeles, con los que hacías acopio de higos, uvas y aceitunas como un frutero que los cosecha de los campos ajenos, y sacabas más de ello que de los concursos teatrales, en los que interveníais vosotros jugándoos la vida; pues había una guerra sin tregua y sin proclama entre vosotros y los espectadores, de los que tienes recibidas tantas heridas que, razonablemente, a los que no han probado peligros tales, los ridiculizas tachándolos de cobardes[411]. (263) Pero, por otro lado, dejando aparte lo que podría atribuirse a la pobreza, voy a pasar a referirme a las acusaciones que atañen propia y exclusivamente a tu modo de ser. Tal línea de actuación elegiste, cuando al fin se te ocurrió intervenir en la gestión de los asuntos públi-

---

[406] Sobre estas especies de pasteles, cfr. C. A. Lobeck, *op. cit.*, págs. 1072 y ss.

[407] La ironía o, mejor, el sarcasmo o ironía amarga con la que se ridiculiza a alguien, es evidente.

[408] Estamos ante la figura o estrategia retórica denominada *insinuación*. El orador sugiere sin decirlo abiertamente que la inscripción de Esquines en el censo fue fraudulenta.

[409] Nótese el diminutivo, que al igual que otros rasgos que vamos rastreando, dan un toque de coloquialidad al estilo de este discurso por lo demás dotado de una inigualable perfección retórica.

[410] Debían de ser actores que representaban sus papeles dramáticos con voces y gesticulaciones en extremo plañideras y quejumbrosas y, por tanto, de forma más cómica que trágica.

[411] Esquines había tachado de cobarde a nuestro orador en varios pasajes de su discurso. Cfr. Esquines, *Contra Ctesifonte*, §§ 148, 152 y ss. y 172.

cos, que por ella, cuando la patria prosperaba, vivías la vida de una liebre[412], temiendo y temblando y esperando siempre recibir golpes por aquello de lo que te reconocías culpable; en cambio, cuando los demás vinieron a dar en la desventura, tú apareces arrogante ante los ojos de todos. (264) Ahora bien, quien, pese a la muerte de mil conciudadanos[413], se mostró animoso, ¿qué castigo es justo que sufra a manos de los que aún viven? En fin, aunque puedo decir muchas otras cosas acerca de él, las dejaré de lado; pues no son todas las desvergüenzas y oprobios que podría mostraros arraigadas en él, lo que opino deba yo estar presto a exponer, sino sólo aquello cuya mención no signifique para mi desdoro alguno.

(265) Examina, por tanto, una junto a otra, tranquilamente, y sin acritud, Esquines, las vidas que tú y yo hemos vivido; luego, pregunta a éstos[414] cuál de los dos destinos hubiera preferido cada uno de ellos. Tú enseñabas las letras, yo iba a la escuela. Tú iniciabas en los misterios, yo era iniciado. Tú eras escribano, yo miembro de la Asamblea. Tú actor de tercer orden, yo espectador. Tú eras rechazado, yo silbaba. Tú has actuado siempre, en la gestión de los asuntos públicos, a favor de los enemigos, yo a favor de la patria. (266) Dejo las demás consideraciones; lo cierto es que ahora mismo, hoy, yo soy sometido a examen acerca de si se me otorga una corona y se me ha reconocido que no he cometido el menor delito; en cambio, tú cuentas en tu haber con la reputación de sicofanta y corres el riesgo de si se decide que debes seguir ejerciendo tal oficio o si tienes que ser cesado de ahora en adelante al no conseguir la quinta parte de los votos. Bueno, ¿no ves?, es el destino que te ha acompañado en la vida[415]. ¡Y acusas al mío!

---

[412] Es una frase proverbial o convertida en proverbial; significa vivir cobardemente; en un fragmento de tragedia de autor desconocido se lee este verso: «vives la vida de una liebre, habiendo sido antes intrépido león» (cfr. A. Nauck, *Tragicorum Graecorum Fragmenta*, reimp., Hildesheim, 1964, pág. 373). Cfr., igualmente, Dión Crisóstomo, LXVI § 24 (pág. 357 R.).

[413] Fueron mil los atenienses que murieron en la batalla de Queronea. Cfr. Licurgo, *Contra Leócrates*, § 142; Diodoro Sículo, *Historia de Grecia*, XVI, § 88.

[414] A los jurados.

[415] De nuevo, nuestro orador se recrea en la *ironía*.

(267) ¡Ea, pues, ya!, voy a leeros los testimonios de los servicios públicos que he prestado. En confrontación con ellos, lee también tú las tiradas de versos que destrozabas[416]:

> *Llego aquí, los antros de los muertos y las puertas de la tiniebla...*
> y
> *Sábete que no quiero yo darte malas noticias*[417]
> y
> *Que, por malo, malamente a ti*[418],

te hagan perecer ante todo los dioses, y luego todos éstos[419], por ser mal ciudadano y mal tritagonista. Lee los testimonios.

TESTIMONIOS

(268) En efecto, así he sido yo en relación con la ciudad; y en las relaciones privadas, si no sabéis todos que soy servicial, humanitario y valedor de los necesitados, me callo y más bien no diría nada ni presentaría ningún testimonio sobre esos servicios, ni sobre los prisioneros que rescaté[420] de

---

[416] Esta confrontación es una réplica de la que había hecho Esquines en su discurso de acusación entre el decreto de Ctesifonte y un antiguo decreto en honor de los restauradores de la democracia. Cfr. Esquines, *Contra Ctesifonte*, § 188. Con el verso que sigue a continuación comenzaba la *Hécaba* de Eurípides. La primera palabra del verso siguiente, el segundo del drama —no citado en este pasaje— era *lipón*, es decir, «habiendo abandonado», pieza clave para entender el primer verso.

[417] No se sabe a ciencia cierta de qué tragedia ha sido extraído este verso. Sin embargo, el contenido que encierra no sólo no es extraño a la tragedia en general, sino, por el contrario, muy adaptado a la situación especial en que suele encontrarse un personaje familiar en ese género literario: el mensajero portador de malas nuevas. Cfr., por ejemplo, las palabras de Taltibio en Eurípides, *Las Troyanas*, 705.

[418] Comienzo de otro trímetro yámbico citado por Linceo en Ateneo, *Los Deipnosofistas*, IV, 150 C.

[419] Los jurados, representantes del Pueblo Ateniense.

[420] En efecto, eso hizo Demóstenes después de la primera guerra contra Filipo. Cuando fue a Macedonia a raíz de la famosa Segunda Embajada, la que dio lugar a sendos discursos *Sobre la embajada fraudulenta* de Demóstenes y Esquines respectivamente, rescató prisioneros atenienses en Olinto. Cfr. Demóstenes, *Sobre la embajada fraudulenta*, §§ 169 y ss.

los enemigos ni sobre aquéllos a cuyas hijas ayudé a dotar ni sobre ningún asunto del mismo género. (269) Pues, en efecto, la opinión que al respecto tengo yo formada viene a ser ésta: yo creo que el que ha recibido un beneficio debe recordarlo durante toda su vida y el que lo ha hecho debe olvidarse de él inmediatamente, si es menester que aquél se porte como hombre honrado y éste como individuo no mezquino. Pues andar recordando y contando los favores particulares es casi igual a hacer reproches. No haré yo, pues, nada de eso, ni me dejaré arrastrar a ello, sino que me basta con la opinión que se haya podido formar de mí respecto de esos comportamientos.

(270) Dejando de lado mis asuntos particulares, quiero deciros aún un par de cosas acerca de los públicos. Porque si tú, Esquines, puedes citarme a alguien, bárbaro o griego, de entre los hombres que viven bajo ese sol, que haya salido indemne de la dominación de Filipo antes, y de la de Alejandro ahora, sea, concedo que mi fortuna o infortunio, como prefieras llamarlo, ha sido responsable de todo. (271) Pero si muchos de los que jamás me vieron ni han oído mi voz han sufrido muchos y terribles males, no sólo individualmente, sino incluso ciudades y pueblos enteros, ¡cuánto más justo y verdadero es considerar que la causa de esos sucesos ha estado en la suerte común, según parece, de todos los hombres, y en una precipitación de acontecimientos cruel y no como debiera haber sido! (272) Ahora bien, tú, haciendo caso omiso de eso, me acusas a mí de que junto a éstos[421] he intervenido en la gestión de los asuntos públicos, y eso lo haces aun sabiendo que, aunque no en su totalidad, tu acusación calumniosa sí recae en parte sobre todos y especialmente sobre ti. Pues si yo hubiese tomado mis decisiones sobre los asuntos ciudadanos por mí mismo y como gobernante investido de plenos poderes, podríais vosotros, los demás oradores[422], acusarme. (273) Pero si estabais presentes en todas las asambleas y siempre la ciudad presentaba a examen sus intereses

---

[421] Los jurados, que representan al Pueblo Ateniense.
[422] Decir «oradores» en una sociedad de cultura oral y democrática como la ateniense del momento equivale a decir «político».

para considerarlos públicamente, y a todos les parecían entonces las mejores esas mis propuestas, y sobre todo a ti (pues no sería por afecto, digo yo, por lo que me cedías esperanzas, amor propio y honores, todo lo cual acompañaba mi actuación pública de entonces, sino, evidentemente, porque te veías derrotado por la verdad y no tenías nada mejor que decir), ¿cómo no va a ser injusto y escandaloso lo que haces al dirigir ahora reproches a esas propuestas que entonces no podías mejorar planteando otras? (274) En efecto, en todos los demás pueblos yo, al menos, he visto definidas y establecidas de alguna manera las siguientes normas: ¿Comete alguien delito voluntariamente? Indignación y castigo contra él. ¿Cometió alguien falta sin querer? Perdón, en vez del prefijado castigo, para él. ¿Que alguien, sin cometer delito ni falta, se entregó a lo que parecía a todos conveniente y, en común con todos no tuvo éxito? No es justo dirigir a tal individuo reproches ni injurias, sino compartir su pesadumbre. (275) Todas estas normas aparecerán dispuestas en este sentido no sólo en las leyes, sino que hasta la misma naturaleza las ha deslindado por medio de los usos no escritos[423] y los hábitos morales de los hombres. Por tanto, Esquines sobrepasa de tal manera a todos los hombres en crueldad y calumnia propia de sicofanta, que hasta de aquellos hechos que él mencionó como infortunios me acusa a mí.

(276) Y además, como si él mismo hubiese pronunciado todos sus discursos con sencillez y buena voluntad, os exhortaba a vigilarme y observarme para evitar que os extravíe y engañe[424], llamándome mañoso, embaucador, sofista y cosas semejantes, como si, por el hecho de que alguien se adelante a decir de otro lo que de sí mismo es propio, fuese ya a ser

---

[423] Las leyes no escritas, es decir, las leyes naturales, morales o divinas, se diferencian de las leyes hechas por los hombres, las leyes escritas; cfr. Demóstenes, *Contra Aristócrates*, § 70. Cfr., sobre esta distinción, Platón, *Las Leyes*, 793 a, y Aristóteles, *Retórica*, I, § 13. Este último distingue dentro de la ley no escrita dos variedades: la general y la particular.

[424] Desde el mismo comienzo de su discurso, Esquines prevenía a los jueces contra los efectos de la elocuencia de Demóstenes; cfr. Esquines, *Contra Ctesifonte*, § 16. Más adelante tachaba a nuestro orador de embaucador y farsante; cfr. Esquines, *Contra Ctesifonte*, § 207.

así la realidad también y los oyentes no estuvieran en adelante dispuestos a examinar quién es exactamente en persona el que habla de esa manera. Pero yo sé que todos le conocéis y pensáis que esos calificativos le cuadran a él mucho mejor que a mí. (277) También sé perfectamente eso otro, que en cuanto a esa mi habilidad (sea, pues, la tengo)... Aunque yo, al menos, veo que de la fuerza de los oradores son las más de las veces soberanos los oyentes; pues tal como vosotros lo acojáis y según la benevolencia que tengáis con cada uno, así parece ser la sensatez del orador. De modo que, si también yo tengo una cierta experiencia de ese género, todos reconoceréis que ésta, a la hora de someterla a examen, actúa en los asuntos públicos siempre a vuestro favor y nunca contra vosotros ni en interés mío personal; la de ése, por el contrario, se emplea no sólo hablando en favor de los enemigos, sino en perjuicio de todo aquel que le hubiese enojado u ofendido. (278) Pues no se sirve de ella con justicia ni en lo que constituye el interés de la ciudad. Porque el ciudadano bueno no debe pedir a los jueces, que han ingresado en la corte de justicia para servicio público, que le confirmen para su particular beneficio ni la cólera ni la enemistad ni ninguna otra pasión semejante, ni presentarse ante vosotros para esos fines, sino, sobre todo, no tener esas pasiones en su naturaleza y, si ello es inevitable, que las tenga en disposición de apacibilidad y mesura. ¿En qué casos, pues, debe ser vehemente el hombre público y el orador? En aquéllos en que alguno de los intereses generales de la ciudad corre peligro y en los que el pueblo tiene que vérselas con sus adversarios, en esos casos; esto es, pues, lo propio del ciudadano noble y bueno. (279) Pero cuando no se ha juzgado digno tomar justicia de mí por ningún delito público (y añadiré que ni privado) ni por bien de la ciudad ni en interés propio, venir ahora tras haberse preparado una acusación contra una corona y un elogio y haber derrochado tan largo discurso, es señal de enemistad personal y de odio y de mezquindad de alma, de ningún sentimiento de provecho. Y ya el hecho de incluso haber dejado pasar todos los procesos contra mí y haber venido ahora a pleitear contra éste, eso es realmente el colmo de la maldad. (280) Y, por eso, me da la impresión, Esquines, de que elegiste este proceso con el propósito de hacer una exhibición y prácticas declamatorias, no de cobrar satisfacción por ningún delito. Pero no es la palabra del orador, Esquines, lo que vale, ni la altura de su voz, sino el preferir los mismos propósitos que la mayoría y odiar y amar a los mismos que la patria. (281) Porque quien tiene tal disposición de ánimo, ése hablará siempre con buena voluntad; mientras que quien sirve a aquéllos en los que la patria prevé algún peligro para sí misma, no fondea sobre la misma ancla[425] que la mayoría ni aguarda la seguridad con idéntica expectación. Sin embargo yo, ¿no ves?, elegí los mismos intereses que éstos y nunca he obrado, por consiguiente, de forma excepcional o particular. (282) ¿Acaso tú tampoco? ¿Y cómo? Tú que, inmediatamente después de la batalla, marchaste como embajador ante Filipo[426], que era culpable de las desgracias de nuestra patria acaecidas en aquellos tiempos, y eso que antes, como todos saben, siempre te negabas a ese servicio? Aunque, ¿quién es el que engaña a la ciudad? ¿No es el que no dice lo que piensa? ¿Contra quién pronuncia el heraldo justas maldiciones?[427]. ¿No contra quien es como éste? ¿Qué mayor delito podría imputarse a un orador que no decir y pensar las mismas cosas? Pues bien, se descubrió que tú eras ese tipo de hombre. (283) ¿Y encima chillas y te atreves a mirarles al rostro a éstos?[428]. ¿Acaso crees que ellos no saben quién eres? ¿O que tanto sueño y olvido tienen todos, que no se acuerdan de los discursos que pronunciabas en público durante la guerra jurando solemnemente en medio de maldiciones que entre tú y Filipo no había negociación ninguna, sino que yo

---

[425] Según refiere Plutarco en una de sus *Vidas paralelas*, había un refrán antiguo aludido por el estadista y poeta ateniense Solón al referirse a Atenas como si fuese un barco fondeado con dos anclas, que recoge ahora en este texto Demóstenes.

[426] Esquines, Démades (quien dio nombre a la paz: «Paz de Démades») y, probablemente, Foción acudieron junto a Filipo para concretar la paz después de Queronea (338 a. J. C.). Cfr., acerca de la intervención de Démades, Demóstenes, *Sobre la corona*, § 185.

[427] Estas maldiciones integraban el ceremonial religioso que se oficiaba antes de celebrar una reunión del Consejo o la Asamblea. Cfr. Demóstenes, *Contra Aristócrates*, § 97; *Sobre la embajada fraudulenta*, § 70.

[428] Los jurados, representantes del Pueblo Ateniense.

te imputaba ese cargo por enemistad personal, pero que no era verdadero? (284) Pero en cuanto llegó la noticia de la batalla, sin pensar en nada de eso, de inmediato confesabas y te jactabas de tener con él relaciones de amistad y hospitalidad, desfigurando con estos nombres tu venalidad de asalariado; pues, ¿por qué motivo equitativo o justo era Filipo huésped, amigo o conocido de Esquines, el hijo de Glaucótea la tamborilera?[429]. Yo no lo veo, sino más bien te vendiste para arruinar los intereses de éstos[430]. Y, sin embargo, pese a haber sido sorprendido en flagrante delito de traición y haberte denunciado a ti mismo de manera tan clara después de los hechos[431], me injurias y me reprochas unos sucesos de los que encontrarás responsables a todos más que a mí.

(285) Muchas, honrosas y grandes empresas, Esquines, emprendió y llevó a feliz término la ciudad gracias a mí, de las cuales no se olvidó; demostración: cuando el pueblo trataba de elegir, por votación a mano alzada, un orador[432] que hablase en honor de los muertos a la par que se desarrollaron los acontecimientos mismos, no te votó a ti, que habías sido propuesto, aunque tienes buena voz, ni a Démades, que acababa de concertar la paz, ni a Hegemón[433], ni a ninguno de vosotros[434], sino a mí. Y cuando subisteis a la tribuna tú y Pi-

---

[429] Tambores y címbalos eran instrumentos que no podían faltar en las ceremonias de cultos orgiásticos asiáticos (más concretamente, frigios). Cfr. Eurípides, *Bacantes*, 58; *Helena*, 1346 y ss. Aristófanes, *Lisístrata*, 388.

[430] Los jurados, que representaban al Pueblo Ateniense.

[431] Esquines dejó dicho, en *Contra Ctesifonte*, § 277, que había desempeñado el oficio de embajador en defensa y para salvación de la ciudad.

[432] El discurso epitafio o funerario en honor de los caídos en una batalla se institucionalizó en Atenas, según Diodoro Sículo, después de las Guerras Médicas (cfr. Diodoro Sículo, *Historia de Grecia*, XI, § 33). Piénsese, a título de ejemplos ilustrativos, en el de Hiperides, elogio fúnebre en honor de los muertos en la Guerra Lamíaca (322 a. J. C.), el atribuido a Lisias (II del *Corpus Lysiacum*), de dudosa autenticidad, o el que figura en el *Corpus Demosthenicum* (LX), cuya adjudicación a Demóstenes es discutida.

[433] Este personaje, mencionado por Esquines en *Contra Ctesifonte*, § 25, formaba parte, juntamente con Démades y Pitocles, del partido promacedonio de Atenas. Según informa Plutarco en la *Vida de Foción*, §§ 33-35, Hegemón, Foción, Pitocles y otros fueron condenados a muerte por votación de la Asamblea ateniense el 317 a. J. C.

[434] Es decir, de los partidarios de Filipo.

tocles[435] y de forma cruel y desvergonzada me acusabais, ¡Zeus y dioses!, de los mismos cargos que tú ahora de nuevo me imputas, y me insultabais, aún más decididamente me votó. (286) Y el motivo, aunque no lo ignoras, aun así te lo voy a explicar también yo. Ellos por sí mismos conocían ambas cosas, la buena voluntad y el empeño con que yo gestionaba los asuntos públicos, y vuestra iniquidad; pues lo que veníais negando con solemnes juramentos cuando la situación era próspera, lo confesasteis cuando la ciudad fracasó. Así pues, a los que en las comunes desventuras obtuvieron licencia para decir lo que pensaban con impunidad, los consideraron enemigos ya de antiguo y a partir de entonces enemigos declarados; (287) además, también creyeron que era conveniente que el orador que iba a hablar en honor de los muertos y a ensalzar su valor no hubiera compartido el mismo techo[436] ni la misma mesa[437] que los que se alinearon en contra de aquéllos, y que no viniese a ser honrado aquí el que había participado allí, con los autores de la matanza, en una fiesta[438] y un peán para festejar las desgracias de los griegos, ni que con su voz llorase, actuando como actor, la suerte de aquéllos, sino que con su alma compartiera nuestro dolor. Y esa disposición la veían en sí mismos y en mí, no en vosotros. (288) Por eso a mano alzada me eligieron a mí y no a vosotros. Y no es que el pueblo opinase así, pero los padres y los hermanos[439] de los finados, elegidos entonces por el pueblo para ocuparse de los funerales, pensasen de otra ma-

---

[435] Partidario de Filipo; cfr. Demóstenes, *Sobre la embajada fraudulenta*, §§ 225 y 314. Véase la nota anterior.

[436] Los juicios por homicidio se celebraban en Atenas al aire libre, con el fin de que ni los jueces ni el denunciante estuvieran bajo el mismo techo que el acusado.

[437] Filipo invitó a los embajadores atenienses a participar con él en un banquete. Cfr. Teopompo, citado por Ateneo, *Los Deipnosofistas*, X, 435 B.

[438] Refiere Plutarco que, inmediatamente después de la victoria, Filipo, exultante hasta la insolencia y además borracho, se puso a danzar entre los muertos y a cantar, siguiendo el ritmo yámbico, las primeras palabras del famoso «decreto de Demóstenes». Cfr. Plutarco, *Vida de Demóstenes*, § 20.

[439] Un comité formado por parientes de los caídos se encargaba del funeral público. Los miembros del comité eran escogidos por el pueblo.

nera, sino que, debiendo ellos celebrar el banquete funeral[440] en casa del pariente más allegado a los muertos, como es costumbre también en las demás ceremonias fúnebres, lo celebraron en la mía. Y era natural; pues por los lazos de sangre cada uno era más allegado a cada difunto que yo, pero por el interés público nadie estaba más cerca de todos que yo; pues aquél al que más importaba la salvación y el triunfo de aquéllos, éste, también cuando sufrieron lo que jamás debieran, participaba máximamente en el dolor de todos.

(289) Léele esa inscripción que la ciudad acordó grabar a expensas públicas en su honor, para que sepas, Esquines, que también de acuerdo con ella misma eres desconsiderado, sicofanta e infame. Lee.

Inscripción[441]

Éstos, por su patria, de armas se revistieron
para el combate y la insolencia de los adversarios dispersaron.
Y en la refriega + del valor y temor + sus vidas no salvaron,
sino que a Hades pusieron de árbitro imparcial,
en pro de los helenos, para no colocar el yugo al cuello
y no sufrir de ambos lados el peso odioso de la esclavitud.
Y la tierra patria en su seno alberga los cuerpos
de los que tantísimo sufrieron, pues éste es para los mortales
el veredicto de Zeus: no fallar en nada y en vida conseguirlo todo
es cosa de dioses; y escapar del destino no se lo concedió en absoluto.

(290) ¿Lo oyes, Esquines? «No fallar en nada y tener éxito en todo es cosa de dioses.» No asignó al consejero el poder de dirigir con éxito a los combatientes, sino a los dioses. ¿Por qué, entonces, maldito, me injurias por ello y dices lo

---

[440] El banquete funerario era el último acto de las ceremonias fúnebres con el que se cerraba el ritual de los funerales tanto públicos como privados.

[441] Este epigrama, que en relidad poéticamente es bastante flojo y de composición bastante chapucera, contiene sin embargo un verso, el número nueve, de cuya autenticidad no cabe la menor duda, porque lo cita Demóstenes en el párrafo doscientos noventa. Pero, además, frente al carácter apócrifo de los documentos introducidos en este discurso, este epigrama pasa hoy por ser auténtico en su totalidad.

que ojalá los dioses vuelvan sobre tu cabeza y las de los tuyos?

(291) Pues bien, varones atenienses, muchas otras acusaciones y calumnias ha dirigido contra mí, pero lo que más me sorprendió de todo es que, cuando hizo mención de los sucesos que sobrevinieron entonces a la ciudad, no tuvo los sentimientos que un ciudadano bueno y justo habría tenido, ni lloró, ni experimentó en su alma ninguna emoción semejante, sino que, levantando la voz, colmado de gozo y desgañitándose, se imaginaba, evidentemente, que me estaba acusando, cuando en realidad estaba sacando a relucir, en contra de sí mismo, una prueba de que no era afectado en absoluto de la misma manera que los demás por los tristes sucesos. (292) Aunque el que anda asegurando que se preocupa de las leyes[442] y de la constitución, como ese individuo[443] ahora, si no otra cosa, al menos este requisito sí debiera cumplir: entristecerse y alegrarse con los mismos sucesos que la mayoría[444] y no estar alineado, por sus preferencias políticas, en el partido de los enemigos; cosa que tú claramente ahora mismo has hecho, diciendo como dices que yo soy el responsable de todo y que por culpa mía la ciudad vino a tropezar en dificultades, aunque ni por mi gestión ni mis principios en lo público empezasteis vosotros a ayudar a los griegos, (293) dado que si vosotros me concedierais el reconocimiento de que gracias a mí habéis hecho frente al imperio que iba creciendo contra los griegos, mayor recompensa me otorgaríais que todas las que habéis concedido a los demás. Pero ni yo podría decir eso (porque sería haceros injusticia) ni vosotros, bien lo sé, lo permitiríais; pero ese individuo[445], si actuara justamente, no dañaría ni calumniaría las más altas de vuestras nobles empresas por enemistad hacia mí.

(294) Pero ¿por qué le dirijo esos reproches si otras más

---

[442] Esquines, en el proemio de su acusación contra Ctesifonte, había hecho un elogio de la ley, el derecho y esa institución jurídico-política que era la «acusación por ilegalidad» o *graphè paranómon* como baluartes del estado y la democracia; cfr. Esquines, *Contra Ctesifonte*, §§ 1-8.
[443] Esquines.
[444] Cfr. Demóstenes, *Sobre la corona*, § 280.
[445] Esquines.

perversas acusaciones y calumnias ha lanzado contra mí? Pues el que me acusa a mí de ser partidario de Filipo[446], ¡oh tierra y dioses!, ¿qué no sería capaz de decir? Sin embargo, por Heracles y todos los dioses, si hubiera que investigar con verdad, quitando de en medio las mentiras y las palabras debidas a la enemistad personal, quiénes son realmente los hombres sobre cuyas cabezas podrían todos hacer recaer con toda razón y justicia la responsabilidad de lo sucedido, encontraríais que son en cada ciudad los semejantes a ese individuo[447], no los semejantes a mí. (295) Aquéllos, cuando la situación de Filipo era débil y ciertamente insignificante, mientras nosotros repetidas veces os advertíamos, exhortábamos y aleccionábamos sobre lo mejor[448], por su particular vergonzosa codicia sacrificaban los intereses generales, engañando cada uno y corrompiendo a sus propios conciudadanos hasta hacerlos esclavos[449]; Dáoco, Cíneas y Trasidao a los tesalios; Cércidas, Jerónimo y Eucámpidas a los arcadios;

---

[446] Cfr. Demóstenes, *Sobre la corona*, §§ 23 y 228.
[447] Esquines.
[448] Así, lo hacía, por ejemplo, en los *Olintíacos* y en *Contra Filipo*, I.
[449] Comienza aquí la famosa «lista negra» de traidores que defendieron la causa de Filipo. Dáoco y Trasidao fueron los embajadores tesalios que Filipo envió a Tebas en el 339 a. J. C. Cfr. Plutarco, *Vida de Demóstenes*, § 18. De Trasidao dijo Teopompo (en Ateneo, *Los Deipnosofistas*, VI, 249 C) que era «de poca talla por lo que a juicio se refería, pero un grandísimo adulador». Jerónimo aparece mencionado en Demóstenes, *Sobre la embajada fraudulenta*, § 11, y en los escolios figura como discípulo de Isócrates. Los hijos de Filíades son mencionados en Pseudo-Demóstenes, *Sobre el tratado con Alejandro*, §§ 4-7, pasaje en el que se dice que Alejandro los restauró en el poder supremo de Mesenia, del que habían sido expulsados por el pueblo. Perilo y Pteodoro aparecen mencionados en Demóstenes, *Sobre la embajada fraudulenta*, § 295; y Perilo, Timolao y Aristrato en Demóstenes, *Sobre la corona*, § 48. Hiparco y Clitarco fueron impuestos, en calidad de tiranos, en Eubea por Filipo alrededor del 343 a. J. C. Cfr. *Contra Filipo*, III, §§ 57 y 58, y *Sobre la corona*, §§ 71, 80 y 81. Muchos de los nombres citados en esta lista están recogidos en Harpocración y la *Suda*. Todo este pasaje puede compararse con los §§ 45-49 de este mismo discurso y con Polibio, *Historias* XVII, § 14. El historiador de Megalópolis censura a Demóstenes por haber llamado traidores a muchos de los personajes nombrados en esta lista, pues opina Polibio que, en especial, los arcadios y mesenios obraron movidos por los intereses de sus respectivas patrias que no coincidían con los de Atenas. Cfr. Polibio, *Historias*, XVII, §§ 13-15.

Mirtis, Teledamo y Mnáseas a los argivos; Euxíteo, Cleotimo y Aristecmo a los eleos; los hijos de Filíades, el enemigo de los dioses, Neón y Trasíloco a los mesenios; Arístrato y Epícares a los sicionios; Dinarco y Demáreto a los corintios; Pteodoro, Helixo y Perilo a los megarenses; Timolao, Teogitón y Anemetas a los tebanos; Hiparco, Clitarco y Sosístrato a los eubeos. (296) No me bastará el día entero para decir los nombres de los traidores. Todos ésos son, varones atenienses, en sus propias patrias, gentes que tienen justamente los mismos designios que Esquines y los suyos entre vosotros, hombres impuros, aduladores y malditos[450], que, cada uno en particular, han mutilado sus propias patrias y en un brindis han ofrecido su libertad primeramente a Filipo y ahora a Alejandro, que miden su felicidad por su vientre y sus partes más vergonzosas, que han subvertido el orden que ocupaban la libertad y el privilegio de no tener ningún dueño, valores que eran para los griegos de antaño la definición y la línea maestra del bien.

(297) Pues bien, de esta tan vergonzosa y notoria conspiración y maldad, o mejor, varones atenienses, si hay que dejarse de andar con bagatelas, traición a la libertad de los griegos, la ciudad ha resultado, gracias a mis medidas, libre de culpa ante todos los hombres y yo ante vosotros. ¿Luego me preguntas[451] por qué mérito considero digno que se me otorguen honores? Pues yo te digo que, cuando entre los griegos todos los hombres públicos se habían dejado corromper, empezando por ti, (298) a mí, ni oportunidad, ni amabilidad de palabras, ni grandeza de promesas, ni esperanza, ni miedo, ni ninguna otra cosa me incitó ni indujo a traicionar nada de lo que juzgaba justo y conveniente para la patria, ni en cuantos consejos he dado de siempre a estos ciudadanos, lo he hecho como vosotros, inclinándome, como una balanza, hacia el lado del cobro por cohecho, sino con un alma recta, justa e incorruptible; y ya al frente de los asuntos más importantes de los hombres de mi tiempo, a todos he dado una adminis-

---

[450] Este mismo insulto lo aplica Demóstenes a Filipo en *Sobre la embajada fraudulenta*, § 305.
[451] Cfr. Esquines, *Contra Ctesifonte*, § 236.

tración sana y justa. Por eso reclamo que se me otorguen honores. (299) Y en cuanto a esa fortificación por la que tú me ridiculizabas, y la excavación de trincheras, las juzgo dignas de agradecimiento y elogio, ¿cómo no? Sin embargo, las coloco muy por debajo de mis actuaciones en la administración pública. Pues no fortifiqué yo la ciudad con piedras y con ladrillos[452] ni son éstas las obras de las que más me enorgullezco. Pero si quieres examinar con justicia mis fortificaciones, encontrarás armas y ciudades y países y puertos y naves y caballos y gentes dispuestas a defender a éstos[453]; (300) estas fortificaciones coloqué yo delante del Ática, en cuanto era posible hacerlo mediante cálculo humano, y con ellas fortifiqué la región, no el circuito del Pireo[454] ni el de la ciudad. Ni fui yo derrotado, por los cálculos de Filipo, ni mucho menos, ni por sus preparativos militares, sino que lo fueron los generales de los aliados[455] y los ejércitos por la fortuna. ¿Cuáles son las pruebas de esto? Son claras y manifiestas. Examinadlas.

(301) ¿Qué debía hacer el ciudadano bienintencionado? ¿Qué el que con toda previsión, empeño y justicia intentaba servir a su patria? ¿No debía cortar el acceso desde el mar, la tierra del interior y los lugares del Peloponeso colocando delante del Ática a modo de parapeto, respectivamente, a Eubea, a Beocia, y a nuestros vecinos de por aquel lado? ¿No debía prever el transporte de trigo, que se hiciese a lo largo de países amigos todos ellos, hasta el Pireo? (302) ¿Y salvar, enviando socorros, y proponiendo y redactando decretos en ese sentido, lo que nos pertenecía, el Proconeso, el Quersoneso, Ténedos, y actuar de forma que fuesen amigos y aliados otros lugares como Bizancio, Abido y Eubea? ¿No debía privar a los enemigos de los

---

[452] Famoso pasaje citado por los tratadistas de retórica y recopilado parcialmente en el Argumento de Libanio.
[453] Es decir, a los jurados, que en ese momento representan al Pueblo de Atenas.
[454] El circuito del Pireo fue asignado a la tribu Pandiónide, a la que pertenecía Demóstenes.
[455] Se refiere Demóstenes, concretamente, a dos generales tebanos, a saber: Próxeno, que había sido comandante en jefe de las tropas mercenarias derrotadas por Filipo en Anfisa, y Teágenes, que mandó una falange en Queronea. Ambos quedan malparados en Dinarco, *Contra Demóstenes*, § 74.

más importantes recursos con que contaran, y, en cambio, dar en añadidura a la ciudad aquello de lo que carecía? (303) Pues bien, todo eso se ha hecho gracias a mis decretos y mi gestión; la cual, si alguien quiere examinarla sin envidia, varones atenienses, encontrará que ha sido correctamente meditada y realizada con toda justicia, sin haber olvidado yo ni ignorado ni abandonado el momento favorable de cada caso y sin que haya dejado de hacerse nada de cuanto cabía dentro del poder y el cálculo de un hombre solo. Pero si la fuerza de la divinidad o de la suerte o la ineptitud de los generales o la maldad de los que traicionaron vuestras ciudades o todos esos motivos juntos iban echándolo todo a perder hasta trastocarlo, ¿qué delito comete Demóstenes? (304) Si al igual que yo estaba entre vosotros ocupando mi puesto, hubiese habido en cada una de las ciudades griegas un solo hombre, o, más bien, si Tesalia hubiera tenido un solo hombre y Arcadia[456] un solo hombre que pensara lo mismo que yo, ningún pueblo griego de este lado o del otro de las Termópilas estaría afligido por los presentes males, (305) sino que todos, libres e independientes, habitarían sus patrias en plena seguridad, sin peligro, con felicidad, agradecidos a vosotros y a los demás atenienses por tantos y tan grandes beneficios recibidos gracias a mí. Y para que veáis que empleo palabras inferiores con mucho a los hechos, guardándome bien de la envidia, toma esto y léemelo, recita la lista de expediciones de socorro enviadas en virtud de mis decretos.

Lista de expediciones de socorro

(306) Esas y otras cosas semejantes debiera hacer, Esquines, el ciudadano honrado y bueno; si hubieran resultado exitosas, os habría correspondido ser los más grandes sin discusión y, cabría añadir, legítimamente; pero, como han salido de otra manera[457], al menos nos queda la buena reputación y que nadie pueda hacer reproches a nuestra ciudad ni a la decisión que adoptó, sino maldecir la suerte que decidió

---

[456] Cfr. *Sobre la corona*, §§ 63 y 64.
[457] Eufemismo empleado en vez de decir «mal».

así los acontecimientos. (307) No, por Zeus, no debía el ciudadano de provecho alejarse de los intereses de la ciudad ni ponerse, mediante un sueldo, al servicio de los adversarios, y de este modo atender con solicitud a las ocasiones favorables para el enemigo y no para la patria; ni mirar con malos ojos a quien tomó a su cargo proponer y decretar empresas dignas de la ciudad y permanecer firme en ellas; ni conservar el recuerdo, si alguien le agravia personalmente, ni mantenerse en una tranquilidad injusta y solapada, como tú muchas veces haces. (308) Porque existe, sí que existe[458] una tranquilidad justa y útil para la ciudad, que vosotros, la mayoría de los ciudadanos, observáis con honesta sencillez. Pero no es la que observa ése[459], ni mucho menos, sino que apartándose de la vida pública cuando le parece bien (y le parece bien con frecuencia) acecha el momento en que estéis ahítos de un orador que habla sin cesar o haya sobrevenido algún obstáculo por parte de la fortuna o haya ocurrido algún otro incidente desagradable (y muchas son las contrariedades humanas) y entonces, en esa oportunidad, repentinamente, como el soplo del viento, abandonando la tranquilidad, sale a la luz como orador, y como ha ejercitado la voz y ha hecho acopio de palabras y frases, las ensarta con voz clara y sin pararse a tomar aliento, aunque no aportan utilidad ninguna ni adquisición de ningún bien, sino desgracia para cualquier ciudadano y general vergüenza. (309) Y, sin embargo, Esquines, los frutos de ese ejercitamiento y estudio, si surgieran de un alma justa que hubiese elegido por ideal los intereses de la patria, debieran ser nobles, honrosos y útiles para todos: alianzas de ciudades, recursos monetarios, organización de un mercado, establecimiento de leyes útiles, medidas de oposición a los enemigos declarados. (310) De todos esos resultados, en efecto, se hacía una revisión en tiempos pasados y estos últimos tiempos brindaron a un hombre honrado y bueno muchas oportunidades de darse a conocer; pero entre los hombres de esa condición no se verá que tú hayas figurado en ningún sitio, ni el prime-

---

[458] Obsérvese la oportunidad de la repetición aquí estratégicamente empleada.
[459] Cfr. Esquines, *Contra Ctesifonte*, § 215.

ro, ni el segundo, ni el tercero, ni el cuarto, ni el quinto, ni el sexto, ni en ningún otro puesto cualquiera, no al menos en las ocasiones en las que la patria se engrandecía. (311) Pues, ¿qué alianza ha logrado la ciudad por obra tuya? ¿Qué expedición de socorro o qué adquisición de amistosa adhesión o de gloria? ¿Qué embajada, qué servicio por el que la ciudad resultase más estimada? ¿Qué asunto, interno o griego o extranjero, de entre los que tomaste a tu cargo, ha tenido feliz desenlace?, a ti se deben ¿qué trirremes?[460], ¿qué municiones?, ¿qué arsenales?, ¿qué restauración de murallas?, ¿qué caballería?, ¿en qué de todo esto has sido tú útil?, ¿cuál ha sido tu aportación monetaria, en bien de la ciudad y la comunidad, a los ricos y a los pobres?[461]. (312) Ninguna. «Pero, amigo mío, si no ha habido nada de esto, ha habido al menos buena voluntad y celo.» ¿Dónde? ¿Cuándo? ¿Tú, el más injusto de los hombres, que ni siquiera cuando todos los que hablaron alguna vez desde la tribuna hacían donaciones suplementarias para la salvación de la ciudad[462] y, últimamente, Aristonico[463] entregó el dinero recaudado para recuperar derechos civiles, ni siquiera entonces te presentaste y entregaste nada como contribución extraordinaria, pese a no estar necesitado. Pues, ¿cómo? ¡Tú precisamente que habías heredado de la fortuna de tu cuñado Filón más de cinco talentos y tenías dos talentos en concepto de contribución aportada por los jefes de las agrupaciones de contribuyentes por el daño que hiciste[464] a la ley sobre las trie-

---

[460] A Dinarco le aprovechó mucho este pasaje de Demóstenes, pues cuando ataca a nuestro orador se nota muy perceptiblemente que se sirve de él como modelo. Cfr. Dinarco, *Contra Demóstenes*, § 96.

[461] Obsérvese la eficaz acumulación de *preguntas retóricas*.

[462] Donaciones de este tipo se hicieron después de la batalla de Queronea (338 a. J. C.) y, de nuevo, cuando Alejandro dispuso su ataque a Tebas (cfr. Demóstenes, *Contra Formión*, § 38).

[463] Aristonico era un ateniense condenado a perder por deudas sus derechos de ciudadano. Pero sus amigos organizaron y llevaron a efecto una colecta con la que consiguieron la suma de dinero con la que pagar la multa que le restituyó sus derechos cívicos.

[464] Esquines atacó la ley trierárquica, no cuando fue decretada, en el año 340 a. J. C., sino con posterioridad a la batalla de Queronea (338 a. J. C.), pues Demóstenes afirma *(Sobre la corona*, § 107) que, a lo largo de toda la guerra, los trierarcos acataron sin protesta dicha ley.

rarquías! (313) Pero dejaré eso de lado para no salirme del presente asunto por ir pasando de una cosa a otra. No obstante, de lo anteriormente dicho resulta claro que al menos no fue por penuria por lo que no contribuiste voluntariamente, sino porque tenías cuidado de que no partiera de ti ninguna acción adversa a esos individuos para quienes ejerces como hombre público. ¿En qué circunstancias, pues, fuiste tú vigoroso o cuándo brillante? Cuando es menester alguna medida contra éstos, en esas ocasiones tu voz es espléndida, eres un actor excelente, un Teocrines de la tragedia[465].

(314) Luego, has hecho mención de los varones ejemplares de antaño. Y haces bien. Sin embargo, no es justo, varones atenienses, apropiarse con ventaja de la veneración que vosotros realmente sentís por los difuntos para pasar revista y confrontarme con ellos a mí que todavía estoy vivo entre vosotros[466]. (315) Porque ¿quién en el mundo no sabe que todos los vivos están sometidos a un mayor o menor grado de envidia, mientras que a los muertos no les odia ya ni siquiera ninguno de entre sus personales enemigos? Siendo, pues, esto así por naturaleza, ¿voy a ser yo ahora juzgado y examinado en confrontación con los que vivieron ante que yo? En modo alguno; pues no es ni justo ni equitativo, Esquines; si acaso, contigo, o con cualquier otro que tú quieras de entre los que han tomado el mismo partido que tú y todavía viven. (316) Y considera también esto otro: ¿Qué es más bello y mejor para la ciudad, reducir a ingratitud y censura los servicios que se le prestan en la época presente a causa de los que prestaron los antepasados, que eran enormes (nadie realmente podría expresar lo grandes que son), o bien que todos los que obran con buena disposición tengan su parte en la honra y el afecto de esos sus conciudadanos? (317) Y, por cierto, si también eso tengo que decirlo, mi gestión y mis ideales como hombre de estado, si se los considera, resultará que son iguales y pretenden los mismos fines

---

[465] Este Teocrines fue, primeramente, actor trágico y, luego, sicofanta. Cfr. Harpocración, *s. v. Theokrines*. Cfr. el discurso LXVII del *Corpus Demosthenicum*.
[466] Es decir: entre los jurados.

que los de los varones que entonces eran elogiados; los tuyos, en cambio, son iguales a los de los que entonces calumniaban a tales hombres; pues es evidente que también en aquellos tiempos había quienes, por ridiculizar a sus contemporáneos, alababan a los anteriores a ellos, cosa envidiosa como el mal de ojo, obrando lo mismo que tú. (318) ¿Luego, dices que en nada me parezco yo a aquéllos? Y tú, Esquines, ¿te pareces? ¿Y tu hermano?[467]. ¿Y algún otro de los oradores[468] de ahora? Pues yo digo que ninguno. Pero, buen hombre —por no llamarte de ningún otro modo—, compara a quien está vivo con los vivos y con sus contemporáneos, como ocurre en todos los demás casos: el de los poetas, los coros, los luchadores. (319) Filamón[469], no por ser más débil que Glauco el caristio y algunos otros atletas de anteriores tiempos salía sin corona de Olimpia, sino que, porque luchaba mucho mejor que los que entraron a competir con él, era coronado y proclamado vencedor. También tú contémplame en confrontación con los oradores de ahora, contigo mismo, con el que quieras de entre todos; no esquivo a nadie. (320) Cuando era posible elegir lo mejor para la ciudad y la buena disposición hacia la patria figuraba en un certamen público y abierto a todos, se veía claramente que yo hablaba mucho mejor, y todo se administraba con mis decretos, leyes y embajadas, y nadie de entre vosotros figuraba en parte alguna, salvo cuando era menester difamar esas mis activida-

---

[467] Esquines tenía dos hermanos, uno mayor que el, Filócares, que fue elegido general tres años consecutivos, y otro más joven, Afobeto, que fue, como embajador, a la corte del rey persa. Del primero habla Esquines (cfr. Esquines, *Sobre la embajada fraudulenta*, § 149) en términos elogiosos. A ambos hace referencia Demóstenes, pero ni en plan de elogio ni de reproche (cfr. Demóstenes, *Sobre la embajada fraudulenta*, §§ 237 y 249). En este pasaje nuestro orador alude probablemente a Afobeto.
[468] Es decir, de los «políticos», pues en la democrática Atenas de los siglos V y IV a. J. C. los «oradores» eran los «políticos».
[469] Este personaje fue elegido en calidad de ateniense que había vuelto vencedor de los Juegos Olímpicos. Glauco fue uno de los más famosos púgiles o boxeadores de la época de las Guerras Médicas. Obtuvo una victoria en los Juegos Olímpicos, dos en los Píticos, ocho en los Nemeos y también ocho en los Ístmicos. Pausanias vio su estatua en Olimpia. Cfr. Pausanias, *Descripción de Grecia*, VI, § 10, 1-3.

des. Pero, una vez que ocurrió lo que nunca debiera haber ocurrido y se pasó revista no a los consejeros, sino a los servidores de las órdenes que se les daban y a los dispuestos a ponerse a sueldo contra su patria y a los que querían adular a otro, entonces tú y cada uno de ésos ocupabais vuestro puesto como señalados y brillantes criadores de caballos; yo, en cambio, lo confieso, aparecía débil, pero mejor dispuesto hacia éstos que vosotros. (321) Dos cualidades, varones atenienses, debe poseer el ciudadano corriente de condición natural —pues hablando de mí mismo me resulta mucho menos acarreador de envidia expresarme así—: en los momentos en los que ello es posible, debe conservar siempre para la ciudad la opción que aspira a la nobleza y a la preeminencia, y en toda ocasión y acto debe mantener su patriotismo; porque sobre éste manda la naturaleza, mientras que en el poder y la fuerza imperan otros factores. Pues bien, comprobaréis que ese patriotismo ha permanecido firme en mí pura y simplemente. (322) Pues mirad: ni cuando se reclamaba mi extradición, ni cuando se me intentaba un proceso ante el Consejo Anfictiónico[470], ni cuando me amenazaban, ni cuando me hacían promesas, ni cuando echaban contra mí como fieras a esos malditos[471], nunca yo he traicionado mi buena disposición hacia vosotros. Porque desde el primer momento elegí el camino recto y justo en mi actuación pública: servir, acrecentar y asociarme al honor, el poder y la gloria de la patria. (323) Yo no me paseo por el ágora radiante de gozo y alegre ante los triunfos de los otros[472], ni tiendo la diestra y doy buenas nuevas a los que creo que las van a

---

[470] Alejandro Magno, el sucesor de Filipo, reclamó a Atenas la extradición de los oradores en el 335 a. J. C. con el propósito de someterlos a juicio ante el Consejo Anfictiónico: cfr. Esquines, *Contra Ctesifonte*, § 161. El monarca pretendía que el Consejo Anfictiónico, servil a sus dictados y propósitos, juzgara a oradores políticos patriotas como Demóstenes, Hiperides y Licurgo.
[471] Se refiere Demóstenes a los sicofantas mencionados en *Sobre la corona*, § 249: Sosicles, Diondas, Melanto, etc.
[472] Es decir: los macedonios, del mismo modo que la voz *héteros* («otro» entre dos) se refiere a Alejandro en *Sobre la corona*, § 320 (en este último caso aparece la forma *héteron* en acusativo). Los «triunfos» de los macedonios eran las victorias que Alejandro obtuvo sobre los persas en Granico (334 a. J. C.), Iso (333 a. J. C.) y Árbela (331 a. J. C.).

contar allí arriba⁴⁷³, ni escucho estremecido, entre suspiros y mirando al suelo, los éxitos de la ciudad⁴⁷⁴, tal cual esos malvados que destrozan su ciudad como si, al hacerlo, no se destrozaran a sí mismos, que dirigen la mirada al exterior y que, cuando con la desgracia de los griegos otro ha obtenido el triunfo, ensalzan ese estado de cosas y afirman que es menester vigilar para que dure eternamente.

(324) ¡Que ninguno de vosotros, oh dioses todos, lo consienta! Antes bien: ¡ojalá, preferentemente, infundáis en esos individuos⁴⁷⁵ mejores designios y sentimientos! Pero si, pese a todo, resulta que son incurables, haced que perezcan exterminados por ellos mismos de raíz y precozmente por tierra y por mar; y a nosotros, los demás, dadnos la más pronta liberación de los peligros inminentes y segura salvación.

---

⁴⁷³ O sea, a Pela, la corte del reino macedonio.
⁴⁷⁴ Se refiere Demóstenes a los éxitos obtenidos por el rey espartano Agis en la revuelta que capitaneó contra Macedonia el 330 a. J. C. Diodoro afirma que en esta insurrección no participó Atenas, pero Esquines cita palabras de Demóstenes con las que éste afirmaba la participación de la ciudad en la mencionada rebelión. Cfr. Diodoro Sículo, *Historia de Grecia*, XVII, § 63; Esquines, *Contra Ctesifonte*, § 167.
⁴⁷⁵ Los partidarios de Macedonia, entre los que se contaba Esquines y también Aristóteles, a la sazón residente en Atenas y director del Liceo.

ÍNDICE DE NOMBRES PROPIOS

ABDERA: ciudad de Tracia. *Sobre la corona*, § 23.
ÁBIDO: ciudad aliada de Atenas, situada en la costa asiática del Helesponto, frontera de Sesto, que era punto de apoyo de los atenienses. *Sobre la corona*, § 302.
AGAPEO: agente de Filipo en Oreo, *Contra Filipo*, III, § 59.
ALEJANDRO: Alejandro Magno, hijo de Filipo II de Macedonia. Presunto huésped de Esquines. *Sobre la corona*, §§ 51 y 52. Rey de Macedonia. *Sobre la corona*, §§ 270 y 297.
ALOPECE: demo del Ática, patria de Bulágoras. *Sobre la corona*, § 164.
ALOPECONESO: posesión de Atenas en el Quersoneso Tracio. *Sobre la corona*, § 92.
AMBRACIA: ciudad situada al norte del golfo de Ambracia, en el Epiro. *Contra Filipo*, III, § 27. Demóstenes la visita en calidad de embajador. *Sobre la corona*, § 244.
AMINTAS: general de Filipo. *Sobre la corona*, §§ 73-74.
ANAXINO: Anaxino de Oreo se trasladó a Atenas el año 341 a. J. C. y allí fue condenado a sufrir tortura y la muerte acusado de espionaje. *Sobre la corona*, § 137.
ANEMETAS: tebano partidario de la causa macedonia. *Sobre la corona*, § 295.
ANFICTÍONES: miembros de la Liga Anfictiónica constituida en torno al santuario de Delfos y formada en un principio por las doce tribus siguientes: tesalios, beocios, dorios, jonios, perrebios, dólopes, magnetes, locrios, eníanes, aqueos de la Ftiótide, malios y focidios. Los Anfictíones intervinieron en la Tercera Guerra Sagrada. *Sobre la corona*, §§ 143-158.
ANFÍPOLIS: ciudad de la costa de Tracia, situada a orillas del río Estrimón, en la ruta estratégica que comunicaba la Grecia del Norte y el Helesponto con la costa de Tracia y sus regiones ricas en oro, plata (las minas del monte Pangeo) y madera. Dependiente

de Atenas, fue capturada por Filipo el año 357 a. J. C. *Contra Filipo*, II, § 17. Cedida a Filipo en virtud de la Paz de Filócrates del año 346 a. J. C. *Sobre la corona*, § 69.

ANFISA: ciudad de la Lócride Occidental (Ozolia) que dominaba la ruta que conducía desde la Dóride (al este del Monte Parnaso) hasta el golfo de Crisa y desempeñó un papel importante en la Tercera Guerra Sagrada como enemiga tradicional de Fócide y aliada de Tebas. *Sobre la corona*, §§ 140, 143 y 149-157.

ANTEMUNTE: ciudad de Macedonia que Filipo fingía ofrecer a los olintios. *Contra Filipo*, II, § 20.

ANTIFONTE: agente de Filipo, a quien había prometido pegar fuego a los arsenales atenienses; fue borrado del registro de los ciudadanos y ajusticiado en Atenas tras el ataque perpetrado contra ellos. *Sobre la corona*, § 132.

ANTRONES: ciudad de Tesalia emplazada frente a la localidad eubea de Oreo, que Filipo compró. *Contra Filipo*, IV, § 9.

APOLO PÍTICO: Apolo de Delfos, dios ancestral de Atenas. *Sobre la corona*, § 141.

APOLONIA: ciudad situada en Migdonia, al norte de la Calcídica. Pese a no formar parte de las treinta y dos ciudades de la Confederación Olintíaca, fue igualmente arrasada por el Macedonio. *Contra Filipo*, III, § 26.

APOLÓNIDES: jefe del partido democrático que en Olinto se oponía a Filipo. Fue expulsado de su patria por las maniobras de los agentes de Filipo. Luego el pueblo de Atenas le concedió la ciudadanía ateniense. *Contra Filipo*, III, § 56.

AQUEOS: habitantes de la Acaya. *Contra Filipo*, III, § 34. Aliados de los atenienses. *Sobre la corona*, § 237.

ARCADIA: área montañosa del centro del Peloponeso que sólo se acerca al mar por el sudoeste, en las proximidades de Figalia. Objeto de la campaña de propaganda de Filipo. *Sobre la corona*, § 304. Partidaria de la causa macedonia. *Sobre la corona*, §§ 64 y 295.

AREÓPAGO: Tribunal del Areópago. Primitivo Consejo que sobrevivió al Consejo democrático o *Bulé*, pero con la reforma de Efialtes (462 a. J. C.) vio sumamente reducida el área de su jurisdicción. *Sobre la corona*, §§ 133-135.

ARGIVOS: habitantes de Argos. Fueron en principio objeto de buen trato por obra de Filipo. *Contra Filipo*, II, § 9. Favorables a Filipo. *Sobre la corona*, §§ 64 y 295.

ARISTECMO: Aristecmo de Élide. Partidario de Macedonia. *Sobre la corona*, § 295.

ARISTODEMO: actor ateniense y miembro del partido filomacedonio en Atenas. Como actor gozaba de buena reputación. Formó

parte de la primera embajada que Atenas envió a Filipo. *Sobre la corona*, § 21.
ARISTOFONTE: Aristofonte de Azenia, estadista ateniense de la primera mitad del siglo IV a. J. C., mencionado con frecuencia por Demóstenes en contextos elogiosos. *Sobre la corona*, § 70. Partidario de la reconciliación con Tebas. *Sobre la corona*, § 162. Se elogia su labor política equiparada a las de otros célebres políticos, como Calístrato, Céfalo y Trasibulo. *Sobre la corona*, § 219.
ARISTOLAO: Aristolao de Tasos, miembro del partido filomacedonio en su ciudad y, por tanto, traidor y antipatriota en opinión de Demóstenes. *Sobre la corona*, § 197.
ARISTOLEO: Aristoleo de Tasos, enemigo de Atenas. *Sobre la corona*, § 197.
ARISTOMEDES: ateniense desconocido atacado por Demóstenes. *Contra Filipo*, IV, § 70.
ARISTONICO: Aristonico de Frearros. Ciudadano ateniense que propuso se le otorgase a Demóstenes una corona de oro por sus relevantes méritos políticos. *Sobre la corona*, §§ 83; 84 (decreto apócrifo), 223. Castigado con la atimía o pérdida de los derechos ciudadanos. *Sobre la corona*, § 312.
ARÍSTRATO: tirano de Sición. *Sobre la corona*, § 48. Vendió su patria a Filipo, en opinión de Demóstenes. *Sobre la corona*, § 295.
ARÍSTRATO: Arístrato de Naxos, miembro del partido filomacedonio en su ciudad y, por tanto, traidor y antipatriota en opinión de Demóstenes. *Sobre la corona*, § 197.
ARTÁBAZO: sátrapa persa. *Contra Filipo*, I, § 24.
ARTEMISIO: batalla naval de Artemisio, del 480 a. J. C. *Sobre la corona*, § 208.
ATENAS: patria de Demóstenes. *Sobre la corona*, § 66. Procesos de los enemigos de Atenas contra los amigos de Atenas, coincidentes con el de Esquines contra Demóstenes. *Sobre la corona*, § 197.
ATENIENSES: ciudadanos de Atenas. Virtudes de los atenienses de antaño. *Contra Filipo*, III, § 10. La libertad de palabra era característica de los atenienses. *Contra Filipo*, III, § 3.
ÁTICA: región oriental de Grecia Central separada de Beocia por los montes Parnes y Citerón, y de Mégara por el monte Cerata. *Sobre la corona*, §§ 77, 96, 139, 141, 143, 176, 195, 213, 230, 241, 300 y 301.
ATROMETO: Atrometo de Cotócidas, padre de Esquines. *Sobre la corona*, § 130.
AUTOMEDONTE: tirano de Eubea nombrado por Filipo. *Contra Filipo*, III, § 57.
BÁTALO: mote aplicado a Demóstenes. *Sobre la corona*, § 180.

Beocia: región de Grecia Central limítrofe con el Ática, cuyo centro lo constituían las llanuras de Orcómeno y Tebas, ricas por la producción de trigo y la cría de caballos. Dominada por los lacedemonios. *Sobre la corona*, § 41, 96, 213, 230 y 301.

Bizancio: ciudad situada en la costa europea del extremo meridional del Bósforo. Amenazada por Filipo. *Contra Filipo*, III, § 20. Atacada por Filipo. *Sobre la corona*, §§ 71, 87, 95, 240 y 241. Socorrida por Atenas. *Sobre la corona*, §§ 80, 93 y 230. Embajada de Demóstenes a Bizancio. *Sobre la corona*, § 136.

Bizantinos: habitantes de Bizancio. *Contra Filipo*, III, § 34. *Sobre la corona*, §§ 71, 80, 87, 93, 95, 136, 230, 240 y 241.

Cabrias: general ateniense que sucedió a Ifícrates en el mando. General ateniense que intervino en la Guerra Corintia. *Contra Filipo*, I, § 24.

Calamita: héroe ático. *Sobre la corona*, § 129.

Calístenes: magistrado de finanzas ateniense. Propone un decreto: *Sobre la corona*, § 37.

Calístrato: Calístrato de Afidnas, importante político ateniense. Elogio de su labor política equiparada a las de otros célebres políticos, como Aristofonte, Céfalo y Trasíbulo. *Sobre la corona*, § 219.

Cardia: ciudad del Quersoneso Tracio. *Contra Filipo*, III, § 35.

Caridemo: Caridemo de Oreo. Junto con Diótimo, donó los escudos al estado, es decir, los pagó de su particular peculio. *Sobre la corona*, § 114.

Céfalo: Céfalo de Colito, importante político ateniense. Elogio de su labor política equiparada a la de otros célebres políticos, como Calístrato, Aristofonte y Trasíbulo. *Sobre la corona*, § 219. Se gloriaba de no haber sido nunca objeto de acusación ninguna por parte de nadie. *Sobre la corona*, § 251.

Cefisofonte: Cefisofonte de Peania, autor de una propuesta de paz con Filipo. *Sobre la corona*, § 21.

Ceos: isla de las Cíclades o Cícladas (Tenos, Andros, Melos, Ceos, etcétera.), islas del Mar Egeo llamadas así porque envuelven en un círculo la «isla sagrada» por antonomasia, es decir, la isla de Delos. Cayó en poder de los lacedemonios. *Sobre la corona*, § 96.

Cersobleptes: príncipe tracio aliado de Atenas. *Contra Filipo*, IV, §§ 8 y 10.

Cineas: tesalio partidario de Macedonia. *Sobre la corona*, § 295.

Cirra: ciudad de la Fócide situada en los confines de la Lócride. *Sobre la corona*, § 149.

Círsilo: ateniense que, durante la invasión de los persas, había propuesto la rendición, razón por la que había sido seguidamente lapidado. *Sobre la corona*, § 204.

CLEÓTIMO: Cleótimo de Élide, partidario de Filipo. *Sobre la corona*, § 295.
CLITARCO: caudillo del partido filomacedonio en Eretria y tirano de esa ciudad de Eubea nombrado por Filipo. *Contra Filipo*, III, §§ 57 y 58. Fue, en opinión de Demóstenes, un traidor que vendió su patria a Filipo. *Sobre la corona*, §§ 71, 81, 82 y 295.
COLITO: demo del Ática en cuyo teatro Esquines representó espantosamente mal el papel de Enómao. *Sobre la corona*, § 180.
CORCIRA: isla del Mar Jónico colonizada por Corinto en el año 733 a. J. C. *Sobre la corona*, § 234.
CORCIRENSES: habitantes de Corcira. Aliados de Atenas. *Sobre la corona*, § 237.
CORINTIOS: habitantes de Corinto. *Contra Filipo*, III, § 34. Adversarios de Atenas durante la Guerra de Decelia. *Sobre la corona*, § 96. Aliados de Atenas el año 339 a. J. C.. *Sobre la corona*, § 237. Socorridos por los atenienses el año 395 a. J. C. *Sobre la corona*, § 96. Sometidos por Filipo. *Sobre la corona*, § 295.
CORONEA: ciudad de Beocia que junto con Orcómeno, ciudad asimismo beocia, puso Filipo en manos de los tebanos. *Contra Filipo*, II, § 13.
CÓTIFO: Cótifo de Fársalo, comandante de las tropas de los Anfictíones. *Sobre la corona*, § 151.
CREONTE: personaje de la *Antígona* de Sófocles. *Sobre la corona*, § 180.
CRESFONTES: personaje de las tragedias de Eurípides. *Sobre la corona*, § 180.
CTESIFONTE: propuso recompensar con una corona a Demóstenes. *Sobre la corona*, §§ 5, 13, 16, 57, 83, 223 y 250.
DÁOCO: tesalio partidario de Filipo. *Sobre la corona*, § 295.
DECELIA: Guerra de Decelia. *Sobre la corona*, § 96.
DELOS: pequeña isla considerada el centro de las Cícladas y consagrada a Apolo. Proceso en torno al santuario de Delos que sostuvieron los atenienses ante los Anfictíones el año 345 o, tal vez, 343 a. J. C. *Sobre la corona*, § 134.
DÉMADES: político y orador ateniense que negoció la paz con Filipo el año 338 a. J. C. *Sobre la corona*, § 285.
DEMÁRETO: traidor corintio que vendió su patria a Filipo. *Sobre la corona*, § 295.
DEMÓMELES: Demómeles de Peania, primo y paisano de Demóstenes, autor de un decreto por el que se le otorgaba a éste una corona de oro para recompensar su gestión política. *Sobre la corona*, § 223.
DEMÓSTENES: el orador de Peania. Hace un resumen de su propia vida. *Sobre la corona*, § 257. Responde a los ataques de Esquines.

Sobre la corona, §§ 3 y ss. Acusado de venalidad por Esquines. *Sobre la corona,* § 82. Compara su vida con la de Esquines. *Sobre la corona,* §§ 265-266. Fue acusado y absuelto en varias ocasiones. *Sobre la corona,* §§ 249 y 321. Afirma que no ha sido incriminado por Filipo. *Sobre la corona,* § 79. Alejandro Magno pide el año 335 a. J. C. su extradición. *Sobre la corona,* § 321. Su política ha consistido en seguir las tradiciones patrias. *Sobre la corona,* §§ 67, 101, 199 y ss. y 206 y ss. Miembro del Consejo. *Sobre la corona,* § 28. Fue nombrado administrador de los fondos públicos para los espectáculos (el *teórico*). *Sobre la corona,* § 113. Fue nombrado comisario para las fortificaciones. *Sobre la corona,* § 299. Fue elegido a mano alzada comisario para el reavituallamiento. *Sobre la corona,* § 248. Hizo una donación al estado. *Sobre la corona,* §§ 112 y 117. Recibió coronas como recompensa a su gestión política. *Sobre la corona,* §§ 83 y 222. Embajador en Macedonia el año 346 a. J. C. *Sobre la corona,* § 25. Su actitud ya en Atenas a la vuelta de esa embajada. *Sobre la corona,* §§ 27 y ss. Desempeña embajadas con posterioridad al año 346 a. J. C. (en el que se firmó la «Paz de Filócrates»). *Sobre la corona,* §§ 45 y 244. Responde a Pitón de Bizancio, que se presenta en Atenas como embajador de Filipo. *Sobre la corona,* § 136. Propone embajadas y expediciones. *Sobre la corona,* §§ 79-80. Su política respecto de Eubea y Bizancio. *Sobre la corona,* §§ 87, 89 y 93. Su actitud política durante la Tercera Guerra Sagrada. *Sobre la corona,* § 143 y 160 y ss. Propone decretos el año 339 a. J. C., un año antes de la crucial batalla de Queronea. *Sobre la corona,* §§ 218, 221 y 248. Pronuncia un discurso tras la toma de Elatea por Filipo. *Sobre la corona,* § 173 y ss. Pronuncia el discurso fúnebre en honor de los caídos en la batalla de Queronea. *Sobre la corona,* §§ 285-288.

DINARCO: traidor corintio que vendió su patria a Filipo. *Sobre la corona,* § 295.

DIÓN: Dión de Frearros, amo del esclavo Formión, relacionado, según Demóstenes, con la madre de Esquines. *Sobre la corona,* § 129.

DIONISIAS: las Grandes Dionisias se celebraban en el mes equivalente al nuestro de marzo y en ellas tenían lugar durante tres días consecutivos representaciones dramáticas y corales. *Contra Filipo,* I, § 35.

DIOPITES: Diopites de Sunio, general ateniense que, enviado al Quersoneso Tracio al mando de un ejército de mercenarios, operaba en aquella zona. *Contra Filipo,* III, § 15. Propuso decretos. *Sobre la corona,* § 70.

DIÓTIMO: estratego ateniense que junto con Caridemo hizo una donación de escudos al estado. *Sobre la corona,* § 114.

DODONA: localidad del Epiro en la que se encontraba un santuario dedicado a Zeus, famoso por sus oráculos. *Sobre la corona*, § 253.
DÓLOPES: aliados de Filipo. *Sobre la corona*, § 63.
DORISCO: pequeña plaza fuerte de la costa de Tracia ocupada por Filipo. *Contra Filipo*, III, § 15. *Contra Filipo*, IV, §§ 8 y 65. *Sobre la corona*, § 70.
ÉACO: juez del mundo de ultratumba. *Sobre la corona*, § 127.
EÁNTIDE: tribu ateniense. *Sobre la corona*, § 181.
ECBATANA: residencia de verano de los reyes persas. *Contra Filipo*, IV, § 34.
EGINA: isla del golfo Sarónico, que, aunque perteneciente a la Liga Ático-Délica, se enfrentó a Atenas y llegó a ser la «legaña del Pireo (sc. el puerto de Atenas)». El año 405 a. J. C. Lisandro la liberó de Atenas e impuso en ella un harmosta o gobernador militar espartano. Ocupada por los lacedemonios. *Sobre la corona*, § 96.
ELATEA: ciudad de Fócide cuyos muros derruidos el año 346 a. J. C. se disponía a reconstruir Filipo —se decía— para así impedir a los tebanos el paso a Fócide. *Contra Filipo*, II, § 14. Fue ocupada por Filipo el año 339 a. J. C. *Sobre la corona*, §§ 143, 152, 168, 169 y ss., 174, 175 y 177.
ÉLIDE: pequeña, aunque importante, ciudad, situada en la llanura noroccidental del Peloponeso, que tras discordias sangrientas se convirtió en aliada de Filipo. *Contra Filipo*, III, § 27. Se produjeron espantosas matanzas en esta ciudad a causa de la política de Filipo. *Contra Filipo*, IV, § 10. *Sobre la corona*, § 295.
ELPIAS: maestro de escuela ateniense. *Sobre la corona*, § 129.
EMPUSA: nombre de bruja que Demóstenes aplica a la madre de Esquines. *Sobre la corona*, § 130.
ENÓMAO: personaje trágico encarnado por Esquines en su profesión de actor. *Sobre la corona*, §§ 180 y 242.
EPÍCARES: traidor sicionio que vendió su patria a Filipo. *Sobre la corona*, § 295.
EQUINO: colonia tebana situada al sur de Tesalia. Les fue arrebatada a los tebanos por Filipo. *Contra Filipo*, III, § 34.
ERETRIA: ciudad de Eubea, cuya democracia fue atacada por Filipo. *Contra Filipo*, III, §§ 33 y 57.
ERETRIEOS: habitantes de Eretria, ciudad de la isla de Eubea. *Contra Filipo*, III, §§ 35, 37 y 57.
ERGISCE: localidad de Tracia ocupada por Filipo. *Sobre la corona*, § 27.
ESCÍATOS: isla situada frente a la costa suroriental de Tesalia, que era utilizada como cuartel de invierno por la marina ateniense. *Contra Filipo*, I, § 32.

ESQUINES: comparación de su vida con la de Demóstenes. *Sobre la corona*, §§ 265-266. Familia y juventud de Esquines. *Sobre la corona*, §§ 129 y ss. y 258 y ss. Era actor de profesión. *Sobre la corona*, §§ 139, 180, 209, 262 y 267. Ujier del Consejo. *Sobre la corona*, § 261. Su actitud dilatoria y venal en Macedonia ante Filipo. *Sobre la corona*, §§ 30 y 32. Su actitud en Atenas al regresar de la segunda embajada a Filipo. *Sobre la corona*, §§ 35 y 142. Apoyó a Filócrates. *Sobre la corona*, § 21. Acogió a los embajadores de los tiranos de Eubea. *Sobre la corona*, § 82. Hizo liberar a Antifonte. *Sobre la corona*, § 132. Fue revocado por el Areópago como orador para defender a Atenas en el litigio de Delos planteado ante el Consejo Anfictiónico. *Sobre la corona*, § 134. Apoyó a Pitón de Bizancio, embajador de Filipo. *Sobre la corona*, § 138. Conspiró con el espía Anaxino de Oreo. *Sobre la corona*, § 137. Mantiene respecto de la Tercera Guerra Sagrada o Guerra de Anfisa una actitud en todo favorable a los intereses de Filipo. *Sobre la corona*, §§ 140, 143, 149 y ss. y 163. Se presenta ante Filipo como embajador de Atenas el año 338 a. J. C. *Sobre la corona*, § 282. Heredó de su cuñado Filón. *Sobre la corona*, § 312. Se dejó sobornar por los jefes de las sinmorías. *Sobre la corona*, § 312. Entabló un proceso por ilegalidad contra Ctesifonte. *Sobre la corona*, §§ 13 y 56. No se atrevió a acusar directamente a Demóstenes. *Sobre la corona*, §§ 13, 14, 22, 23, 124 y 273. Percibía un sueldo de Macedonia por los servicios que prestaba a sus intereses. *Sobre la corona*, §§ 33, 41, 44, 49, 52, 138 y 297. Según Demóstenes, era responsable de las desventuras de Grecia. *Sobre la corona*, § 159.

ETOLIA: región limitada al oeste por el valle del río Aqueloo y al este por el monte Oxia, línea divisoria entre Etolia y Málide. Cobró importancia a partir del año 370 a. J. C., en el que se constituyó el estado federal denominado Liga Etolia. Filipo había prometido a los etolios poner en sus manos la ciudad aquea de Naupacto. Cumplirá su promesa el año 338 a. J. C. *Contra Filipo*, III, § 34.

ETOLIOS: habitantes de Etolia. *Contra Filipo*, III, § 34.

EUBEA: gran isla que se extiende desde el golfo de Págasas hasta la isla de Andros. *Contra Filipo*, I, § 17. *Contra Filipo*, III, § 18. *Contra Filipo*, IV, § 9. Pasó a manos de los espartanos poco antes de acabar la Guerra del Peloponeso. *Sobre la corona*, § 96. Recibió ayuda de Atenas. *Sobre la corona*, §§ 87 y 95. Atenas tuvo que vencer dificultades y resolver problemas en Eubea. *Sobre la corona*, §§ 230 y 241. Expediciones atenienses a Eubea. *Sobre la corona*, § 99. Intereses atenienses en Eubea. *Sobre la corona*, § 234. Intervención de Filipo en Eubea. *Sobre la corona*, §§ 71, 79 y 240.

EUBEOS: habitantes de Eubea. Aliados de los atenienses. *Sobre la corona*, §§ 237, 238, 240 y 301-302.
EUBULO: Eubulo de Probalinto, importante político ateniense, probablemente el más importante político ateniense del período cronológico comprendido entre los años 355 y 342 a. J. C. Demóstenes trata de su actividad política. *Sobre la corona*, §§ 70 y 75. Partidario de suscribir un tratado con Tebas. *Sobre la corona*, § 162. Intervino a favor de la «Paz de Filócrates» concertada con Filipo. *Sobre la corona*, § 21.
EUCÁMPIDAS: arcadio partidario de la política y los intereses de Filipo. *Sobre la corona*, § 295.
EUDICO: tesalio partidario de Filipo. *Sobre la corona*, § 295.
EUFREO: discípulo de Platón, quien le puso en relación con Pérdicas, rey de Macedonia, del que llegó a ser consejero. *Contra Filipo*, III, § 59.
EURÍBATES: prototipo de individuo desleal, bribón, trapacero y pérfido. Es el pícaro por antonomasia. *Sobre la corona*, § 24.
EURÍLOCO: famoso general de Filipo que reprimió las revueltas de los demócratas eretrieos. *Contra Filipo*, III, § 58.
FERAS: ciudad situada al sur de Tesalia, tomada por Filipo. *Contra Filipo*, III, § 12.
FILIPO: Filipo II, rey de Macedonia (359-336), que puso los fundamentos de la grandeza del reino de Macedonia. Ocupó Pidna y Potidea y tomó Anfípolis. *Sobre la corona*, § 69. A partir del año 356 a. J. C. Se mantuvo en constante guerra contra Atenas. *Sobre la corona*, §§ 40, 42, 66 y ss., 81, 211 y ss., 244 y ss. y 245. A partir del año 340 a. J. C. Filipo estaba en situación de guerra abierta con Atenas. *Sobre la corona*, §§ 145 y ss., 218 y ss., 229 y ss. y 235 y ss. Puso en práctica intrigas y maniobras de corrupción por toda Grecia. *Sobre la corona*, §§ 40, 42, 48, 50 y ss., 61, 66 y ss., 81, 211 y ss., 244 y ss. y 245. Situación de Filipo tras la «Paz de Filócrates» (346 a. J. C.). *Sobre la corona*, § 19 y ss., 24 y 25 y ss. Su política fue siempre hostil a Atenas. *Sobre la corona*, §§ 136, 139 y 166 y ss. Esquines actúa a favor de sus intereses. *Sobre la corona*, §§ 33 y ss., 139, 283 y ss. Relaciones de Filipo con Demóstenes. *Sobre la corona*, §§ 23, 28 y ss., 76 y ss., 244, 247 y 300. Su campaña de Tracia. *Sobre la corona*, §§ 32 y 69. Sus campañas en Iliria. *Sobre la corona*, § 44. Su intervención en Fócide. *Sobre la corona*, §§ 35 y ss. Su intervención en la «Tercera Guerra Sagrada». *Sobre la corona*, §§ 151 y ss. y 156 y ss. Su intervención en Eubea. *Sobre la corona*, §§ 71, 87 y 240. Sus relaciones con Bizancio. *Sobre la corona*, § 71, 87 y ss., 231 y 241. Filipo tomó Elatea. *Sobre la corona*, §§ 152 y 168 y ss. Filipo obtuvo la victoria de Queronea. *Sobre la corona*, §§ 195 y 282.

FILÍSTIDES: agente de Filipo y luego tirano de Oreo. *Contra Filipo*, III, §§ 33, 59 y 60. *Sobre la corona*, §§ 71, 81 y 82.

FILÓCRATES: de Hagnunte. Autor de la paz que lleva su nombre. *Sobre la corona*, §§ 17, 21, 24-27 y 75. Acusador de Demóstenes hacia el año 338 a. J. C. *Sobre la corona*, § 249.

FÓCIDE: región de Grecia Central que abarcaba los fértiles valles del Cefiso y de Crisa que se abren al sur del Monte Parnaso. *Contra Filipo*, II, § 7. *Contra Filipo*, III, § 26.

FOCIDIOS: habitantes de Fócide, aniquilados por Filipo. *Contra Filipo*, II, § 7. *Contra Filipo*, III, § 26. Aliados de Atenas. *Sobre la corona*, § 18. Beligerantes en la «Tercera Guerra Sagrada». *Sobre la corona*, §§ 18, 32 y 35. Aplastados por Filipo. *Sobre la corona*, §§ 33, 36, 41, 42 y 142.

FORMIÓN: flautista. *Sobre la corona*, § 129.

GERESTO: promontorio de la isla de Eubea. *Contra Filipo*, I, § 34.

GLAUCO: Glauco de Caristo, famoso atleta. *Sobre la corona*, § 319.

GLAUCÓTEA: madre de Esquines. *Sobre la corona*, §§ 130 y 284.

GRECIA: *Sobre la corona*, §§ 20, 22, 23, 24, 41, 54, 59, 61, 62, 63, 64, 65, 66, 68, 71, 72, 84, 91, 99, 100, 109, 143, 155, 156, 158, 181-187, 198, 200, 202, 232, 238, 241, 253, 254, 257, 270, 287, 289, 293, 296, 297, 304 y 311.

HADES: reino de los muertos. *Sobre la corona*, § 289 (epigrama).

HAGNUNTE: demo de Filócrates. *Sobre la corona*, § 21.

HALIARTO: ciudad de Beocia en cuyas proximidades se libró el año 395 a. J. C. una batalla que enfrentó a tebanos y atenienses, por un lado, y lacedemonios, por otro, y de la que salieron derrotados los lacedemonios comandados por Lisandro. *Contra Filipo*, I, § 17. *Sobre la corona*, § 96.

HALONESO: isla del Mar Egeo que le fue robada a Atenas primero por piratas y luego por Filipo, que poco antes del año 342 a. J. C. se la arrebató a esos piratas pero no se la devolvió a sus antiguos dueños. *Sobre la corona*, § 70.

HEGESIPO: Hegesipo de Sunio. Orador patriota ateniense, del partido antimacedonio, enviado como embajador al Peloponeso. Amigo de Demóstenes al igual que Polieucto. *Contra Filipo*, III, § 72. *Sobre la corona*, § 15. Este Hegesipo de Sunion es el autor del discurso *Sobre el Haloneso*, que pronunció el año 342 a. J. C. y se ha colado de rondón entre las obras de Demóstenes. Propuso además varios decretos. *Sobre la corona*, § 75.

HELESPONTO: estrecho que divide Europa de Asia en el punto en el que las aguas del Mar Negro y del Mar de Mármara confluyen con las del Egeo. Hoy día, el Estrecho de los Dardanelos. *Contra Filipo*, III, § 18. *Sobre la corona*, §§ 30, 71, 88, 93, 230 y 241.

HELIXO: traidor megarense que vendió su patria a Filipo. *Sobre la corona*, § 295.
HIERÓN OROS: fortificación ateniense situada en la costa de Tracia. *Contra Filipo*, III, § 15.
HIPARCO: tirano de Eubea nombrado por Filipo. *Contra Filipo*, III, § 57. Fue, en opinión de Demóstenes, un traidor que vendió su patria a Filipo. *Sobre la corona*, § 295.
HIPÉRIDES: famoso orador ateniense. Encargado, en lugar de Esquines, de defender los intereses de Atenas en el famoso caso de Delos que se debatió ante el Consejo de los Anfictíones. *Sobre la corona*, § 134. Propuso la concesión de honores a Demóstenes. *Sobre la corona*, § 223.
HIPÓNICO: famoso general de Filipo al que envió, al frente de un millar de mercenarios, contra Portmo y Eretria. *Contra Filipo*, III, § 58.
IFÍCRATES: general ateniense que intervino en la Guerra Corintia. *Contra Filipo*, I, § 24.
ILIRIOS: tribus indoeuropeas que habitaban en época clásica al occidente de los Balcanes entre la costa del Mar Adriático, los Alpes y el Danubio. Derrotados por Filipo. *Sobre la corona*, § 44. Embajada de Demóstenes al país de los ilirios. *Sobre la corona*, § 244.
IMBROS: isla del nordeste del Egeo. *Contra Filipo*, I, § 34.
JERÓNIMO: traidor arcadio partidario de la causa macedonia. *Sobre la corona*, § 295.
JUEGOS PÍTICOS: juegos celebrados en Delfos, en honor del dios Apolo tutelar del sagrado recinto, el tercer año de cada olimpiada (período de cuatro años), que eran organizados por el Consejo Anfictiónico. Filipo preside los Juegos Píticos. *Contra Filipo*, III, § 32.
LÁSTENES: olintio traidor a su patria. *Contra Filipo*, III, § 66. Entregó Olinto a Filipo. *Sobre la corona*, § 48.
LEMNOS: isla del norte del Egeo. En la isla de Lemnos se estacionaba regularmente un regimiento de caballería al mando de su correspondiente hiparco. *Contra Filipo*, I, §§ 27 y 34.
LÉUCADE: isla situada frente a la costa de Acarnania, más concretamente frente a Ambracia, que fue invadida por Filipo. *Contra Filipo*, III, § 34. Aliada de Atenas. *Sobre la corona*, § 237.
LEUCTRA: batalla de Leuctra, que tuvo lugar el año 371 a. J. C., en la que los tebanos se impusieron a los lacedemonios, con lo que iniciaron un efímero período de hegemonía tebana en Grecia que se extiende justamente del 371 a. J. C. al 362 a. J. C., fecha de la batalla de Mantinea, en la que los tebanos, ayudados por los arcadios y otros aliados, fueron derrotados por los lacedemonios apo-

yados por los atenienses. *Contra Filipo*, III, § 23. *Sobre la corona*, §§ 18 y 98.

LOCRIOS: locrios occidentales («ozolios» frente a los orientales u «opuntios»), habitantes de la Lócride Ozolia u Occidental, que comprendía el valle de Anfisa (de ahí el sintagma «locrios de Anfisa») y la costa norte del Golfo de Corinto desde Naupacto a Crisa. Puesto que ocupaban en la Anfictionía de Delfos. *Sobre la corona*, §§ 140, 150 y 152.

MACEDONIA: región que al norte de Grecia peninsular conectaba los Balcanes con la península heládica. Era propiamente la llanura costera del Golfo Termaico, que se unía a Tesalia a través del estrecho valle de Tempe. Embajada ateniense a Macedonia del año 346 a. J. C. *Sobre la corona*, §§ 30 y 32.

MAGNESIA: comarca o distrito de la costa oriental de Tesalia. *Contra Filipo*, II, § 22.

MARATÓN: demo o pueblo de la costa nororiental del Ática. Desembarco de Filipo en Maratón. *Contra Filipo*, I, § 34. En Maratón los atenienses ayudados por los plateos derrotaron a los invasores persas el año 490 a. J. C. *Sobre la corona*, § 208.

MÉGARA: ciudad griega situada en el istmo de Corinto. Fue objeto, junto con la isla de Eubea, de las asechanzas de Filipo. *Contra Filipo*, III, §§ 17 y 27. *Contra Filipo*, IV, § 9. Pasó a manos de los espartanos poco antes de acabar la Guerra del Peloponeso. *Sobre la corona*, § 96. Su hostilidad a Atenas. *Sobre la corona*, § 234. Luego pasó a ser aliada de Atenas. *Sobre la corona*, § 237. Intentonas de Filipo contra Mégara. *Sobre la corona*, §§ 48 y 71. Filipo somete Mégara. *Sobre la corona*, § 295.

MENELAO: según Harpocración, hijo del monarca macedonio Amintas II y, por tanto, hermanastro de Filipo II de Macedonia. Con mayor probabilidad, un insignificante príncipe macedonio que prestó ayuda a los atenienses en Potidea el año 364 a. J. C., combatiendo a su lado en calidad de comandante del cuerpo de caballería. Un decreto ateniense del año 362 a. J. C. (bajo el arcontado de Cariclides) reconoce y exalta los servicios por él prestados en dicha ocasión. *Contra Filipo*, I, § 27.

MENIPO: agente de Filipo en Oreo.*Contra Filipo*, III, § 59.

MESENIOS: habitantes de Mesenia, región suroccidental del Peloponeso. Fueron, en un principio, objeto de buen trato por parte de Filipo. *Contra Filipo*, II, § 9. Alocución de Demóstenes a los mesenios. *Contra Filipo*, II, § 20. Aliados de Macedonia. *Sobre la corona*, §§ 64 y 295.

METONE: ciudad situada en Pieria, en el golfo Termaico; era la última colonia que poseía Atenas en ese golfo; se la arrebató Filipo a los atenienses el año 353 a. J. C. *Contra Filipo*, I, § 4. *Contra Filipo*, III, § 26.

MINOS: legendario rey de Creta y luego juez de los muertos. *Sobre la corona*, § 127.

MIRTENO: localidad de Tracia ocupada por Filipo. *Sobre la corona*, § 27.

MIRTIS: Mirtis de Argos, traidor a su patria y partidario de Macedonia. *Sobre la corona*, § 295.

MNASEAS: Mnaseas de Argos, traidor a su patria y partidario de Macedonia. *Sobre la corona*, § 295.

NAUPACTO: ciudad de Lócride Occidental (Lócride Ozolia) que contaba con un excelente puerto que dominaba la entrada a fondo en el golfo de Corinto. Durante la Guerra del Peloponeso fue importante base de operaciones de los atenienses en Occidente. Pero después que Esparta expulsó a los mesenios el año 399 a. J. C., Acaya colonizó Naupacto y la mantuvo en su poder hasta que la tomó Filipo y se la entregó a los etolios el año 338 a. J. C. *Contra Filipo*, III, § 34.

NAUSICLES: estratego ateniense. *Sobre la corona*, § 114.

NEÓN: traidor mesenio que vendió su patria a Filipo. Era hijo de Filíades (Filíadas). *Sobre la corona*, § 295.

NEOPTÓLEMO: ateniense rico. *Sobre la corona*, § 114.

NICEA: ciudad locria situada sobre el golfo Malíaco. *Contra Filipo*, II, § 22.

OLINTO: famosa ciudad de la Calcídica (era la capital de la Liga Calcídica), cuya amenaza por parte de Filipo inspiró los tres discursos Olintíacos de Demóstenes. Fue tomada por Filipo. *Contra Filipo*, I, § 17. *Contra Filipo*, III, §§ 11 y 26. Fue traicionada por los miembros del partido filomacedonio. *Contra Filipo*, III, § 56.

ORCÓMENO: ciudad de Beocia que Filipo puso, junto con Coronea, en manos de los tebanos. *Contra Filipo*, II, § 13.

OREÍTAS: habitantes de Oreo. *Contra Filipo*, III, § 12.

OREO: importante ciudad situada al norte de Eubea que el año 342 a. J. C., mediante traición, cayó en poder de los partidarios de Filipo apoyados por las tropas macedonias del general Parmenión. *Contra Filipo*, III, §§ 12, 33, 59 y 61. *Contra Filipo*, IV, § 9. Sometida al tirano Filístides. *Sobre la corona*, §§ 71 y 81. Expedición ateniense a Oreo. *Sobre la corona*, § 79.

OROPO: ciudad situada en los confines del Ática y Beocia, que, según los miembros del partido filomacedonio en Atenas, Filipo estaba dispuesto a entregar, junto con Eubea, a los atenienses, a cambio de Anfípolis. *Contra Filipo*, II, § 30. Atenas perdió Oropo. *Sobre la corona*, § 99.

PÁGASAS: puerto de la ciudad de Feras, al sur de Tesalia, situado en la costa del golfo Pagaseo. *Contra Filipo*, I, § 35.
PANATENEAS: en su versión de Grandes Panateneas, fiestas que se celebraban cada cuatro años en el mes equivalente al nuestro de julio. Las había instituido el tirano Pisístrato. Las Pequeñas Panateneas se celebraban cada año en las mismas fechas. En ellas tenían lugar certámenes atléticos y literarios, carreras de carros, sacrificios y una magnífica procesión espléndidamente representada en el friso del Partenón. *Contra Filipo*, I, § 35.
PARMENIÓN: famoso general de Filipo que reprimió las revueltas de los demócratas eretrieos. *Contra Filipo*, III, § 58.
PELA: capital del reino macedonio. *Sobre la corona*, § 68.
PEPARETOS: isla situada en el Mar Egeo, frente a Tesalia, exactamente al sudeste de dicha región. Fue saqueada por Álcimo, almirante de Filipo el año 341 a. J. C. *Sobre la corona*, § 70. Saqueada por Filipo. *Sobre la corona*, § 70.
PERILO: Perilo de Mégara. Traidor megarense que vendió su patria a Filipo. *Sobre la corona*, §§ 48 y 295.
PERINTO: ciudad griega situada en la costa de la Propóntide (hoy región del Mar de Mármara, que liga el Egeo y el Ponto Euxino), antigua colonia de los samios. Los perintios otorgaron una corona a Atenas. *Sobre la corona*, § 89.
PIDNA: dependencia ateniense situada al sur de Macedonia. *Contra Filipo*, I, § 4. *Sobre la corona*, § 69.
PIREO: puerto de Atenas. *Contra Filipo*, III, § 10. *Sobre la corona*, §§ 132 y 300.
PITÓN: Pitón de Enos (luego, de Bizancio), embajador de Filipo ante los atenienses. *Sobre la corona*, § 136.
PLATEA: ciudad del sur de Beocia, situada entre los ríos Citerón y Asopo, próxima a la frontera de esta región con el Ática. *Contra Filipo*, II, § 30. El año 479 a. J. C. tuvo lugar allí la famosa «batalla de Platea», en la que los atenienses, plateos y sus aliados, comandados por Pausanias, el hijo del rey Cleómbroto, derrotaron a las tropas persas del general Mardonio. *Sobre la corona*, § 208.
PLUTARCO: tirano de Eretria. *Contra Filipo*, III, § 57.
POLIEUCTO: patriota ateniense del partido antimacedonio y amigo de Demóstenes al igual que Hegesipo. *Contra Filipo*, III, § 72.
POLÍSTRATO: general ateniense vinculado a Ifícrates. General ateniense que intervino en la Guerra Corintia. *Contra Filipo*, I, § 24.
PORTMO: ciudad situada en la costa de Eubea que da al Ática. Era el puerto de Eretria, ciudad de la isla de Eubea. *Contra Filipo*, III, §§ 35 y 57. *Contra Filipo*, IV, § 8.
POTIDEA: antigua colonia corintia convertida en dependencia ate-

niense en la Calcídica, en cuya costa oeste, en la península de Palene, estaba situada. *Contra Filipo*, I, § 35. Fue tomada por Filipo. *Sobre la corona*, § 69.

PROCONESO: isla de la Propóntide aliada de Atenas. *Sobre la corona*, § 302.

PTEODORO: traidor megarense que vendió su patria a Filipo. *Sobre la corona*, § 295.

QUERSONESO TRACIO: península cuyo territorio por su riqueza en trigo y su posición estratégica controlando el paso marítimo entre Europa y Asia desempeñó un papel de importancia capital en la historia de Grecia. *Contra Filipo*, I, § 17. *Contra Filipo*, III, § 15. *Sobre la corona*, §§ 27, 70, 80, 92, 93 y 302. Atacado por Filipo. *Sobre la corona*, § 139.

QUÍOS: isla situada frente a la península de Eritras. *Sobre la corona*, § 234.

SALAMINA: isla del golfo Sarónico situada entre la costa occidental del Ática y la costa oriental de la Megáride, en cuyas aguas se libró el año 480 a. J. C. la «batalla de Salamina», en la que los griegos derrotaron a los persas. *Sobre la corona*, § 208.

SERREO: guarnición ateniense situada en la costa de Tracia. *Contra Filipo*, III, § 15.

SERRIO: pequeña plaza fuerte de la costa de Tracia tomada por Filipo. *Contra Filipo*, III, § 15. *Contra Filipo*, IV, §§ 8 y 65. *Sobre la corona*, § 27 y 70.

SICIÓN: ciudad próxima a Corinto, situada justamente al oeste de ésta. Sus habitantes eran partidarios de Filipo. *Sobre la corona*, §§ 48 y 295.

SÓCRATES: agente de Filipo en Oreo. *Contra Filipo*, III, § 59.

SÓCRATES: actor trágico. *Sobre la corona*, § 262.

SOSÍSTRATO: traidor eubeo que vendió su patria a Filipo. *Sobre la corona*, § 295.

SUSA: residencia de verano de los reyes persas. *Contra Filipo*, IV, § 34.

TANAGRA: importante ciudad del este de Beocia que mantenía más estrechas relaciones con el Ática que con el resto de las ciudades beocias. El año 377 a. J. C. estaba en poder de partidarios de Esparta. *Sobre la corona*, § 96.

TASOS: isla del norte del Egeo que servía de puerto de invierno para las naves atenienses. *Contra Filipo*, I, § 32. Los tasios fueron adversarios de los atenienses. *Sobre la corona*, § 197.

TEBANOS: habitantes de Tebas, ciudad situada al sur de la llanura oriental de Beocia. Fueron engañados por Filipo. *Contra Filipo*, III, § 34. Resultaron vencedores en Leuctra. *Sobre la corona*, § 98. Aliados de Filipo. *Sobre la corona*, §§ 40, 147, 148 y 241. Pactan y se alían con Atenas el año 339 a. J. C. *Sobre la corona*, §§ 153, 168, 177, 178, 188, 195, 202, 211, 240 y 244. Política de Demóstenes con respecto a Tebas. *Sobre la corona*, §§ 161-163 y 174-179. Fueron sometidos por Macedonia. *Sobre la corona*, § 48. Sentimientos de los atenienses hacia los tebanos. *Sobre la corona*, §§ 18, 19, 35, 36, 43, 96, 163, 174, 213 y 234.

TEMÍSTOCLES: estratego en la «batalla de Salamina». *Sobre la corona*, § 204.

TEOCRINES: actor trágico y sicofanta. *Sobre la corona*, § 213.

TEODORO: Teodoro de Eretria, primeramente adversario y luego aliado de Atenas. *Sobre la corona*, § 99.

TEOGITÓN: tebano traidor a su patria y partidario de la causa macedonia. *Sobre la corona*, § 295.

TEÓRICO: caja de los fondos para los espectáculos. La institución del «teórico» o «fondo para los espectáculos» fue creada con el fin de que los ciudadanos menesterosos pudieran asistir a los espectáculos públicos. En un principio se empleaba para tal fin sólo una parte de dichos fondos y el resto se destinaba a sufragar los gastos de guerra. Más tarde, con Eubulo, se votó una ley por la que la cantidad total del dinero acumulado en el susodicho «teórico» se asignaba a pagar los gastos generados por la asistencia a los espectáculos de los ciudadanos atenienses carentes de recursos. Contra esta nueva modalidad de empleo de los fondos del «teórico» luchó denodadamente Demóstenes, deseoso de suprimirla o modificarla, en sus discursos *Olintíacos*. *Contra Filipo*, IV, § 36.

TERMÓPILAS: etimológicamente, «Puertas Calientes», por las fuentes termales sulfúricas que en la zona había; las Termópilas eran la clave de Grecia, el punto de partida del angosto camino obligado que, entre desfiladeros y el mar, permitía desde el norte el acceso al corazón de Grecia. A veces se las denomina simplemente «Puertas» (en griego, *Pylai*). Fue el punto de reunión de la famosa Anfictionía, cuyos delegados se llamaban precisamente «Pilágoros». *Contra Filipo*, II, § 7. *Sobre la corona*, §§ 184 y 304. Expedición ateniense a las Termópilas. *Sobre la corona*, § 32. Fueron tomadas por Filipo. *Sobre la corona*, § 35.

TESALIA: región del norte de Grecia que terminó siendo fácil presa de Filipo. *Contra Filipo*, II, § 22. Filipo impuso tetrarquías en Tesalia. *Contra Filipo*, III, § 26.

TESALIOS: habitantes de Tesalia. Filipo infligió un trato infame a los tesalios. *Contra Filipo*, II, § 22. Aliados de Filipo. *Sobre la corona*, §§ 36, 40, 43, 48, 63, 64, 145, 147, 148, 166, 211, 295 y 304. Embajada de Demóstenes a Tesalia. *Sobre la corona*, § 244.

Timolao: tebano traidor a su patria y partidario de Macedonia. *Sobre la corona*, §§ 48 y 295.

Toante: agente de Filipo en Oreo. *Contra Filipo*, III, § 59.

Tracia: el reino de Tracia se extendía en la Antigüedad sobre las actuales Bulgaria y Tracia Turca, desde el Danubio al Helesponto. Los tracios entraron en contacto con los griegos a través de las colonias que estos últimos establecieron en las costas tracias del Egeo y de la Propóntide. Política ateniense en Tracia. *Sobre la corona*, § 27. Embajada de Demóstenes en Tracia. *Sobre la corona*, § 244.

Trasíbulo: Trasíbulo de Colito fue el famoso restaurador de la democracia en la Atenas del 403 a. J. C., una vez que derrotó al gobierno de los Treinta Tiranos. Partidario de la alianza con Tebas. Elogio de su labor política equiparada a la de otros célebres políticos, como Calístrato, Céfalo y Aristofonte. *Sobre la corona*, § 219.

Trasidao: tesalio traidor a su patria y partidario de la causa macedonia. *Sobre la corona*, § 295.

Trasíloco: traidor mesenio que vendió su patria a Filipo. Era hijo de Filíades (Filíadas). *Sobre la corona*, § 295.

Tríbalos: tribu bárbara sometida por Filipo. *Sobre la corona*, § 44.

Trirreme sagrada: la Páralo, según Harpocración (lexicógrafo de Época Imperial), que basa su aserto en las fuentes fidedignas que son los analistas áticos Filócoro y Androción (atidógrafos del siglo IV a. J. C.). Esta nave de tres filas de remeros o trirreme era una de las dos naves públicas al servicio del estado que transportaban a los «teoros» o embajadores sagrados a Delos desde Maratón después de haber ofrecido allí, en el templo de Apolo Delio, sacrificios a este dios. La otra nave pública que prestaba similares servicios públicos era la Salaminia. *Contra Filipo*, I, § 34.

Tromes: nombre burlesco e infamante que Demóstenes asigna al padre de su enemigo Esquines, que en realidad se llamaba «Atrometo», o sea, «impávido». «Tromes», deformación escarnecedora de «Atrometo», significaría «tembloroso». *Sobre la corona*, §§ 129 y 130.

Zelea: ciudad de la Tróade, región montañosa de Misia situada en el rincón noroccidental de Asia Menor. La Tróade fue importante desde los más remotos tiempos debido a la posición estratégica en que se encuentra, flanqueando el Helesponto. *Contra Filipo*, III, § 42.

ÍNDICE

INTRODUCCIÓN	7
Vida u obra de Demóstenes	9
BIBLIOGRAFÍA	37
TABLA CRONOLÓGICA	39
LOS DISCURSOS IV, VI, IX Y X. LAS FILÍPICAS	47
Introducción	49
Primera Filípica	59
Segunda Filípica	83
Tercera Filípica	97
Cuarta Filípica	121
EL DISCURSO XVIII. SOBRE LA CORONA. EN DEFENSA DE CTESIFONTE	143
Introducción	145
Esquema del discurso de la acusación de Esquines	159
Esquema del discurso de la defensa de Demóstenes	160
Sobre la corona	163
ÍNDICE DE NOMBRES PROPIOS	295

Colección Letras Universales

ÚLTIMOS TÍTULOS PUBLICADOS

176 *Viaje a Oriente,* GUSTAVE FLAUBERT.
    Edición de Menene Gras.
177 *Doctor Glas,* HJALMAR SÖDERBERG.
    Edición de Birger Liljestrand.
178 *Anna Livia Plurabelle (Finnegans Wake, I, viii),* JAMES JOYCE.
    Edición bilingüe de Francisco García Tortosa.
179 *Teatro,* LUIGI PIRANDELLO.
    Edición de Romano Luperini (4.ª ed.).
180 *Relatos,* HEINRICH HEINE.
    Edición de Ana Pérez y Carlos Fortea.
181 *El cuadro de Dorian Gray,* OSCAR WILDE.
    Edición de Manuel Francisco Míguez (3.ª ed.).
182 *Las señoritas de Wilko,* JAROSLAW IWASZKIEWICZ.
    Edición de Dorota Kuzminska.
183 *Diario de una camarera,* OCTAVE MIRBEAU.
    Edición de M.ª Dolores Fernández Lladó.
184 *Lulú,* FRANK WEDEKIND.
    Edición de Juan Andrés Requena.
185 *Amores. Arte de amar,* OVIDIO.
    Edición de Juan Antonio González Iglesias (2.ª ed.).
186 *Senso y otros relatos,* CAMILLO BOITO.
    Edición de Monica Farnetti.
187 *Dublineses,* JAMES JOYCE.
    Edición de Fernando Galván (2.ª ed.).
188 *El pobre Enrique,* HARTMANN VON AUE.
    Edición de Feliciano Pérez Varas.
189 *Antología de Spoon River,* EDGAR LEE MASTERS.
    Edición de Jesús López-Pacheco.
190 *Las últimas cartas de Jacopo Ortis,* UGO FOSCOLO.
    Edición de Angelica Valentinetti.
191 *Middlemarch,* GEORGE ELIOT.
    Edición de Pilar Hidalgo.
192 *La muerte de Danton. Woyzeck,* GEORG BÜCHNER.
    Edición de Javier Orduña.

193 *La Arcadia*, JACOPO SANNAZARO.
    Edición de Francesco Tateo.
194 *La novela de la momia*, THÉOPHILE GAUTIER.
    Edición de Alicia Mariño.
195 *Drácula*, BRAM STOKER.
    Edición de Juan Antonio Molina Foix (3.ª ed.).
196-197 *Don Juan*, LORD BYRON.
    Edición de Juan Vicente Martínez Luciano, Mª. José
    Coperías y Miguel Teruel.
199 *Los Virreyes*, FEDERICO DE ROBERTO.
    Edición de M.ª Teresa Navarro.
200 *Cantares I*, EZRA POUND.
    Edición bilingüe de Javier Coy.
201 *Las aventuras de Augie March*, SAUL BELLOW.
    Edición de M.ª Eugenia Díaz Sánchez.
202 *El lugar de los caminos muertos*, WILLIAM BURROUGHS.
    Edición de Daniel Pastor.
203 *Moralidades legendarias*, JULES LAFORGUE.
    Edición de Alfredo Rodríguez López-Vázquez.
204 *Geórgicas*, VIRGILIO.
    Edición bilingüe de Jaime Velázquez.
205 *Fabliaux (Cuentos franceses medievales)*.
    Edición de Felicia de Casas (2.ª ed.).
206 *El Cortesano*, BALDASSARE CASTIGLIONE.
    Edición de Mario Pozzi.
207 *La gaviota. El tío Vania. Las tres hermanas. El jardín
    de los cerezos*, ANTÓN CHÉJOV.
    Edición de Isabel Vicente (2.ª ed.).
208 *Réquiem. Poema sin héroe*, ANNA AJMÁTOVA.
    Edición bilingüe de Jesús García Gabaldón.
209 *Las olas*, VIRGINIA WOOLF.
    Edición de María Lozano.
210 *Cantar de los Nibelungos*.
    Edición de Emilio Lorenzo (2.ª ed.).
211 *La leyenda de los siglos*, VÍCTOR HUGO.
    Edición de José Manuel Losada Goya.
212 *El teniente Gustl. Frau Beate y su hijo. El padrino*,
    ARTHUR SCHNITZLER.
    Edición de Miguel Ángel Vega.
213 *La tempestad*, WILLIAM SHAKESPEARE.
    Edición bilingüe del Instituto Shakespeare
    de Valencia, bajo la dirección de M. A. Conejero (2.ª ed.).

214 *El atestado*, J. M. G. Le Clézio.
Edición de Susana Cantero.
215 *El clavel rojo*, Elio Vittorini.
Edición de Soledad Cobos.
216 *La Cartuja de Parma*, Henri Beyle «Stendhal».
Edición de Anne Marie Reboul (2.ª ed.).
217 *La garza*, Giorgio Bassani.
Edición de Anna Dolfi.
218 *La reina Margot*, Alejandro Dumas.
Edición de Dolores Jiménez y Elena Real.
219 *El extraño caso del Dr. Jekyll y Mr. Hyde*, R. L. Stevenson.
Edición de Manuel Garrido.
220 *La esperanza*, André Malraux.
Edición de J. M. Fernández Cardo.
221 *Obras completas*, Epicuro.
Edición de José Vara (2.ª ed.).
222 *El buen soldado*, Ford Madox Ford.
Edición de Luisa Antón.
223 *Las preciosas ridículas. Las mujeres sabias*, Molière.
Edición de Mauro Armiño.
224 *Las Nubes. Las Ranas. Pluto*, Aristófanes.
Edición de Francisco Rodríguez Adrados y Juan Rodríguez Somolinos.
225 *El monje*, Matthew Gregory Lewis.
Edición de Juan Antonio Molina Foix.
226 *El ruido y la furia*, William Faulkner.
Edición de Mª. Eugenia Díaz Sánchez (2.ª ed.).
227 *Antología de románticas alemanas.*
Edición de Federico Bermúdez-Cañete y Esther Trancón y Widemann
228 *Metamorfosis*, Ovidio.
Edición de Consuelo Álvarez y Rosa Mª. Iglesias (2.ª ed.).
229 *El agente secreto*, Joseph Conrad.
Edición de Dámaso López García.
230 *Frankenstein o El moderno Prometeo*, Mary W. Shelley.
Edición de Isabel Burdiel.
231 *Crimen y castigo*, Fiódor Dostoievski.
Edición de Isabel Vicente (2.ª ed.).
232 *Buenos días, tristeza*, Françoise Sagan.
Edición de Mª. Luisa Guerrero.

233 *Don Carlos, infante de España*, FRIEDRICH VON SCHILLER.
    Edición de Luis Acosta.
234 *Los desarraigados*, MAURICE BARRÈS.
    Edición de Adelaida Porras Medrano.
235 *Bucólicas*, VIRGILIO.
    Edición bilingüe de Vicente Cristóbal.
236 *Pasos de carnaval*, HANS SACHS.
    Edición de Mª. Teresa Zurdo Ruiz de Ayúcar.
237 *De campesino a señor*, MARIVAUX.
    Edición de Mercedes Fernández.
239 *Jane Eyre*, CHARLOTTE BRONTË.
    Edición de Mª. José Coperías.
240 *El haya de los judíos. Ledwina*, ANNETTE VON DROSTE-HÜLSHOFF.
    Edición de Ana Isabel Almendral.
241 *Sátiras. Epístolas. Arte poética*, HORACIO.
    Edición de Horacio Silvestre.
242 *La gente de Seldwyla*, GOTTFRIED KELLER.
    Edición de Isabel Hernández.
243 *Canciones y sonetos*, JOHN DONNE.
    Edición bilingüe de Purificación Ribes.
244 *Poesía completa*, ARTHUR RIMBAUD.
    Edición bilingüe de Javier de Prado. (2.ª ed.).
245 *La ronda. Anatol. Ensayos y aforismos*, ARTHUR SCHNITZLER.
    Edición de Miguel Ángel Vega.
246 *Cuentos de la Alhambra*, WASHINGTON IRVING.
    Edición de José Antonio Gurpegui.
247 *La guerra de Troya no tendrá lugar. La loca de Chaillot*, JEAN GIRAUDOUX.
    Edición de Francisco Torres Monreal y Guy Teissier.
248 *Hadjí Murat*, LEV TOLSTÓI.
    Edición de Víctor Andresco.
249 *El gato Murr*, E. T. A. HOFFMANN.
    Edición de Ana Pérez.
250 *Tom Jones*, HENRY FIELDING.
    Edición de Fernando Galván.
251 *¿Quién teme a Virginia Woolf?*, EDWARD ALBEE.
    Edición de Alberto Mira.
252 *El último mohicano*, JAMES FENIMORE COOPER.
    Edición de Urbano Viñuela.

253 *Cartas persas*, MONTESQUIEU.
Edición de Francisco Javier Hernández.
254 *Nadja*, ANDRÉ BRETON.
Edición de José Ignacio Velázquez.
255 *Confesiones de un inglés comedor de opio*, THOMAS DE QUINCEY.
Edición de Miguel Teruel.
256 *Emma*, JANE AUSTEN.
Edición de Juani Guerra.
257 *Ricardo II*, WILLIAM SHAKESPEARE.
Edición bilingüe del Instituto Shakespeare de Valencia, bajo la dirección de M. A. Conejero.
259 *Ubú rey*, ALFRED JARRY.
Edición de Lola Bermúdez Medina.
260 *El amor del último magnate (western)*, FRANCIS SCOTT FITZGERALD.
Edición de María Lozano.
261 *Pensamientos*, BLAISE PASCAL.
Edición de Mario Parajón.
262 *El castillo*, FRANZ KAFKA.
Edición de Luis Acosta.
263 *Emilia Galotti*, GOTTHOLD EPHRAIM LESSING.
Edición de Jordi Jané.
264 *La cabaña del tío Tom*, HARRIET BEECHER STOWE.
Edición de Carme Manuel.
265 *Cantos*, GIACOMO LEOPARDI.
Edición de Mª. de las Nieves Muñiz.
266 *Mireya*, FRÉDÉRIC MISTRAL.
Edición de Pilar Blanco.
267 *Las aventuras de Huckleberry Finn*, MARK TWAIN.
Edición de Juan José Coy.
268 *Las Filípicas. Sobre la corona*, DEMÓSTENES.
Edición de Antonio López Eire.
269 *El difunto Matías Pascal*, LUIGI PIRANDELLO.
Edición de Miquel Edo.